【北京社科名家文库】

信仰与探索

BEIJING SHEKE MINGJIA WENKU

陈先达自选集

陈先达◎著

首都师范大学出版社
CAPITAL NORMAL UNIVERSITY PRESS

图书在版编目(CIP)数据

信仰与探索:陈先达自选集/陈先达著.—北京:首都师范大学出版社,2008.12
(北京社科名家文库)
ISBN 978-7-81119-430-2

Ⅰ.信… Ⅱ.陈… Ⅲ.①陈先达—文集②马克思主义哲学—文集 Ⅳ.B—53

中国版本图书馆CIP数据核字(2008)第194498号

北京社科名家文库
XINYANG YU TANSUO
信仰与探索
陈先达自选集
陈先达 著

项目统筹:杨小兵 责任编辑:杨小兵 张慧芳
责任设计:王征发 封面绘画:王征发
责任校对:王亚利 责任印制:沈 露

首都师范大学出版社出版发行
地 址 北京西三环北路105号
邮 编 100037
电 话 68418523(总编室) 68982468(发行部)
网 址 cnuph.com.cn
E-mail master@cnuph.com.cn
北京嘉实印刷有限公司印刷
全国新华书店发行
版 次 2008年12月第1版
印 次 2008年12月第1次印刷
开 本 787mm×1 092mm 1/16
印 张 30.5 插页 1
字 数 358千
定 价 68.00元

《北京社科名家文库》编委会

出版说明

1978年，中国改革开放的元年。自那一年开始，中国已经走过了波澜壮阔的30年。这是伟大的30年，是改变中国的30年，是震惊世界的30年，也是哲学社会科学蓬勃发展的30年。

在哲学社会科学这30年的辉煌成就里，浸透着为新中国哲学社会科学奠基的老一辈专家呕心沥血的求索，也镌刻着寻着他们足迹的后来者追求真理的步伐。“学之大者，国之重器”。我们有责任将这些“大者”潜心研究的成果，重新编辑出版以飨读者。为此，北京市社会科学界联合会和首都师范大学出版社将这一套《北京社科名家文库》奉献给读者。她以自选集的体例形式，每年推出一批，争取在几年内达到百种以上。《北京社科名家文库》将系统展示当代哲学社会科学名家学者30年来的学思精华，展示他们的学术探索历程和风采。同时，为使这套《北京社科名家文库》更加丰富，编委会决定在首都师范大学出版社已出版的《当代著名学者自选集》中挑选符合体例的图书10种，编辑成《北京社科名家文库·纪念辑》，这将更完整地反映北京学人在学术风范和学术使命上的历史延续。

我们相信，《北京社科名家文库》将能够成为具有文化传承价值的经典性大型出版工程，成为集中展示首都哲学社会科学重要成果的一个窗口。由于我们水平所限，定有不足之处，希望读者和同仁给予批评指正。

编 委 会

2008年11月

陈 先 达 先 生

目录

北京社科名家文库

北京社科
名家文库

前言

这本自选集选编了作者从20世纪90年代至2006年秋的学术研究文章，前后跨度十多年。这十余年，正是世界社会主义运动处于激烈变化的时期。一方面是苏联解体和东欧剧变；另一方面是中国特色社会主义道路稳步前进、中国的改革开放取得重大成就。中国共产党勇于进行理论创新，在把马克思主义基本原理同当代中国具体实践相结合的过程中，形成了邓小平理论与“三个代表”重要思想；党的十六大以来，以胡锦涛为总书记的党中央，提出科学发展观等一系列重大战略思想，表明马克思主义中国化的伟大成果不断与时俱进。与此同时，意识形态领域内的斗争也很激烈。这本自选集中的文章比较鲜明地反映了这一时代特征。

为便于读者阅读，选编的文章分为上下两编。上编集中了有关马克思主义基本原理研究的论文，下编则汇总了有关马克思主义哲学的学术文章。

上编的主题是马克思主义与马克思主义中国化问题。主要强调处于世纪转换中的马克思主义，仍然是指导我们这个时代前进的科学理论。历史与现实都已证明，诞生于19世纪中叶的马克思主义，经历了20世纪的风风雨雨，现在已进入它的第三个世纪，尽管道路坎坷，也曾经历过高潮与低谷，但迄今为止仍没有任何理论学说能够取代马克思主义，能有马克思主义这样认识世界和改造世界的巨大作用。

选编的部分文章强调，马克思主义具有与时俱进的理论品格、有很强的生命力，批评了有的论者以马克思主义产生于19世纪为理由鼓吹"马克思主义过时"论。同时也指出，我们应该区分马克思主义创立的历史条件和马克思主义肩负的历史使命与研究主题。虽然马克思和恩格斯创立马克思主义在19世纪中叶，但他们研究的问题并不限于自由资本主义阶段，而是研究资本主义社会向何处去的问题、研究无产阶级和人类解放的问题，因而是对人类社会发展规律和资本主义社会发展规律的研究。马克思和恩格斯虽然生活在自由资本主义发展阶段，但他们揭示的资本主义本质和发展规律、无产阶级的历史使命和人类社会的整体走向，却是不可推翻的真理。

当然，马克思主义需要与时俱进，需要发展，尤其是需要与各国的实际相联系。所以，选编文章对马克思主义中国化问题也特别注意。在一些文章中对改革开放时期马克思主义中国化的成果，包括"三个代表"重要思想、科学发展观、构建社会主义和谐社会、中央实施的马克思主义理论研究和建设工程的重大意义等进行了阐发。选编文章还对在中国特色社会主义建设中，在建立社会主义市场经济体制过程中，马克思主义指导思想一元化问题的重要性，以及如何确立马克思主义的指导地位问题做了论述。因为所有制形式的多样性、分配形式的多样性和多元利益主体的出现，使得有些学者以此为据否认马克思主义的指导地位，这是一个事关社会主义改革成败的根本性问题。任何马克思主义理论工作者对这个问题都不能掉以轻心。选编文章也关注某些西方学者宣扬马恩对立、采取扬马贬恩等反对和歧解马克思主义的手法和观点，在《恩格斯与马克思主义》一文中，对恩格斯共同创立马克思主义，通过撰著《反杜林论》、《自然辩证法》、《费尔巴哈论》、《家庭、私有制和国家的起源》以及晚年关于历史唯物主义的著名通讯，把马克思主义哲学系统化，尤其是马克思逝世后继续捍卫和发展马克思主义的功绩予以浓墨重彩的论述，有力地反击了马恩对立的观点。

下编是以马克思主义哲学与当今时代关系、马克思主义哲学的一些重大理论问题以及中国马克思主义哲学的走向和哲学工作者的历史使命为主题。在理论领域，无论是国际或国内关于马克思主义哲学与当今时代的关系，特别是它的某些基本观点，争论很激烈。马克思主义哲学与当今时代关系中一个重大问题是，当代科学技术革命及其成就是否表明以19世纪40年代三大发现为主要依据的辩证唯物主义原理已经过时？不少西方哲学家包括国内有些学者都以科技革命为依据来否定马克思主义哲学的基本原理，选编的《马克思主义哲学与现时代的关系》一文比较深入地探讨和回答了这个问题。此外还对不加分析地把当代某些西方哲学思潮置于马克思主义之上，或以西方哲学的观点来解读马克思主义哲学的观点做了回应。在《毫不动摇地坚持辩证唯物主义和历史唯物主义》、《论马克思主义哲学本体论及其当代价值》、《论唯物主义历史观的本质及其当代价值》和《论社会主义实践中的唯物史观》等文章中，通过对马克思主义哲学的本质与功能、马克思主义哲学的特点、历史唯物主义在社会主义实践中的伟大成就的分析，突出表明马克思主义哲学在哲学史上变革的伟大意义，对马克思主义的世界观、历史观中的重大问题及其现实意义力图做出正确的阐述。

马克思主义哲学是科学性与革命性相统一的哲学，它不是抽象真理的编纂而是活生生的具体真理，它要求在实践中创造和发展。以马克思主义哲学世界为研究对象的当代中国马克思主义哲学研究者，必须明确自己的历史使命，明确当代中国马克思主义哲学的走向。马克思主义哲学是当代中国文化的核心，是全部自然科学、社会科学、思维科学的世界观和方法论的指导。因此，只有坚持马克思主义哲学的世界观和方法论才能真正坚持先进文化的前进方向，真正理解和贯彻党中央一再强调的在中国特色社会主义建设中，应该把哲学社会科学和自然科学放在同等重要地位的指示。在《关于马克思主义哲学的未来走向》、《坚持先进文化的前进方向》、《哲学社会科学的作用和学者的责任》和《重视人文科学在文化建设中的地位和作用》等文章中，对这些重大问题都做了力所能及的论证。

选编的文章毫不动摇地坚持马克思主义，对各种错误观点明确表示自己的看法，坚持文章的学术性，并力求贯彻坚持与发展的统一，坚持解放思想、与时俱进的原则。由于作者水平局限，其中论述不当之处在所难免，敬请读者指正。

陈先达

2006年金秋于人民大学宜园寓所

我与哲学

对我来说，闯进哲学殿堂纯粹是偶然的。我像一个走错了教室的学生，逐步被讲台上老师博大精深的知识征服了。在半个世纪中，我曾聆听过一些哲学大师的讲课，也阅读过一些哲学名著，可似懂非懂。应该说，我是个蹩脚的学生。在哲学的海洋里，我至今仍然是在深不及膝的浅水中试步而已。

我的老家江西鄱阳，是鄱阳湖滨的一个小县城。旧称鄱阳，后改为波阳，现又改回鄱阳。江西自宋代以后出过一些名人。就拿我们那个不起眼的县来说，宋代著名词家姜夔和洪迈兄弟给它增添了不少光彩。尽管如此，解放前我的家乡仍然是穷乡僻壤，我从来没有听说过“哲学”这个词。

我的家，是一个普通商人的家。我是家里第一个大学生，也可以说是陈氏家族最早的一名大学生。我们家祖祖辈辈都是渔民，在鄱阳湖的风浪里以捕鱼为生。“落霞与孤鹜齐飞，秋水共长天一色”，那是诗人眼中的鄱阳湖，可对渔民来说，无风三尺浪，葬身鱼腹的危险使他们对鄱阳湖敬畏如神。我父亲从小在渔行里当学徒，后来挣扎到自己当渔行老板的地位。我从小见到的是鱼、渔民、剖鱼的女工、腌鱼的师傅，闻惯了鱼腥气和卤水味。我们家与书无缘，与哲学更无缘，我父亲曾幻想我能继承他的事业。可是我和所有传统的知识分子一样，具有浓厚的士大夫气味，瞧不起商人，视之为“市侩”，认为最荣耀的还是读书。

在中学读书时，语文老师偏爱我，可数学老师对我头痛。数学能及格就是伟大胜利。我最喜爱的是文学，最美的梦是当作家。在昏暗的豆油灯下读唐诗宋词，是我最大的乐趣。

1950年考大学，两所大学都录取了我。复旦大学是历史系，南昌大学是文史系。复旦的录取在先，而且对从小生活在小县城的我来说，还是愿意到更大的世界去看看。我最终选择了上海，选择了历史，虽然文学的吸引力更大些。从此我离开了生我养我的故乡。1953年来北京，一直生活至今。杂花生树，群莺乱飞的江南三月风光，时常勾起我的思乡之情，但我已习惯了北方的风沙和严寒。

我是大学毕业后分配到中国人民大学学哲学的。专业可以指定，现在的年轻人不易理解，可对我们这一代人来说，祖国的需要就是自己的选择，著名的红学家李希凡原来是山东大学中文系的，李秀林是山西大学教育系的，都在哲学班学习。我们班(1953—1956年马列主义研究班哲学分班)的同学，没有一个是原来学哲学的。可是毕业后，不少同志在哲学领域作出了贡献。就哲学专业来说，我们是旧式婚姻：先结婚，后恋爱。在分配到哲学专业以后，逐步培养起对哲学的感情。

我们那年(1953年)招的研究生特别多，过千。不是导师制，而是研究班。学员主要是从全国来的大学毕业生，也有一些调干生。我们班年龄最大的一位老大姐徐鸿就是来自延安，是个“三八式”。最小的是福州大学的应届毕业生李月英，我们管她叫“小麻雀”，前些年在福州逝世。

我们的课程主要是辩证唯物主义和历史唯物主义。此外还有其他理论课，如中共党史、政治经济学、联共(布)党史。我们也学点自然科学，如物理学、心理学、生物学，都是一些入门的、普及性的知识，但对我们学哲学来说还是有帮助的。

我们哲学课开始是苏联专家教的。先后听过几个专家的课，但大部分哲学原理课还是肖前老师讲的。那时，肖老师风华正茂，还不到30岁，但讲课还是很有吸引力的。

三年研究生班最大的收获是学到了一些马克思主义哲学的基本观点，抠了几本经典著作。尽管当时理解并不深，但总算打下了一点基础。从我个人的体会来说，对这些基本理论和原著的学习的确是终生受益。

我喜欢马克思主义哲学，我信服马克思主义哲学。虽然我也喜欢读点老庄，特别是庄子赋哲理于寓言、文采斐然、构思奇突的文章令我沉醉，但我更喜欢马克思主义。马克思、恩格斯著作中那深刻的真理，警句式的格言，不可抗拒的逻辑力量，令我信服。后来也陆续读过一些西方哲学家们的著作，尽管其中不乏思想的闪光，但我觉得与马克思主义相比，它们只是大大小小的土堆，而马克思和恩格斯的著作是巍峨的大山。

从马克思、恩格斯的著作中，我学到的东西比从其他任何哲学家那里学到的要多得多，受益最深。它们教会我如何思维，如何写文章。我始终记着马克思批判德国哲学家那段著名的话，他说哲学、尤其是德国哲学，喜欢幽静孤寂，闭关自守并醉心于淡漠的自我直观。它们文风晦涩艰深，难以读懂；它们那种玄妙的自我深化在门外汉看来正像脱离现实的活动一样稀奇古怪；像一个魔术师，若有其事地念着咒语，因为谁也不懂他在念些什么。他的这一批判性思想是我一生从事哲学工作的指导。我一贯反对纯哲学思辨，只在概念上兜圈子，无论是文章还是专著，总要让人知道你在说什么，为什么这样说。谁也看不懂的哲学文章，除了哲学圈子里的人以外是很难流传的。我们不是活在康德、黑格尔的时代。看不懂的文章就是好文章，这是吓人的话，对于面对群众面对实践的马克思主义哲学来说是不能成立的。

1956年从研究班毕业以后，我留在哲学系工作。那年哲学系刚建系。1964年，人民大学成立马克思主义发展史研究所，我调到所里工作。从我毕业到粉碎“四人帮”这二十多年时间里，真正坐下来研究的时间很少，写的东西也不多。真正做点学问，还是从粉碎“四人帮”以后开始的。在此以前，我的教学和研究主要是侧重在马克思主义哲学原理；从70年代末开始，我逐步把重心转向马克思主义哲学史，尤其是马克思的早期思想。

这个转轨并不困难。马克思主义哲学原理和马克思主义哲学史本来就是不可分的。马克思主义哲学史，无非是马克思主义哲学原理创立、发展的过程，离开了马克思主义哲学原理，也就没有马克思主义哲学史。反过来说，马克思主义哲学原理，无非是马克思主义发展史的结晶。如果马克思主义哲学原理没有自己的历史，没有经历创立、发展、成熟的过程，也不可能有科学的马克思主义哲学原理的出现。其实，马克思主义哲学史就是马克思主义哲学原理，不过是以历史形态出现的原理，即处于形成过程中的原理；而马克思主义哲学的每一个范畴和原理，都不是一次完成的，都包含着自己的历史。在我自己对马克思主义哲学史的研究中，我深感熟知马克思主义哲学原理的重要性。如果不是在此之前，对马克思主义哲学原理和经典著作稍微用过一点力，连眼前这一点小小的成绩都很难达到。

我之所以转向哲学史，是我对国际和当时国内的思潮有点看法。

我感到在国内有些人竭力鼓吹的把马克思主义人道主义化以及片面理解异化理论，明显曲解了马克思的实际思想历程。不从历史着手，很难说清楚这个问题。粉碎“四人帮”以后，我发表的第一篇文章是1981年刊在《哲学研究》上的《评费尔巴哈在马克思早期思想中的地位和作用》，对当时流行的用抽象人道主义曲解马克思主义的观点提出了批评。我感谢《哲学研究》的编辑同志，在我处境困难的情况下敢于发表我的文章。接着我又写了《马克思异化理论的两次转折》，发表在《中国社会科学》杂志上，对抽象人道主义进行了抨击。我说：“人性的复归是美好的文学语言，糟糕的哲学语言”，“尽管抽象人道主义的温言暖语能给心灵带来暂时的慰藉，但不见得是增强肌体、愈合创伤的良药”。后一句话，是我对有人以“文革”十年为依据宣扬抽象人道主义而说的。“文革”十年中惨无人道的不法行为应该批判，社会主义人道主义应该肯定，但抽象人道主义绝不是疗病济世的良方。我们应真正站在马克思主义立场上，对“文革”十年进行历史的反思。

不久，我和靳辉明合著的《马克思早期思想研究》出版了。那是1983年1月，在纪念马克思逝世100周年之前。在这本书中，我们对当时国内外瞩目的重大问题，诸如人道主义、异化等，都表达了我们的看法。我们不同意抽象人道主义的观点。我们认为，学术上的不同见解，应该允许争鸣。一个知道什么叫棍子的人是不会随便打棍子的。但坚持真理并不是打棍子。如果一个马克思主义哲学工作者，对抽象地宣扬“人是出发点和归宿”之类的观点保持沉默，倒是应该打屁股(不是打别人的屁股，而是打自己的屁股)。正是基于这种认识，我又写了《评西方马克思学的新发现》、《评资产阶级人道主义的出发点》等文章，继续发表自己的看法。

1987年我出版了《走向历史的深处》。这本书突破了早期范围，对马克思的历史观进行了较系统、完整的探讨。我把这本研究马克思历史观的书取名为“走向历史的深处”，是有所感而发的。一些学者把文化心理结构、自我意识或者主体性作为历史的深层结构，实际上是以不同的语言跨向唯心主义历史观。我在这里着重探讨的是，马克思是如何发现历史发展规律的。在我看来，主体性、自我意识、文化心理结构对于理解历史非常重要，但仍然是属于历史活动的表层，唯物主义历史观所要解决的，正是表层后面深层的东西——揭示决定文化和人的意识的深层结构，揭示社会历史发展的规律性。社会规律的形成和实现当然离不开主体的活动，它是在人们的活动中形成的关于客观关系的规律。但社会发展的趋向并不决定于人的意志，相反是在众多的意志相互排斥冲突中形成的一种合力作用。我们应该把规律的逻辑表述和客观规律区分开来。科学规律是纯粹的一义的，而客观规律则是在一连串偶然性和各种偏差中最终起决定作用的最深层的东西。

1989年，我与我的两位学生合作，出版了《马克思恩格斯哲学思想总览》。1990年8月出版了《被肢解的马克思》。《被肢解的马克思》这本书我酝酿了很长一段时间。这既是本理论著作，又是本历史著作，对当代西方各种企图肢解马克思主义的学说进行了批判性的考察。我的几个学生协助我共同完成了这个工作。

在此之前，1982年，我与马列主义发展史研究所的几位同志合作，出版了《马克思恩格斯思想史》，这是国内第一部对马克思恩格斯思想进行综合研究的专著。它力图从马克思主义三个组成部分的相互作用中来揭示马克思主义发展的历史。1988年我主编的《马克思主义基本原理教程》出版了，这本书的特点是把马克思主义作为一个整体来论述。如果说《马克思恩格斯思想史》着重的是历史考察，那么《马克思主义基本原理教程》则着重的是理论的论述。

我历来主张搞哲学的不能太狭窄，不能把眼光仅仅局限在哲学范围内。马克思当年如果不从哲学转向经济学研究，不探讨社会主义的问题，仅仅停留在纯哲学的范围，那至多是个黑格尔式的马克思，绝不可能成为马克思主义的创始人。当然由于精力、才能和经历的局限，我们的研究面不可能很宽，但尽量自觉地意识到这个缺点，有机会翻翻专业以外的书，拓宽自己的知识面，是大有好处的。

我到晚年逐步意识到我离生活太远，离群众太远。我对我所论述的东西并不太了解。我离哲学太远，或者说哲学离我太远。真正的哲学应该是扎根于自己的灵魂深处，是自己最有深切体会和认识的东西。可我写的东西基本上都是书本上的资料，缺少个人的体悟。马克思早期思想的评价问题、马克思的历史观及其形成的实际历史过程，或人道主义、异化问题，等等，这都是世界性的难题。人们都知道写小说、搞文艺强调要深入生活，要有生活积累，难道哲学家就有权写自己一无所知仅仅从书本上看到读到的东西吗？哲学能不能有另外一种写法，写自己稍微熟悉的在实际生活中摸得着的东西，有真情实感的东西？我想可以。于是我尝试写短的、自己有点真实感受的、不是大块头的东西，于是出版了《漫步遐思》和《静园夜语》两本书。到晚年，我自己的哲学思路和文风都有点改变。

理论研究当然是重要的，大块文章也有必要，问题是不能空。人的阅历和知识都有限，要对自己所写所论的东西都有深切了解，都看过见过或接触过不太可能。但至少哲学不要陷于空谈，要对所论之事所论之理确有体悟，才能谈得深点透点，否则，只能是隔靴搔痒而已。因此，两眼盯住书本，从文献夹缝中寻找问题，不如面对现实。现实提出了许多新问题，我们应该按照马克思主义的立场、观点、方法，创造性地回答这些问题，这是时代赋予马克思主义理论工作者的使命。这虽然很难，但可以有出息。因为我们就生活在中国当代，是中国特色社会主义建设的参与者。从事这方面的研究和写作，远比没有研究历史偏要写论东方社会的特点，不了解中国文化也从未接触西方文化偏要写中西文化比较之类的文章要实在一些。我对年纪轻轻就要构建一个宏大的新的哲学体系的行为，总想大叫一声“不要走这条路”。我年轻时也做过这个梦，这是个不能实现的理论“狂想症”。

上　编

马克思主义与马克思主义中国化

处在世纪转换中的马克思主义*

人类正面临世纪的交替。诞生于19世纪中叶的马克思主义，经历了20世纪的风风雨雨，即将进入它的第三个世纪。

迄今为止，还没有哪一种学说像马克思主义这样深刻地改变了并继续在改变世界。一个多世纪以来，无产阶级的觉醒和革命浪潮的澎湃、一系列社会主义国家的相继建立、帝国主义主宰世界的旧格局的打破，都与马克思主义的产生和广泛传播紧密相连。马克思主义如同普照之光，不管人们愿意与否，谁也无法否定它的存在和影响。就连西方理论家也不得不承认：马克思主义是现代世界上的强大因素，是对我们世界的命运发生决定性影响的政治能量。

当前，社会主义运动的确出现了曲折。但如果认为马克思主义从此就消失了、没有了、失败了，则是完全错误的。邓小平同志在视察南方的重要谈话中，在强调以经济建设为中心，抓紧有利时机，加快改革开放步伐的同时，

* 本文发表于《高校理论战线》，1992年第4期。

也批驳了马克思主义“消失”论和“失败”论。我们坚信，世界上赞成马克思主义的人是会多起来的，因为马克思主义是科学真理。真理可以蒙难，但真理归根结底是不可战胜的。

马克思主义的命运如何？社会主义的命运如何？社会主义革命和建设的成功与挫折、前进与逆转的历史，尤其是邓小平同志重要谈话中对这些经验的总结，就包含着这个问题的答案。

一、夺取政权胜利的启示

以十月革命为起点，马克思主义在实践中的胜利是由理论变为现实的巨大飞跃。这是马克思主义大发展时期。革命最需要创造，革命自身就是创造。

世界上没有任何一个国家的无产阶级，可以原封不动地按照马克思和恩格斯的本本取得胜利。马克思主义的巨大威力存在于与实际情况相结合中。无产阶级革命的胜利，是创造性马克思主义的胜利。俄国革命和中国革命都无可辩驳地证明了这个真理。

列宁是从反对第二国际伯恩施坦主义及其在俄国的变种开始登上政治舞台的，但列宁并不因为反对修正主义而对马克思主义采取教条主义态度。列宁反复强调：“我们决不把马克思的理论看作某种一成不变的和神圣不可侵犯的东西；恰恰相反，我们深信：它只是给一种科学奠定了基础，社会党人如果不愿落后于实际生活，就应当在各方面把这门科学推向前进。”①

列宁把马克思主义分为两类，用他自己的话来说，一类是“像马克思这样的马克思主义者”，即创造性的马克思主义；另一类是“自命

① 《列宁选集》，第1卷，274页，北京，人民出版社，1995。

的马克思主义者”，即教条主义者。列宁把那种只知搬用本本、拘泥于马克思的片言只语的人划为这一类。列宁说：“他们都自称为马克思主义者，但是对马克思主义的理解却迂腐到无以复加的程度。马克思主义中有决定意义的东西，即马克思主义的革命辩证法，他们一点也不理解。”①

列宁并没有死守马克思恩格斯以西欧发达生产力和阶级关系为依据的关于社会主义革命同时胜利的论断，也没有把俄国跨越“卡夫丁峡谷”，由农村公社直接向社会主义过渡可能性的分析教条化。他始终立足于俄国的现实，从俄国已走上资本主义道路又苦于资本主义发展不足的实际情况出发，创造性地应用马克思主义。列宁写出了《社会民主党在民主革命中的两种策略》等一系列著作，找到了一条在俄国具体实践马克思主义的道路。

中国革命的胜利，是十月革命之后马克思主义在另一个更加落后、人口众多、情况更为复杂的东方大国的胜利。中国革命的胜利，再一次证明马克思主义与本国实际相结合的必要性和重要性。以毛泽东为代表的中国共产党人创造性地运用马克思列宁主义，找到了一条在中国具体实践马克思列宁主义的道路。

在领导中国革命的过程中，毛泽东非常注意反对教条主义，反对20世纪20年代后期和30年代前期在国际共产主义运动和我们党内一度盛行的把马克思列宁主义教条化、把共产国际决议和苏联经验教条化的错误。毛泽东写于1930年的重要著作《反对本本主义》，矛头就是针对这种倾向的。毛泽东说：“马克思主义的‘本本’是要学习的，但是必须同我国的实际情况相结合。我们需要‘本本’，但是一定要纠

① 《列宁选集》，第4卷，775页，北京，人民出版社，1995。

正脱离实际情况的本本主义。”①

世界上两个大国——俄国和中国——的革命都证明，无产阶级要取得夺取政权斗争的胜利，不仅要坚持马克思主义，还特别要善于创造性地坚持马克思主义，把马克思主义的基本原理转变为可以在本国进行操作的路线、方针、政策、措施。正因为这样，马克思主义的实践必然具有民族特色。例如，在俄国是城市武装起义，在中国是搞农村武装割据；在俄国是反对资产阶级，在中国是联合民族资产阶级；在俄国对资产阶级实行剥夺，在中国实行赎买；在俄国建立的是无产阶级专政，在中国是人民民主专政，如此等等，各具特点。

夺取政权的斗争，是千百万人以自己的生命和鲜血进行的殊死斗争，是最具创造性的斗争。任何把马克思主义教条化的错误，其结果都只能是失败。中国民主革命中的三次“左”倾路线的恶果就是明证。可以说，夺取政权的斗争是血的斗争，敌人用机枪大炮不断清醒革命者的头脑，使他们懂得，要想取得胜利，就必须走马克思主义与本国实际情况相结合的道路。

二、社会主义遭受挫折的教训

十月革命之后，在几十年内相继成立了不少社会主义国家。社会主义革命的胜利如凯歌行进，使整个世界震惊。可从 20 世纪下半叶开始，一些国家在社会主义建设中出现了各种困难。特别是 80 年代末，某些原社会主义国家的风云突变，又一次使世界震惊。社会主义运动出现曲折的原因是复杂的、多方面的，但其中一个不可忽视的重要原因，就是在取得政权以后的社会主义建设中，没有解决好马克思

① 《毛泽东选集》，第 1 卷，111—112 页，北京，人民出版社，1991。

主义与本国实际相结合的问题，没有找到一条适合本国的建设社会主义的道路。

无产阶级夺取政权以后，共产党成为执政党，马克思主义上升为整个社会的指导思想。这种根本性的变化有可能带来相互对立的两种效应。一方面，处于执政地位的共产党，利用掌权后的一切有利条件，始终坚持马克思主义，特别是在人民群众投身的社会主义实践中创造性地推进马克思主义。在新的条件下，继续走夺取政权以前坚持的马克思主义与本国实际相结合的道路。另一方面，也可能面临教条化的危险。处于执政地位的党，不是立足本国实际，在结合上狠下工夫，而是过分依赖行政权力，把马克思和恩格斯关于社会主义的理论构想，作为可以原封不动立即实施的现实。两种做法，两种结果。

毛泽东在领导中国社会主义建设中，同样倡导马克思主义必须与本国实际情况相结合。毛泽东的《关于正确处理人民内部矛盾的问题》和《论十大关系》，都表现出一种力图按照中国实际建设社会主义的构想。他公开宣布“一切国家的好经验我们都要学，不管是社会主义国家的，还是资本主义国家的”。还说，“学习有两种态度。一种是教条主义的态度，不管我国情况，适用的和不适用的，一起搬来。这种态度不好。另一种态度，学习的时候用脑筋想一下，学那些和我国情况相适合的东西，即吸取对我们有益的经验，我们需要的是这样一种态度。”①

可是1956年以后，党的八大的正确路线却没有得到贯彻，毛泽东在《关于正确处理人民内部矛盾的问题》和《论十大关系》中提出的某些构想也没有付诸实践。“人民公社化”运动和此后不久展开的“文化

① 《毛泽东著作选读》(下册)，798页，北京，人民出版社，1986。

大革命”，打断了按照中国实际建设社会主义的进程。力图在低生产力水平基础上建设起单一的公有制，建立完全的计划经济体制，把按劳分配、商品生产、货币关系通通看做是资产阶级的，期望尽快地消灭，这种按照纯而又纯的模式进行社会主义建设的“左”的做法，极大地损害了社会主义事业。

邓小平同志对创造性地推进马克思列宁主义、毛泽东思想的贡献是巨大的。邓小平同志恢复了党的实事求是的传统，强调要按实际情况办事。邓小平同志关于建设有中国特色的社会主义的一系列论述，以及以此为理论根据的党的基本路线，是马克思列宁主义与中国实际相结合的卓越典范。党的十一届三中全会以来，特别是20世纪80年代末，尽管国际风云变幻，国内少数资产阶级自由化“精英”们鼓噪不已，但我国社会稳定、经济发展、人民生活水平不断提高，充分显示了马克思列宁主义与实际相结合的无穷威力。

俄国在十月革命以后，当初步站稳脚跟时，列宁立即结束战时共产主义转向推行新经济政策。这表明了列宁在思考如何根据俄国的实际情况推进科学社会主义理论的问题。列宁在逝世前的最后几年提出了不少在落后国家建设社会主义的富于启发的思想。可惜列宁旧伤复发，逝世过早，宏图难展。

继列宁之后，斯大林领导苏联是有功的。他把俄国由一个落后的农业国变为工业国，由弱国变为一个军事强国。可是，斯大林更多的是凭借政权的力量，依靠刚刚摆脱剥削翻身做主人的群众的巨大政治热情。斯大林并没有解决好科学社会主义理论与俄国实际情况相结合的问题，没有找到一条巩固社会主义制度，加快经济发展，迅速改善广大群众生活水平的道路。斯大林在处理公有制和私有制、计划与市场、产品经济与商品经济关系问题上，拘泥于马克思恩格斯关于社会主义成熟形态的论断。斯大林在生产力不太发达的情况下，力图实现马克思恩格斯关于成熟社会主义形态的基本特征，结果必然陷于某种程度的空想。

马克思和恩格斯的科学社会主义理论，他们关于社会主义本质特征的概括，是以资本主义社会生产力的高度发展、社会化大生产和充分发达的商品经济为前提的。他们的理论舍弃了一切民族特点和各种例外，着重从社会形态交替角度来考察社会主义，把它看成是在资本主义母胎中孕育成熟并由其产生的更高的社会形态。在马克思和恩格斯关于社会主义的理论中，提倡以公有制代替资本主义私有制，当然要消灭以私有制为基础的资本主义的市场经济、资本主义的商品和货币关系，这在他们关于社会主义的科学理论体系中，是合乎逻辑的、首尾一贯的。可是，马克思和恩格斯关于社会主义本质特征的概括，是作为理论化的社会形态的模式，而不是每一个社会主义国家的现实存在形式。各个国家由于生产力的状况和文化传统不一样，正如夺取政权时一样，其社会主义建设也肯定各有特色。

如果说，斯大林没有解决好马克思主义和本国实际情况相结合的问题、如何在俄国实践科学社会主义的基本原则问题，那么在他之后，则逐步走向了另一个极端：在批判斯大林主义和斯大林模式的口号下，把马克思主义也当做教条主义来反对。从没有结合好到放弃结合，放弃马克思主义，最后则公开走向取消和反对马克思主义。

一个社会主义大国，一个曾经被西方所畏惧的军事大国，一夜之间就被风刮倒了，究竟是为什么？人们可以从各个角度探究原因，但其中有一点很明显，这就是一个已经夺取政权的社会主义国家，如果不善于创造性地坚持马克思主义，从结合中找到一条在本国迅速发展生产力、提高群众生活、巩固社会主义舆论阵地的道路，在激烈的斗争和竞争中，就不易巩固，甚至会遭到失败。因为不结合，就不能发挥马克思主义的威力和效能，马克思主义的力量及其创造性正存在于结合之中；不结合，就不能建立起与本国情况相适应的经济政治体制，就无法迅速提高广大人民的生活水平，不能充分显示社会主义制度的优越性和力量。人们不是根据社会主义原理，而是根据社会主义国家经济、政治和人民群众生活状况来衡量社会主义制度的。他们要求把理论上的马克思主义变为实践中的马克思主义，把口头上的马克思主义变为生活中的马克思主义。一个社会主义国家如果真正创造性地运用了马克思主义，按照马克思主义原则去治党（党的建设）治国（廉政建设），发展经济，改善人民的生活，就会无往而不胜；否则，就会酿成历史的大悲剧。无产阶级由取得政权到失去政权的教训是非常深刻的。

三、运动危机和"理论危机"

马克思主义理论发生危机的论调由来已久，20 世纪 80 年代末风云突变，这种论调更是不胫而走。实际上这种说法是蓄意混淆马克思主义运动中出现的危机和所谓的理论危机，企图以社会主义出现的曲折来否定马克思主义。

其实，当代社会主义运动中出现的反复，并不是马克思主义的理论危机，而是实际运动的危机。这种危机的实质并不表明马克思主义理论的错误或过时，而恰好是因为某些执政党或它们的领导者由于不能创造性地运用马克思主义，逐步走向背弃马克思主义，背弃社会主义方向而造成的挫折和暂时的失败。

列宁是严格区分马克思主义运动危机和所谓理论危机的。列宁承认在第二国际后期，由于伯恩施坦主义的出现，马克思主义的革命运动出现了危机。可是要克服危机，走出低谷，不是抛弃马克思主义，而是要坚持马克思主义，特别是要创造性地坚持马克思主义。列宁把所谓“马克思主义的危机”，看做是“重复资产阶级下流文人无聊的议论”①。但他也指出，马克思主义运动内部存在极深的瓦解和混乱，各种各样的动摇，一句话，就是马克思主义运动的极端严重的**内部**危机。

或许会有人提出反驳：怎么能把马克思主义理论和运动分开呢？20世纪80年代末社会主义运动中的重大挫折，难道不是证明科学社会主义理论是乌托邦吗？

任何稍微客观一点的观察家都可以看到，不可能要马克思主义理论为社会主义运动的曲折负责。因为当代社会主义运动危机的一个重要原因，并不是由于坚持马克思主义，而是由于不善于创造性地坚持马克思主义而最终导致背弃马克思主义。它证明的不是科学社会主义的错误，而是民主社会主义的破产。原苏联的一些理论家也已经认识到了这一点。有一位学者写道：“造成当前灾难的不是马克思主义之过，而是那些‘马克思主义者’的政治家、行政首长、管理人员和社会学家之过。是他们不懂马克思主义，是他们把社会主义从科学变为某种内容上随意解释、形式上变来变去的东西，是他们把国家资本主义的方法偷换为奉若神明的小资产阶级治国之道。”②

我们反对以马克思主义运动中的曲折为依据宣扬马克思主义理论危机。但无可否认，前者对后者具有不可忽视的影响。历史经验证明，马克思主义的命运是与无产阶级革命紧密相连的，十月革命之

① 《列宁选集》，第1卷，266页，北京，人民出版社，1995。

② 《苏联科学院通报》，1990年第5期。

后，则与社会主义国家的巩固与发展不可分割。当无产阶级革命处于高潮之际，社会主义国家相继建立，马克思主义理论阵地扩大，威信倍增，信仰者增多；反之，当无产阶级革命处于低潮时，社会主义国家出现困难和挫折，马克思主义阵地会缩小，队伍发生分裂，不坚定者会动摇。因而可以说，马克思主义理论的运行轨迹，表现为以无产阶级革命(包括社会主义国家的状况)为轴心的曲线运动。

所谓的马克思主义理论危机是革命遭遇挫折的映现。最早的“危机”发生在第二国际后期，伯恩施坦、考茨基以及以麦克斯·阿德勒、卡尔·伦纳、奥托·鲍威尔等为代表的奥地利“马克思主义者”在资本主义处于相对稳定时期公开举起了修正主义旗帜。

就马克思主义发展而言，所谓危机仅仅是整个过程的一个片断，是前进中的暂时逆转，它能克服，而且一定会克服。因为只要现实提出的问题是真实而非虚假的，就一定会由创造性的马克思主义作出回答。因此在所谓危机之后，接踵而来的必然是马克思主义的大发展。在克服第二国际后期的危机中，列宁对马克思主义的创造性发展就是这种规律的表现。

列宁主义的胜利和十月革命极大地提高了马克思主义的威信，扩大了马克思主义的影响和阵地。发源于欧洲的马克思主义通过十月革命的纽带，传播到亚洲，特别是为世界大国中国所接受。

以十月革命为起点，马克思主义在东方和西方的际遇不尽相同。十月革命胜利形成的马克思主义高潮在西方发达资本主义国家并未得到继续，第二国际后期的伯恩施坦主义以民主社会主义形式继续蔓延和传播。

在东方，马克思主义取得了伟大胜利。第二次世界大战后，东欧一系列社会主义国家建立，亚洲也出现了社会主义国家。特别是1949

年中国革命的胜利，如大海中喷薄而出的朝阳，极大地提高了马克思主义的威望。

在20世纪前半期，马克思主义在东方的伟大胜利及其对西方的冲击波，抑制了各种各样的非科学社会主义思潮。可在理论领域中，社会主义国家的一个重要教训是，正如在经济上与资本主义世界缺少交往处于对峙状态一样，在理论领域也是划河为界，对西方理论家们提出的问题采取简单批判或拒斥态度。我们缺乏对当代资本主义的深入研究，也缺少对西方思潮的认真探讨。当20世纪下半叶，特别是80年代，西方思潮如决堤之水涌向某些社会主义国家时，教条主义的马克思主义无力回击，而没有创造性也就没有批判力和战斗力。用教条式的态度对待马克思主义，用马克思主义经典作家的片言只语束缚手足的幼稚的、“左”的做法，必然会走向反面。这是一条重要的、同时也是血的教训。

四、要在结合中创造而不是重建

在中国是另一种情况。社会主义制度在邓小平同志倡导的改革开放中得到自我完善。我国综合国力的增强和人民生活水平的提高，初步显示了社会主义制度的优越性。中国改革开放所取得的成就，以无可辩驳的事实表明创造性马克思主义的无穷威力。

我们正处在20世纪的最后一个10年。马克思主义在中国改革中又一次胜利，预示着它的未来前景。就世界范围来说，挫折只可能是暂时的。因为马克思主义承担的伟大历史使命并没有结束，世界正在期待着马克思主义对自己面临问题的回答。对于马克思主义来说，这既是挑战，又是创造性地推进马克思主义的最好时机。

发达资本主义国家正处在所谓的“黄金”时期。从第二次世界大战结束以后，特别是进入20世纪下半叶，兴起了科技革命的浪潮。资本主义国家的经济发展，革命运动沉寂。可是科技革命并没有消融资本主义社会固有的基本矛盾。尽管西方某些理论家们力图推翻马克思主义的社会发展理论，鼓吹人类社会的前景是所谓“后工业社会”、“信息社会”和“电子技术社会”，借以否定社会主义代替资本主义的必然性和必要性。其实，资本主义社会的科技进步并不等于社会进步。在当代发达资本主义国家，经济发展与各种社会问题的尖锐化同时并存。经济、政治与文化之间的矛盾和失衡，必然会激起广大劳动者的不满与反抗。尽管西方各种各样消除资本主义社会弊病的社会学说很多，但经过尝试以后，人们通过自己切身的经验还会重新回到马克思主义上来，回到创造性地运用马克思主义、寻找出一条在发达资本主义国家实践社会主义的道路上来。

“西方马克思主义”中的某些人，希望从发达资本主义国家的状况中找到一条实践马克思主义的道路，这有其合理的一面。十月革命，终究是马克思主义在一个落后的东方国家的胜利，它不可能原封不动地搬到西方。可“西方马克思主义”的最大失误是，它们不是立足于把马克思主义与发达资本主义国家的实际结合起来，坚持马克思主义的基本原理，在实际应用中推进和发展它，而是力图重建马克思主义。

重建马克思主义，实际上就是在反对所谓恩格斯主义、列宁主义名义下反对马克思主义。英国学者乔治·莱尔因在《重构历史唯物主义》一书中直言不讳地宣称，所谓重建就是不用教条的传统马克思主义立场来对待马克思、恩格斯，而是特别注意在马克思和恩格斯的著作中能找到的同教条的传统的马克思主义截然不同之处，以及解决这一问题的必要性。

在西方理论家看来，复兴马克思主义的唯一道路就是重建：“摆脱马克思著作中的困境，既不需要对马克思学说的本义是什么进行独断的肯定，也不需要对马克思主义进行根本的和系统的修改，而只需要用同样的要素建立起新的平衡，这些要素有的是含蓄地存在于马克思著作中，有的是透过马克思思想的一般逻辑推导出来的。摆脱困境也需要变化一下所强调的重点，排除不适宜的解释成分。"一句话，重建就是把马克思主义"放到一种新的形式中"①。

"西方马克思主义"，从卢卡奇、葛兰西、柯尔施到当代"西方马克思主义"中的不少派别，都是以反对传统马克思主义为号召，鼓吹重建。他们或者是抓住马克思主义哲学的重要范畴，如实践、主体性，加以片面的夸大或曲解，从而形成与所谓传统马克思主义根本不同的"马克思主义"体系；或者采用西方哲学观点如弗洛伊德主义、存在主义、结构主义来解释马克思主义。这种所谓的重建，与其说是发展，不如说是肢解。

真正的创造性发展，不能只是停留在理论自身，而是应该勇敢地面对当代资本主义的现实。马克思和恩格斯是资本主义最猛烈的抨击者，又是资本主义最实事求是的科学研究者。马克思以能否充分吸收资本主义文明的肯定成果作为俄国跨越"卡夫丁峡谷"的条件。马克思以40年时间写作的《资本论》，就是马克思主义创始人以科学态度对待资本主义的确证。列宁的《俄国资本主义的发展》是研究俄国资本主义的状况的，而《帝国主义论》则是在新的历史条件下对资本主义发展到垄断阶段的研究。列宁强调："我们不能设想，除了建立在庞大的资本主义文化所获得的一切经验教训的基础上的社会主义，还有别的

① ［英］乔治·莱尔因：《重构历史唯物主义》，2页、15页，北京，中国社会科学出版社，1991。

什么社会主义。”[1]可是在十月革命以后，由于帝国主义的封锁和禁运，处于强大资本主义包围中的社会主义国家，被迫处于孤立状态。但我们在理论上也有失误，这就是缺乏对当代资本主义的深入研究，只看到社会主义和资本主义相互对立的一面，而看不到它们相互联系的一面，奉行两个平行市场的理论，把社会主义国家从整个世界中孤立起来。在世界已经联成一体、历史早已变为世界的历史的当代，随着时间的推移，这种做法越来越丧失在与资本主义世界相互接触、相互竞争中阔步前进的时机。

真正的马克思主义者敢于面对当代资本主义现实。马克思和恩格斯对自由资本主义的分析、列宁对帝国主义的分析，是我们研究当代资本主义的基本理论和方法论依据，但这并不能代替我们对当代资本主义新特点的研究。深入探索资本主义的新发展，把握当代资本主义的基本特征和发展规律，对当代发达资本主义社会的经济政治结构、阶级关系及其历史走向作出科学的回答，必然会创造性地推进马克思主义。

对于中国理论工作者来说，尤其重要的是研究邓小平同志关于建设有中国特色的社会主义理论和最近的重要谈话，研究党的以经济建设为中心，坚持四项基本原则，坚持改革开放的基本路线，总结十一届三中全会以来改革开放的实践经验和邓小平同志对马克思主义的创造性发展。

马克思和恩格斯承担的伟大任务，是把社会主义由空想变为科学。他们天才地完成了历史赋予的使命，成为新的社会主义学说的缔造者。列宁、毛泽东和其他社会主义国家的开创者们面对的伟大任

① 《列宁全集》，第34卷，252页，北京，人民出版社，1985。

务，是把社会主义由理论变为现实。他们实践了马克思恩格斯的伟大理论，又进一步发展了这个理论。而当历史进入到20世纪80年代以后，当代马克思主义者面对的伟大任务，是如何改革由自己一手建立起来的、已开始不适应生产力发展的旧的经济体制和政治体制，解放生产力，使社会主义制度得到完善和巩固。这是科学社会主义产生150年后遇到的新课题。

改革开放不仅关系到社会主义的命运，也关系到马克思主义在当代的命运。不坚持改革开放，社会主义制度的优越性得不到发挥，就有可能在斗争中被击败；不坚持改革开放，不解决社会主义发展所面临的问题，马克思主义就会停滞。

改革不仅是解放生产力，也是解放思想，使理论摆脱过时观念的束缚。如何建设有中国特色的经济政治文化体制，如何处理社会主义社会中的公有制和其他经济成分的关系，按劳分配和其他分配形式的关系，计划与市场的关系以及其他一系列问题，既是实践问题又是重大理论问题。正是在解决这些问题的过程中，马克思主义在与中国实际相结合中得到了创造性的发展。

社会主义在一些地方遭到挫折，但在中国的改革中却呈现出旺盛的生命力。从历史发展来看，社会主义归根结底是会战胜资本主义的。社会主义遇到的挫折是暂时的，只要经受过锻炼、吸取了教训的革命人民坚持把马克思主义同本国实际相结合，就一定会促使社会主义向着更加健康的方向发展。一位美国教授预言："我们必须敢于塑造一种历史的现象，敢于做一个马克思主义者。如果我们这样做，那么社会主义在1989—1990年间所谓的死亡，终有一天将像不死鸟一样死而复生。"①

是的，只要世界上仍然存在资本主义私有制，存在剥削和压迫，就不可能阻止人们对消灭剥削、消灭压迫，对共同富裕理想的追求。有资本主义社会，就一定会产生与其相继而行的社会主义社会。无论是在社会主义国家的改革中还是在资本主义社会的革命中，马克思主义都是不可战胜的。20 世纪上半叶马克思主义胜利的历史，在创造性的马克思主义实践中，在 21 世纪将会再度出现。邓小平同志的南方谈话是一个伟大的战略部署，它不仅规划了我国社会主义的美好前景，也为在世界上充分显示社会主义制度的优越性、创造性地发展马克思列宁主义指明了道路。

① ［美］《每月评论》，第 42 卷，1991 年第 8 期。

恩格斯与马克思主义*

正当人类即将进入20世纪时，恩格斯却与世长辞了。我们现在又处在世纪转换的交叉点上。恩格斯逝世后的100年，马克思主义经历了在实践中获得伟大胜利的喜悦，也遭受着血与火的考验。100年中，马克思主义风雨兼程、高潮起伏，使我们更加看到她的创造力和生命力。在恩格斯逝世100周年之际，高举马克思主义旗帜，在建设有中国特色的社会主义道路上奋勇前进的中国人民，对这位文明世界中最卓越的学者和现代无产阶级的导师、这位最可尊敬的革命老人怀着深深的敬意。

一、在当代要坚持和发展马克思主义，就必须捍卫恩格斯

恩格斯和马克思是两个人，又是一个人。从理论角度来说，他们是一个人，是同一学说、同一理论、同一主义的共同创造者。用列宁的话来说就是，“他们两人始终过着

* 本文发表于《教学与研究》，1995年第4期。

充满紧张工作的共同精神生活”，他们“共同创立科学社会主义”①。

在人类思想史上，由两个人终生合作，共同创造同一种学说的情况是绝无仅有的。在西方，亚里士多德主义的创始者是亚里士多德，黑格尔主义的创始者是黑格尔；在东方也一样，儒家学说的创始人是孔丘，墨家的创始人是墨翟。当然，同一种学说可以有多个代表人物，可以有信仰者、追随者和传人，形成不同的学派。但这种学说的首创者始终是一个，是某一个人的“一家之言”。

马克思主义则与此不同。它是由马克思、恩格斯相互合作历时数十年共同创立的学说。由志同道合才智相埒的两位旷世奇才作为同一种学说的创立者，看似偶然，似乎是微不足道的历史细节，实际上却包含着马克思主义发展史上的深刻意义。

第一，马克思和恩格斯虽然家庭出身和个人经历不同，但处于相同的历史条件和时代背景，具有相同的政治信仰。对于他们来说，创立马克思主义是为无产阶级获得解放锻造理论武器，而不是单纯为了著书立说。早在1845年，恩格斯在写给马克思的一封信中就非常准确地表达了这一点。恩格斯在信中对共产主义书刊在德国的传播和共产主义小组逐个建立表示高兴，但对缺乏科学理论表示忧虑，他对马克思说：“目前首先需要我们做的，就是写出几本较大的著作，以便给许许多多非常愿意干但自己又干不好的一知半解的人以一个必要的支点”②。可以说，马克思和恩格斯的全部著作都是直接或间接服务于这个根本目的：给无产阶级和人类解放以“必要的支点”。共同的政治目的使马克思和恩格斯牢固地结合在一起，生死与共，风雨同舟。

---

① 《列宁选集》，第1卷，94页，北京，人民出版社，1995。

② 《马克思恩格斯全集》，第27卷，18页，北京，人民出版社，1972。

第二，马克思主义是一个科学体系。马克思和恩格斯在著作中提出和创立的不是一种仅仅为他们两人所赞同的看法、观点或意见，而是一种科学学说，是对于被研究对象的规律的揭示。马克思和恩格斯长达40年的共同合作建立在科学的基础上：尊重科学、探索规律，而不是单纯的意见一致。以意见为依据的一致是暂时的，是不可能持久的。

第三，马克思主义科学体系包括哲学、政治经济学和科学社会主义各方面的内容，其中任何一个领域的新发现，都要求付出艰巨的劳动。马克思和恩格斯是“共创互补”的关系，正是他们的共同创造和各自的特殊贡献，才使马克思主义科学体系的诞生成为历史事实。

历史的必然性和各种偶然机遇，使恩格斯同马克思一道成为马克思主义的创始人。这是历史的事实。正因为如此，力图改变这个事实，创造马克思和恩格斯对立，也就成了长期以来反对马克思主义的一种常见和惯用的手法。

制造马克思和恩格斯对立的神话，从19世纪40年代就已经出现了。19世纪末德国资产阶级教授保尔·巴尔特，后来的伯恩施坦、海德门都鼓吹这种观点。从20世纪20年代的卢卡奇、科尔什一直到一些当代的西方马克思学家们调门越唱越高，他们力图把马克思和恩格斯的关系说成是“私交”，竭力冲淡、抹杀他们政治和理论观点的一致性。有的学者，例如法国的吕贝尔，不仅否认恩格斯和马克思共同创造马克思主义，而且根本否认有马克思主义，把马克思主义说成是恩格斯的伪造，是由恩格斯的脑袋中构想出来的。诸如此类的论调，不胜枚举。

项庄舞剑，意在沛公。制造马克思和恩格斯对立的神话、反对恩格斯的根本目的还是为了反对马克思主义。所谓马恩对立，无非是青年马克思和老年马克思对立的另一种说法而已。不过马恩对立论更具有蛊惑性和虚伪性，他们扬马抑恩以示客观和公正，把实际的政治目的和尖锐的意识形态斗争，隐藏在烦琐的学术考证和比较研究之中。英国《新左派评论》的主编安德森，在《西方马克思主义探讨》中对这种现象的产生及其实质曾作过比较深刻的分析："事实上，西方马克思主义是以对恩格斯的哲学遗产发生决定性的双重批驳而开始的，这种批驳是由科尔什和卢卡奇分别在《马克思主义与哲学》和《历史与阶级意识》两书中进行的。从那时以后，西方马克思主义实际上所有思潮，——从萨特到科莱蒂，从阿尔都塞到马尔库塞——一般都反对恩格斯后来的著作。然而，一旦恩格斯的贡献被认为不屑一顾，马克思本身的遗产的局限性就显得比以前更明显，对它加以补充也就更成为当务之急了。"①

正因为马恩对立是两个马克思对立的翻版，因此所有对恩格斯的指责，往往都借助于曲解马克思早期的两个手稿：《1844 年经济学哲学手稿》和《关于费尔巴哈的提纲》。

西方马恩对立论者以《1844 年经济学哲学手稿》(下称《手稿》)为所谓的依据，把马克思说成是"人本主义的马克思主义"，而把恩格斯说成是"科学主义的马克思主义"。他们把统一的马克思主义科学体系，曲解为包括两种相互对立体系的杂拌儿。他们对马克思主义科学体系的这种看法，是西方思潮中科学主义与人本主义对立的折光。

早在《手稿》刚刚全文公布时，朗兹胡特就强调，随着《手稿》的发表，"对马克思的理解获得了崭新的意义"，通过恩格斯、考茨基、伯

① ［英］安德森：《西方马克思主义探讨》，78 页，北京，人民出版社，1981。

恩施坦、卢森堡，最后通过列宁而固定下来的，不仅对马克思主义者而且对反马克思主义者都具有权威意义的马克思的全部观点，现在完全改观了。所谓“完全改观”，就是发现马克思主义是所谓的人道主义的马克思主义。至于塔克尔则更加明确、更加露骨地宣扬两种马克思主义的对立。他把《手稿》称为“马克思本人的马克思主义”，认为这种马克思主义同恩格斯称为唯物主义历史观或科学社会主义的那种马克思主义有很大区别。在西方，效颦者不乏其人。把马克思称为“人类中心论”者、把恩格斯称为“自然中心论者”的观点，成为颇为流行的时尚。

我们不必列举马克思对自然和自然科学的热情关怀和深刻研究，也不必争辩恩格斯对无产阶级和人类彻底解放的倾心关注，更不必论述《手稿》的本质。《手稿》虽然保留有费尔巴哈人本主义的烙印，但它的最主要之点是通过扬弃私有制，消除异化，为无产阶级和人类解放寻找一条道路。我们这里需要澄清的是关于马克思主义科学体系的本质问题。把马克思主义归结为人道主义或科学主义都是曲解，马克思主义体系包含着科学与价值的统一。

马克思主义体系是无产阶级解放的理论，它包含着对人的自由和人的全面发展、人类彻底解放的追求。但马克思主义从来都不把自己说成是所谓“人”的代表，而是作为当时已经历史地产生的无产阶级利益的代表，它也不是从资本主义制度下“人”的处境出发，而是从无产阶级和劳动者在资本主义制度下的处境和地位出发；它不是寻求所谓“人”的解放道路，而是寻求无产阶级解放的道路。马克思和恩格斯一致认定，只有首先解放无产阶级，彻底改变资本主义剥削制度，才能使人类获得解放。他们不是脱离无产阶级解放去寻找一般人的解放，而是把无产阶级解放作为人类解放的必经之路。因此马克思、恩格斯对无产阶级和劳动者的关怀，才是真正对资本主义制度下人的处境的关怀。这不仅是因为无产阶级和劳动者是资本主义社会中人口的大多数，而且是因为只有解放无产阶级才能解放全人类。首先是解放无产阶级，这是马克思主义和抽象人道主义关于人的解放理论的一个重要分界线。

马克思主义又是科学体系。马克思主义关于人类解放的理论，不是建立在公平、正义、人道、自由、良心等道德范畴的基础上，而是以客观规律为依据。在马克思主义体系中，任何一个组成部分都包含着对规律的揭示：马克思主义的经济学说，是研究支配资本主义社会的生产和分配规律的科学，它包含揭示资本主义经济制度的本质和运行的一系列规律和范畴；马克思主义的社会主义是科学社会主义，它是以资本主义社会基本矛盾和社会形态更替的规律为依据的，正如恩格斯说的，现代社会主义必获胜利的信心，正是基于这个以或多或少清晰的形象和不可抗拒的必然性印入被剥削的无产者的头脑中的、可以感触到的物质事实，而不是基于某一个蛰居书斋的学者的关于正义和非正义的观念①；马克思主义哲学同样是以客观规律为内容的。不少论者把哲学与科学绝对对立起来，认为哲学不是科学，它只是一种意见、一种看法、一种信仰。这种说法不全面。哲学当然不同于实证科学，但哲学的内容和观点的确有真理和谬误、正确和错误、科学和不科学之分。把哲学仅仅视为价值体系，看做哲学家的意见和信仰，实际上是把全部哲学看成一锅粥。其实任何有成就的哲学体系，都或多或少包含着对宇宙、对社会、对人生的某种规律性的观点。使某种哲学体系能长久留传、为后人所继承和吸收的正是这些规律性的观

① 参见《马克思恩格斯选集》，第3卷，501页，北京，人民出版社，1995。

点，而不是那些转瞬即逝的纯属个人主观臆断的见解。马克思主义哲学是以自然科学、社会科学、思维科学的知识为依据的，是对它们的概括和总结。因此在马克思主义哲学中，无论是自然观、历史观、人生观，都包含着对对象的规律性的揭示。没有规律，就没有马克思主义哲学。

所以，马克思主义体系是科学与价值的统一。它以规律为依据，但不是唯科学主义。它反对所谓的“价值中立”论，反对隐藏或削弱自己学说的阶级性，毫不掩饰自己对无产阶级和全人类解放的价值追求；它把无产阶级和全人类解放作为最高目标，但反对以人为出发点和归宿的抽象人本主义，而是从客观规律中探索人类解放的条件、可能性和途径。科学判断中蕴涵价值判断、价值判断以科学判断为依据，这就是马克思主义体系的本质特征。其实，对科学性和价值性统一的追求，在《手稿》中就已见端倪。只是由于历史的局限，当时还没有达到这种统一。

也有不少论者以《关于费尔巴哈的提纲》(下称《提纲》)为据，宣称马克思的哲学是“实践唯物主义”、恩格斯的哲学是“辩证唯物主义”，并攻击恩格斯是“独断论的”、“形而上学的”旧唯物主义者。从卢卡奇、科尔什到南斯拉夫的实践派以及原东欧的一些“新马克思主义”者都在不同程度上以各种方式鼓吹这种观点。他们中的不少人也许是想重建马克思主义哲学，但他们对恩格斯的抨击，通过摧毁辩证唯物主义建立起的哲学决不可能是马克思主义哲学，而只能是马克思当年轻蔑地称之为“跳蚤”的东西。

我们并不一般地反对把马克思主义哲学称为实践唯物主义。马克思和恩格斯对自己创建中的哲学曾用过多种名称：科学的唯物主义、现代唯物主义、新唯物主义、实践的唯物主义、共产主义的唯物主义以及辩证的自然观和历史观等等。我们也非常赞同深入研究实践在马克思主义哲学中的地位，以及实践在辩证唯物主义本体论、认识论、历史观中的作用，以便进一步推进马克思主义哲学的发展。对原有的辩证唯物主义和历史唯物主义体系进行改进或重新安排的探讨是有益的。但我们反对在恢复实践唯物主义的名义下制造马恩对立，排斥、摈弃辩证唯物主义和历史唯物主义的基本原理。争论的关键不是名称，而是实质，即关于马克思主义哲学的一些重大理论问题。改变或抛弃了这些原理，无论怎样称呼，都只能是名存实亡。

人类所面对的世界，当然是包括人和人类在内的世界。所谓世界观，并不是对排除人的纯物质世界作直观的考虑，而是通过正确理解人与世界的关系来把握世界的客观性，把握人的主体地位和实践的意义。人与世界的关系既包括人与自然的关系，也包括人与社会的关系。分歧的焦点，集中在人与自然的关系问题上。

在人与自然关系的问题上，无论是马克思还是恩格斯都非常重视实践的作用。但马克思从来没有因此而否认世界的客观实在性和自然界的优先地位。实践的作用是改变世界，而不是从主体中创造一个世界。人类化的自然是无限世界的有限世界，它随着人类实践的深化而不断扩展，但任何时候都会留下一个人类尚未实践的世界，它的存在为人类实践和认识的深化提供了无限可能性。把这个无限的客观世界的存在排除在哲学视野之外，就从根本上违反了实践观点，因为实践和认识在这里被绝对化、凝固化和静止化了。不能把马克思的哲学说成是以人为中心，以实践为半径，在无限世界中划出的一个小小的圆圈，把人的实践范围之外的世界称之为无，把承认人的实践范围之外的物质世界说成是“拜物教”。如果是这样的话，马克思的实践唯物主义就变成了在实践掩盖下的唯心主义。

在人与自然关系的问题上，马克思当然重视人的主体地位。所谓从主体角度把握客体也就是把自然界作为人的感性活动、人的实践的对象来理解。这里讲的是人对自然的改造。我们面对的世界，是部分地打上了人的烙印的世界。不从主体角度而仅仅从客体角度去考察客体，就不可能理解由实践活动所造成的对象的变化。《提纲》第一条对费尔巴哈和一切旧唯物主义的批判，是对旧唯物主义直观性的批判，而不是对唯物主义本身的批判。人在实践中面对的是一个客观的、不以人的意志为转移的独立存在的世界，它有着自己的客观规律。人要在实践中达到预期的目的，就必须认识自然规律，服从自然规律。在改造世界的实践中，我们应该坚持观察的客观性，坚持从实际出发、实事求是的原则，而不能宣扬从主体出发。人的愿望、目的、要求能否实现，取决于能否正确处理主体和客体关系，而不是片面弘扬的主体性。

至于把恩格斯说成是独断论者、旧唯物主义者是不值一驳的。任何不怀偏见的人，只要读一读《反杜林论》、《自然辩证法》、《费尔巴哈论》就可以明白这一点。

《提纲》是恩格斯 1888 年作为自己著作《费尔巴哈论》的附录公之于世的。恩格斯高度赞扬《提纲》，称之为包含着“新世界观的天才萌芽的第一个文件”。这个评价是科学的，分寸得当。他既指出《提纲》伟大的理论价值在于创立了一种新的哲学形态，同时又指出它是“第一个文件”、是“新世界观的萌芽”，因为它还没有包括日后日益丰富的关于世界的物质本性和辩证运动规律、关于认识过程和规律、关于社会结构和社会形态更替的规律等许多马克思主义哲学的基本原理。本来，马克思主义哲学是以实践为基础对世界唯物辩证的把握。硬要把实践观点和唯物辩证观点对立起来是错误的。恩格斯在天之灵如果有知，对于把他发现并由他发表的《提纲》作为反对他的根据，一定会诧异万分。

围绕马克思和恩格斯相互关系的争论，是现今意识形态斗争的一大特色。这一争论至今仍没有结束。可以断言，只要围绕马克思主义的斗争存在，形形色色的马恩对立论就会一再出现。所以要坚持和发展马克思主义，就必须保卫恩格斯。这是历史赋予当代马克思主义者的使命。

二、对马克思主义的卓越贡献

如果从理论上来说马克思和恩格斯是一个人的话，那么，从历史角度来看，他们则是两个人。在马克思主义发展史上，马克思和恩格斯都各有其独特的地位。

恩格斯非常谦虚，总是把自己放在马克思之后，甘愿处于“第二提琴手”的地位。他对生前的马克思无限热爱，对死后的马克思无限信仰。马克思的光辉，似乎遮住了恩格斯高大的身躯。其实，马克思和恩格斯是“共创互补”的关系。他们既是马克思主义的共同缔结者，又各有自己的特殊成就和贡献。列宁说得非常正确：“不研读恩格斯的**全部**著作，就不可能理解马克思主义，也不可能完整地阐述马克思主义。”①

恩格斯对马克思主义的形成、创立和完善的贡献是多方面的。恩格斯在马克思主义史上第一个从社会主义观点对资本主义经济制度的主要现象进行了考察；第一个论述了无产阶级不只是一个受苦的阶级，而且是能够自己解放自己的阶级；第一个全面研究了自然辩证法

① 《列宁全集》，第26卷，94—95页，北京，人民出版社，1988。

和军事辩证法；第一个用马克思主义观点论述了家庭、私有制和国家的起源，如此等等。但其中最突出的是对马克思主义系统化的贡献。正是在这个问题上，恩格斯受到西方某些理论家的攻击责难。他们诬称恩格斯是马克思主义的“伪造者”，指责恩格斯炮制了一个僵化的马克思主义体系。就连戴维·麦克莱伦都有类似的看法。他在《马克思以后的马克思主义》中批评恩格斯“把马克思主义勾画成像苏联(及其他国家的)辩证唯物主义教科书那样的教条式的形而上学体系”，还说，“老黑格尔建立的体系与恩格斯在自然科学的基础上把马克思主义系统化的倾向之间确实存在某些相似之处”①。

马克思主义要不要系统化？该不该系统化？当然应该。

一种科学的学说，必然是一种系统、逻辑上首尾一贯、各种观点之间有一种内在的不可抗拒的理论联系的学说，而不是零碎的、无条理的、充斥内在逻辑矛盾的理论杂拌儿。体系化是一种学说科学性的标志，它不仅要求内容真实，而且要求结构合理。

从19世纪40年代马克思主义开始创立起，经过30多年的发展和丰富，马克思、恩格斯在许多重要著作中发表了自己的多方面的看法，但还没有机会进行连贯的、系统的论述。当时，马克思正埋头于《资本论》的写作。是历史给予了恩格斯一个难得的机遇，他利用对杜林全面进攻的反击写了《反杜林论》这一伟大著作，从宏观上对马克思主义各个组成部分的基本观点及其内在联系做了一个比较连贯的论述，从而完成了时代提出的马克思主义系统化的使命。

在《1844年经济学哲学手稿》中，马克思已经涉及到了处于萌芽

---

① ［英］戴维·麦克莱伦：《马克思以后的马克思主义》，12页，北京，东方出版社，1986。

中的马克思主义的各个部分，但他是以异化劳动为中心把哲学、政治经济学和社会主义学说结合在一起，而且各个部分不均衡、不连贯。《反杜林论》则与之不同。它以社会主义由空想到科学发展为线索，以唯物史观和剩余价值学说为主要内容，科学地揭示了它们之间的不可分割的联系。这种内在的理论联系必然会使马克思主义成为一个整体，而且也只能是一个整体。

当然，马克思主义各个组成部分之间可以有相对独立性，可以成为专门研究的对象，但却决不能彼此割裂。其中任何一个部分都是整体的部分，具有总体规定的特性。一旦离开整体，丧失了马克思主义哲学和政治经济学的指导和论证，社会主义学说就只能是空想；如果经济学说不以唯物史观为指导、不以建设社会主义为总体目标，而是鼓吹私有化，那就不是马克思主义的政治经济学；同样，如果马克思主义哲学不与社会主义建设的实践相联系，不能发挥巩固和论证社会主义必然性的功能，脱离实际，那就是思辨哲学。马克思主义中的任何一个组成部分，都内在地包含着对其他部分内容的吸收、应用和论证。《反杜林论》之所以是一个整体，就在于它在分篇论述中始终保持了各种论点之间的联系性和一致性。

在马克思主义的系统化中，自然辩证法学说的创立，无疑是恩格斯的一个划时代的独特贡献。

人类对世界的认识是从自然开始的：从对自然的本性及其普遍规律的探索，逐步走向研究社会及其规律。马克思、恩格斯创立马克思主义的思想历程，同人类的认识道路是一致的。他们不可能在唯心主义自然观的基石上，建立起唯物主义历史观的大厦。在着手建立唯物主义历史观之前，他们对自然的物质本性是深信无疑的——这是他们之前多少代哲学家们早已解决了的问题。因此，马克思和恩格斯从社会着手，致力于唯物主义历史观的建立。

可自然界是人类赖以存在的基础，人与自然的关系是人类永恒的、不可须臾离开的基本关系。对于完整的、科学的马克思主义来说，把这个广大的、极其重要的领域放弃在自己理论视野之外是不可想象的。如果说费尔巴哈的局限是把历史放逐在哲学思考之外，那么，马克思、恩格斯则在确立了唯物主义历史观之后，再度从社会走向自然。从马克思主义系统化的角度来看，这完全是必要的。没有关于自然的唯物辩证观点，马克思主义体系是不完整的，也是不可能建立起来的。只是上半截的唯物主义是没有先例的、做不到的。离开了自然辩证法以及唯物史观，就必然会导致马克思主义政治经济学和科学社会主义学说的倾覆。因此自然辩证法问题并不是局限于对自然的理解，而是关系到整个马克思主义科学体系的科学性和完整性问题。

西方马克思主义和西方马克思学家们，不遗余力地攻击恩格斯关于人与自然的关系和自然界辩证运动的观点。他们不顾恩格斯关于人与自然关系的许多精辟论述，硬把恩格斯说成是自然主义者、直观唯物主义者。他们特别卖力地否定自然界的辩证运动，只承认实践辩证法、人学辩证法，而否定自然辩证法。

这些学者生活在现代，可他们的哲学思维和哲学智慧却还远不如古代希腊人和中国人。古代希腊人承认世界的辩证运动：万物皆流，无物常住。他们用"人不能两次踏进同一条河流"形象地表明了宇宙的变化。"飘风不终朝，骤雨不终日"，"一生二、二生三、三生万物"，这些充满哲理的智慧，都表达了对宇宙万物的辩证理解。如果自然界不是辩证地运动，那么宇宙的生生息息、万物的生长就是不可理解的。

当然，自然辩证法的反对者们可以顽固地认为，辩证法是主客体关系，只存在于社会领域，自然界自身的运动不叫辩证法。其实，不管人们如何称呼都无法改变一个事实，即自然界自身存在矛盾、运动、变化。世界上没有任何人能有这种力量，即使是“上帝”，也不能把辩证法从自然界中驱逐出去。

三、创造性地推进马克思主义

当马克思坐在安乐椅上溘然长逝时恩格斯也已进入老年。恩格斯的晚年是他一生中璀璨的一页。他肩负历史重任和亡友嘱托，单独领导欧洲工人运动和从事《资本论》第二、三卷的整理与出版工作。此外，恩格斯还不断推出新著，并为马克思和自己的著作写了许多具有重大理论价值的再版序言、前言，并写了许多通信阐述马克思和自己的思想。更加令人敬佩的是，恩格斯晚年充满了创造精神，他不断总结新经验，提出新问题，以创造性的态度对待自己的学说和已有的结论。

恩格斯坚决反对把马克思主义教条主义化。面对 19 世纪末德国的一些马克思主义者“用学理主义和教条主义”态度对待马克思主义，以为只要背熟马克思主义理论，就足以应付一切错误思潮，以及随后德国青年派把历史唯物主义当做现成公式、当做标签贴到一切事物上去的错误态度，恩格斯不断强调，马克思主义不是教条，而是行动的指南，“马克思的整个世界观不是教义，而是方法。它提供的不是现成的教条，而是进一步研究的出发点和供这种研究使用的方法”。①

恩格斯以一个伟大理论家的科学良心，坦率地宣称自己以往的著作存在某些理论不足。例如，恩格斯在 1893 年致梅林的信中讲到他

① 《马克思恩格斯全集》，第 39 卷，406 页，北京，人民出版社，1974。

们以往对上层建筑，特别是意识形态对经济基础的反作用强调不够时，认为马克思和他自己在这方面都有同样的过错。这就是最后都把重点放在从作为基础的经济事实中探索出政治观念和其他思想观念以及由这些观念所制约的行动，而忽略了另一方面，即意识形态对经济基础的反作用。恩格斯在他关于历史唯物主义的一些著名通信中对这一方面的许多重要问题都做了创造性的论述。

更为令人感动的是，恩格斯非常严谨，以批判性眼光审视自己的著作，承认自己著作中的某些观点不妥甚至已经过时。他曾经拒绝再版《政治经济批判大纲》，认为其中有些观点不成熟。他还在《英国工人阶级状况》1892 年德文第二版序言中宣称：这本书里所描写的情况，至少就英国而言，现在在很多方面都已成为过去。强调本书在哲学、经济和政治方面的总的理论观点，和他现在的观点绝不是完全一致的。恩格斯还承认，在本书中他把工业大危机的周期算成了 5 年，但是 1842—1868 年的工业历史表明，这种周期实际上是 10 年，而且从 1868 年起情况又有了改变。这种严于责己的精神，是以追求真理的态度对待真理的追求。

晚年恩格斯对待自己的著作，尤其是早期著作中的不足、缺点和错误的态度，为我们树立了一个如何对待马克思和恩格斯著作的榜样。马克思主义是由马克思和恩格斯创立、为他们的后继者所发展的科学理论体系，而不是马克思、恩格斯全部著作的言论总和。并非马克思、恩格斯著作中的每一个判断、每一句话都是不可改变的真理。西方流行的脱离马克思主义科学体系和基本原理，抓住其中的片言只语，尤其是抓住早期著作中的某些论断，进行所谓的注释、解读，实际上是对马克思主义科学体系的肢解。所谓两个马克思的对立、马克思和恩格斯的对立，都是以这种方法论为依据的。他们不是从马克思主义科学体系整体性的高度来阅读和把握马克思、恩格斯的著作，而是采取攻其一点、不及其余的方法来进行所谓马克思主义的重构。同以严肃态度审视自己著作的思想巨人恩格斯相比，这些自以为思想新颖实际上却是曲解马克思主义的做法都是理论上的“侏儒”。

对资本主义社会的研究，是马克思、恩格斯终身关注的热点，是马克思主义科学体系的重要组成部分。可以说，没有关于资本主义社会的理论，就没有可能也没有必要创立马克思主义。马克思、恩格斯把对无产阶级彻底解放的可能性、条件和道路的探索，建立在对资本主义社会剖析的基础上。马克思逝世之后，恩格斯在整理《资本论》第二、三卷的过程中继续从事这种研究。不同的是，在恩格斯晚年，资本主义正处于和平发展时期，自由资本主义正在向垄断资本主义转变，资本主义出现了许多新特点。尽管这些仍然是处于萌发状态，但高瞻远瞩、思想敏锐的恩格斯已密切地注视到了这种变化。他发现一些部门的大工业家联合成为一个卡特尔，甚至成立国际卡特尔，有些部门还形成了垄断全部生产的大股份公司。卡特尔、托拉斯的出现表明，资本主义的垄断正在逐渐取代自由竞争处于支配地位，国家越来越加强并有可能对经济进行一定的调控。

与资本主义发展的特点相联系，无产阶级革命斗争的策略也必然要发生改变。资本主义处于和平发展时期，工业生产力的迅速发展显示：欧洲的经济和政治矛盾还远没有成熟到可以铲除资本主义生产方式的程度。资本主义仍然具有很大潜力，无产阶级的革命时机并未成熟。恩格斯据此修改了自己过去对欧洲革命的估计，调整了斗争策略，提出了暴力革命和和平过渡两种可能性问题，提出了利用资本主义议会制度和普选权进行斗争的问题，从而大大地推进了马克思主义关于资本主义和无产阶级革命的理论。

关于未来社会主义的理论，恩格斯更加强调反对空想社会主义，反对把凝固不变的方案强加给未来社会的人们。恩格斯指出，未来的社会主义社会，是一个不断变化和改革的社会；未来的分配方式，应由未来的社会生活状况决定，而不是永恒不变的；未来社会的人口生产如何调节，应由未来社会的人自己决定。恩格斯对社会主义采取一种实事求是的态度，坚定地相信未来从事社会主义实践的人们有能力解决自己面临的问题，而不应预先用一些规定去束缚他们的手脚。这种态度是科学的、明智的，符合马克思主义的世界观和方法论，它将使社会主义学说永远保持它的生命力和适度的灵活性。

恩格斯于 1895 年 8 月 5 日逝世。他没有保留骨灰，也没有留下墓地，但他对人类和无产阶级的杰出贡献，为自己浇铸了永恒的丰碑。

做马克思主义圣火的传播者*

——兼论社会主义必然代替资本主义判断的两个层次

向大学生讲授马克思主义、毛泽东思想、邓小平建设有中国特色的社会主义理论，是历史的使命、党和人民的嘱托。如果说马克思是“盗火”的普罗米修斯，那么我们马克思主义理论课教员就是播火者。革命时期需要这样的播火者，社会主义建设，尤其是改革开放时期更需要这样的播火者。这是用什么样的世界观、人生观、价值观教育青年一代的大问题，事关社会主义的成败得失，至关重要。如果奉行“非意识形态化”，鼓吹指导思想“多元化”，放弃对青年一代的马克思主义的教育，其后果是有目共睹的。我们当然不会忘记当代社会主义运动挫折的教训。

一、职业的普通与事业的伟大

江泽民总书记关于讲政治的指标是针对新的条件、新的矛盾、新的问题提出来的，具有很强的现实针对性、紧

* 本文发表于《教学与研究》，1996 年第 4 期。

迫性和深远的战略意义。这就是在建立以社会主义市场经济为主要内容的经济体制改革过程中，面对西方推行的西化和分化政策，以及面对意识形态和理论领域中的混乱状况，面对腐败、分配不公、社会道德的滑坡现象，要全面坚持党的基本路线，坚持邓小平建设有中国特色的社会主义理论，保证我们的改革始终沿着社会主义方向前进。我们要防止以市场导向代替政治导向，以等价交换原则代替政治原则，以对金钱的敏感性代替政治敏感性和辨别力。要做到这一点，必须坚持马克思主义的指导地位，坚持用马克思主义武装我们干部的头脑尤其是高级干部的头脑。离开了马克思主义的指导，就不可能坚定正确的政治立场和政治方向，不可能有敏锐的政治辨别力，不可能维护无产阶级的自觉纪律。就高等学校而言，讲政治，就是要坚持马克思主义在教育中的指导地位。向所有的学生认真地有效地讲授马克思主义、毛泽东思想、邓小平建设有中国特色的社会主义理论就是其中最重要的一环。马克思主义在无产阶级革命中的指导地位从来都是明确、无可怀疑的，也是卓有成效的。俄国十月革命、中国革命以及其他社会主义国家革命的胜利都证明了这一点。可是无产阶级取得政权以后，有的人反而淡忘了马克思主义的指导地位，逐步走向否定和攻击马克思主义，最终导致政权丧失。这就是苏联走过的道路。苏联在斯大林逝世以后，在批评斯大林错误的口号下，由全盘否定斯大林到否定列宁，再到否定马克思主义，这个教训是深刻的，很值得我们认真吸取。批评斯大林有号召力，因为斯大林确有错误，确有可批评之处，可全盘否定的结果必然要追溯到列宁、追溯到马克思。这是意识形态领域不以人的意志为转移的规律。没有意识形态领域的大溃败，没有马克思主义指导地位的丧失，就不至于发生这个悲剧。或许有人不同意这个看法，认为苏联解体的“原罪”是斯大林，是僵化的计划体制造成的。这种说法不公平、不全面。斯大林把苏联变为一个仅次于美国的第二大强国，令西方侧目。斯大林留下的不是个烂摊子。斯大林有错误，但那是建设社会主义过程中犯下的错误。这种错误本来可以纠正，可以在克服错误中继续沿着社会主义方向前进。可整个事态的演变却是在批评斯大林错误的口号下，逐步走向全面否定社会主义成果，放弃共产党的领导，否定马克思主义，否定公有制的主体地位。之所以如此，是因为根本不相信社会主义必将代替资本主义，不相信在坚持社会主义的前提下可以改正错误。一句话，就是根本不相信马克思主义。

我们中国则与此不同。改革开放以来，我们一直强调马克思主义的指导地位，强调邓小平建设有中国特色的社会主义理论是马克思主义在当代中国的发展，反对把这一理论同马克思主义对立起来。邓小平发动过反资产阶级自由化的斗争，并反复强调坚持马克思主义的重要性。即使如此，在我们国家消解马克思主义主导地位的思潮还是不断出现。把坚持马克思主义者的形象变为“马列主义老太太”的形象，极力丑化。这种思潮严重地影响了我们青年一代中的一些人，滋长了他们的政治冷淡主义，对马克思主义无知，甚至抱着一种盲目排斥的情绪，这是非常危险的，因为他们是跨世纪的接班人。如果我们的青年以这种态度来对待马克思主义，其政治方向和政治立场是不问可知的。所以，我们的一个重大的历史任务就是要通过课堂教学，用马克思主义理论武装人塑造人，使我们的年轻一代成为维护社会主义制度、坚持社会主义改革的人才。课堂虽小但责任重大。

我们要把马克思主义课程的教学当做一项社会主义事业来抓。我们要向学生正确地宣讲马列主义、毛泽东思想和邓小平建设有中国特色的社会主义理论，这就是灌输。要使这种灌输卓有成效、使学生们听得入耳入心，我们就要着重正面的教育，完整准确地讲授马克思主义基本原理。但对于社会上影响青年学生的错误思潮、事关重大的原则性的理论问题，则必须立场明确、旗帜鲜明，决不能含含糊糊，这才是一个马克思主义理论教员应该采取的态度。我们应该向邓小平同志学习，在事关重大的理论原则问题上邓小平的立场是非常明确的、果断的。他亲自发动和领导的反资产阶级自由化的斗争就是证明。我们只要读读《邓小平文选》特别是第 3 卷就会一清二楚。他说："十二届六中全会我提出反对资产阶级自由化还要搞二十年，现在看起来还不止二十年。资产阶级自由化泛滥，后果极其严重。"①

当前，我们应该遵照江泽民总书记的指示，在思想理论领域中划清一系列重要界限，对影响重大的严重错误的观点应该进行有说服力的批评，以便使青年学生通过这种批评能明辨是非，并自觉坚持马克思主义的立场、观点和方法。

二、马克思主义理论教员自己首先要坚定信仰

坚定地信仰马克思主义对马克思主义课教员来说是至关重要的。如果我们自己都不相信马克思主义，不坚持马克思主义，是不可能讲好马克思主义的。马克思主义教学对我们来说不仅是一种职业，而且是一种信仰，是信仰与职业的统一。我们讲的东西与信的东西应该是一致的，如果信仰与职业分离，讲的东西自己不信，嘴里讲的和心里想的不一样，不仅讲不好课，而且是一种痛苦，总感到理不直气不壮。所以一个好的马克思主义教员，必须信仰马克思主义，要把信仰的力量、理论的力量结合在一起。

① 《邓小平文选》，第 3 卷，379 页，北京，人民出版社，1993。

或许有的教员会说，我不信马克思主义可又当上了马克思主义教员怎么办？好办，努力学习，把教学的过程看做是自我学习的过程、自我提高的过程。为了讲好课，必须钻研，必须思考，想通了，讲得有理有据，不仅说服了学生，也说服了自己。

还有的人说，现在是什么时代，还讲什么马克思主义？那你说是什么时代？无非是说西方发达资本主义国家没有发生革命，西方理论家们宣称马克思主义已经死亡而已。邓小平在1992年著名的南方谈话中曾经驳斥过这种谬论。他说："我坚信，世界上赞成马克思主义的人会多起来的，因为马克思主义是科学。"还说："不要认为马克思主义就消失了，没用了，失败了。哪有这回事！"①马克思主义是不可能消灭的。原因很简单，马克思主义是为消灭资本主义而创立的，资本主义不消灭，马克思主义怎么会消灭呢？只要资本主义私有制存在，只要剥削和两极对立以及不公平、不平等存在，就会有消灭这些现象的斗争，就需要马克思主义。只要资本主义存在，那么，作为资本主义社会矛盾产物的马克思主义也就必然存在。一种科学的认识、人类已经取得的科学成就是不可能被取消的。马克思主义不可能消灭，但必须发展，也可以发展。马克思主义在俄国发展为列宁主义，在中国发展为毛泽东思想，现在又发展为邓小平理论，这说明马克思主义具有极大的创造力和自我更新能力。世界上有那么多主义、那么多思想体系，单单要消灭马克思主义，这不是政治偏见又是什么？实际上，资本主义世界中的各种各样的学说和思想体系就如同走马灯一样，朝生暮死，真正有生命力的还是马克思主义，这是当代的现实。

有的人感到当马克思主义教员低人一等，学马克思主义的不愿说

① 《邓小平文选》，第3卷，382、383页，北京，人民出版社，1993。

是学马克思主义的，教马克思主义的不愿说是教马克思主义的。这极不正常。我们是社会主义国家，马克思主义是指导思想，却反而认为是低人一等，这是价值观念的大混乱、大颠倒。这是一种社会病态。请问：在我们高等学校的各种课程中，哪一种课程具有如此大的重要性：它关系到全世界人民的命运，关系到中国社会主义的前途和命运，关系到改革的命运，关系到究竟用什么思想塑造人、培养人？这种课程怎么还低人一等呢？所谓低人一等，是由于西方资产阶级思想和国内资产阶级自由化思潮压力所形成的错误认识，以及“一手硬一手软”的状况造成的。只要我们完整准确地理解了邓小平的思想，全面贯彻党的基本路线，加强社会主义精神文明的建设，马克思主义理论课在高校中的重要地位就一定会得到加强。

三、面对实际、面对问题

要想讲好马克思主义理论课必须啃硬骨头，敢碰现实中的困难问题。中国古人说教师的责任就是传道授业解惑，对我们来说传道就是传马克思主义之道，授业就是以马克思主义为专业，而解惑就是要解决学生思想中存在的难题。不是面对问题而是照本宣科，学生当然不爱听。比方说“两个必然”的问题，即资本主义必然死亡、社会主义必然胜利的问题，这是关系到整个马克思主义即经济学、哲学、科学社会主义的根本问题，这个问题不解决，马克思主义就站不住。所有反对马克思主义的人，无论国内国外都集中攻击这个问题。他们之所以在这个问题上做文章，是因为推翻了这“两个必然”，马克思主义就没有存在的根据。因此，我们必须讲清这个问题。

马克思主义关于“两个必然”的理论，包括两个层次的判断：一是纯理论的判断，即资本主义由于它自身的矛盾——生产的社会性和私人占有的矛盾的激化，必然要过渡到社会主义，但是只要生产关系还能容纳生产力的发展，它就不会马上灭亡。这个论断完全正确。《〈政治经济学批判〉序言》对这个问题曾作过经典的表述。二是纯政治性的判断，即根据当时形势作出的关于某个国家革命爆发可能性的判断。例如，1848 年革命前夕关于德国革命的判断就是由当时的形势决定的。第一种判断是关于社会发展规律的判断，第二种判断是关于某一国家形势的预测，这种预测随着条件的变化可以失效。

所有马克思主义的反对者们都是借口第二种判断的失效来否定第一种判断，否定马克思主义。例如，美国哲学家宾克莱在《理想的冲突》中说，自从马克思去世以后，历史进程本身已经表明他所预言的革命并没有发生，这说明“两个必然”的论断已经过时，用他的话说，就是作为历史学家的马克思已经降到只能引起历史兴趣的、被人遗忘的地步。美国社会学家米尔斯在他的著作《马克思主义者》中更是否定两个必然性观点，认为它是一种虚构，从封建主义到资本主义以及从资本主义到社会主义的序列，是马克思主义的理论和历史框架。但我们现在却都必须加以修正：从先进的资本主义社会中并没有产生任何一种可能会被认为是马克思主义的社会主义。

最近我看了国内一位学者发表在香港报纸上的一篇文章，强调要用实践检验马克思主义，其中最重要的观点就是用否定第一个判断来否定马克思主义。他说：从马克思逝世到现在的一百多年里，资本主义经济总的说来是在发展的，资本主义的生产关系仍能容纳生产力发展，资产阶级是推动生产力的阶级，当初无论是马克思还是列宁都过早地宣判了资本主义的死刑。因而这位学者鼓吹要对马克思主义进行修正。还有人在《告别革命》一书中攻击马克思主义犯了急性病，说什么马克思认为当时的西欧已是无产阶级世界革命的时代，其实当时整个世界才处在资本主义社会的前夕。所有这些论调都是借口第二个判断的失误来否定第一个判断，它们与所有历史上和当代西方反对马克思主义的人的调子是一模一样的。

要不要对资本主义宣判死刑和何时执行死刑是两个问题。正是马克思和恩格斯自己纠正了1848年前夕的估计，但他们仍然坚持对资本主义的基本理论分析。事实证明马克思和恩格斯的观点是正确的。恩格斯逝世后20多年发生了十月革命，随后在欧洲亚洲发生了一系列革命，其中特别是中国革命，打开了资本主义世界的大缺口。不错，第二次世界大战以后，特别是近20年来，西方发达资本主义国家发生了科技革命，生产力有了较大的发展，工人的劳动条件和生活状况发生了较大变化，无产阶级革命处于低潮。但这并不能说明马克思关于两个必然性的论断已经失效，因为资本主义社会的基本矛盾依然存在。谁也不敢断言，西方发达社会不是以资本主义私有制为基础的社会，而是所谓的信息社会、后工业社会，已经不存在阶级、阶级矛盾和阶级斗争了。在我看来，资本主义社会生产力的发展和就业工人生活状况的某些改善，与它的必然灭亡之间并不是相互排斥的。由于资本主义社会的基本矛盾，在这个社会中一切都是相反相成的：它创造了摩天大楼和高级别墅，也不断地滋生着用硬纸板和铅皮搭成的贫民窟，以及不少的无家可归的流浪者；它发明了许多消灭疾病的新药，但又不断地滋生着从同性恋到吸毒等这些社会病态；它改造了自然又不断地破坏自然，把生态环境问题变成为人类生存攸关的大问题。所以当代发达的资本主义社会处于尖锐的矛盾之中，一方面它是以往全部阶级社会中最具创造性的社会，同时又是最冷酷、最令人憎恶、把人与人的关系推入赤裸裸的利己主义的冰水之中的社会。它的生产力越发展，矛盾越大，越接近于死亡。资本主义社会生产力的发展，不是使它远离社会主义，而是更有条件过渡到社会主义。

有的论者以苏联的解体和东欧的剧变来否定马克思主义、否定马克思主义关于“两个必然”的论断，这也是不能成立的。在我看来，它只不过是资本主义社会和社会主义社会斗争中的一个回合。这种失败是回合中的失败，而不是最终的结局。谁也不敢断言，苏东事件已经成为最终结局。实际上就像一幕戏一样，只是拉开了帷幕，斗争还在继续。如果说资本主义私有化获得成功，那它必然会产生一个新生的资产阶级，必然会把原来处于主人地位的工人变为雇佣劳动者，从而开始新一轮的斗争；如果私有化不成功，经济混乱，生产下降，人民生活贫困，民怨沸腾，人们的怀旧情绪就会不断升温，人民会从自己的失败中更加认识到什么是社会主义、如何建设社会主义，从而更有利于复兴社会主义事业。正如邓小平所说，封建社会代替奴隶社会，资本主义代替封建主义，社会主义经历一个长过程发展后必然代替资本主义。这是社会历史发展不可逆转的总趋势，但道路是曲折的。资本主义代替封建主义的几百年间，发生过多少次王朝复辟？所以，从一定意义上说，某种暂时复辟也是难以完全避免的规律性现象。“一些国家出现严重曲折，社会主义好像被削弱了，但人民经受锻炼，从中吸取教训，将促使社会主义向着更加健康的方向发展。”①

苏联的解体和东欧剧变，使得一些人对社会主义前途丧失信心；而西方资本主义的相对稳定和生产力的发展，又使人产生资本主义仿佛是永恒存在的错觉。资本主义是否就是那么美妙？我们听听布热津斯基怎么说。布热津斯基对社会主义是决无好感的，对资本主义当然很赞成，人们对他的真诚不会表示怀疑。《大失败》一书表明他具有极

---

① 《邓小平文选》，第3卷，383页，北京，人民出版社，1993。

其鲜明的政治立场和观察力，具有很强的预见性。可以说苏东事件与他的判断非常相近。然而，就是这位先生在他的新著《大失控与大混乱》中对资本主义的前途表示了极大的忧虑。他坦诚地承认资本主义的头号富国美国存在各种社会矛盾；他指责美国丰饶中存在纵欲无度，出于人为诱发的欲望而不是出于需要的消费，出于人为的刺激的欲望购买时髦货；他还批评美国的电视传媒，把强暴野蛮行为视为正常现象极力加以鼓吹，批评它们鼓励性乱行为以及迎合最低级的尽人皆知的本能。尽管欧洲的情况比纽约地铁的混乱可能好些，但也绝不是资本主义的天堂，在布热津斯基看来，今天的大多数欧洲人都热衷于追求很像美国消费主义者的道德标准所界定的那种优裕的生活，他们新的神庙是超级市场和迪斯尼乐园，他们没有精神世界，充其量也只是美国的应声虫。

当然，我们可以把这个评论看做焦大骂贾府，但不管怎么说它确实说明了资本主义处于困境，并不像某些东方人眼中的西方那样美妙。其实上述种种都只是现象，本质仍在于资本主义制度自身的基本矛盾。世界发展的趋势表明，全球问题的产生，如能源问题、环境问题、人口问题等等，在资本主义制度的框架内是无法彻底解决的。西方发达的资本主义国家采取高额税收的方式来缓和两极对立，维持一定的社会福利和社会保障，把消灭贫困作为自己的目标，这说明资本主义自身就蕴涵着自我否定。可是由于它的经济政治制度，它的一切措施充其量也只是改良，而不可能从根本上解决矛盾。人类如果不愿因资本主义的矛盾激化而陷于绝境，就必然要寻找根本解决矛盾的办法。出路何在？只有社会主义才能使资本主义摆脱困境。资本主义的前途就是社会主义，这就是历史和现实的结论。由此可见，马克思主义关于“两个必然”的理论、关于社会主义必然代替资本主义的论断是完全正确的。

马克思主义理论课只要面对现实、面对问题，它的内容是非常丰富的。但要面对实际针对问题讲好马克思主义却是很不容易的，这就要求我们教员必须关心实际，密切注视并研究实践中提出的问题——为此必须认真读书学习。

但读书有个方法问题。我们是马克思主义理论教员，首先要读马克思主义的经典著作，读毛泽东和邓小平的著作。对一些重要的原著应该认真钻研，我们阅读马克思主义原著不仅会为它们深刻的真理性所征服，也会学到作者优美的文风。读一读马克思发表在《莱茵报》上的评论吧，读一读《共产党宣言》、《路易·波拿巴的雾月十八日》，读一读《反杜林论》和《费尔巴哈论》，我们不仅可以从中学到理论，学到分析问题的方法，而且可以学会写文章。不可抗拒的逻辑力量和优美文风的完美结合，为我们树立了一个典范。

但又不能信什么读什么，我们是马克思主义教员，就只读马克思主义的书，其他一概不读，结果弄得知识贫乏眼界狭隘。我们应该读一些中国的传统文化著作，读一些西方古代和当代的理论著作和哲学著作。此外，除了正襟危坐啃经典、啃专业书外，其他非专业书也不妨随手翻翻，不要把自己搞得太窄，可以杂一点，除了专业书以外什么都不读是很难在理论上有多大创见的。

但是光多读也不行，还要思考。我们要站着读不要跪着读，要用脑子读不要仅用眼睛读，凡是我读的不管是对的错的，都要尽可能变成是我的，变成对我有用的。对的固然有用，可以增加我的知识；错的也同样有用，知错之为错，能说出它错在哪里，应该怎样写不应该怎样写，这就是一种收获，大大的收获。读书最怕的是无论对错都说不出一个道理。读什么信什么，是非不清界限不明，这比不读更坏。

《道德经》上说“少则得，多则惑”，这里所说的“多则惑”指的就是光读书不思考。

在提高的问题上，教学与科研的矛盾是会经常碰到的。我们要善于处理教学与科研的矛盾。其实，站在讲台上面对教学，只要是有心人，学生提出的问题和教学中经常遇到的难点、疑点就都是进行科研的推动力量。谁能够对马克思主义理论课上经常碰到的或新出现的问题做出有分析的、有深度的回答，谁就能写出最有水平的文章。如果把教学与科研对立起来，把教学视为是负担，敷衍塞责，对教学中的问题不研究不探索，那就既教不好学生也出不了科研成果。

我们现在正处在两个世纪的转折点上，我们承担的任务是艰巨的。时代需要培养大批高水平的马克思主义理论教员，我们把希望寄托在中青年一代身上。可以肯定，在建设有中国特色的社会主义的伟大实践中，一定能涌现出优秀的马克思主义理论课人才。

马克思主义在当代的新课题*

在以公有制为主体、多种所有制同时并存的情况下，如何通过市场经济来建设社会主义精神文明，这是当代中国的马克思主义面对的新课题。邓小平的伟大之处正在于他不仅把市场经济与社会主义结合在一起，而且把它与社会主义精神文明建设结合在一起。如何根据邓小平建设有中国特色的社会主义理论，在社会主义市场经济条件下加强精神文明建设，这是时代赋予我们理论工作者的重大使命。

一、道德建设：社会主义精神文明建设的必由之路

社会主义思想道德集中体现着精神文明建设的性质和方向，道德建设是社会主义精神文明建设群众化、实践化、普遍化的必经之路，它涉及各行各业，涉及每个人。群众的道德状况，是判断一个社会文明程度的重要尺度。

---

* 本文发表于《教学与研究》，1997 年第 3 期。

道德建设不能仅限于道德自身。道德建设的成效，一是取决于指导思想，二是取决于社会状况。我们重视道德但不是唯道德论者，因此在道德建设中必须正确处理一些与道德建设有关的重大理论和实际问题。其中一个关键问题是正确处理物质文明与精神文明的关系。

1. 社会主义市场经济条件下的道德建设

我们是在社会主义市场经济条件下进行道德建设，而不是仅仅建设市场经济的道德；因此，我们的道德建设不能仅仅以市场经济为尺度，而是要与我们的基本的社会主义经济制度和政治制度相适应。市场关系在道德领域的泛化，人与人的全部关系都以等价交换为纽带，只能导致道德危机。当然这不是说，我们国家的道德建设可以无视社会主义市场经济存在的客观现实，可以绕开市场经济、甚至与市场经济相对立，而是说社会主义道德要具有培养人的共同理想、高尚人格和人的行为规范的功能，就必须具有普遍的社会主义性质，而不能仅仅局限在市场经济的范围内。社会主义道德建设既要适应社会主义市场经济，又要超越市场经济；不适应是抽象的理想主义，不超越是狭隘的实用主义。

我以为，在这个问题上的一个重要误区，是脱离社会主义基本制度来谈论建立与市场经济相适应的道德。有些人把为人民服务、集体主义说成是计划经济的道德，而把功利主义、等价交换、个人利益原则说成是市场经济的道德，这是不对的。新中国成立以来我们只有一种社会主义，而没有两种社会主义。过去是社会主义现在仍然是社会主义，我们经历的是由计划经济体制到确立市场经济体制的过渡。我们的市场经济是社会主义的，是从属于我们的基本制度的，不存在社会形态的变化，因此以为人民服务为核心、以集体主义为原则的道德，过去适用，现在也同样适用。这种道德原则在市场中，具体化为诚实守信、公平竞争的行业道德，它有利于规范市场行为，促进市场发展与完善。不能把社会主义道德与等价交换绝对对立起来，这是两回事。经济领域中存在道德问题，是因为经济领域中活动的主体是人，但道德是用来衡量人的行为的，而不是用来评价经济的。经济的尺度不能是道德。所以马克思说，经济与道德是两个不同的领域，各有自己的尺度。等价交换是经济尺度，为人民服务是道德尺度，它们在社会主义市场经济中完全可以结合，为人民服务原则在市场经济的范围内通过等价交换、遵守行业道德得到实现。社会主义市场经济没有与社会主义道德相对立的特殊道德，它实行的就是社会主义道德；但社会主义道德可以有不同层次。我们鼓励和支持一切有利于解放和发展社会主义社会生产力的思想道德，一切有利于国家统一、民族团结、社会进步的思想道德，一切有利于追求真善美、抵制假丑恶、弘扬正气的思想道德，一切有利于履行公民权利和义务、用诚实劳动争取美好生活的思想道德。但如果认为既然是市场经济就应该提倡拜金主义，提倡个人主义，那是对社会主义市场经济本质的错误理解。

在研究市场经济与道德建设的关系时，人们往往注重市场经济运行机制对道德的效应，而忘记了一个最重要的问题，即社会主义市场经济的内容。社会主义市场经济的积极作用在于，它以解放生产力，发展生产力，消灭私有制，消灭剥削，最终达到共同富裕为目标。发展生产力有利于全民族的道德水平的提高，因为富裕与文明、贫困与落后之间有着十分密切的关系。即使在社会主义社会，生产力的低下也会使一切陈旧腐朽的东西死灰复燃。因此在社会主义市场经济运行中，要始终坚持以公有制为主体和先富帮后富、走共同富裕道路的方针。邓小平非常强调这一点，他说："在改革中，我们始终坚持两条根本原则，一是以社会主义公有制经济为主体，一是共同富裕。”①还说：“社会主义的目的就是要全国人民共同富裕，不是两极分化。”②因此，社会主义市场经济与道德建设的关系就离不开以公有制为主体和共同富裕的方针。如果推行私有化，推进两极分化，当然会妨害社会主义道德建设。所以，要研究市场经济与道德建设的关系，就必须把握社会主义基本制度对市场经济的制约性。如果市场经济的活动始终沿着社会主义方向前进，即有利于巩固以公有制为主体和共同富裕的道路，它对社会主义道德的积极作用就是无可置疑的。反过来说，我们的道德建设紧紧抓住以为人民服务为核心，以集体主义为原则，反对拜金主义和个人主义，就会有利于社会主义市场经济运行有序化，在发展经济的同时遏制市场机制的弱点和消极面，在成熟的市场经济条件下建立良好的道德秩序。

2. 为人民服务和集体主义

为人民服务和集体主义并不是新的原则，在无产阶级革命中，或者在社会主义社会的非市场经济关系中，这两条原则容易理解，可我们面临的问题是，如何把它与社会主义市场经济结合起来。

分工与交换是市场经济的共同性，但为人民服务则不能被归结为分工与交换。尽管在资本主义市场经济中，分工与交换具有相互服务的功能，可以相互满足对方需要，但我们却不把它称为为人民服务。因为资本主义市场经济是以货币为中介的关系，它直接追求的是利润，而不是为人民服务，服务只是达到目的的手段。可能他们的服务态度很好，真是以顾客为上帝，可仍然不能称之为为人民服务，因为

① 《邓小平文选》，第3卷，142页，北京，人民出版社，1993。

② 同上书，110—111页。

它的目的是掏上帝的口袋。这是由生产关系的本性决定的。

在社会主义市场经济条件下，我们也存在分工、交换。由于我们的生产关系发生了变化，我们的社会是社会主义社会，因此我们的职业和岗位为为人民服务提供了可能性，但这还不等于就是为人民服务。因为你完全可能会以一种错误的态度去对待自己的工作，不仅不为人民服务，而且利用这个岗位，利用这个职业来坑害本应服务的对象。如果以为只要在分工中占有一个岗位就是为人民服务，那就无所谓行业不正之风，也无所谓职业道德问题。现在占了岗位为自己服务的情况太多了，对于这种人来说，任何一个行业和岗位都是卡住别人脖子的手段。

为人民服务是道德原则，而且是社会主义乃至共产主义的道德原则，它的核心是以人民利益为最高原则。它是共产党人和革命者的价值理想和行为规范。毛泽东之所以写《为人民服务》这篇文章来纪念张思德，正是为了表扬他通过平凡的岗位表现出的为人民利益而工作的精神。这种精神并不是高不可攀，在社会主义条件下，只要尽心尽力搞好本职工作，遵守职业道德就是为人民服务。因为我们是社会主义国家，是人民当家做主的国家。这种新的社会关系决定了我们的分工的性质，以及做好本职工作的道德意义。所以在理解为人民服务的道德原则时，既不能抽去它的灵魂，将之变成一种单纯的职业分工，又不能把它神秘化，视为高不可攀、永远无法达到的境界。

在市场经济条件下，如何对待集体主义和个人主义也是如此。不能认为市场经济天生就排斥集体主义而只能提倡个人主义。这是把个人主义混同于个人利益、集体主义混同于集体利益的错误看法。

个人主义与集体主义问题之所以称得上是“主义”，在于它们是人们对待个人利益与集体利益的态度和处理方法，而不是这种利益本身。个人利益与集体利益属于利益范畴，它是一种客观的受生产关系制约的利害关系。由于生产关系的性质不同，所以个人利益与集体利益的内涵也不同。例如，在以私有制为基础的社会中，个人利益对于被剥削者个人来说是至关重要的，而以国家和社会利益面目出现的往往是统治者利益。这是一种虚假的集体，是以牺牲被剥削者的个人利益为代价的所谓集体主义，实际上是一种专制主义。在资本主义刚刚兴起时，个人主义之所以具有一定的积极作用，正在于它反对的是以国家利益面目出现的封建专制主义。可是在社会主义社会，生产关系发生了变化，个人与集体的关系不是剥削者与被剥削者的关系，而是社会主义社会的公民与代表全体人民的国家之间的关系。因此，在社会主义社会强调个人主义的积极作用，是弄错了时间和地点。

在社会主义社会中，个人主义的错误并不是因为它维护个人利益，而在于它在处理个人利益与集体利益的关系时，只强调个人利益，甚至为了个人利益不惜危害集体利益。这种个人主义不仅危害集体，成为害群之马，而且最终还会危害自身。许多个人主义者的身败名裂，足以为训。所谓“机关算尽太聪明，反误了卿卿性命”讲的就是这种人。

社会主义的集体主义同样是一种主义，但它并不反对个人利益，而是一种要求正确对待个人利益与集体利益关系的态度。它反对为谋求个人利益而损害集体利益，要求正确认识到社会主义集体利益中包含个人利益，集体越发展越有利于个人利益的获得和巩固。它不仅不以个人利益来损害集体利益，而且当个人利益和集体利益发生矛盾时，为了集体利益可以牺牲个人利益。从长远来说，这种牺牲不仅有利于集体，而且有利于个人，因为个人暂时牺牲的利益会由于集体的发展而得到补偿。即使个人得不到播种后的收获，也会由我们的（包括牺牲者自己的)后人得到，这就是前人栽树、后人纳凉。前人栽树后人纳凉，也是集体利益包含个人利益的一种形式。

社会主义市场经济并不排斥个人利益，相反，它还为积极投身市场的个人谋取正当的个人利益提供了前所未有的机遇。但这并不是说，在社会主义市场经济中活动的个人，只是为个人利益而拼搏的经济人，可以置国家和社会利益于脑后。我们不可能要求所有的人都在道德上正确处理个人利益和集体利益的关系，但我们不仅要进行道德教育，要求在市场经济中活动的社会主义企业和个人树立社会主义道德，而且还要借助法律手段，以法的形式来维护国家和集体利益，对于以谋取个人不正当利益而损害国家和集体利益者根据情节绳之以法。在市场经济中，法律同样具有指导人们正确处理个人利益和集体利益道德关系的功能，只不过它是他律而不是自律。

3. 市场经济中的义利之辨与功利主义

义利之辨在中国是个古老的道德问题，功利主义则是西方资本主义市场经济条件下最为盛行的道德理论。在社会主义市场经济中，如何处理义利关系、如何看待功利主义都变成了具有重要理论和现实意义的问题。

在义利问题上，儒家是重义的，但它也并不是在任何意义上都是轻利的；问题是什么样的利。儒家所说的义，是君臣大义、民族大义、父子大义，而利则是个人的私利，因此当然强调重义轻利。在义利选择之间，小人喻于利，即只知追求私利，而君子则知道以义节利。孔子并不否认利，他说，“富贵可求也，虽执鞭之士，吾亦为之”；可是当利妨碍义时，则不为。他说：“富与贵是人之所欲也，不以其道得之，不处也；贫与贱是人之所恶也，不以其道得之，不去也”。当义利两者处于尖锐对立时则应舍生取义。这种以义节利的观点从抽象意义上来说是对的，可是由于它的义的内容是封建的纲常伦理，因而对于劳动者不利，代表的是封建统治者的利益。这种义利观在宋明理学中发展到存天理灭人欲的地步，当然应该反对。

从理论上来说，以义节利、义利统一的观点是正确的。但我们说的利，不仅是个人利益，更重要的是国家和民族的利益。这种利益的理论表达，就是义。马克思主义理论是科学性与价值性相统一的学说，它的科学性也可以说是无产阶级的大义所在，而它的价值性则是它的大利所在。不讲利，就不是马克思主义，因为马克思主义理论和政党就是为无产阶级和全体人民利益而奋斗的。但无产阶级的利之所以能得到保证，是由于它符合历史的规律，是由义来论证和保证的。越是坚持马克思主义，越有利于无产阶级和全体人民，反之，越为无产阶级和全体人民的利益而奋斗，也就越符合马克思主义。从整体上来说，社会主义的义和利是统一的。社会主义既维护集体利益也保障个人的合理利益，这就是它的义之所在；假如置广大群众利益于不顾，就不是一个马克思主义者。在社会主义条件下，所谓义与利的矛盾，最根本的表现为代表整体利益的义与个人的利益和眼前利益的矛盾。以义节利，就是在这两者不能兼顾的情况下，我们提倡个人利益服从集体利益，眼前利益服从长远利益。

马克思主义者是重视利益问题的，认为理论离开利益就会出丑。特别是在市场经济活动中，口不言利是虚伪的，也是不可能的。利益原则是市场经济中不以人的意志为转移的客观现实。但能不能说，我们的社会主义道德是功利主义的或以功利主义为基础的？我认为不能。我们重视利益问题，但在道德问题上我们不主张功利主义。

众所周知，毛泽东在延安文艺座谈会上的那篇著名讲话中使用过“革命功利主义”这个名称，但它是用来反对为艺术而艺术，反对文艺脱离群众，反对那种为资产阶级服务但又自命清高的文学艺术的，是解决文艺为什么人的问题。毛泽东的革命功利主义实际上是为人民利益、为无产阶级利益而奋斗的原则，这种道德本质上是共产主义的道德，它与以个人利益为核心的功利主义是迥然不同的。毛泽东反驳论敌的话不能成为马克思主义主张功利主义的根据。

市场经济中的利益多元化以及市场经济中的利益驱动是不能否认的，以合法的手段追求自己的利益也不违反现行法律和道德，但这并不等于说，在道德导向上我们应该提倡功利主义。这是两回事。功利主义本质上是以个人主义为核心的、以追求个人利益为行为的最终目标的道德，因此以功利主义为导向的必然结果只能是个人主义泛滥。相反，社会主义道德是以为人民服务为核心、以集体主义为原则的道德。当然，它并不取消和排斥个人利益，但它以义节利，不提倡把个人利益放在首位。

功利主义的伦理观与社会主义道德是不能结合的，因为这是两种不同的道德原则。功利主义强调的是个人利益，因此当个人利益和集体利益发生矛盾时，只能以牺牲集体利益为代价，而社会主义道德则要求发生矛盾时个人要服从集体。这两种道德都各自包括与自己的原则相一致的对个人与集体利益关系的处理原则。如果说，我们的功利主义是毛泽东的革命功利主义，那就不存在功利主义与奉献精神相结合的问题，因为革命功利主义自身就包含这种奉献精神，否则就不是毛泽东所说的为人民利益和为共产主义而奋斗的革命功利主义。如果提出社会主义市场经济中的道德应以功利主义为基础，把它与奉献精神结合，那就注定了这种功利主义只能是边沁、休谟的以个人利益为核心的功利主义。

千万不要把个人利益的正当性和功利主义的伦理正确性混为一

谈。社会主义市场不排斥对个人利益的追求，但反对把功利主义亦即以自己的个人利益为目标作为社会主义市场经济的道德原则，或作为社会主义道德的基础。

社会主义市场经济有利于培养自立意识、竞争意识、效率意识、开拓精神，这对经济的发展和人的才能的发挥具有重大的推动作用。但不能说自立、竞争、效率、开拓就等于善，相反要使这种精神有利于社会发展和人的完善，就必须受道德制约。我们可以以竞争为例。竞争意识，可能是道德的也可能是不道德的，可以是合法的也可以是不合法的。自然界有竞争，物竞天择，优胜劣汰；社会领域也存在竞争，但社会领域中的竞争，不能简单地等同于自然：胜利了是好的，失败了就是应该淘汰的。在市场经济中有可能坏的挤垮了好的，在商业中假冒伪劣排挤名牌的事是屡见不鲜的。因此在社会中竞争必须有章法，不能放任自流，要反对不合理的竞争，提倡合理竞争，要用法律道德手段来使竞争合理化。只有这种竞争才是真正有利于人类社会的进步。体育是最具竞争性的，可体育中最有规章、最重视体育道德。要正确处理自立与立人、竞争与协作、效率与公平、开拓与守法的关系，仅仅依靠市场经济的自发调节是痛苦的、漫长的，而且代价极大，因此必须要有道德的干预。

二、坚持马克思主义的指导地位：社会主义精神文明建设的思想保证

如果说道德建设是社会主义精神文明建设的必由之路，那么坚持马克思主义的指导地位就是社会主义精神文明建设的思想保证。思想建设对道德文化建设具有导向作用，对沿着什么方向来建设精神文明具有决定意义。思想建设说到底就是要坚持马克思列宁主义、毛泽东

思想、邓小平建设有中国特色社会主义理论，用正确的世界观、人生观、价值观引导、塑造、培育、鼓舞人的问题。在当前要完成这个任务，要从思想和理论上解决几个难点：

1. 正确理解马克思主义的本质，准确领会邓小平的理论

我们不能由社会主义市场经济中运行主体的多样性，导出意识形态的多元化。在意识形态中，我们坚持指导思想的一元化，这是由我们的社会主义的基本经济制度和政治制度决定的。有什么样的所有制形式就会有什么样的意识形态，这符合唯物史观；但哪种意识形态处于指导地位，它取决于基本的经济和政治制度，取决于哪个阶级处于统治地位，这同样是唯物史观。在我们国家市场经济中的多种经济成分并存与指导思想一元化之所以能结合起来，关键在于我们的市场经济是社会主义市场经济，是受社会主义基本经济制度制约的。

在社会主义市场经济条件下，坚持马克思主义的指导地位是完全必要的和可能的。可当前一个重要问题是，对什么是马克思主义的理解存在原则分歧。有些论者按照西方解释学的方法把马克思和恩格斯的著作称为文本，认为各个国家、各个学派、各个人对马克思主义解读都是不同的，因而马克思主义是各种各样的。在你看来是真马克思主义的，在我看来是假的，反之亦然。如果这种看法能成立，那么坚持马克思主义、划清马克思主义和反马克思主义的界限就是一句不能兑现的空话。

应该承认，在很长一段时间内我们对什么是马克思主义没有弄清楚。但这并不是说，我们对什么是马克思主义基本原理根本不清楚，而是说我们对在不同条件下如何运用马克思主义、对马克思主义的创造性和实践性不清楚，往往以教条主义态度来对待马克思主义。

从什么是马克思主义来看，无论是哪个国家或个人，只要自称马克思主义者，自称信奉马克思主义，那就不能把与马克思主义基本原则相违背的观点称为马克思主义。基本原理是一样的，只要坚持自己是马克思主义者，就必须坚持辩证唯物主义和历史唯物主义的世界观，坚持马克思主义对资本主义的批判立场和态度，坚持最终要用社会主义和共产主义来代替资本主义。如果用唯心主义和形而上学代替唯物主义和辩证法、用历史唯心主义代替历史唯物主义，颂扬、维护和巩固资本主义，用各种方法来反对社会主义的理想和为这个理想而进行的实践运动，那不管你叫它什么主义都行，但决不能称为马克思主义。因为它在根本上违背了马克思主义的立场、观点、方法，违背了为无产阶级和全体人民彻底解放而奋斗的基本目标。

当然，马克思主义基本原理的应用则是多样的。应用的多样性，不是马克思主义的多元性。因为从应用中得出的结论尽管不同，但它有利于灵活地实现基本原则而不是违背这些原则。比如在中国实行农村包围城市的路线是马克思主义的，它用适合中国国情的方式实现了马克思主义主张的无产阶级要获得解放，第一步必须夺取政权的理论。不掌握政权就不可能进行社会变革，革命的根本问题是政权问题，这是马克思主义的基本原理。至于是暴力的还是和平的、是议会斗争还是议会内与议会外斗争相结合，则要视情况而定。正如对资本主义私有制是剥夺还是赎买，甚至公有化后重新发展一部分私有制，这都应根据国情和生产力状况决定。马克思主义基本原则是无产阶级要夺取政权并利用它解放和发展生产力，最终消灭私有制、消灭剥削，达到共同富裕，使人得到全面发展，至于达到这些目标的方式则是灵活的、多样的。

邓小平建设有中国特色的社会主义理论是对马克思列宁主义、毛泽东思想的创造性发展，是当代中国的马克思主义。创造性是马克思主义的根本属性。要坚持马克思主义就必须发展马克思主义。邓小平说过："绝不能要求马克思为解决他去世之后上百年、几百年所产生的问题提供现成答案。列宁同样也不能承担为他去世以后五十年、一百年所产生的问题提供现成答案的任务。真正的马克思列宁主义者必须根据现在的情况，认识、继承和发展马克思列宁主义。"①

邓小平的思想的理论意义和实际意义是无法估量的，但我们应该正确理解邓小平建设有中国特色的社会主义理论是当代中国马克思主义的提法，科学准确地理解这个论断。这绝不是说马克思主义、列宁主义、毛泽东思想都只是存在于历史上的传统的马克思主义。当代中国马克思主义的论断是强调邓小平的理论是马克思主义在当代中国的应用和发展，在这里当代和中国是时间和地域概念，而不是对马克思主义的分类，似乎马克思主义可以区分为两种，一种是当代的马克思主义，一种是传统的马克思主义，而传统当然是过时的或者是部分过时的东西。从传统与当代这个角度来观察，必然是强调以往的观点哪些过时、哪些不再适用，从而导致把邓小平的理论与马克思列宁主义、毛泽东思想对立起来，结果也就难以准确地理解邓小平的理论，妥善处理马克思列宁主义、毛泽东思想、邓小平的理论这三者的关系。如果强调马克思主义基本原理的普遍性和正确性，强调邓小平的理论是马克思主义与中国当代实际的符合，那看问题的视角就是考察邓小平如何运用马克思主义普遍原理并创造性发展这些原理的。马克思列宁主义、毛泽东思想、邓小平建设有中国特色的社会主义理论是同一个科学思想体系，是一脉相承的。邓小平在 1986 年答美国记者迈克·华莱士问时强调："我是个马克思主义者。我一直遵循马克思

---

① 《邓小平文选》，第 3 卷，291 页，北京，人民出版社，1993。

主义的基本原则。”①

2. 文化建设中的人文精神与世俗精神

市场经济中大众文化的出现引发了关于人文精神与世俗精神的争论。这个争论的问题虽然肇始于对文学中玩世趋利精神的批评，但却决不仅限于文学，而是关系到市场经济条件下整个文化建设的导向问题。

有的人欢呼世俗精神，似是而非地把所谓世俗精神与市场经济下的大众文化和文化市场混为一谈。其实他们所说的世俗精神是以大众文化形式出现的以消解神圣化为目的的文化，即反对以往的革命传统和反对马克思主义独占意识形态局面的文化。他们认为无论在西方或中国，世俗化的主要意思都是消解神圣化，即宗教或宗教的伦理道德与人们的日常世俗生活脱钩，世俗政治与教会权力脱钩，民间政治经济文化活动不再与一种神圣的精神价值相关联，人们不再到生活之外去寻找生活的合法化依据。他们把当代的中国混同于文艺复兴时期的西方，明确表示，当前以消遣娱乐为本体的大众文化在客观上具有消解政治文化与正统意识形态的功能。他们认为，中国的世俗化还远远不够，西方的世俗化已经成功地完成了消解神圣化的使命，而中国文化世俗化还远没有完成其消解神圣化的任务。他们认为中国世俗化才10多年，过分强调它的消极面是不符合事实的。很显然，这种以消解正统文化或者说消解马克思主义意识形态为目的的世俗文化，决不是社会主义的大众文化。社会主义的大众文化当然要注意文化的娱乐性、休闲性、趣味性，要为群众喜闻乐见，反对只讲政治不讲艺术，反对概念化或公式化。但我们绝不能允许以说说笑笑的方式来消解主

① 《邓小平文选》，第3卷，173页，北京，人民出版社，1993。

流意识形态即马克思主义和在非政治化口号下搞政治。

一些人之所以欢呼世俗化，是以为随着市场经济的发展，可以通过温和的渐进的方式达到他们想要的解构马克思主义的目的。很显然，实行市场经济，提倡大众文化，在他们看来并不是为了实现社会主义，并不是继续革命未竟事业，而是消解主流文化，反对马克思主义的准宗教教条，达到以前自由化精英们所没有达到的目的的方式。这当然是无望的期待。但它也从反面教育了我们，一定要把社会主义大众文化与消解主流文化、反对马克思主义意识形态的所谓世俗化区分开来，防止把文化市场变为文化垃圾。

其实，人文精神问题的提出，并不是针对世俗化或市场经济中的大众文化，而是针对市场经济泛化所带来的道德滑坡和价值观念的混乱，针对那种鼓吹逃避崇高、嘲笑理想和玩世不恭的市井情绪。问题并不在于泛泛地谈论人文精神，而在于我们需要什么样的人文精神。如果鼓吹抽象人本主义、抽象的唯道德主义，把它与物质利益和市场经济对立起来，当然不对。我们需要的人文精神是用高尚的共产主义与社会主义的理想与情操，用以为人民服务为核心、以集体主义为原则的道德理想来教育我们的人民和青年；这种人文精神同科学精神同样都是我们所必需的。

3. 正确总结苏联教训、反腐倡廉与坚持马克思主义

有人说，苏联的解体和垮台，说明马克思主义已经过时。我的看法则恰好相反，苏联的垮台无可辩驳地证明马克思主义是不可违背的，谁违背马克思主义，谁就会受惩罚。

苏联解体的原因何在，当然有经济没有搞好的问题，但不能简单地说经济没有搞好是导致其失败的唯一原因。应该看到，苏联 70 年社会主义建设取得了巨大的成就。沙皇俄国是经济极为落后的国家，

1913年其工业总产值只相当于美国的6.9%，而到1985年戈尔巴乔夫上台时，苏联工业总产值已相当于美国的80%，综合经济实力由革命前欧洲第四位、世界第五位跃为欧洲第一位、世界第二位，成为仅次于美国的另一个超级大国。这既表明社会主义制度的优越性，也表明了马克思主义关于以社会主义代替资本主义制度的必要性和合理性论断的正确性。苏联的问题是在20世纪70年代以后新科技革命条件下，如何应用马克思主义关于生产关系必须适合生产力的规律，调整克服旧体制的缺点以适应新的科技革命的要求。可是，他们采取的办法是根本背弃马克思主义，宣扬抽象人道主义和私有化方针。他们不是对原有的体制进行改革，而是采取私有化的休克疗法把它整死。苏联解体的一个最重要原因，是在改革旧体制过程中，采取了一条背离马克思主义和社会主义的路线，结果使得本来可以改正的错误变成了无可挽回的崩溃。

只要看看我们中国的情况就知道，中国改革前的经济发展速度也不理想，“文化大革命”后的1978年经济处于崩溃的前夕。人民的生活也很困难，三年自然灾害时期更是苦不可言，可人心却并未动摇。因为人民相信党、相信社会主义、相信困难是暂时的。应该说，我们改革前的体制与苏联相似，而人民的生活水平则要比苏联低得多，面对的困难并不比苏联小。我们的改革之所以能取得如此大的成就，原因是邓小平坚持创造性的马克思主义，采取社会主义制度自我完善的方法进行改革。指导思想不同，结果完全不同。可见问题的实质不是原来的矛盾怎么样，而是看你如何解决这些矛盾。坚持马克思主义的立场、观点、方法，坚持实事求是和解放思想，这就是与苏联体制差不多、而经济实力和生活水平远不如苏联的中国在改革中取得成就的秘密所在。

我们难以否认在我们国家有不少人对马克思主义、对政治越来越冷淡，任何一个生活在我们社会中的人都无法否定这一点。原因当然很多，但最根本的一条是政治腐败。腐败现象的泛化与马克思主义的指导地位是不能共存的。这是夺取政权以后面临的新问题，是毛泽东称之为进京赶考的问题。在夺取政权时，马克思主义主要是用来对付统治阶级的，它的批判锋芒是针对别人的。不按马克思主义道理办就不能取得政权，马克思主义教导不要脱离群众，这容易做到，因为脱离群众，没有钱没有粮，甚至没有命；不要搞特权容易做到，因为无多少特权可享受，况且要特权就没有可能取得政权；要实事求是也比较容易做到，因为敌人天天用飞机轰炸来教导我们要实事求是。可掌权以后，这些教员全没有了，有的就是自己手中的权力，因此如何对待自己手中的权力也就变成了无产阶级生死攸关的问题。以有权不用过期作废的态度对待权力只能导致腐败，因为我们的权力是人民给的，当然应该为人民服务，只有这样才会使群众相信马克思主义。对于少数腐败分子，马克思主义是紧箍咒、绊脚石，碍手碍脚。如果说在革命时期官越大危险越大，担子越重，而胜利后对一些人来说官越大可能福也就越大。这些腐败分子以这种态度对待手中的权力，他们会以什么态度对待马克思主义也就不问可知。所以哪里腐败，哪里就不会搞马克思主义，最多是假马克思主义。贾谊《过秦论》讲攻守异势，毛泽东讲进京赶考，这都是深刻的道理。所以要进行思想建设，我认为必须坚定地反对腐败。邓小平非常注重这个问题，他提出“一手抓改革开放，一手抓惩治腐败”是第三代领导集体的当务之急。以江泽民为核心的党中央正在遵照邓小平的指示着力解决这个问题。这是关系到党、关系到社会主义生死存亡的大问题。只有在建设精神文明的过程中，同时加强反腐败的力度，重新树立马克思列宁主义、毛泽东思想的威信，树立邓小平建设有中国特色的社会主义理论在中国人民尤其是青年中的崇高威望，社会主义才会有可靠的政治和思想基础。我相信以马克思主义为指导的中国共产党，一定能越过历史进程中的重重关隘，以苏联为镜，在邓小平建设有中国特色的社会主义理论的指引下迈步前进。

《共产党宣言》的当代价值*

《共产党宣言》(以下简称《宣言》)是屹立在人类历史上的一座丰碑。它既是马克思主义诞生和公开问世的标志，又是无产阶级向世界公开宣布自己的目的和意图、由自在走向自为的标志。自《宣言》发表以来人类历史已历经了150年的惊涛骇浪。马克思主义也已由西欧的一个小小学派变为具有世界影响的理论，无产阶级政党遍及全世界，社会主义国家陆续出现在地球上。统一的资本主义世界被撕开了大大的裂口，人们看到了历史的曙光。但历史是在曲折中前进的，苏联解体和东欧剧变，使人们对马克思主义的命运、对社会主义的命运怀着深深的忧虑。我们坚信，历史可能步履蹒跚，可能暂时倒退，但前进的步伐决不会停止。中国人民正在从事的建设有中国特色社会主义的伟大事业，预示着《宣言》的光辉是永存的。

---

* 本文发表于《教学与研究》，1998年第2期。

一、从《宣言》看什么是马克思主义和如何对待马克思主义

究竟什么是马克思主义？这是摆在所有真正的马克思主义者面前的一个重大原则问题，也是一个被弄得极其混乱的问题。西方有些学者强调："马克思主义对不同的人意味着不同的东西，从而是一个支撑着异质追求者的不连续的运动。"也有人说："马克思主义思潮中涌现的每一个新的代表人物，从不同程度上来说，都是一个马克思主义者。"他们用西方解释学的观点来看待马克思主义，认为马克思和恩格斯的著作只是文本，对此如何解释取决于阅读者的理解。这样，他们就把马克思主义当成了可供随便剪裁的布料。这当然是对马克思主义的肢解。马克思主义是由马克思和恩格斯创立的。一种学说的后继者，可以发展它的创立者的观点，包括抛弃某些陈旧过时的结论和补充新的原理，但决不能违背它的基本原理和根本宗旨。我们只要认真阅读《宣言》，就能比较清楚地找到一个弄清什么是马克思主义的立脚点。

恩格斯在《宣言》1883 年的德文版序言中指出，贯穿《宣言》的指导思想是唯物主义历史观关于社会形态的理论，即每一历史时代的经济生产以及必然由此产生的社会结构，是该时代政治和精神的历史的基础。恩格斯由此阐述了马克思主义的阶级斗争理论，即以社会生产方式和经济结构为依据，并以阶级斗争作为资产阶级社会摆脱剥削和压迫的必经之路。这种阶级斗争理论是唯物史观的重要组成部分，也是《宣言》的指导原则。《宣言》的中心思想和意图是很清楚的，这就是关于两个必然性的理论，即资本主义必然灭亡、社会主义必然胜利的理论。马克思恩格斯在联合署名的《宣言》1882 年的俄文版序言中，强调《宣言》的任务是"宣告现代资产阶级所有制必然灭亡"。《宣言》

1890年的德文版序言，只有恩格斯一人署名，他再次强调宣言的根本思想是“宣告现代资产阶级所有制必然灭亡”。《宣言》第一节“资产者和无产者”以无可辩驳的事实和铁的逻辑，宣告“资产阶级的灭亡和无产阶级的胜利是同样不可避免的”。

在马克思恩格斯的全部著作中，《宣言》是篇幅较小但影响最大的著作。它可以被看作是其全部成熟著作的纲领和红线，是理解什么是马克思主义的关键。马克思恩格斯的全部著作就是为实现《宣言》中的两个必然性、为实现无产阶级的彻底解放而进行的理论研究：马克思主义哲学是无产阶级解放的头脑、是无产阶级认识世界和改造世界的思想武器，马克思主义的经济学说是理解资本主义生产方式的本质、理解资产阶级和无产阶级对立的经济基础及对立的解决的经济学依据，而马克思主义的社会主义学说则是运用马克思主义哲学分析资本主义经济形态所引出的社会主义会最终取代资本主义的社会政治结论。假若从马克思主义的著作中剔除《宣言》的中心思想，改变它的目的和意图，马克思主义就不成其为马克思主义。

从实践中来看也是如此。马克思恩格斯一生活动的核心就是为无产阶级的解放而斗争，他们组织第一国际、第二国际指导欧美的建党和工人运动就都是为这个根本目标而积蓄力量。恩格斯在马克思的墓前所作的演说准确而精辟地概括了这位无产阶级最卓越领袖的光辉一生，他说，马克思毕生的真正使命，就是以这种或那种方式参加推翻资本主义社会及其所建立的国家设施的事业，参加现代无产阶级的解放事业。① 恩格斯讲的是马克思，实际上也包括他自己，包括一切真

① 参见《马克思恩格斯选集》，第3卷，777页，北京，人民出版社，1995。

正的马克思主义者。当代西方的所谓马克思主义派别，有不少都是脱离工人运动、脱离政治斗争，而一味沉迷于把马克思主义和西方某种哲学进行结合。严格说来，他们不是马克思主义者而是马克思主义的研究者。非无产阶级的、非政治性的马克思主义，只能是马克思主义的讽刺画。我历来就不同意把《1844年经济学哲学手稿》置于《宣言》之上作为无产阶级奋斗的目标。《宣言》的指导思想是唯物史观，而《1844年经济学哲学手稿》的指导思想则是异化理论；《宣言》以共产主义为目标，而《1844年经济学哲学手稿》则追求人性的复归。如果不是以《宣言》而是以《1844年经济学哲学手稿》为蓝本来解读马克思主义，其结果必然是把马克思主义人本主义化。

《宣言》是马克思主义的纲领性著作，它以简洁凝练的文字，以纲领的形式，通过对资本主义的经济和阶级关系的分析，论证了两个必然性，指明了无产阶级获得解放的道路。但《宣言》创作于马克思主义刚刚诞生的时期，故它具有明显的时代特色，它提出的许多策略性措施也具有地域性和时效性。马克思恩格斯完全是以一种创造性的态度来对待自己的理论的。他们在1872年的德文版序言中强调，《宣言》的原理的实际运用，正如《宣言》中所说的那样，随时随地都要以当时的历史条件为转移，所以第二章末尾提出的那些革命措施根本没有特别的意义。他们还直言不讳地宣布某些观点过时了，认为由于最近25年来大工业有了巨大发展而工人阶级的政党组织也跟着发展起来，由于首先有了二月革命的实际经验而后来尤其是有了无产阶级第一次掌握政权达两月之久的巴黎公社的实际经验，所以这个纲领现在有些地方已经过时了。他们打算根据1847年《宣言》起草以后的经验写个导言补充《宣言》。马克思恩格斯肯定《宣言》的基本原理是正确的，同时也承认《宣言》的运用要以当时的历史条件为转移，《宣言》的某些具体措施和结论可能过时并应根据新的经验予以发展。这是马克思恩格斯为我们树立的一种以马克思主义态度对待马克思主义的卓越典范。

从马克思恩格斯对待《宣言》的态度，我们可以体会到当今一些人鼓吹的马克思主义过时论是错误的。如果把马克思主义看成是答案、是结论，当然有个过时问题。因为随着时间条件的变化，根据当时、当地条件而得出的结论和答案是变化的。任何伟大的马克思主义者，包括马克思恩格斯本人在内，都不可能为他们逝世以后的问题准备现成的答案。当代所有关于马克思主义过时论的论据，都是建立在对马克思主义的错误理解上的。

马克思主义是一个创造性的、开放的科学思想体系。从马克思恩格斯创立时的马克思主义体系来看，它包括两个不同的部分：一部分是根据当时的实践(包括自然科学和社会科学成就)直接概括的经过验证的理论，如辩证唯物主义哲学理论和关于资本主义生产方式的本质和基本矛盾、关于价值和剩余价值的理论；另一部分，尽管包含着具有科学性的基本原则，但却是没有经过实践检验、属于推测和假设的理论。例如，关于无产阶级如何取得政权、关于夺取政权后采取何种措施尽快提高生产力水平以及社会主义基本特征等理论。马克思恩格斯当时只能从西方资本主义现实出发去考虑无产阶级取得政权的方式，只能从与西方现实资本主义对立的角度去逻辑地考察社会主义的基本特征。所谓公有制与私有制的对立、计划经济与市场经济的对立、按劳分配与按资分配的对立，讲的是抽象形态中的两种社会形态的对立性。至于在建立现实社会主义过程中，在特定条件下也可能出现亦此亦彼同时并存的局面，则不在他们的思考之列，因为当时的现实并没有提出这个问题。因此，马克思主义的体系始终是处于发展之中的，而不是封闭的体系。列宁和毛泽东则根据本国特点，各自大大发展了马克思主义。至今，西方发达资本主义国家的马克思主义者仍在就发达国家如何革命的问题进行探索。而邓小平根据经济文化落后的中国的实践经验，在对什么是社会主义和如何建设社会主义的问题进行了创造性研究之后，提出了有中国特色的社会主义理论，从而把马克思主义发展到一个新的阶段。马克思主义中凡是经过实践检验的原理，都应该不断根据新的实践经验和科学成就予以丰富和发展，凡属原来未经检验未经实践的原理则应该根据新的实践和新的经验去验证、补充和纠正，即用新的原理去代替过时的、旧的原理。一部马克思主义史就是不断创造性地发展和运用新的原理去代替个别旧的原理的过程。这与马克思主义过时论是截然不同的。马克思主义过时论是针对整个马克思主义说的。就马克思主义作为科学理论而言它永远不会过时，因为它是以实践为源头活水、不断与时俱进的。会过时的是个别原理，而个别原理的过时也正是整个马克思主义科学学说永具活力的保证。

在考察马克思主义科学体系时，我们不仅要区分经过检验和未经检验的原理，还要区分马克思主义的基本原理和具体结论。经过检验的基本原理是对规律的把握，它可以被丰富但却不会过时，如马克思主义关于世界的物质性和发展的辩证规律的认识、关于历史发展规律的认识、关于资本主义生产方式的本质和资本主义基本矛盾的认识、关于资本主义最终会为更高的社会形态即社会主义所取代的认识等等。列宁说马克思主义之所以万能是因为它是正确的，毛泽东说马克思主义是放之四海而皆准的普遍真理，都是从普遍规律角度讲的。至于马克思主义经典作家根据特定时间、地点就某个问题作出的结论并不是不可改变的。例如，马克思恩格斯曾指望 1848 年的德国发生革命，并断言德国革命面临人类解放的前景，可后来的德国革命却很快就遭到了失败。事实证明，由于条件变化或其他原因，马克思恩格斯的某些预言和论断失效是不足为怪的。我们应该从马克思主义创立的角度来考察马克思恩格斯的某些论断。马克思恩格斯所处的时代仍然是资本主义上升时代，可是由于历史赋予他们的使命是为资本主义必然被社会主义所取代进行理论论证，因而他们着重揭示的是革命即将到来的前景，强调资本主义丧钟已经敲响，从而对革命前景过于乐观，对资本主义的潜力和自我调整的可能性缺乏足够的估计。因此，马克思恩格斯当时关于革命前景的考察，明显具有时代和地区性的局限。但这并不能损害马克思主义的指导作用和威信，因为正是马克思恩格斯一再强调，他们的理论不是教条，而是观察问题的方法。对马克思主义原理的应用，应该依时间、地点、条件的不同而不同。他们不仅在《宣言》的序言中这样强调，在其他许多地方也都是一再强调这一点。例如，恩格斯在致考茨基的信中曾批评杰维尔关于《资本论》书评的缺点，说："他把马克思认为只在一定条件下起作用的一些原理解释成绝对的原理。杰维尔忽视了这些条件，因此那些原理本身就成为不正确的了"①。毛泽东、邓小平都强调理论联系实际。江泽民在十五大报告中也强调要着眼于马克思主义理论的运用，着眼于对实际问题的理论思考，着眼于新的实践和新的发展。所以，马克思主义在本质上就包括如何对待马克思主义的问题。不知道什么是马克思主义，就不知道如何对待马克思主义。反过来，不知道如何正确对待马克思主义，把经典著作中的片言只语、一些具体结论、一些尚未经检验的推理和预测当成永恒不变的原则，也就弄不清什么是马克思主义。

---

① 《马克思恩格斯全集》，第36卷，98页，北京，人民出版社，1975。

二、是乌托邦，还是科学社会主义学说

自《宣言》发表以来特别是近几十年来，西方的政治家和理论家们不断地对马克思主义关于两个必然性的理论进行攻击。他们指责马克思主义对资本主义的批判性分析是反对工业社会的浪漫主义，指责关于资本主义必然过渡到社会主义的理论是乌托邦。不仅社会科学家们这样说，就连研究自然科学哲学的学者如卡尔·波普尔、拉卡托斯，也都在自己的著作中指责马克思主义是乌托邦工程，指责马克思主义关于资本主义必然为社会主义所取代的预言失效。国内有的学者也是同样的腔调，宣称马克思主义的共产主义理想是乌托邦。这种种论调是不值一驳的。任何人都能从马克思的著作中看到他对大工业、对科学技术发展、对资产阶级的历史进步作用的肯定。例如，在《1844 年经济学哲学手稿》中，马克思就强调工业家战胜封建土地所有者以及工业战胜农业是历史的进步，并批评说浪漫主义者为此流下的感伤的眼泪是我们所不取的。马克思主义反对的是资本主义剥削制度而不是资本主义工业本身。至于把建立在唯物史观和剩余价值理论基础上的科学社会主义学说说成是乌托邦，这是已经重复过多少年的陈词滥调！真正值得认真研究的不是论敌的攻击，倒是为什么西方发达资本主义国家没有发生革命，为什么已经革命的苏联东欧社会主义国家夭折了革命，而中国采取以公有制为主体多种所有制经济共同发展的方针，并通过社会主义市场经济的途径来建设有中国特色的社会主义却获得了成功，考察所有这些现实，能够说明马克思主义的社会主义理论、关于两个必然性的理论并未失效。

1. 为什么西方没有实现两个必然性？

西方发达资本主义国家的相对稳定和经济成就，是西方一些理论

家否定马克思主义关于两个必然性理论的主要依据。他们说，被马克思恩格斯宣判死刑的西方资本主义世界并没有敲响丧钟，相反仍然在发展，社会主义革命首先发生在落后的东方国家而不是马克思恩格斯预期的首先发生在西欧发达资本主义国家。可是他们中没有人敢于断言，没有发生革命就等于永远不革命。除了少数人如美国学者弗朗西斯·福山鼓吹资本主义永恒论外，没有人敢于打保票。事实上，革命发生与否、资本主义世界首先从哪里突破，这取决于革命的主客观条件；而资本主义是否会被社会主义所取代，则取决于资本主义社会固有的基本矛盾。革命的形势是变化的，因此马克思恩格斯关于革命爆发的国家和地区的可能性判断是变化的，但这并不影响马克思主义关于社会主义终究取代资本主义的规律性论断的科学性。在《宣言》以及其他著作，尤其是《资本论》、《反杜林论》等著作中，马克思恩格斯着力揭示资本主义社会的生产的社会性和资本主义私人占有之间的矛盾，以及由此产生并决定的无产阶级与资产阶级的矛盾，指出这种矛盾的激化必然会导致资本主义社会的变革。在1859年的《〈政治经济学批判〉序言》中，马克思补充了一句关键性的话：无论哪一个社会形态，在它所能容纳的全部生产力发挥出来以前，是决不会灭亡的。这样，马克思关于两个必然性的论断就更为科学和全面。

不可否认，西方发达资本主义国家在20世纪特别是第二次世界大战结束以后的半个世纪中，在科技革命和经济发展方面取得了很大成就，但资本主义社会仍然是资本主义社会，它的基本矛盾仍然存在。美国学者R. L. 海尔布隆纳在《马克思主义：赞成和反对》一书中说，我对马克思关于资本主义是什么的分析所持的态度要肯定得多……这个从简单商品开始的对资本主义的分析，我认为是我们所见过的最值得注意和最发人深省的敏锐思维之一，“只要资本主义存在着，我就不相信我们能在任何时候宣布他关于资本主义内在本性的分析有任何错误”。事实的确如此。当代西方发达资本主义国家不断调整所有制结构以适应和容纳生产力的发展，例如以个人和家族形式存在的私有制变为在更大规模上以股份制形式存在的社会资本，但资本主义社会的社会资本不同于社会主义的公有制，它是资本主义社会的社会资本。股份制并没有改变资本主义所有制的性质而是改变了它的存在和运行方式。因此在现代资本主义大企业、大垄断集团、跨国公司中，资本主义生产方式固有的基本矛盾和阶级关系仍然存在，只是它有更大的容纳力和自我调整力量。当代发达资本主义社会面临两种困境：一种是生活困境，一种是生存困境。就无产者和资产者的关系而言，当代资本主义仍然存在贫困和失业，而且即便是就业工人也仍然存在相对贫困问题。当代资本主义社会还出现了早期资本主义所没有的新的困境，这就是人的生存困境。当代全球问题最重要的根源和突出表现是在发达资本主义国家道德观念和价值观念的混乱，过度消费和人与人之间关系的冷漠也是触目惊心的。资本主义社会的确是以往社会中发展最快、成就最为显著的社会，同时却又是最冷酷、最令人憎恶的社会。摩天大楼与无家可归者同时并存，新药的出现和各种社会疾病齐头并进。有识之士和进步学者都看到了这种社会中存在的弊端和痼疾。爱因斯坦在《为什么需要社会主义?》一文中以一个科学家的良知历数了资本主义私有经济的各种弊病后说：“我认为，摧残人是资本主义的最大罪恶。我们的教育制度深受其害”；“我相信只有一种办法可以消灭这种邪恶的灾祸，那就是建立社会主义经济”。在西方发达资本主义国家，各种社会主义派别的出现、各种抨击资本主义弊病的书籍的流行，都说明人们对现存的资本主义制度怀着不满，在探求更好更合理的制度。而这种最合理的制度则只能是社会主义。

资本主义社会的社会资本的出现，指出了一条解决矛盾的线索，即不能停留在资本主义的社会资本的范围内，而要真正转变为以全体人民为主体的社会的“社会资本”即社会主义公有制。这让我们想起当年恩格斯从资本主义邮政和铁路国有化中所看到的象征意义和途径。

2. 为什么已经实现两个必然性的苏联、东欧会发生逆转？

在20世纪的一头一尾，两件震撼世界的大事都与俄国不可分。一是十月革命，红旗升起，一是苏联解体，红旗落地。前者使西方惊恐，后者使其额手称庆。苏东剧变更激发了某些政治家和理论家们对马克思主义的攻击。他们把苏东事件看成是马克思主义的科学社会主义理论的失败，耸人听闻地宣称马克思主义正在死亡，鼓吹苏东剧变是历史的进步，如此等等。

十月革命绝不是少数革命家们的阴谋。马克思恩格斯关于两个必然性的论断首先在经济落后的俄国得到实现，是由第一次世界大战后的态势决定的。资本主义世界的链条必然是在矛盾最集中、最脆弱的环节被突破的。十月革命是列宁把马克思主义与俄国实际相结合，在俄国统治者不能照旧统治、人民不愿照旧生活下去的条件下发动的。十月革命的必然性存在于当时的历史条件和布尔什维克领导的群众革命活动之中。苏联社会主义的失败并没有使十月革命成为多余的。巴黎公社的存在只有72天，但正如马克思恩格斯所说的那样，巴黎公社的原则是永存的。十月革命成果的存在差不多有72年，它的历史意义更是不可估量的。十月革命开辟了人类历史的新纪元，从此世界从整体上看已经进入了由资本主义向社会主义过渡的时代；十月革命创造了一个强大的苏联，从而大大增强了挫败德国法西斯统治世界的野心；特别重要的是十月革命的胜利鼓舞了世界上被压迫民族和被压迫人民的革命的信心和决心并提供了有益的经验。在近百年世界历史上，像十月革命这样影响整个人类历史进程的历史事件是罕见的。

但是十月革命的必然性并不能保证它的成果的永恒性，不能保证不会发生逆转。夺取政权和巩固政权是不同的。无产阶级取得政权以后面临如何建设、如何治国的问题。斯大林在帝国主义列强的包围下，为了迅速发展经济采取了高度集中的计划经济体制，实行工业化和农业集体化，这在当时是必要的、有成效的。苏联在斯大林逝世后进行改革，纠正斯大林时期的某些过左的、错误的政策，改变过于集中的计划体制，这也是必要的。问题是在苏联全盘否定斯大林以后，继续沿着否定列宁、否定马克思主义、否定社会主义基本制度的斜坡一直往下滑，最后宣布共产党自行解散，宣布取消马克思主义的指导。这种结果是众所周知的。事实很清楚，斯大林时期形成的体制后来被凝固化为一种僵化体制只是蕴涵着失败的可能性，而正是其后的错误路线和政策才使本来可纠正的错误变成了无可挽回的失败。任何一个有理论良心的人都能看到，苏东的失败不是马克思主义的失败，而是背弃马克思主义的失败，不是科学社会主义的失败，而是人道的、民主主义的社会主义的失败。

在历史上，一种新的生产方式代替旧的生产方式往往要经历反复曲折的过程。苏联和东欧原有的社会主义国家的失败绝不是社会主义的灭亡，因为这只是一个国家或一个地区的失败，而社会主义则是世界性的事业，是人类历史发展中的一个阶段。何况，失败和挫折对于整个社会主义事业的顺利发展还会带来积极有益的教训和经验。关于这一点，邓小平在南方谈话中曾作过令人鼓舞的有远见的论断："从一定意义上说，某种暂时复辟也是难以完全避免的规律性现象。一些国家出现严重曲折，社会主义好像被削弱了，但人民经受锻炼，从中吸取教训，将促使社会主义向着更加健康的方向发展。因此，不要惊慌失措，不要认为马克思主义就消失了，没用了，失败了。哪有这回事！”①

3. 两个必然性在中国如何实现？

在中国，两个必然性的理论已经实现并正在继续实现，但它是以中国的方式实现的，具有中国的特色。在当代中国，邓小平理论是马克思主义发展的新阶段，它与马克思列宁主义、毛泽东思想是一脉相承的。我们从中国实现两个必然性的实践过程中可以非常清晰地观察到这一点。

中国革命不是像马克思恩格斯当年设想的在发达资本主义条件下开始的革命，而是在经济政治落后的半封建半殖民地的东方大国开始的革命。以毛泽东为代表的中国马克思主义者，坚持马克思恩格斯确立的共产主义理想，采取与中国实际相符合的路线和方针来实现“两个必然性”。毛泽东把中国革命分成两步走，并首先通过采取工农武装割据，用农村包围城市的战略路线，取得了民主革命的伟大胜利。民主革命的胜利只是两个必然性实现的前半段，用毛泽东的话说就是万里长征走完了第一步。更艰难的是巩固政权和建设社会主义。毛泽东反对那种主张先发展资本主义、等资本主义充分发展以后再进行革命的错误思想，他的新民主主义论可以说是马克思恩格斯社会革命理论在中国的创造性发展。中国革命终于取得了胜利并在一段时期内大大推进了生产力的发展。但在很长一段时期内，以阶级斗争为纲的错误指导思想大大延缓并阻碍了中国生产力的发展，破坏了中国社会的稳定和凝聚力。

邓小平关于社会主义本质的理论，把解放生产力和发展生产力放

① 《邓小平文选》，第3卷，383页，北京，人民出版社，1993。

在首位，初步确立了什么是社会主义和如何建立社会主义的科学理论，为在中国完全实现两个必然性并为将来实现共产主义的伟大理想开辟了一条正确的道路。

每种社会形态都必然伴随有它的生产方式的特点。在资本主义社会，农业必然要工业化，成为现代化的农业；这是资本主义这种社会形态对人类社会的贡献。但是工业化不等于资本主义化，不等于后工业化的国家必须走全盘西化的道路。马克思曾说过，工业化的国家显示着非工业化国家的未来。这说明，工业化并不是资本主义特有的，由农业社会走向工业化是人类发展的普遍必经过程，只是西方比东方早一步走向工业化，而且是以资本主义的社会形态实现这个历史使命的。但后工业化国家并不是注定要走西方的道路，如中国就是以社会主义社会形态实现由农业社会向工业社会过渡的。实际上，工业化、市场经济、民主法治、科学都应该是以工业为基础的社会的特点。社会主义同样要实行工业化，因为没有大工业的基础是不可能建设社会主义的。同样，社会主义也需要实行市场经济，这是社会化大生产的经济运行的客观要求。工业化不等于西化，可西方资本主义先走了一步，因此它的成就与缺点、经验与教训，可以从正反两方面为我们提供有益的东西。资本主义与社会主义终究是前后相继的两种社会形态，不能只看到它们的对立而忘记它们由大生产所产生的某些共同性。在资本主义高度发展基础上产生的社会主义应该吸取和改造资本主义的已有成就，没有经过资本主义阶段的社会主义国家，更应该注意吸收资本主义的成就。这既包括由社会化大生产决定的具有普遍意义的东西，也包括为资本主义社会所特有但经过改造可以借用的东西。恩格斯说过，没有奴隶制就没有社会主义，这个道理应用到彼此连接的社会主义与资本主义两种社会形态的关系上更是不言而喻的。

邓小平所谓的“要害是姓‘社’还是姓‘资’的问题”的论断，其重要理论价值正在于要我们解放思想，不要把头脑拴在社会主义与资本主义绝对对立的思维框架之中；我们决不能把它曲解为普遍指导原则。邓小平的论断与马克思指出的要跨越资本主义的“卡夫丁峡谷”就必须吸收资本主义的积极成果的意义是一样的。要超过资本主义就必须利用资本主义，这就是辩证法。

在无产阶级取得政权以后，特别是经过一段时期以后，如何处理社会主义社会的矛盾问题，就成了社会主义事业成败的关键。马克思恩格斯肯定社会主义是变化着的、需要改革的社会，但他们没有社会主义实践，因而不可能具体论述这个问题。斯大林不承认社会主义有矛盾，最后他的后继者们把社会主义存在的矛盾当成社会主义没有生命力而加以抛弃。毛泽东思想的巨大贡献之一是关于社会主义社会基本矛盾的学说。尽管毛泽东本人在实践上没能完全正确处理社会主义社会的矛盾，但这个学说本身却为社会主义制度的改革和自我完善，为坚持社会主义方向同时又改革其凝固的体制规定了可能性和界限。邓小平继承和发展了毛泽东关于社会主义基本矛盾的理论。毛泽东注重调整生产关系以及不断扩大公有制，而邓小平则着重发展生产力，强调应以是否有利于生产力的发展来调整所有制结构，主张以公有制为主体多种所有制经济共同发展；毛泽东在上层建筑领域中注重意识形态斗争，而邓小平则把重点放在科教兴国和精神文明建设上。尤其重要的是，邓小平把社会主义生产力和生产关系的矛盾放在市场经济条件下来调节，从而为社会主义经济注入了生机和活力。

时代在发展，社会在前进。150 年来，形形色色反对《宣言》的人物和理论不断出现，但都成为历史的残渣陈迹，唯有马克思恩格斯以及《宣言》仍然光芒四射，继续指引人类朝着美好的未来前进。

毫不动摇地坚持辩证唯物主义和历史唯物主义*

江泽民同志曾强调指出，我们共产党人的根本政治信仰是社会主义和共产主义，世界观是马克思主义的辩证唯物主义和历史唯物主义，这是任何时候都丝毫不能动摇的。坚持辩证唯物主义和历史唯物主义丝毫不动摇，这同样是我们“马克思主义哲学原理”课教学的指导原则。

一、坚持辩证唯物主义和历史唯物主义世界观的科学性和完整性

我们应该区分马克思主义哲学的教学体系和它的基本原理。以斯大林的《辩证唯物主义和历史唯物主义》存在某些缺点和不足为理由，否定辩证唯物主义和历史唯物主义是不能成立的。斯大林的《辩证唯物主义和历史唯物主义》是教学体系，是为对苏共党员进行马克思主义哲学基本常识教育的目的服务的。作为联共(布)党史中的一章，它起过积极作用，但也存在某些不足。它的结构、体系和某些

* 本文发表于《思想理论教育导刊》，1999年第9期。

论述并不是不可改变的，在60多年之后还以斯大林的《辩证唯物主义和历史唯物主义》的缺点为由，用所谓“苏联模式的马克思主义哲学”一棍子把辩证唯物主义和历史唯物主义打倒是不能成立的，也是做不到的。

辩证唯物主义和历史唯物主义是马克思主义的科学世界观，是对包括自然、社会和人类思维在内的世界的总体性的哲学把握。它既是唯物的又是辩证的，是对支配整个世界的唯物辩证规律的揭示。按照什么样的教学体系讲授辩证唯物主义和历史唯物主义，如何组织教学更有利于学生生动活泼地学习辩证唯物主义和历史唯物主义基本原理，这方面还有许多工作要做，可以说我们仍处于总结和摸索中。但是无论采取何种教学体系和安排都只应该更有利于坚持辩证唯物主义和历史唯物主义，而不是违背甚至背弃辩证唯物主义和历史唯物主义的基本原理。

“辩证唯物主义和历史唯物主义是两大块，没有一元化、一体化，违背列宁关于马克思主义哲学是一块整钢的原则。”这个理由不能成立。辩证唯物主义和历史唯物主义不是两个主义而是一个主义，即关于整个世界包括人类社会和思维在内的既是唯物的又是辩证的主义。历史唯物主义不是辩证唯物主义之外的另一种主义，而是对马克思主义哲学不同于一切旧哲学包括旧唯物主义在内的哲学特点的强调。它既不是半截子唯物主义，也不是不彻底的辩证法，而是彻底的、完备的辩证唯物主义——它的彻底性、完整性正表现在它包括历史观在内。

列宁在强调马克思主义哲学本质时，特别强调的就是应该把历史唯物主义包括在内。他说：“马克思和恩格斯在他们的著作中特别强调的是**辩证**唯物主义，而不是辩证**唯物主义**，特别坚持的是**历史**唯物主义，而不是历史**唯物主义**。”①他反复强调马克思和恩格斯特别注意的是使唯物主义哲学向上发展，也就是说特别注意唯物史观。可见，列宁所说的马克思主义哲学是一块整钢不仅不排斥历史唯物主义，相反，排斥历史唯物主义恰好是破坏了马克思主义哲学的完整性，把整钢裂为碎片。其实，马克思主义哲学是不是一元化，是不是一体化，或者说是不是一块整钢，关键是看它贯穿整个哲学的是不是有个一以贯之的原则。马克思主义哲学是一块整钢，正在于它无论是考察自然、社会还是人类思维，都始终坚持实践观点、坚持唯物主义和辩证法相结合的观点，反对一切唯心主义和形而上学哲学。把辩证唯物主义和历史唯物主义说成是两大块，完全是从形式上看问题，而没有把握住马克思主义哲学的本质。而如果不从本质上看问题，就会摇摆不定，或者否认历史唯物主义是哲学，因为它只涉及社会历史领域，不具有普遍性；或者否认辩证唯物主义是哲学，只承认历史唯物主义是哲学，认为哲学只研究人和属人世界，人和属人世界是社会领域，而辩证唯物主义中关于世界的物质性、世界统一性问题，都是属人世界之外的问题，是假问题、是旧哲学问题。持有这种观点的同志往往把辩证唯物主义和历史唯物主义视同水火，认为它们在马克思主义哲学中不能并存。这样理解马克思主义哲学，就不可能毫不动摇地坚持辩证唯物主义和历史唯物主义。正如列宁说的那样，在马克思主义哲学中，绝不可以去掉任何一个基本前提、任何一个重要部分，不然就会离开客观真理、就会落入资产阶级反动谬论的怀抱。

“马克思主义哲学是实践唯物主义，辩证唯物主义和历史唯物主义是伪造。”这是西方某些哲学多年来制造的马克思恩格斯对立，用以

① 《列宁选集》，第2卷，225页，北京，人民出版社，1995。

反对辩证唯物主义和历史唯物主义的重要论据。

我们应该区分关于实践唯物主义的两种不同的提法。一种是马克思和恩格斯在《德意志意识形态》中关于“实践的唯物主义者”的提法。该提法是在与“共产主义者”同等意义上使用的，他们说：“对**实践的**唯物主义者即**共产主义者**来说，全部问题都在于使现存世界革命化，实际地反对并改变现存的事物。”[1]显然，这里强调的是他们创立的哲学的革命性和实践性，是用以改变现存世界的哲学。这种提法，与马克思在《〈黑格尔法哲学批判〉导言》中关于“哲学把无产阶级当作自己的**物质**武器，同样，无产阶级也把哲学当作自己的**精神**武器”、无产阶级“解放的**头脑**是哲学”，以及在《关于费尔巴哈的提纲》中最精辟的概括：“哲学家们只是用不同的方式**解释**世界，问题在于**改变**世界”，都是同一思想的不同表述，与辩证唯物主义与历史唯物主义的根本原理完全是一致的。另一种关于实践唯物主义的提法则不同，它是力图在所谓回到马克思早期思想的旗号下，重建一个实践唯物主义体系，重建一个与辩证唯物主义和历史唯物主义相对立的哲学体系。

我们并不一般地反对使用实践唯物主义这个提法。本来马克思和恩格斯在创建自己哲学的过程中曾使用过多种名称，如科学的唯物主义、新唯物主义、现代唯物主义、共产主义的唯物主义、辩证的自然观和唯物主义历史观，以及实践唯物主义者这个称呼。但我们反对把实践唯物主义与辩证唯物主义和历史唯物主义对立起来，似乎只有实践唯物主义才真正重视实践，才符合马克思的原意，而辩证唯物主义和历史唯物主义则是对马克思主义哲学的曲解。这种观点不仅是动摇而且是从根本上否定了辩证唯物主义和历史唯物主义。

---

① 《马克思恩格斯选集》，第1卷，75页，北京，人民出版社，1995。

说什么在辩证唯物主义和历史唯物主义的理论框架内不可能真正理解实践的重要性，这是完全错误的。被诬为辩证唯物主义的始作俑者的恩格斯就非常重视实践。人们只要读读《自然辩证法》、《反杜林论》、《费尔巴哈论》就会明白这一点。列宁可以被视为"顽固"的辩证唯物主义派，《唯物主义和经验批判主义》中不断出现辩证唯物主义和历史唯物主义的提法和论述，然而正是列宁在这部著作中对实践的意义和作用做了深刻的论述。毛泽东的《实践论》是在不知实践唯物主义为何物时写的，可是毛泽东对实践在马克思主义哲学中的地位却作了最系统的论述。当然，实践是发展的、科学技术是进步的，人们对实践的作用的认识也会不断深化。但无论怎样深化和发展，在辩证唯物主义和历史唯物主义的理论形态内完全可以进行新的总结和拓展。我们不仅要懂得实践在马克思主义哲学中的重要地位，也应该懂得一旦离开了辩证唯物主义和历史唯物主义原则，就不可能有科学的实践观。马克思主义实践观的科学性是由实践的辩证本性和唯物主义本性来保证的。仅仅强调实践而不强调辩证唯物主义和历史唯物主义原理对实践的制约性是不行的。康德讲"实践理性"、费希特讲"行动哲学"、谢林讲"实践哲学"、黑格尔讲"实践观念"，就连实用主义也标榜"实用"、"行动"、"效用"等等，可他们都是形形色色的唯心主义者。所以一旦离开了对实践作用的唯物主义的考察、辩证的考察、历史唯物主义关于实践的社会制约性的考察，就会通过唯实践主义或对实践作用的非辩证唯物主义的理解而走向唯心主义。过犹不及与物极必反，在考察实践问题上同样适用。

正因为这样，我们才不同意用所谓的实践唯物主义来取代辩证唯物主义和历史唯物主义。有些学生以为实践唯物主义既是实践的又是唯物的有什么不好，他们不知其中的问题所在，不知道这种与辩证唯物主义和历史唯物主义相对立的实践唯物主义，由于对实践作用的非辩证唯物主义的理解，往往通向唯心主义。事情很显然，如果否认世界物质性观点，宣扬实践本体论，只承认所谓的属人世界，公然宣称地球在人类出现之前存在的问题毫无意义，宣称在实践范围之外的世界是无，请问如何坚持唯物主义、如何反对有神论、反对在可见的感性世界之外存在一个“亡灵世界”的歪理邪说呢？只要掀掉了世界物质性这块基石，认识就不再被认为是对世界的反映，而是主体在思想中对客体的重构；物质和意识的关系就不再是第一性和第二性的关系，而是在实践中不可分的统一体；辩证法也不再是客观自身固有的而只是实践的辩证法；历史也不再具有自身的规律而只是主体的选择。试问，这种实践唯物主义不是变相的唯心主义又是什么呢？以反对旧唯物主义为由，把世界的物质性、物质第一性、意识第二性等等唯物主义的共识排斥在辩证唯物主义范围之外，就划不清唯物主义与唯心主义、科学与迷信、有神论与无神论的界限，这种所谓的马克思主义哲学世界观就不可能是科学的、完整的。

二、立足当代，面对现实，不断提高辩证唯物主义和历史唯物主义的教学质量

坚持辩证唯物主义和历史唯物主义，绝不是照本宣科，讲条条背概念，把课讲得干巴巴的。只要我们立足当代，面对现实，基本原理同样可以讲得有深度、有条理、有兴趣。

有人说，什么辩证唯物主义历史唯物主义，无非是世界是物质的、物质是运动的、运动是有规律的，就这些玩意儿。其实，不少人，包括一些科学家、哲学家，以及革命多年的干部，就是对这些基本的哲学道理没有搞清楚，才会迷信“法轮大法”那些歪理邪说，相信

“物质和精神是一性的”、“物质存在的东西”就是“精神中的东西”、“宇宙中的所有物质都是灵体”之类现代迷信和有神论。不懂这些基本道理的科学家，只能是极其有限范围内即自己狭隘专业范围内的专家而不是真正意义上的科学家，因为他们有某种专业知识而没有科学精神。科学精神是一种哲学精神，它要求以事实为依据、以规律为对象、以实践为标准，任何时候都坚持实事求是的世界观。排斥这些基本道理的哲学家，不管其职称多高、资历多老，也可能会上当受骗。反“法轮大法”斗争的事实说明，一些人就是在辩证唯物主义和历史唯物主义世界观的最基本的道理上失足的。

马克思主义的基本原理要坚持。认为讲世界的物质性一定讲不出深度是不对的。同样是坚持世界的物质性原理，列宁在《唯物主义和经验批判主义》中与恩格斯在《反杜林论》中的讲法就不重复。恩格斯在批判杜林关于世界统一于存在的观点时，论证了世界统一于物质性的观点，提出了“世界的真正的统一性在于它的物质性，而这种物质性不是由魔术师的三两句话所证明的，而是由哲学和自然科学的长期的和持续的发展所证明的”①著名论断；提出了“原则不是研究的出发点，而是它的最终结果；这些原则不是被应用于自然界和人类历史，而是从它们中抽象出来的；不是自然界和人类去适应原则，而是原则只有在符合自然界和历史的情况下才是正确的。这是对事物的唯一唯物主义的观点”②的著名论断。而列宁在《唯物主义和经验批判主义》中是在反对马赫和阿芬那留斯以及俄国的马赫主义关于“世界是感觉要素的复合”、“原则同格”等唯心主义谬论中，坚持世界物质性观点

① 《马克思恩格斯选集》，第3卷，383页，北京，人民出版社，1995。
② 同上书，374页。

的。列宁不是重复恩格斯的观点，而是在关于世界物质性的论述中，提出了著名的物质定义，提出了哲学的物质概念和自然科学物质结构学说的区别问题，并结合当时的自然科学成就，提出了对物质结构的认识不可穷尽的观点："日益发展的人类科学在认识自然界上的这一切**里程碑**都具有暂时的、相对的、近似的性质。电子和原子一样，也**是不可穷尽**的，自然界是无限的，而且它无限地**存在着**。正是绝对地无条件地承认自然界**存在**于人的意识和感觉之外这一点，才把辩证唯物主义同相对主义的不可知论和唯心主义区别开来。"①如果我们现在来讲授世界的物质性这个问题，当然要结合当今自然科学的发展，结合西方科学实在论提出的种种问题，内容是很丰富的，决不会像一些人调侃的那样只剩下"世界是物质的"这么干巴巴的一句话。

而且，马克思主义哲学原理是活生生的，它具有鲜明的时代特征。同样一条原理因为它着重解决的问题不同而具有不同的内涵。我们可以"实事求是"为例来说明这一点。实事求是是马克思列宁主义的精髓，是毛泽东思想的精髓，是邓小平理论的精髓，但这决不意味着它们的内容是重复的。由于它们各自所处的条件不同，面对的问题不同，因而即使其哲学原则一脉相承，其内容也仍然是不一样的。

马克思和恩格斯不仅创立了马克思主义哲学，而且卓越地应用了这种哲学。他们在自己的时代对资本主义的分析完全是实事求是的。马克思花了 40 年写作《资本论》，占有大量材料，对资本主义社会的经济运行规律作了科学的分析，没有空话，没有臆断，通过对资本主义社会自身矛盾的分析揭示了社会主义代替资本主义的必然性。而列宁面对的是俄国进行革命和在一个落后的国家第一次进行社会主义建

① 《列宁选集》，第 2 卷，193—194 页，北京，人民出版社，1995。

设的现实。列宁反复强调实事求是，说“事实是我们政策的基础”。我们共产党人“只能以经过严格证明的确凿证明的**事实**作为自己的政策的前提”，即“任何郑重的政策必须以经得起严格的客观检验的**事实**作为依据”。列宁的一系列新的经济政策正是以这种世界观和思维方法为指导的。至于毛泽东在中国对这一原则的贡献和应用则完全具有中国特色，它的成就是永载史册的。邓小平由于坚持实事求是，在中国社会主义建设中开辟了一个改革开放的新时期，开辟了社会主义现代化的新阶段，而且创立了作为当代中国马克思主义的邓小平理论。显然，同一个实事求是的哲学原则由于与每个时代的实际密切结合而会产生崭新的内容，这就是马克思主义的发展。“马克思主义哲学原理”课的讲授应该具有这种时代感。

最重要的是，要提高辩证唯物主义和历史唯物主义课程的教学质量，我们不仅要研究基本原理，更要立足当代，面对现实，研究新材料新问题。我们要加强对当代资本主义的研究。马克思和恩格斯是人类历史上最坚决反对资本主义的思想家，可又是人类历史上对资本主义研究最科学、最彻底、最实事求是的思想家。而社会主义胜利以后，我们理论上的一个失误就是忽视对资本主义的研究，把反对资本主义变为在理论上对资本主义不闻不问，从而不知道当代资本主义的特点。而西方一些思想家反而比社会主义国家的马克思主义者更注重当代资本主义的研究，从马尔库塞的《单向度的人》到丹尼尔·贝尔的《资本主义的文化矛盾》和《后工业社会的来临》，都是对当代资本主义研究的重要著作。我们马克思主义者反而缺少这类研究当代资本主义的著作。我们还要研究社会主义。我们处在社会主义社会中，我们在建设社会主义，可我们长期以来对什么是社会主义却并不十分清楚，的确是“不识庐山真面目，只缘身在此山中”。直到邓小平提出建设有中国特色的社会主义理论以来，关于什么是社会主义和如何建设社会主义问题，才成为我们理论关注的重点和热点。在当代中国，马克思主义哲学如果离开有中国特色的社会主义实践，就只能是教条主义和思辨哲学。我们还要注视当代科学技术的新发展，不仅关注其中提出的哲学问题，也要注意当代科技发展带来的全球性问题。如果我们的哲学教学能够结合上述时代提出的和学生热切关注的现实问题进行哲学分析，就肯定能提高哲学教学质量，使哲学课成为受学生欢迎的课程。

三、课堂不是论坛，我们应该有社会使命感和责任感

我历来主张应该提高哲学的教学水平，但不能以把哲学课堂变为哲学论坛的方法来吸引学生。学者们在报纸杂志或各种学术会议上可以各抒己见，百家争鸣。其中有不少有启发的正确的见解，但也可能有错误的观点，甚至谬论。在这种情况下，只要是不违背四项基本原则，这种做法就对学术发展有利。因为这是署名文章，是个人发言，人们是把作者和发言者作为个人看待的。课堂则与之不同，这是教育学生、培养学生的地方，听众是一些缺少马克思主义哲学知识、正有待教师以科学的世界观进行培养的学生。我们不是以个人的名义而是以教师的名义在讲课，不是讲个人的哲学而是讲授马克思主义哲学、讲授辩证唯物主义和历史唯物主义，怎么能把神圣的课堂变为宣扬个人观点甚至是错误观点的论坛呢？韩愈在《师说》中说过，教师的责任是传道授业解惑，我们马克思主义哲学教师同样要发挥这种作用，只是道不同、业不同、惑不同而已。如果我们顶着马克思主义哲学课的名称，散布的却是怀疑甚至反对马克思主义基本原理的观点，这样做就背离了国家设立“两课”的宗旨和目标。

这样说来，马克思主义哲学课岂不是千人一面、众口一词吗？马克思主义哲学课的讲授岂不是不允许有个性吗？非也。哲学当然是个性化的学说，但这是就哲学体系而言。马克思主义哲学是个性化的哲学，它不同于一切古代的现代的哲学，可马克思主义哲学的信奉者的观点却不能各吹各的号，一人一个样，如果这样就不成其为马克思主义哲学。但这绝不是说，马克思主义哲学内部都是一个模子里出来的。即使是马克思和恩格斯作为马克思主义哲学的共同缔造者也仍各有特点。他们各自的贡献不同，风格也不一样。其他如拉法格、倍倍尔、普列汉诺夫、列宁、毛泽东，也都各有特色。邓小平理论与马列主义、毛泽东思想一脉相承，但他们的哲学风格同样各具特色。以为只要都赞成辩证唯物主义和历史唯物主义就没有特点的说法是不能成立的。当然，我们是普通的马克思主义哲学教员，不能与他们相比，可是就个性化而言却同样是可以做到的。只要我们讲课不是简单复述原理，而是立足现实、面对问题，就可以讲出特色来。由于每个教员所面对的学生的思想情况不同，每个时期出现的社会问题不同，分析问题解决问题的能力不同，所以即使是同样的原理，也肯定能讲出不同的水平和各自的特色。当然就某些原理发表一些不同于传统的说法也完全可以，但必须讲明是自己的看法，提供各种观点供学生思考，而不能认为，我们这种看法就是马克思主义，马克思主义就是这个，把学生弄得迷迷糊糊。

“马克思主义哲学原理”课教学对我们这些马克思主义哲学教员来说既是职业又是信仰，是信仰和职业的统一。因此课堂是我们传播马克思主义哲学的阵地，而不是自由论坛。我们要力求通过正确讲授马克思主义哲学的基本原理来塑造学生、武装学生，以便培养和坚定他们的社会主义理想和信仰，确立科学的世界观、人生观和价值观，学会辩证思维方法。这样的学生，无论将来从事何种工作，都是对国家对社会有用的人才。这是我们“马克思主义哲学原理”课教员的社会责任和光荣使命，我们应该有这种社会使命感和责任感。

马克思主义的指导地位不能动摇*

——论指导思想一元化与多种思想并存问题

我国正处在社会主义初级阶段。由传统计划经济体制向市场经济体制的转型对社会生活各个领域正在产生并且会继续产生深刻的影响。经济领域多种经济成分的同时并存和共同发展，思想意识形态领域多种文化与多种思想的并存和相互作用，是不以人们意志为转移的客观现实。如何从唯物史观关于经济基础与上层建筑关系的角度正确认识市场经济条件下文化与思想多样性的必然性，认识坚持马克思主义指导思想一元化的必要性和可能性，认识这种相互作用的合力可能导致的趋向，无疑是极其重要的理论问题。恩格斯说过，要“善于从理论上思考”，“只有清晰的理论分析才能在错综复杂的事实中指明正确的道路”。①

* 本文发表于《前线》，2000 年第 11 期。

① 《马克思恩格斯全集》，第 37 卷，283 页，北京，人民出版社，1971。

一、社会主义意识形态领域一个具有战略意义的任务

正确认识和妥善处理指导思想一元化与多种思想并存问题，不仅是关系意识形态导向、关系有中国特色社会主义文化建设的问题，而且是关系社会主义改革前途和命运的具有全局性战略性意义的问题。如果否认社会主义时期思想存在的多样性，坚持指导思想的一元化就失去了理论依据和事实依据，加强党的思想政治工作也会成为无的放矢的空头口号；相反，如果否认指导思想的一元化，多种思想并存的状态就会演变为消解主流意识形态的思想斗争甚至是激烈的斗争，成为社会不稳定因素。在指导思想一元化和多种思想并存问题上，任何片面性都是极其有害的。在这方面，新中国成立50年来特别是改革开放20多年中，我们积累了丰富的经验，也有过深刻的教训。

随着中国人民革命的胜利，马克思主义由一个政党的指导思想转变为整个社会的处于支配地位的指导思想。这是由社会性质的变化和中国共产党执政地位的确立决定的。但这并不意味着马克思列宁主义、毛泽东思想是唯一的意识形态。事实上，由于社会意识同社会存在发展的不平衡规律的作用，由于当时的阶级状况和国际环境的影响，思想领域中的多样性和矛盾是很显然的。毛泽东在《关于正确处理人民内部矛盾的问题》中，对意识形态领域中的斗争状况、两类矛盾的性质和处理的方针等问题有过精辟的论述。这是马克思主义著作中直接论述社会主义时期意识形态问题的宝贵著作。

我们现在的状况与40多年以前相比有了重大变化。我们国家的生产力得到高度发展，作为国家指导思想的马克思主义由于国力强盛，处境比新中国成立初期有了很大的改善，但思想领域中的多样性也更为明显。可以说，我们当前是新中国成立以来经济发展最为迅速

的时期，也是思想领域最为活跃的时期。指导思想一元化的强化并不排斥思想多样化，也不可能排斥。因为这是思想领域中的“客观”现实，是不以人的意志为转移的。经过改革开放以来对社会主义建设尤其是思想建设经验的总结，我们已经不会重复以阶级斗争为纲，把思想中的多样性问题全部归结为意识形态中两条路线斗争的简单化错误。但是，思想多样性的性质是各不相同的。

首先，从文化形态层面看，有多种文化形态同时并存。不仅存在中(中国传统文化)、西(西方文化)、马(以马克思主义为指导的社会主义文化)之分，而且还存在民族文化、地区文化和社区文化、城镇文化、企业文化、校园文化等等之间的差异性问题。除高雅文化外，在我们社会中还存在大众文化。文化的确是多样的。

其次，从意识形态层面看，存在马克思主义和反马克思主义、社会主义和反社会主义的思想斗争。在我们国家的整个社会主义建设过程中，这种性质的斗争并没有停止过。只是根据国际和国内的斗争态势有时缓和有时激烈。应该承认，改革开放以来的20年，我们与资产阶级自由化的较量就属于这种性质的斗争。就目前来说，这方面的思想动向仍值得注意。各种各样的反对马克思主义、反对社会主义、否定中国革命的成就、丑化和污蔑无产阶级领袖人物的言论在报纸杂志、图书出版物中时有所见。虽然不是主流，但其危害性是不容忽视的。

再次，从世俗层面即从群众的思想观念层面看，显然存在先进和落后的区别。特别是由于经济成分和经济利益多样化，社会生活方式多样化，社会组织形式多样化，就业岗位和就业方式多样化，群众中思想状况更趋复杂。在世界观、人生观和价值观方面，个人主义、拜金主义、享乐主义以及其他腐朽思想的冲击力还是比较大的。所谓道德滑坡，所谓理想、信仰、信念危机都属于这个领域。这个领域涉及群众、涉及日常生活和个人行为，是一个非常宽大而重要的领域。

当然，上述区分不是绝对的。它们之间并没有一条不可逾越的鸿沟，可能会相互渗透、相互影响。例如我们与法轮功的斗争就涉及不同方面的问题。就与“法轮大法”的斗争来说显然是马克思主义与反马克思主义的斗争，属于意识形态中两条路线的斗争；就参与法轮功练习的一般群众来说，属于思想教育问题；就法轮功以气功为幌子来说，就有一个辨别气功与伪气功，辨别传统文化中的精华与糟粕的问题，这是属于传统文化的问题。任何一级领导特别是意识形态部门的领导，任何一个马克思主义理论工作者和思想政治工作者，都应该正视思想多样性存在的事实，对处理指导思想一元化和多种思想并存的关系，对各种不同思想矛盾的性质及其可能的相互影响关系以及不同的处理方针、方法，都应该认真研究，决不能简单化，不能掉以轻心。

二、市场经济条件下经济成分多样性与指导思想一元化问题

毫无疑义，随着社会主义市场经济的确立，以公有制为主体多种经济成分共同发展的经济格局，必然会对思想领域中的态势产生极大影响。反映不同所有制关系、不同利益主体的思想的出现和滋长是必然的、不可避免的。经济成分的多样化必然带来思想的多样化。在不同所有制基础上，会出现不同的思想意识，这是一种规律性现象。马克思说过：“在不同的占有形式上，在社会生存条件上，耸立着由各种不同的、表现独特的情感、幻想、思想方式和人生观构成的整个上

层建筑。”①不承认或者轻视这个事实，就不是一个马克思主义者，不是一个历史唯物主义者。

但不能由此得出结论，经济成分的多样化必然带来指导思想的多元化。这种看法并不符合历史唯物主义关于经济基础与上层建筑、社会存在与社会意识辩证关系的理论。一个社会处于支配地位的思想并不取决于所有制关系的多种构成，而是取决于社会形态的性质和处于统治地位的所有制关系。

自从进入阶级社会以后，迄今没有一个社会是以单一所有制为基础的社会形态。在所有制上纯而又纯的社会是没有的。但这并没妨碍任何社会都有一种思想处于支配地位。道理还是马克思说得对，“占统治地位的思想不过是占统治地位的物质关系在观念上的表现，不过是以思想的形式表现出来的占统治地位的物质关系”。② 我国当前虽然存在多种所有制，但从社会形态看是属于社会主义性质的社会，尽管还是初级阶段。公有制的主体地位，人民民主专政的政权性质，共产党的执政地位，作为这种经济关系和政治关系在观念形态上的反映，只能是马克思主义而不能是任何其他阶级的或其他非马克思主义性质的意识形态在社会和国家生活中处于支配地位。认为社会主义市场经济的多种所有制结构必然产生多元化的指导思想，是一种肤浅的推论。

据说市场经济是一种自由经济，它要求自由、平等，天生与社会主义处于支配地位的马克思主义是对立的。自由主义才是适应并能推进市场经济的意识形态。这种说法，貌似有理，实属无理。因为市场

① 《马克思恩格斯选集》，第1卷，611页，北京，人民出版社，1995。

② 同上书，68页。

经济并不是一种独立的经济形态，而是社会化生产的资源和劳动力的一种配置方式，它总是与一定的社会基本经济制度相结合的。市场经济自身并不能直接决定人们的思想，参与市场经济活动的人们的思想直接决定于他们自身所处的所有制关系和在社会中的经济地位。作为市场经济活动中的主体，他们是带着由他们的所有制和财产关系决定的思想参与市场经济活动的。把市场经济活动的参与者设定为无道德意识、无意识形态倾向的“经济人”是抽象的假定。事实上，当人们参与市场经济活动时，就是一个活生生的具体的具有不同思想倾向和道德面貌的人。作为市场经济活动主体参与者的特性和品质，是由他们所依存的基本经济制度和在生产关系中所处的不同地位决定的，而且必然会受到整个社会大环境的影响。

不仅如此，市场经济活动中的自由、平等，与人们在整个经济和政治生活中是否享有真正的自由和平等是不能等同的。因为市场经济中的自由与平等并不是一种社会制度。当马克思说商品是天生的平等派，市场经济要求自由与平等时，并没有把市场经济中要求的自由和平等泛化，而是针对以超经济剥削为基础的封建制度说的，是就市场经济活动的特性说的。市场经济中的交换是自由的（劳动力已摆脱人身依附关系，资本已摆脱土地的局限）、是平等的（价值法则是铁的法则，按等价原则而不是按其他非经济的原则进行交换）。但是在这个范围内也只有在这个范围内才有市场经济所要求的自由、平等。试图在市场经济范围外把自由、平等变为普遍原则就会走向它的反面。正如马克思说的，在市场经济中通行的自由、平等交换的这一进程背后，在深处进行的完全是不同的另一些过程，在这些过程中个人之间表面上的平等和自由就消失了。根本原因是由于资本主义社会是以资本主义私有制为基础的社会，它的自由和平等不能超出市场经济活动范围变为一种全社会的、人人享有自由、人人享有平等的普遍原则。

在我们国家，市场经济体制比起传统的计划经济体制无疑给予经济活动的参与者以更大的自由和平等权利。因而市场经济对于发挥人的主动性、积极性，发挥人的创造才能，挖掘人的潜在才能具有重大的推动力。但并不能由于实行市场经济而改变马克思主义在我们国家中的指导地位，代之以自由主义的指导原则，或者把自由、平等原则抽象化和泛化，重新举起资产阶级启蒙时代的旗帜。因为在我们国家，市场经济是与社会主义基本经济制度相结合的，它不是独立于社会主义基本经济制度之外的一种体制，而是社会主义社会通过长期摸索为自身找到的一种有效的资源和劳动力配置方式。不同性质的市场经济在运作方式和作用上具有某些共性，但都必然要受到它所依存的基本制度的制约。在社会主义社会，市场经济必须为社会主义解放和发展生产力服务，为坚持、完善和优化社会主义制度服务。把市场经济活动中具有特定内涵的自由和平等原则引申为社会主义的抽象普遍原则，无异于否定了社会主义制度和政权的性质。其实，这种引申在事实上无论是对资本主义社会还是对社会主义社会都是不可能的，至多是一种理论空论或隐含某种目的的政治诉求。

作为一种社会目标，社会主义当然要求自由、平等。但这不是市场经济意义上的资本与劳动力交换的自由，也不是贯彻等价交换原则意义上的平等。社会主义的自由与平等，是与实现社会主义和共产主义目标不可分的。这种自由与平等在存在私有制、存在雇佣劳动、存在贫富对立状态下是不可能实现的。在《德意志意识形态》中马克思说过，共产主义“是个人独创和自由的发展不再是一句空话的唯一的社会”。后来在《共产党宣言》中，马克思曾对共产党人追求的自由做过一个经典的表述：“代替那存在着阶级和阶级对立的资产阶级旧社会的，将是这样一个联合体，在那里，每个人的自由发展是一切人的自由发展的条件。”①至于马克思主义的平等，最终归结为消灭阶级和阶级对立。这是遥远的未来的目标，是世世代代共产党人应努力为之终生奋斗的理想。我们这样说，绝不是否定市场经济自由、平等原则的进步意义，特别是对参与经济活动的人的主体作用发挥的积极作用。我们这里着重要指出的是，根据市场经济交换中的自由、平等原则鼓吹自由主义、鼓吹指导思想多元化于理无据、于事无凭。

还有一种说法对社会主义中指导思想一元化问题也容易发生误导。据说搞市场经济就不能提倡集体主义，只能倡导个人主义。只有个人主义才是与市场经济相适应的指导原则。这种把市场经济等同于个人主义完全是在制造理论混乱。市场经济是经济运行的方式，而个人主义是属于世界观和人生观方面的问题，是一种处理个人与他人（包括集体、民族、国家）利益的一种伦理原则。在市场经济活动中，当然有利益导向，人们在市场活动中都会尽可能追求自己的最大利益。但个人利益并不等于个人主义。作为处理个人利益与集体利益的一种态度和方式，个人主义在任何情况下都把个人利益放在集体利益和国家利益之上，是对待自己利益的一种利己主义态度。事实上，人们在市场经济活动中的道德观念，主要取决于他们所处生产关系的性质和个人道德自律的水平。市场经济是以货币为中介的经济活动，有助长无限度追求金钱的个人动机的可能性，但并不必然如此，人人如此。即使在资本主义社会的市场经济活动中，个人固然在经济活动中追求最高效益，可是致富以后回报社会，向教育和公益事业大量无私奉献的情况并不罕见。这能说凡市场经济的参与者必定是唯利是图的

① 《马克思恩格斯选集》，第1卷，294页，北京，人民出版社，1995。

个人主义者吗？资本主义市场经济尚且如此，在以公有制为主体的社会主义市场经济建设中，进行集体主义教育，有效地防止个人主义的滋长和蔓延，就不仅是可能的，而且是应该的。江泽民同志针对农村承包经营后出现的新情况说：“农村搞家庭联产责任制以后，仍然要讲集体利益和集体主义。”认为计划经济要求集体主义，市场经济要求个人主义，这种说法是以形而上学机械论的观点看待经济与道德的关系，完全抹煞了两者之间的界限。

三、驳“文化专制主义”

所有不赞成指导思想一元化而提倡指导思想多元化的理论家们，都把以马克思主义思想为指导斥之为“文化专制主义”，这是一种蛊惑人心的口号。

在阶级社会中指导思想的一元化，可以是文化专制主义的，也可以不是文化专制主义的，其实现方式可以是多样的。

例如，在封建社会中，无论是在中国还是在欧洲中世纪，它的指导思想一元化都是与文化专制主义不可分的。在中国自汉代采取“罢黜百家，独尊儒术”以后，儒家就一直处于独尊地位，任何反对儒家学说、非难孔子的思想都是不允许的，会受到迫害。“非圣非法”是杀头的罪名，明代思想家李贽的遭遇就是如此。在西方中世纪，宗教思想处于统治地位，正如恩格斯说的，教会信条是任何思想的出发点和基础，法学、自然科学、哲学，这一切都由其思想是否符合教会的教义来决定。在当时，受宗教裁判所迫害的思想家的名单也是成串的。

可是在资本主义社会，指导思想一元化原则的实现方式，则可以披上自由主义的外衣，各种思想并存的状况和自由度，是前资本主义社会所没有的。即使是马克思主义和其他反对、批评资本主义社会的激进思潮，仍然允许其存在，允许其宣传，允许在课堂上讲授。但是，任何反对私有制，主张社会变革的思想，决不允许处于支配地位，不允许上升为资本主义社会的主流意识形态。资本主义社会的统治者，同封建社会的统治者不同，他们一般不是用暴力直接维护其指导思想的一元化原则，而是通过他们所掌握的全部舆论工具和宣传工具，来宣传自己的意识形态，使它成为资本主义社会处于支配地位的意识形态。资产阶级思想在资本主义社会中的确是普照之光。在资本主义生产占统治地位的社会内，非资本主义的生产者也受资本主义观念支配。事实上，资本主义社会自由的外表并不可能改变资本主义社会的指导思想一元化的本质。

社会主义社会不同于资本主义社会。在我们国家，应该坚定地旗帜鲜明地坚持指导思想一元化的原则，坚决维护马克思主义、毛泽东思想和邓小平理论在整个社会，尤其是在意识形态中的指导地位。这是关系到我们选择什么样的社会发展道路，以什么理论指导原则治党治国治军，用什么思想来教育我们青年一代的根本原则问题。社会主义社会中指导思想决不能多元化。指导思想多元化，从根本上说就是排斥马克思主义，因为在多元化的原则下，马克思主义不可能处于"一元"的地位。指导思想的多元化原则对于社会主义社会是极其危险的。庄子曾说过一段很有意思的话："夫道不欲杂，杂则多，多则扰，扰则忧，忧而不救。"这段话用在指导思想多元化问题上很有启发意义。对社会主义而言，指导思想的多元化，必然会扰乱人们的思想，导致社会主义自身的崩溃。

对于一个社会形态而言，指导思想的一元化是必然的。但它是否合理呢？在我看来，衡量指导思想一元化的合理性，并不单纯取决于思想本身，而取决于它所依存和维护的社会制度自身的合理性和进步性。这涉及社会制度的必然性和价值问题。一个社会制度即使是剥削制度，当它处于上升时期，有利于社会生产力发展和社会进步时，为它辩护和论证的处于支配地位的思想，就是合理的和进步的。当这个社会制度已经开始腐朽并将为另一个更高的社会制度所取代时，无论是采取何种方式(专制主义的或自由主义的)来维护指导思想的一元化原则，都是在阻碍社会进步，是不合理的。在社会变革中，对处于主导地位的传统观念的批判甚至亵渎往往表现为思想进步，原因就在于此。

在我们社会中，指导思想一元化的合理性，在于社会主义制度的进步性和合理性。正因为我们党坚持马克思主义、毛泽东思想、邓小平理论的指导地位，才促进了生产力发展，代表了先进文化的发展方向，代表了劳动人民的根本利益。新中国成立50年来，我们国家生产力的发展，综合国力的提高，文化的繁荣，无不表明这一点。这是连外国人都不得不承认的。国外有学者发表文章说，自20世纪50年代以来，中国人均收入增长了7倍，居世界第二位。在20世纪的最后30年，中国的生活水平提高了6倍。对中国社会具有如此巨大推动作用的马克思主义，理所当然地应该处于指导地位。近百年来，在中国社会中没有任何一种理论和思想能起到马克思主义的这种作用。

在社会主义社会，指导思想一元化原则最受诟病的是有人说马克思主义阻碍了中国文化学术的发展与繁荣，新中国成立50年来没有出现“大家”。诸如此类的论调不绝如缕。这种说法是不公平的。其实就文化领域来说，我们国家的进步也是非常巨大的。在20世纪的上半期，旧中国的文化事业和出版事业的发展是很缓慢的。虽然也出了几个高水平的人物，但寥若晨星，在总体上还是比较冷落的。解放以后的50年中，自然科学和技术的飞速发展不用说，即使在人文社会科学方面，我们学科之齐全，规模之宏大，专业人才的人数之众，出版的著作种类之多，也是旧中国不可企及的。我们有不少中青年学者在各个领域中已崭露头角。当然，我们在专业的设置、人才的培养方法，以及较为宽松的良好的学术环境和学术空气的形成等方面都有待进一步改进。但不能以解放后没有所谓大师级人物为理由来反对指导思想的一元化原则。说实在的，学者的声名往往在身后，谁能说在我们大批中青年学者中就没有超过前人的俊才呢？

在我们国家，坚持指导思想一元化的原则，既不是像封建社会那样采取所谓文化专制主义，也不是像资本主义那样采取所谓自由主义方针，而是按照社会主义原则，根据各种不同的情况，采取不同的方针。

在文化问题上，我们正确处理多种文化形态的相互关系问题，提倡“和而不同”。我们坚持马克思主义的指导地位，但充分吸取中国和西方文化的优秀成果，提倡各种文化的互补和融合，以创造具有中国特色的社会主义新文化。我们扶植高雅文化，正确引导具有娱乐性和商业性的大众文化，不断提高大众文化的品位又不削弱大众文化自身的特性。

在意识形态层面，我们采取的是不破不立的方针。提倡积极的思想斗争，划清马克思主义和反马克思主义的界限。在重大原则上，在有关马克思主义指导思想问题上，必须旗帜鲜明。不能认为这就是什么文化专制主义，是什么反对言论自由，反对学术自由。列宁早就说过，维护这个具有起码理解力的人都认为正确的理论，反对毫无根据的攻击，反对败坏这个理论的企图，这决不等于敌视任何批评。

在群众性的思想意识层面上，我们加强思想政治工作，采取疏导方针，以理服人，以情动人，进行多种形式的耐心说服工作。

至于在学术问题上，我们党历来提倡“百花齐放，百家争鸣”的方针。“双百方针”是我们党和毛泽东同志制定的繁荣社会主义文化和科学事业的正确方针。尽管在这个方针的贯彻过程中，我们有过这样那样的错误，但是我们始终把这个方针作为繁荣社会主义文化的根本原则。因为我们确信，通过“双百方针”的贯彻，通过正确处理指导思想的一元化和多种思想并存的关系，既有利于巩固马克思主义的指导地位，又有利于文化事业的发展。

四、思想理论工作者的历史使命

马克思主义在社会主义的指导地位，是不能仅仅通过宪法和法律来保证的。宣布马克思主义的指导地位是一回事，马克思主义真正能够牢固地在思想领域中处于指导地位是另一回事。社会主义时期，多种思想并存的状况提醒我们，在意识形态领域中，必须强化阵地意识。思想政治这个阵地，马克思主义不去占领，非马克思主义、反马克思主义的东西，就必然会去占领。当年，列宁说的或者是资产阶级思想体系，或者是社会主义思想体系，对于社会主义思想体系的任何轻视和任何脱离，都意味着资产阶级思想体系的加强的著名教导，我看至今仍然是有效的。

对于已经取得政权的社会主义国家来说，阵地意识是至关重要的。在某种意义上甚至可以说是事关社会主义事业成败兴衰的一个重要问题。苏联的解体和社会主义制度的挫折的教训，很明显地表明了这一点。苏联在意识形态领域中，从理论混乱发展到公开指责马克思主义，到明文取消马克思主义的指导地位，最终导致社会主义政权的丧失。这是个较长的过程，这个过程与思想阵地一步一步丧失是密切相联系的。这一点西方人看得比我们还清楚。布热津斯基在其著作中就曾踌躇满志地讲过这一点。前苏联的一位移居欧洲的哲学家，在俄罗斯《真理报》上发表的一篇题为《苏联解体的教训——意识形态领域中的背叛和溃败》的文章中详细地分析过这个过程。他认为，取消和摧毁作为社会主义国家意识形态的马克思主义，以及西方意识形态充斥俄罗斯的意识形态空间，是导致苏联解体的重要原因。作者明确提出，绝没有意识形态的真空。相反，在不少人的头脑里装满了西方的意识形态垃圾和革命前的意识形态垃圾场中的陈旧破烂货。

我们中国的情况当然不同。改革开放以来的20多年中，邓小平同志和以江泽民为核心的党的第三代中央领导集体，一再强调马克思主义的指导地位，强调阵地意识，强调两手抓，两手都要硬。邓小平提出坚持四项基本原则，在反对“左”的错误思潮的同时也密切注意来自右的方面的思想冲击，维护了马克思主义的指导地位，维护了毛泽东思想的伟大旗帜。

所有的马克思主义理论工作者，思想政治工作者，以及人文社会科学工作者，我以为都应该把坚持阵地意识，坚持指导思想一元化的原则，作为自己的使命。这是一种使命意识或者说是一种历史责任感。有了这种意识，就会以严肃的科学的态度对待马克思主义。

要具有使命意识，就必须相信邓小平断言的“马克思主义是打不倒的”。无可讳言，马克思主义在经历了20世纪上半叶震撼世界的重大胜利以后，下半叶陷入了某种困境。特别是苏东剧变以后，一些反马克思主义的政治家和理论家们，频频举杯，庆贺马克思主义的“死亡”。可是稍有远见的西方资产阶级政治家们并不这样乐观。事实也是如此。自从苏东剧变以后，西方多次举行规模巨大的有关马克思主义、有关社会主义、有关《共产党宣言》的讨论会。1999年在评选过去1000年影响最大的思想家中，马克思位居榜首。这表明马克思主义仍然具有征服世界、影响世界的巨大理论力量。马克思主义的力量是真理的力量，马克思主义以其科学性与价值性相统一的科学思想体系，对世界进步人类具有无限的吸引力。只要世界上仍然存在着资本主义，存在着剥削、压迫和不公正，马克思主义就是永存的。中国是一个具有13亿人口的大国，我们正在建设有中国特色社会主义道路上向前迈进，在中国坚持马克思主义的指导地位，坚持马克思主义阵地，就会对世界争取进步的人类产生极大的鼓舞，这也是历史赋予我们的神圣使命。

无论何种社会形态，要真正保持自己思想具有支配地位，就必须有自己的思想理论队伍。意识形态领域的工作，始终是一个社会维护自己的生存和正常运转的重要部分。在中国的封建社会中，全部教育的核心就是以儒家学说来教育受教育者，并培养继承和宣传儒家学说的大大小小的“儒生”。其实，资产阶级也是非常注意培养自己的理论工作队伍的。马克思说过，当资产阶级掌握了国家政权，他们就会把意识形态阶层看作自己的亲骨肉，到处按照自己的本性，把他们改造成为自己的伙计。历史已经证明了这一点。在资本主义的长期统治中，资产阶级在思想理论领域中，培养了数目巨大的各种各样的有利于维护资本主义统治的思想家、理论家、宣传家。资产阶级决不会搞非意识形态化，也不可能非意识形态化。它总是牢牢控制各种宣传工具和舆论阵地。无怪当年葛兰西曾提出资本主义社会的文化领导权问题，试图以夺取资产阶级的文化领导权作为夺取政权的突破口。

取得了政权的社会主义国家，要维护自己的统治，坚持自己思想的指导地位，必须培养一支马克思主义的理论队伍和思想政治工作队伍。毛泽东、邓小平多次强调这一点。江泽民同志也反复强调，建设有中国特色的社会主义不仅需要一大批忠诚于马克思主义的治党、治国、治军的干部，而且需要有一批忠诚于马克思主义的理论骨干。他还号召要“培养一代又一代马克思主义理论家”。这是极具远见卓识的战略措施。没有一代又一代的马克思主义理论工作者，马克思主义在国家生活中的主导地位是难以维持的。因为马克思主义在社会主义社会中的主导地位，并不是注定不可改变的，它是要通过一代又一代的具有阵地意识、具有历史使命意识、具有高度的理论素养和实践经验的马克思主义理论工作者和思想政治工作者来完成的。对于这些人来说，马克思主义不仅是一种职业，而且应该是一种信仰，是信仰和职业的统一。一个马克思主义理论工作者和思想政治工作者，必须坚定地信仰马克思主义，必须把信仰的力量、自身的人格力量和理论自身的真理力量结合在一起。

马克思主义是时代的产物。马克思主义必须与时俱进。没有时代意识，就弄不清什么是马克思主义，如何坚持马克思主义。没有时代意识，所有关于阵地意识、关于历史使命的种种议论都是空话。

指导思想的一元化绝不是简单地固守马克思主义原来的基本原则所能达到的。马克思主义必须是创造性的马克思主义，必须面对时代的新问题，提出解决问题的新思路、新办法。毛泽东说过，教条主义的“马克思主义”并不是马克思主义，而是反马克思主义的。他非常重视马克思主义的创造性，强调任何国家的共产党，任何国家的思想界，都要创造新的理论，写出新的著作，产生自己的理论家，来为当前的政治服务，单靠老祖宗是不行的。毛泽东自己就是马克思主义发展史上最具创造性的卓越人物之一。邓小平同志也是这样。邓小平理论是当代中国的马克思主义，是马克思主义在中国的第二次飞跃。

江泽民同志面对当代的特点和我国的历史新时期，也一再强调“创新是一个民族的灵魂”。马克思主义同样需要创新。而且马克思主义理论创新为其他领域创新提供世界观和方法论的基础。在当代世界经济全球化大背景下，在国内确立社会主义市场经济体制的情况下，一个社会主义国家如何在积极参与世界性的经济活动中，坚持社会主义道路，坚持马克思主义在社会中的指导地位，这是一个对世界社会主义运动具有普遍意义的问题。当代中国的马克思主义理论工作者，应该深入地创造性地研究当代世界和国内提出的一些迫切的重大的理论问题。

从思想政治工作角度看，同样应该具有时代意识，应该着眼于时代的特点和要求。面对广大群众新出现的思想“纽扣”、思想“死结”，面对世界信息的网络化和各种各样的思想、理论、消息可以空前迅速和快捷传播的新情况，尤其是面对在改革开放时期成长起来具有开放思想容易趋向新潮的青年一代，板起面孔说教不行，要有理、有据，站得住，驳不倒。春风化雨式的润物无声的教育最能动人、最能感人。为此我们应该在思想政治工作的内容、形式、方法、手段、机制等方面进行新的探索。列宁在俄国新经济政策开始时就明确指出：老式的宣传毫无用处，我们需要在实践中去表明应该如何建设社会主义。整个的宣传工作都应该建立在经济建设的政治经验之上。创造性地进行思想政治工作，找到各种适合不同对象的教育方法，这本身就是马克思主义理论创新的一个部分。没有有力的富有成效的思想政治工作，再正确的马克思主义理论也很难发挥它的群众性效果。理论只有为群众所掌握才能变为物质力量。轻视思想政治工作不能算是真正的马克思主义理论工作者，不重视思想政治工作的领导不能被认为是一个成熟的领导。

我们党是一个经历过长期斗争善于总结正反经验的党。我们党充分认识到已经取得政权的社会主义国家的意识形态工作的重要性，认识到坚持马克思主义指导思想一元化对社会主义精神文明建设和有中国特色社会主义文化建设的决定性意义。江泽民同志在全国党建理论讨论会上的重要讲话号召我们，必须更加重视学习马克思主义，宣传马克思主义，应用马克思主义。只要我们坚持党的基本路线，坚持用邓小平理论教育全党、全体干部和全国人民，坚持正确处理指导思想一元化与多种思想并存的关系，在即将到来的新世纪中，我们党在意识形态领域就肯定能始终代表先进文化的前进方向，就肯定能建设成一个始终作为“三个代表”的先进的无产阶级政党，从而在各种合力的相互作用中始终牢牢地把握社会主义方向。

进一步认识“三个代表”思想的理论价值和实践价值*

江泽民同志的“七一”讲话，是立足当代现实，面向世界，放眼未来，总揽全局的关于中国共产党的建设，关于有中国特色社会主义建设的纲领性文件。特别是它的灵魂和核心思想——“三个代表”的学说，是中国共产党80年经验的总结，是国际社会主义运动正反两方面的经验的总结，是我们新世纪建党、建国，建设社会主义的指导方针。我们的各种报刊、各种宣传媒体，对“三个代表”重要思想作了充分的宣传。全党、全国人民都在认真学习和实践“三个代表”重要思想。我自己也在不断地学习，以更深刻地把握“三个代表”学说的伟大理论价值和实践价值。

有少数同志，特别是个别理论界的同志对“三个代表”学说在理论上的“创造性”认识不够。他们认为，“三个代表”中的三条是马克思、恩格斯、列宁、毛泽东和邓小平的一贯思想，是马克思主义最基本的原则，是众所周知的基本原理，不具有“原创性”。至多不过是过去三个原则是分

* 本文发表于《前线》，2002年第2期。

开说的，现在是连在一块说、一块讲，并非首创。因为所谓“原创性”应该是独创性、唯一性，是前所未有的。我认为，这种认识是极其错误的和有害的，是我们深刻体会“三个代表”学说的一大障碍。

“原创性”，是考虑思想史、学说史的一个重要原则。在考察哲学史、经济学史，或者其他学说史时，某个思想是谁第一次提出来的，考察它的渊源，找到原创者，理清它的来龙去脉，这是非常必要和重要的。但是，对马克思主义发展史来说，特别是对以马克思为指导的无产阶级政党来说，学说史意义上的理论原创性并不是判断其理论价值和实践价值的唯一标准。

当然，对于马克思主义思想史来说原创性也是重要的。因为马克思主义是由马克思和恩格斯创立的，由他们的后继者所发展的学说。在发展中肯定会提出一些新的原理从而具有理论上的原创性。例如，毛泽东提出的农村武装割据、农村包围城市，三大法宝、三大优良作风，游击战争中的战略战术，新民主主义理论，人民民主专政理论，关于正确处理人民内部矛盾的思想；邓小平关于社会主义本质理论，关于计划与市场关系的理论，关于一国两制的思想等等，都具有理论的原创性。

可是马克思主义理论发展史的原创性不同于一般学说史。它是马克思主义基本原理在实践中应用中的创造性发展。从原理本身来看并非独创和唯一的，是老祖宗的，但是它所针对的情况、针对的现实问题则是新的，它与具体实际相结合，创造性地解决面临的实际问题，而且提出了解决问题的新观点新思路新方法，这同样是一种独创性或者原创性。这种原创性，对以改造社会为己任的无产阶级政党来说，对马克思主义与时俱进的理论品格来说更为重要。马克思、恩格斯一贯重视无产阶级政党和各国马克思主义者的这种实践的首创精神。他们从来不用自己的理论束缚后人的手脚，而是让他们面对自己时代的问题，自己解决这些问题。

1881年荷兰社会民主党曾打算把社会党人如果夺取政权，为了保证社会主义的胜利他们在政治和经济方面首要的措施应是什么的问题，提交给苏黎世国际社会党人代表大会讨论。马克思对之给以批评。他在给斐·多·纽文胡斯的信中说：这个问题"在我看来提得不正确。在将来某个特定的时刻应该做些什么，应该**马上**做些什么，这当然完全取决于人们将不得不在其中活动的那个既定的历史环境"①。马克思的这一立场与他1872年在《共产党宣言》德文版序言中所讲的是一样的。他指出，《共产党宣言》中所阐述的一般原理整个说来直到现在还是完全正确的，但是这些原理的实际应用，随时随地都要以当时的历史条件为转移。可以说，在马、恩看来，无产阶级政党理论和实践的原创性、独创性，正表现在不是以教条主义的态度对待他们的学说，而是把他们的理论看作是基本原则和观察问题、分析问题、解决问题的基本方法，面对自己时代的实际问题，从实践中找到一条正确的道路。

当然，理论创新和实践创新，或者说理论原创性和实践的原创性是不可分割的。对中国共产党人来说，理论的原创性，最根本的就是马克思主义与中国相结合，或者说就是马克思主义的中国化。中国化的马克思主义就是马克思主义中国化的光辉理论结晶。离开了实践的原创性就不可能有理论的原创性。例如，毛泽东的《实践论》、《矛盾论》、《关于正确处理人民内部矛盾的问题》等等著作，就其基本原则来说是马克思主义的基本原理。其中关于实践与认识的关系，关于对

---

① 《马克思恩格斯选集》，第4卷，643页，北京，人民出版社，1995。

立统一规律，关于社会中存在矛盾的观点，都是马克思、恩格斯曾经论述过的。可是它们又是具有实践原创性和理论原创性的著作。因为毛泽东把马、恩关于矛盾、关于实践和认识、关于社会矛盾等问题的论述结合中国的实践经验、结合中国社会矛盾给以理论分析，并提出了解决中国实际问题和矛盾的方法。这实际上就是马克思主义中国化的过程，是马克思主义与中国实际相结合并产生中国化的马克思主义的过程。中国化的马克思主义就是既具有实践原创性又具有理论原创性的理论。

我认为对"三个代表"学说的考察，也应该具有这样的理论视角，要从马克思主义中国化的角度认识它的理论价值和实践价值，不能单纯拘泥于这一条或那一条原理哪一个经典作家说过，哪一本经典著作中有过，单纯做纯学理的考察。其实，"三个代表"学说的内涵是非常丰富的，并不只是三条基本原理，而是每一条原理中都以中国实际和问题为中心，提出了一系列新观点和解决中国问题的新措施。因此我们应该立足当代，结合实际，把"三个代表"学说作为一个整体，并充分掌握每一条的具体内容来考察它对当代中国社会主义建设，特别是对中国共产党的建设所具有的理论价值和实践价值：

第一，在"三个代表"学说中，就每一条看，的确是马克思主义的基本原则，也是80年来我们党一贯为之奋斗的方针和理想。"三个代表"学说中的每一条都不是原创性的理论，而是对马克思主义基本理论的继承。这表明马克思主义发展的一个鲜明特点就是一脉相承，表明"三个代表"学说在理论上是坚持马克思主义基本原理的。可是这种一脉相承并不能遮盖"三个代表"学说的理论创造性和它的当代价值。这是因为，马克思主义理论是一个科学体系，它包含哲学、经济学、科学社会主义等各方面的原理。在马克思主义的基本原理中，究竟把什么放在首要地位，这本身就需要有一种立足现实、审时度势的理论创造，尤其在当代需要一种世界性眼光。从马克思主义的创造性应用看，的确在不同的历史条件下，需要突出和强调马克思主义理论的不同方面。这一点列宁在其著名的《论马克思主义历史发展中的几个特点》中讲得明白，他说：根据具体的社会政治形势的改变，根据任务的变化，"马克思主义这一活的学说的**各个不同**方面也就**不能不**分别提到首要地位"①。在革命时期，阶级斗争学说、革命和战争的学说会提到首位；在夺取政权以后的一定时期内，巩固政权、强化无产阶级专政的学说会提到首位。所以，尽管"三个代表"学说是马克思主义的基本原则，但作为一种理论原则与作为一种实践原则、特别是结合其中每一条原则所包含的现实的具体内容，它的现实的理论价值和实践价值与存在于著作中是不同的。

第二，"三个代表"学说是对我们党所面临的历史任务的理论概括。它关系到我们民族的命运，我们社会主义的命运，具有很强的时代性和现实针对性。

从国际形势来看，我们正处在经济全球化的浪潮中。经济全球化是把"双刃剑"，具有双重作用。对发达资本主义国家来说是其资本的扩张，可以更大地拉开富国与穷国之间的差距。对发展中国家来说，参与世界经济全球化过程也可能带来发展的机遇，但机遇与挑战是并存的，特别是在加入WTO后，我们将面临更加严峻的挑战。如果我们党不能代表中国先进生产力发展的要求、代表中国先进文化前进的方向、代表中国最广大人民的根本利益，就有可能丧失经济全球化提供的发展机遇。对一个民族来说，发展的机遇是非常宝贵的。古代中

① 《列宁选集》，第2卷，279页，北京，人民出版社，1995。

国是一个强大的发达的封建大帝国，但当西方掀起文艺复兴运动时，我们从明代中叶以后却逐渐变得落后，特别是盲目排外的大清帝国，使我们一次次错过了发展的机遇。今天，能否落实“三个代表”重要思想，是关系到中华民族能否自立于世界民族之林的问题，是关系到民族的兴衰的大事。代表一般的生产力不行，必须是代表“先进”的生产力；代表一般的文化不行，必须是代表“先进”的文化。当然，先进生产力既有横向比较问题，又有纵向比较问题；先进文化既包括科技文化，又包括人文文化。所以在当代按照“三个代表”学说来建设，是中华民族伟大复兴之路。

从社会主义运动发展的情况看，苏联解体、东欧剧变之后，世界社会主义运动面临巨大挑战。过去我们讲，只有社会主义才能救中国，现在国外有的人讲，只有中国才能救社会主义。这是世界进步人类对中国共产党的迫切期待。的确，一个具有 13 亿人口的东方社会主义大国，如果有高度发展的先进生产力和先进文化，如果人民能够过上富裕的物质生活和精神文化生活，就能充分显示社会主义制度的优越性，可以改变一些人对社会主义的看法，重新确立起对社会主义的信心和信念。这可以说是对马克思主义社会主义理论和实践的最大贡献。

可是能不能完成中华民族的历史重托，能不能不辜负世界人民的期待，关键是我们的党。从我们党自身的状况来看，实践“三个代表”学说是中国共产党人继续保持和发挥先进性的必由之路。中国共产党人经过 28 年革命战争的考验，又经过 50 年执政的考验。客观地讲，在前一个考验面前，我们是好样的，是优秀的，是合格的。可是在后一个考验中，在执政的考验中，某些共产党员做得并不令人十分满意，蜕化变质的人不少。毛泽东早在进城时就讲，不要当李自成，要全党认真学习《甲申三百年祭》；在七届二中全会上又敲了警钟。可是在市场经济环境下，党的建设问题显得更为重要。“三个代表”学说的最重大理论价值和实践价值，就是它解决了建设一个什么样的党，怎样建设党这个关乎党的兴衰成败，关乎民族复兴，关乎中国社会主义前途和命运的大问题。

一个政党和一个人一样，寿命有长有短。一个人的寿命决定于他的生理机能，一个政党的寿命则决定于它的阶级性和社会职能。任何一个政党，即使是曾经非常进步的政党，一旦与先进生产力的发展要求相背离、与先进文化的前进方向相背离、与最广大人民的根本利益相背离，就会被社会发展、被人民所抛弃。近代中国历史发展中，有多少政党最终都进了坟墓，被历史所淘汰；国际共产主义运动中，许多曾经盛极一时的党派都先后衰败了，被人民所抛弃。究其原因都在于不能始终做到“三个代表”。中国共产党能否保持自身的先进性、能否担负民族复兴和社会主义复兴的重任，取决于能否始终按照“三个代表”学说的要求，不断加强自身的建设。江泽民同志讲“三个代表”是“立党之本、执政之基、力量之源”是一点也不错的。

所以，从社会主义理论特别是执政党建设的理论和实践看，“三个代表”学说的提出的确是一种独创，至今还没有哪一个社会主义国家把它写在自己的旗帜上，写在党的纲领上，并作为社会主义建设道路的导航器，作为新时期加强党的建设的根本方针。要真正认识“三个代表”学说的理论和实践价值，必须像江泽民同志所讲的那样，思考这个问题，要紧密结合国内外形势的变化，紧密结合我国生产力的最新发展和经济体制深刻变革的实际，紧密结合人民群众对物质文化生活提出的新的发展要求，紧密结合我们党员干部队伍发生的重大变化。

实践“三个代表”的两个理论问题*

江泽民同志“三个代表”的思想博大精深，具有鲜明的时代特征、很强的现实针对性和卓越的理论创造性。要正确理解“三个代表”思想，需要在理论上下苦功；要认真实践“三个代表”思想，需要决心，恒心，信心。不在理论和实践相结合上认真学习和贯彻“三个代表”思想，就容易水过地皮湿，不深不透，不痛不痒，没有实效。在当前，我以为有两个重大理论问题应该在思想上明确：一个是在当代中国谁能做到“三个代表”？另一个是如何做到“三个代表”？

一、谁能做到“三个代表”

我听到一些人议论，“三个代表”思想我双手赞成，谁不赞成发展先进生产力？谁不希望发展先进文化？谁不愿意自己的根本利益能得到满足？问题在于：谁是先进生产力的代表？是比尔·盖茨式的人物，是科技人员、白领工

* 本文发表于《前线》，2002 年第 6 期。

人，还是共产党官员？是陷入困境的国有企业，还是欣欣向荣的私营企业和外资企业？谁是先进文化的代表？是文学家、艺术家、歌星影星，还是普通的文艺工作者？是共产党人还是文化工作者？国有企业的一些工人在下岗，私营企业、民营企业则在安排工人就业，究竟谁能代表人民群众的根本利益？这些问题都是很尖锐的，但应该给予有说服力的分析和说明。

毫无疑问，比尔·盖茨式的人物、科技人员，在先进生产力的发展中发挥着重要作用。没有高度发达的科学技术，就没有先进生产力，这是不错的。可是在中国，能够为社会主义生产力的发展开辟道路，创造一个适宜于科学技术发展的政治、经济环境的是谁？能够把广大科技人员的积极性、主动性和创造性充分调动、组织起来的是谁？只有中国共产党。中国共产党80年特别是领导中国人民近20多年来改革开放的历史雄辩地证明了这一点。没有中国共产党，就没有一个安定、适宜的环境，就没有科教兴国的政策，就没有科学技术的飞速发展。只有中国共产党才代表着中国先进生产力的发展要求，其他任何一个政党、任何一个组织和个人都没有这种力量。

先进文化也是这样。艺术家、文学家的作用非常重要，他们是文化战线上的“兵”。可是在中国，通过改革为文化的发展提供经济和政治的动力，为先进文化的发展指出正确方向，通过“双百方针”把广大文化工作者的积极性、主动性和创造性组织、调动起来的是谁？也是中国共产党。没有社会主义经济和政治制度，没有正确的文化方针和政策，文化是不可能按照先进的方向自发地前进的。只有中国共产党才把代表先进文化前进方向的要求写在自己的旗帜上。从中国共产党成立之日在中国大地上宣传马克思主义，批评封建主义、帝国主义和殖民主义的旧文化到社会主义新时期建设社会主义文化都证明了这一点。没有中国共产党的领导，就不可能荡涤文化领域中的污泥浊水和各种文化垃圾。

一个乐队、一支军队都需要指挥者。在我们国家，工人、农民、知识分子、比尔·盖茨式的人物，作家、艺术家、歌唱家，等等，他们都是先进生产力、先进文化的组成部分和力量，按照江泽民同志讲的就是有中国特色社会主义的建设者，但不是“代表”。把他们组织起来、调动起来，指挥他们朝着先进方向前进，使他们成为先进生产力和先进文化的组成部分的是中国共产党。所以，“代表”是个政治范畴，指的是整个社会前进的领导者和组织者。在当代中国只有中国共产党才能担负起这个关系到中华民族复兴的伟大历史重任。

也有人说，你看共产党中一些党员干部以权谋私，受贿、腐败的官员不在少数，从人大常委会副委员长到省长、副省(部)长，还有党的某一组织整个烂掉的，这怎么能做到“三个代表”？我认为要正确看待这些问题，也必须首先弄清“代表”的确切含义，是指某个共产党员、某个党组织，还是指整个中国共产党的理论、路线、纲领、方针、政策和各项工作？显然只能是后者。作为其中一员的某个党员，作为其中一部分的某个党组织可能腐化、堕落，但“三个代表”思想强调的是，中国共产党通过自己的理论、路线、纲领、方针、政策和各项工作代表先进生产力发展的要求、先进文化前进的方向、最广大群众的根本利益。江泽民同志“七一”讲话对“三个代表”思想的论述，始终抓住并强调的就是这些最根本的东西。

我们的理论是马列主义、毛泽东思想和邓小平理论，这是“三个代表”思想的理论基础；我们的路线是“一个中心，两个基本点”，这是实现“三个代表”的保证；我们的纲领是最高纲领和最低纲领的统一，我们立足于中国会相当长时间处于社会主义初级阶段的国情，但又始终不忘共产主义的远大理想和目标；我们的方针是社会主义物质文明和精神文明一起抓，两手都要硬，我们的各项工作都要以三个"有利于"为标准。在当代中国，离开了党的理论、路线、纲领、方针、政策和各项工作，"三个代表"就会流为空谈。

有人会问，如果党风不正，党员腐败，甚至党的组织腐败，所谓路线、方针、纲领、政策谁来执行，不都落空了吗？这话不错。这正是问题的关键所在，是实践"三个代表"、加强和改进党的作风的关键所在。正因为有些党员腐败，有些党的组织丧失战斗力，才有党的建设的问题，才有实践"三个代表"，要求党组织、要求党员做到"三个代表"的问题。否则，一切都好，何必提出"三个代表"思想，何必提出整顿和改进党的作风问题？党的十五届六中全会专门讨论党的作风建设问题，就是为了真正落实、实践"三个代表"。所以我认为，党内存在的腐败现象、存在个人的或集团性的腐败，不是不能实践"三个代表"的理由，而恰恰是应该实践"三个代表"以加强党的建设、改善党的形象、改进党的作风的理由。任何事物都是相辅相成的。正因为有病，所以才吃药；而不能从有病推论出不必吃药或吃药无用。这在逻辑上是混乱的。从结果上讲，有两种循环：一种是恶性循环，由于存在腐败，因而不能坚持"三个代表"；由于不能坚持"三个代表"，所以更加腐败。一种是良性循环，由于实践"三个代表"，改善了党的形象，因而能有效地反对和克服某些党员和党组织的腐败习气，由于克服了腐败，改进了党的作风，所以能更好地坚持和实践"三个代表"。我们要力争实现良性循环，防止和克服恶性循环。我们相信以江泽民同志为核心的中国共产党有能力有魄力有办法通过实践"三个代表"实现党风的良性循环。

还有人问，"三个代表"思想能坚持到底吗？因为江泽民同志讲的是我们党要“始终”代表。“始终”两个字很重要。“始”的情况很清楚，中国共产党建立的时候，它的根本目标就是为了实现中国人民的根本利益、推动中国先进生产力和先进文化的发展。“终”是需要认真研究的问题。“终”是什么意思？“终”就是永不变色的意思，不能像苏联及东欧国家那样半途而废。我们如何保证这个“终”？如何保证我们党永远坚持“三个代表”？世界上半途而废的共产党、工人党并不少见，苏联、东欧社会主义的失败也证明了这一点。中国共产党80年来是“三个代表”，何以保证或证明100年后仍然是“三个代表”呢？80年证明不了100年，正如不能由昨天太阳出来证明明天太阳一定出来一样。其实，太阳明天会出来并不是由昨天出来推论出来的，而是由地球物理学规律来决定的。同样，我们也不是简单地由以往的80年推论以后的100年甚至更长的时间。我们是从中国共产党80年奋斗历史经验的总结中得出规律性结论。我们不是历史宿命论，也不是机械决定论，而是科学的辩证决定论。并没有一个神秘的力量在共产党之外支配着共产党，它的兴衰成败完全在于党自身的状况。如果不坚持“三个代表”思想，任腐败滋生蔓延，那蜕化变质的危险就是极其现实的。相反，如果着力于党的建设，坚定地实践“三个代表”，就能跳出历史的周期率。历史经验证明，执政比夺权更容易产生腐败。因此，对共产党来说，掌权比夺权时更应该严格治党。在保持先进性与“三个代表”之间存在着内在的辩证关系。只有保持先进性才能实践“三个代表”，反过来说，只有真正坚持“三个代表”才能保持党的先进性。“三个代表”不是从“先进性”这个抽象概念中产生的，而是在社会主义实践中经过正反两方面经验的锤炼、提炼而成的。我们党通过自身的历史，通过国际社会主义运动曲折前进的历史非常清醒地认识到这个问题的重要性，并加以认真实践，这就是我们始终能坚持“三个代表”思想的理论和事实依据。

其实上面提到的种种问题，归结到一点，就是如何将"三个代表"思想真正落到实处。如果我们能够在实际工作中切实做到"三个代表"，就能充分显现出它的理论价值和实践力量。少数人对此所持的种种疑虑就会消失。

二、如何做到"三个代表"

如何正确实践"三个代表"思想？这之中涉及的问题，更为困难，也更为复杂。既涉及一些深层的理论问题，也涉及一些尖锐的现实问题。可是，不从理论上弄清这些问题，我们就难以在认识上准确地掌握"三个代表"思想，就会影响"三个代表"思想的贯彻落实。恩格斯说过："只有清晰的理论分析才能在错综复杂的事实中指明正确的道路"①。

先说代表先进生产力发展要求的问题。这个问题包括两个方面：一个是发展生产力尤其是先进生产力的要求；一个是先进生产力发展自身的要求。发展生产力的要求很清楚，因为生产力是社会发展的决定力量，生产力发展了，社会才能发展，才能提供丰富的物质和文化产品。社会发展的最终决定力量，归根到底取决于生产力的发展。这没有疑义。可是当今中国，生产力发展的要求是什么？认识上往往分歧很大。有的人说，在当今中国，生产力发展要求实行私有化，因为实践证明公有制不符合生产力发展的要求，私有化才能推进生产力的发展。有的人则说，生产力发展的要求是制止继续私有化，反对不断缩小国有制在国民经济中的比重，认为国有比重下降不利于生产力的

① 《马克思恩格斯全集》，第37卷，283页，北京，人民出版社，1971。

发展。这是两种截然对立的看法。从分配角度看，公平与效率的矛盾十分突出。有人说，收入差距还应该拉大，这样才有利于生产力的发展。有的则认为，收入差距再拉大必然导致两极分化，这不利于生产力的发展。从政府职能上看，有人主张政府干预经济，加强宏观调控，有人则反对政府干预和调控，主张一切问题均由市场自行决定。

在如何代表先进文化的前进方向问题上，矛盾也很突出。这里不仅存在市场经济条件下利益原则与文化建设中的价值原则的矛盾，高雅文化与大众文化的矛盾，传统与现代化的矛盾，文化全球化与民族文化的矛盾，文化主旋律与文化多样化的矛盾；而且更为重要的是在市场经济条件下如何实现人人都有受教育的权利和享受文化的权利。当学费昂贵、文化消费昂贵，只有少数人消费得起时，我们的文化政策、教育政策如何才能代表先进文化前进的方向呢？

至于如何代表人民群众的根本利益问题，情况就更复杂了。在以往的任何时期，群众的根本利益是非常明确的。利益关系很简单、很明确。抗日战争时期，打败日本帝国主义、夺取抗日战争的胜利是中华民族的根本利益。为此任何牺牲都是值得的。解放战争时期，打败三大敌人，推翻三座大山，打倒蒋家王朝，解放全中国，为此而流血牺牲的就是革命烈士。反对什么，拥护什么，是很明确的。唯独在改革开放时期，利益关系极为复杂。谁失利？谁得利？谁付出代价？不能说都是很清楚的，都是很合理的。改革的沉重负担，有时候会落在一些基层群众的头上。面对这种情况，有些人不明白到底为什么要改革？为谁改革？改革的对象是谁？从而影响了群众参与改革的积极性。这是20多年来的改革不同于以往任何一次革命的特点。这样，改革中群众的根本利益与目前利益，一部分人的利益与另一部分人的利益的矛盾有时候就很突出。由于劳动的性质、就业方式、收入分配等条件的变化，不同地区、不同部门、不同职业、不同方面的群众的具体利益与长远利益之间往往存在矛盾，这种矛盾有时候还非常尖锐。在这样的情况下，党如何更好地代表人民群众的根本利益和不同群体的具体利益，如何按照“注重效率、维护公平”的原则处理好效率与公平的关系，确实是一个关系到如何落实“三个代表”的大问题。

在市场经济条件下，分配上的差距是必然的、不可避免的。西方实行的是：把效率交给市场，把公平交给税收，把灵魂交给上帝。实际上在私有制条件下，真正的公平是不可能的。我们既然搞市场经济，就必须承认收入的差别，但我们实行的是注重效率、维护公平的原则。人为的公平只能导致普遍的贫穷。我们通过健全社会保障体系、合理的税收制度来防止两极分化。特别重要的是我们要坚持“发展是硬道理”的方针。只有坚持以经济建设为中心，发展生产力，增强综合国力，国强民富，先富帮后富才能使公平问题、教育问题、文化权利的共享问题的解决落到实处。

而要发展生产力，就不能撇开生产关系，不能撇开所有制问题。生产力是不可能离开生产关系单独发展的。毫无疑问，私有化既不符合我们的社会主义制度，也不符合生产力发展的要求。社会主义公有制的优越性是不能否定的。全世界实行私有制的国家有多少，全世界搞市场经济的国家又有多少，但其中有几个能达到美国、日本的水平？在我们国家确立市场经济体制后，一定程度地发展私营经济和个体经济对我国经济发展确实起到了促进作用，但须明白，正是因为这是在社会主义国家，在以公有制为主体的原则下，有一个真正代表人民利益的政府，有一个有效的宏观调控机制，才使得在全世界许多国家经济处于不景气的情况下，私营经济和个体经济能在中国发挥出它们的能量和作用。我们不能撇开社会主义国家的作用，撇开社会主义公有制的作用，去抽象地谈论私营经济和个体经济的作用。在一个有10多亿人口、经济原本落后的中国如果全面实行私有化，实行自由主义的经济政策，可以肯定地说，个体、私营经济和市场经济体制会失去它的神奇效力，至多是和世界上其他一直实行这种制度的不发达或发展中国家一样，甚至还不如它们。旧中国的历史是不能忘记的。我们党的路线和政策是完全正确和富有成效的。这就是建设有中国特色的社会主义。只有社会主义才能救中国，这是中国80年的历史经验。至于如何科学理解、有效实践社会主义，这需要一个过程。这个过程中的挫折、失败，只能引导我们正确坚持社会主义而不是抛弃社会主义。这些问题在邓小平同志关于社会主义的理论中已经得到创造性的解决。我们要时刻牢记：我们的市场经济是社会主义市场经济，我们的私营经济和个体经济是在公有制主导下的经济。我们关于生产力发展，关于文化建设，关于人民群众利益的问题等等，都决不能离开社会主义基本制度自我完善这个立足点和根本点。

所有我们上面提到的问题，从深层看其实都是涉及我国社会主义初级阶段的社会基本矛盾和人民内部矛盾如何处理的问题，从实践看则是关系到如何贯彻党的“一个中心，两个基本点”的基本路线，如何贯彻以公有制为主体多种经济同时发展的基本政策问题。这些问题的解决和回答，都不能离开党的基本理论、基本路线、方针和政策。当前最重要的是要认真学习“七一”讲话，深入学习江泽民同志关于“三个代表”的一系列论述，掌握“三个代表”思想的丰富内涵和精髓，并把它落实到党的路线、方针、政策和各项工作中去。只有坚决实践“三个代表”，才能加深对“三个代表”思想的理解。

论马克思主义的生命力*

在马克思主义理论课教学中，一些学生产生了这样一种疑问：为什么历史上一些思想家的思想随着时代的变迁和发展会过时，而马克思主义作为产生于19世纪40年代的理论，却至今仍适用，不会过时？本文拟从以下几个方面对此问题作出分析。

一、应该区分马克思主义创立的历史条件和它的历史使命与研究主题

马克思主义创立于19世纪40年代。资本主义生产方式产生以后到此时在西欧英、法、德处于一定的发展水平。英国已经开始工业革命，成为当时世界生产力最为发达的国家；法国在大革命以后，资本主义生产也有很大的发展。马克思恩格斯的出生地德国莱茵河地区资本主义也有一定的发展。但整个说，资本主义仍然处于发展的早期。在自由资本主义阶段创立的马克思主义，在资本主义进入国家

* 本文发表于《思想理论教育导刊》，2003年第2期。

垄断资本主义阶段还适用吗？这个疑问的关键，在于不知道马克思主义创立的历史条件和它肩负的历史使命与研究主题之间的区别。学生们对这个问题理解的困难主要来自对这两者的混淆。

马克思恩格斯虽然生活于自由资本主义阶段，但他们探讨的问题并不限于自由资本主义而是关于整个资本主义社会向何处去的问题，关于无产阶级和人类解放的问题，因而是对人类社会和资本主义社会规律性的探讨。我们只要读一读马克思发表在《德法年鉴》上的致卢格的信，以及《论犹太人问题》和《〈黑格尔法哲学批判〉导言》这两篇早期文章，就能非常清楚马克思恩格斯创立新的学说的目的和使命。恩格斯在1845年1月20日致马克思的信中对这一点说得非常清楚。他对马克思说："目前首先需要我们做的，就是写出几本较大的著作，以便给许许多多非常愿意干但自己又干不好的一知半解的人以一个必要的支点。"①

正因为马克思恩格斯肩负着无产阶级和人类解放的历史使命从事写作，因而科学性是它的首要要求，他们不是停留在资本主义的表层，不是对资本主义社会现象的描述，而是着力于通过现象把握资本主义社会发展的本质和规律。这样，他们终生从事艰苦的大量的科学研究工作，并取得了划时代的成就。恩格斯说过："马克思在他所研究的每一个领域，甚至在数学领域，都有独到的发现，这样的领域是很多的，而且其中任何一个领域他都不是浅尝辄止。"②自由资本主义阶段的认识条件，可能会给马克思恩格斯对材料的运用和理论视阈带

① 《马克思恩格斯全集》，第27卷，18页，北京，人民出版社，1972。

② 《马克思恩格斯选集》，第3卷，776－777页，北京，人民出版社，1995。

来某些限制，但从根本上说不会影响他们对人类社会和资本主义一般规律的探求。一般存在于个别之中。资本主义社会早期暴露出来的社会矛盾中包含着它的发展规律和往后发展的趋向。这是马克思主义虽然诞生于自由资本主义阶段但至今仍然适用的一个最重要的原因。

我们可以通过对马克思主义三个组成部分的分析来说明这一点。例如在马克思主义政治经济学中，关于商品二重性和劳动二重性的理论，关于劳动价值论和剩余价值的理论，关于雇佣劳动和资本的理论，关于资本主义的基本矛盾——生产的社会性和私人占有的矛盾的理论等等，并不因为资本主义后来进入到国家垄断阶段而消失其科学性和理论价值。恩格斯在整理《资本论》第三卷时已经看到资本主义发展的某些新变化，如股份制的问题、托拉斯和垄断组织的问题，因而出现社会资本对私人资本的扬弃，出现资本主义无计划状态的某些克服。但是，他强调，这种转化仍然是在资本主义限制之内，因此这种转化并没有克服财富作为社会财富的性质和作为私人财富的性质的对立，而只是在新的形态上发展了这种对立。国家垄断资本主义仍然是资本主义，虽然它有一些新的特点，但这些特点并没有根本改变马克思恩格斯关于资本主义社会基本矛盾理论，关于劳动价值论和剩余价值理论。认为在当代劳动价值论已为知识价值论所取代，剩余价值理论已为利润是组织管理生产报酬的理论所取代，国家的干预已彻底消除生产无政府状态和经济危机，新的中产阶级已经消除了无产阶级和资产阶级的对立等等说法，都是非科学的。实际上，科学技术在生产中的作用的提升，并不是劳动价值论的失效，而是劳动价值论正确性的证明。因为科学技术研究本身是一种复杂的高级的劳动，创造价值的是科技劳动而不是被物化的各种生产设备。各种最先进的设备本身并不创造价值，而是价值的转移。劳动价值（包括脑力劳动对价值的创造)是正确的。剩余价值在资本主义社会中仍然是存在的，仍然是多出于必要劳动而为资本所占有的部分。没有这一部分就没有利润。创造剩余价值的仍然是劳动(包括科技劳动)而不是科技本身和各种先进设备。在经济全球化的时代，资本主义国家的跨国公司，并没有消除生产的社会化和生产资料私有(虽然它以股份制的形式存在)之间的矛盾，而是在世界范围扩大了这种矛盾。因而我们说，马克思主义的经济学说仍然是有生命力的。

就科学社会主义理论来说，它的最根本的内容并不是马克思恩格斯关于未来社会特征的描述，而是社会主义由空想到科学的转变，即把社会主义建立在现实的基础上，建立在对资本主义基本矛盾分析的基础上，从而揭示了资本主义社会进一步发展的趋向和社会主义代替资本主义的必然性。较之空想社会主义以人性为基础，马克思主义的“两个必然”的理论是科学的，因为它是建立在对资本主义社会矛盾的分析上的，至今没有失效。而且马克思恩格斯在论述“两个必然”以后，还提出了“两个决不会”的论断，即：无论哪一个社会形态，在它所能容纳的全部生产力发挥出来以前，是决不会灭亡的；而新的更高的生产关系，在它的物质存在条件在旧社会的胎胞里成熟以前，是决不会出现的。“两个必然”和“两个决不会”的结合，构成了一个关于社会主义代替资本主义的完整的科学的理论，这个理论是对当今西方发达资本主义国家状况最具说服力的解释。马克思恩格斯当时关于未来社会主义某些特征的描述，如关于由国家掌握全部生产资料的问题，关于商品生产和计划经济的问题，关于分配方式问题，等等，他们都是以资本主义高度发展为前提的，是从两种社会形态本质特征的角度论述的。它并不是每一个国家实现革命后立即实行的行动纲领而是一种追求的社会理想。至于社会主义革命首先在落后的东方国家实现，并在实践中具有许多超出甚至不同于马克思恩格斯当时所设想的措施，这完全正常。毛泽东说过：“马克思活着的时候，不能将后来出现的所有的问题都看到，也就不能在那时把所有的这些问题都加以解决。俄国的问题只能由列宁解决，中国的问题只能由中国人解决。”[①]因此，马克思恩格斯由于历史条件限制所不可避免的局限，并不影响他们关于社会主义理论整体的科学性质。

马克思主义哲学仍然是我们时代不可超越的哲学，这一点在西方连萨特都承认。因为马克思主义哲学是对自然、社会和人类思维最一般规律的揭示，是不能推翻的。有人说，既然哲学是时代精神的精华，那我们时代变了，为什么马克思主义哲学不能过时呢？这种说法，有双重误解。一方面，哲学作为时代精神的精华，并不会因为时代的改变而丧失其对人类的价值。例如历史上许多对人类有贡献的哲学家的思想，并不会因为时代改变而由精华变为“糟粕”。具体到马克思主义哲学，我们现在距离马克思生活的年代虽然有一个多世纪，时代特征和面对的主题发生了变化，但这个变化并没有改变马克思主义肩负的历史使命。历史是大尺度的。我们仍然在以不同方式实践马克思恩格斯提出的伟大理想。在这个过程中，马克思主义包括它的哲学仍然是我们的旗帜。当代的科学技术的发展，当代的社会实践，没有也不可能有任何证据，来推翻马克思主义哲学的任何一条根本性的原理。由上可见，因马克思主义诞生于自由资本主义时代而否认它当代的适用性是错误的。

① 《毛泽东文集》，第 8 卷，5 页，北京，人民出版社，1999。

二、应该区分马克思文本中某个论点的过时和"马克思主义过时"论

我们强调马克思主义的适用性，并不否认马克思恩格斯的某个论断可能过时。但要把它和"马克思主义过时"论区分开来。

马克思主义过时论是针对整个马克思主义科学体系说的，是一种反对马克思主义的错误理论；至于说马克思恩格斯文本中的某些论断过时，这完全可能。马克思恩格斯自己也从不讳言这一点，相反着力强调自己的某个论断因为客观情况变化而过时。例如，马克思恩格斯在《共产党宣言》1872 年德文版序言中就明确指出，由于最近 25 年来大工业有了巨大发展而工人阶级的政党组织也跟着发展起来，由于首先有了二月革命的实际经验而后来尤其是有了无产阶级第一次掌握政权达两月之久的巴黎公社的实际经验，"所以这个纲领现在有些地方已经过时了"。在讲到《共产党宣言》中关于对待各反对党的态度时也说，"虽然在原则上今天还是正确的，但是就其实际运用来说今天毕竟已经过时，因为政治形势已经完全改变"①。他们也承认自己有过预测的失算，例如恩格斯说他在 19 世纪 40 年代，曾根据 1825 年到 1842 年间的事变进程，预言资本主义工业大危机的周期为 5 年，"但是 1842 年到 1868 年的工业历史证明，实际周期是十年，中间危机只具有次要的性质，而且在 1842 年以后日趋消失。从 1868 年起情况又改变了"②。恩格斯逝世前在关于马克思的《1848 至 1850 年的法兰西阶级斗争》一书的著名导言中的自我批评，非常坦率，非常诚恳。马

---

① 《马克思恩格斯选集》，第 1 卷，249 页，北京，人民出版社，1995。

② 同上，第 4 卷，424 页。

克思恩格斯宣称自己的某个论断过时，预测失效，甚至某些论断存在错误，这种自我审视、自我批判的精神，充分表现了马克思主义创始人实事求是的科学精神和与时俱进的理论品质。理论的发展是辩证的，可以说相反相成。正因为敢于宣布自己的某个论断过时和错误，从而在总体上保证了这个理论体系的科学性。宣布永远不包含任何错误或失误的理论，不是科学而是神学。

而马克思主义过时论不同，它不是针对马克思恩格斯的某个论断，而是针对整个马克思主义科学体系，宣布马克思主义已经过时。他们认为马克思主义的各种理论都打着维多利亚时代资本主义的烙印，认为马克思主义是第二次浪潮即工业革命时期的产物，现在是信息社会，是后工业社会，现在再使用马克思主义，就像在电子显微镜时代还使用旧式的放大镜一样。这种种说法，都是从根本上反对和取消马克思主义。我们要向学生讲清楚，我们承认马克思恩格斯文本中某个论断或预测的过时的可能性，但要坚决批判“马克思主义过时”论。

三、要充分理解马克思主义与时俱进的理论品质及其功能

我们考虑马克思恩格斯创立的马克思主义在今天的适用性问题，决不应该把马克思恩格斯与他们的后继者割裂开来，对立起来，只就马克思恩格斯来谈论马克思主义。实际上，马克思主义的生命力在于它的创造性，在于其与时俱进的理论品质。马克思是1883年、恩格斯是1895年逝世的，把他们逝世后100多年的马克思主义发展史看成空白来谈论马克思主义的适用性问题，这种思维方式是错误的。马克思主义学说是发展着的学说，马克思恩格斯的后继者与他们是一脉

相承的。马克思恩格斯逝世后的一个多世纪，是社会主义由理论变为现实的时期，是马克思主义大发展的时期，仅就中国来说，由毛泽东思想到邓小平理论，到“三个代表”重要思想，就是一部马克思主义中国化的光辉历史。不仅马克思恩格斯的某些过时的论断，某些没有实现的预测，某些判断的失误，完全可以在后继者的实践和理论发展中得到克服和解决，而且马克思主义被创造性地向前推进了。把马克思恩格斯的继承者与马克思恩格斯对立起来，实际上就是把马克思恩格斯的思想变成教条，这本身就是一种理解上的错误。所以要正确理解马克思主义在当代的生命力问题，必须充分把握马克思主义与时俱进的理论品质。这就是我们党经常提出的坚持和发展的问题。

我们还应该正确认识马克思主义的功能。所谓马克思主义在当代的适用性问题，不是对号入座，也不是说它是包括当代一切问题现成答案的“圣典”。有人总喜欢问，马克思主义哪些原理是普遍的不可违背的，能不能列一个清单？这样我们就能容易地坚持马克思主义。如果这样，那坚持马克思主义比解一个一元一次方程式数学题还容易，何至于存在那么多失误？这样提问题本身就是违背马克思主义的。马克思恩格斯一再强调，他们的理论不是必须背得烂熟并加以机械重复的教条，他们的学说不是教义而是方法。因此对真正坚持马克思主义的人来说，最重要的是理论联系实际，用马克思主义的立场、观点和方法分析面对的实际问题，从而得出解决问题的正确结论，这是实事求是、解放思想、与时俱进、开拓创新的态度。我们应该在实践中坚持和发展马克思主义，学会在实践中运用马克思主义，学会在实践中区分哪些应该坚持哪些应该扬弃。离开实践预先列清单的想法是教条主义的思维方式。这当然不是说，我们不需要坚持任何东西，不是的。例如，我们应该坚持马克思主义的立场、观点和方法，坚持四项基本原则，坚持“三个代表”重要思想。我们之所以要坚持是因为它们是经实践反复证明了的真理。所以我们应该树立以实践为标准来确定我们应该坚持的马克思主义的基本原则。

四、从马克思主义认识论高度来回答

在经过上面的分析以后，我们最后应该把问题提到马克思主义认识论的高度来进行总结，以便对学生进行一次马克思主义世界观和方法论的教育。我们要告诉学生，一种历史上产生的思想体系或学说在当代是否还有价值，最根本的是取决于它自身包含的真理性，而不是取决于它产生的时间的长短先后。如果以马克思主义产生于19世纪就不能适用于今天，那产生于18世纪的学说应该如何看？依此类推，产生于17、16世纪或更早的学说岂不是一文不值吗？这种看法，实际上一笔勾销了人类的认识史。事实上，一种学说的价值和作用取决于它所包含的真理性内容或它所提供的知识和智慧，而不能以出现时间的长短先后来衡量。

人文社会科学方面的知识不同于生产工具和生产技术。生产工具和技术属于工具性的。人类有了新的生产工具可以不再需要旧的过时的生产工具，有了新的更先进的技术可以取代旧有的生产效率低的技术。可人文社会科学知识不同，它只要是具有真理性或能给人类的智慧以启迪都具有存在的价值。人文社会科学知识是积累性的而不是取代性的。这就是为什么中国传统文化例如儒家的创始人孔子，距今已两千多年，可我们仍然可以从他的思想中吸取智慧和教训；同样古希腊罗马的哲学距今也已两千多年了，可恩格斯在《自然辩证法》中，赞扬古希腊哲学家的天才智慧，并说我们现在讨论哲学问题还要不断回到那些天才哲学家们的观点。可见，判断一种思想和学说的价值不能抽象地以时间长短来衡量。

历史和现实中有两类哲学家，一类是对人类长期起影响作用的思想家。像西方的苏格拉底、柏拉图、亚里士多德、康德、黑格尔，等等；在中国，如孔子、老子、庄子、范缜、朱熹、王阳明，等等，都是以不同方式对人类思想长期起作用的哲学大家。哲学家会死，但是他的思想不会死，因为它通过文字对象化为著作，可以为后人研究、吸收、借鉴。黑格尔说过："伟大的灵魂——哲学史上的英雄们的身体，他们在时间里的生活，诚然是一去不复返了，但他们的著作(他们的思想，原则)却并不随着他们而俱逝。"①

还有另一类思想家，他们的作用是短期的。有的如夏夜的流星，虽然红过一阵，但很快消失。有的如朝生暮死的虫子，转眼就完了。当今西方有些哲学思潮如同走马灯，你方唱罢我登台。这种思想对人类文化的积极贡献不多甚至没有，只能算是一种流行思潮，如同流行歌曲一样，唱一阵就过去了。

在所有对历史和现实发生长期影响的思想中，在当今应该首推马克思恩格斯创立的马克思主义。马克思主义的产生是人类思想史上的一次革命性的变革，它在哲学、经济学和社会主义思想方面的贡献是无与伦比的。马克思主义产生虽然距今已有一个多世纪，但至今没有任何主义和思想体系能与其相比。原因正在于它的辩证唯物主义和历史唯物主义世界观的科学性，在于它的经济学说和社会主义学说对资本主义经济运行规律和内在矛盾的科学揭示，在于它对资本主义社会发展必然趋向的科学揭示。马克思主义学说中对人类社会和资本主义

---

① [德]黑格尔：《哲学史讲演录》，第1卷，42页，北京，商务印书馆，1956。

社会的规律性认识，马克思主义学说中的真理性内容，是它虽然产生于19世纪仍然对当代具有指导意义的根本原因所在。真理性的认识是任何时候都不能推翻的。真理无新旧，可以有古老的真理也可以有最新的谬误。邓小平和江泽民一再强调“老祖宗不能丢”的认识论根据正在于此。

大家知道，后现代主义者德里达最近出版了一本书《马克思的幽灵》。他说我们都是马克思的幽灵即处在马克思的阴影之下，意思是说都受马克思的影响，还说我们不能没有对马克思的回忆。这种说法是有道理的。在当今世界，不仅马克思主义的坚决拥护者，即使是马克思主义的形形色色的反对者，都绕不开马克思。可以说，全世界都受到马克思主义思想的影响。不同的是马克思主义已不是一个幽灵，不像1848年时的欧洲共产主义一样，而是一个在思想理论领域在现实政治生活中，最具真理性最具影响力的学说。对于我们来说，重要的是使自己的思想从对马克思主义的错误的和教条式的理解中解放出来，从主观主义和形而上学的桎梏中解放出来，以创造性态度对待马克思主义，谱写马克思主义的新篇章。

论马克思与马克思主义*

——纪念马克思逝世120周年

马克思和马克思主义不可分。马克思是马克思主义的创造者，没有马克思就没有以马克思命名的马克思主义。但马克思主义与马克思又不能等同。马克思是具体的个人，是伟大的革命家和思想家；而马克思主义是一个科学的思想理论体系。马克思像所有人一样会逝世，而马克思主义却依然存在和发展。我们对马克思的评价是历史的，像评价所有杰出人物一样，着眼于他的历史贡献；而对马克思主义的评价应该是当代的，像对待所有思想体系一样，着眼于它的当代价值和适用性。当代西方有些学者蓄意在这两者间制造混乱。他们或者把两者完全等同，以马克思逝世已有120年之久为理由，着力于宣扬“马克思主义过时论”；或者着力于马克思与马克思主义的对立，故意孤立地抬高马克思以贬低马克思主义，宣扬当代马克思主义是对马克思的歪曲和篡解。这两种思潮都是我们所不能接受的。

---

* 本文发表于《中国特色社会主义研究》，2003年第2期。

一、马克思的思想依然光辉灿烂

马克思是马克思主义的创造者（当然包括恩格斯，这里专论马克思）。他的伟大历史功绩不在于他能解决后人遇到的所有问题，而在于他解决了他的前人没有解决的问题，而且为后人继续前进开辟了通向新的真理的道路。正像列宁说的，“**沿着**马克思的理论的**道路**前进，我们将愈来愈接近客观真理（但决不会穷尽它）；而**沿着任何其他的道路**前进，除了混乱和谬误之外，我们什么也得不到”。①

马克思是伟大的思想家和革命家。马克思年轻时就崭露头角，为友辈所推崇。1841 年当马克思刚跨出大学校门投身社会时，赫斯在给朋友的信中就赞扬马克思，说他无论在思想上或在哲学精神的发展上都不仅超过了施特劳斯，而且超过了费尔巴哈。还说，你想象一下，卢梭、伏尔泰、费尔巴哈、莱辛、海涅和黑格尔结合成一个人，这样就可以使你得到一个关于马克思博士的概念。

马克思经过一生殚精竭虑艰苦卓绝的科学研究和亲自领导无产阶级斗争的实践，在他 1883 年逝世时已经攀登到当时人类对历史规律和资本主义社会发展规律认识的高峰。恩格斯在马克思墓前的演说中，对马克思的两个伟大发现给予高度评价，称赞马克思是“当代最伟大的思想家”，是“科学巨匠”。

马克思并非高官政要，也非财可敌国的亿万富翁。他一生穷困，连爱子夭折都无钱安埋。就是这样一个人，他逝世时惊动了整个欧洲，不少报刊发表社论和文章对他表示敬意；不少工人组织对他表示哀悼。在相隔一个多世纪以后的今天，在英国马克思被公选为千年伟

① 《列宁选集》，第 2 卷，103—104 页，北京，人民出版社，1995。

人之一。为什么？在人类历史上为穷人说话表示哀怜的思想家并不少，唯有马克思不是用怜悯，不是用眼泪，不是用抽象人道主义原则表示同情和抚慰，而是真正用科学理论揭示他们的处境和获得自身解放的途径。马克思是用真理征服世界，用真理改造世界。这个真理就是他所创立的马克思主义。

马克思创立马克思主义的时代是19世纪40年代。这时，虽然资本主义生产方式已经产生，在英国有相当程度的发展，但从整个西欧来说资本主义仍然处于发展的早期。马克思虽然生活于自由资本主义阶段，但他探讨的问题并不限于自由资本主义而是关于整个资本主义社会向何处去的问题，关于无产阶级和人类解放的问题，因而是对人类社会和资本主义社会规律性的探讨。正是这些规律性的认识，为马克思主义的继续发展奠定了科学的基础。

其实，真正的理论认识与现实并非亦步亦趋，而一定具有前瞻性和预见性。西方资本主义社会发展到19世纪中叶，资本主义社会的矛盾已经引起思想家的关注和研究。在马克思之前的西方空想共产主义与社会主义思潮，已对如何认识资本主义社会的本质问题、资本主义社会向何处去的问题以及人类解放问题作过思考，但由于经济学、哲学、社会主义思想处于分离状态，没有科学的经济学观点和科学的世界观与方法论指导，这种社会主义理论始终未能跨出空想阶段。如何从哲学、经济学和社会主义思想相结合的高度，以科学的世界观为指导，以对资本主义社会的经济分析为依据并从中引出有关资本主义社会变革和人类走向社会主义的科学结论，这是摆在新理论创造者面前的任务。马克思突破了以往思想家的理论局限，扩大了思考无产阶级和人类解放问题的理论领域和视界。马克思充分地利用了前人的成就，批判地继承了英国古典政治经济学、法国空想社会主义和德国古典哲学的重要成果，把它凝结为一个整体，用以解决无产阶级和人类面临的实践和理论问题。这种理论创新，就是以他的名字命名的马克思主义。

马克思主义是马克思（与恩格斯一道）在自由资本主义时代，于19世纪40年代创立的。为什么至今仍然具有生命力？根本之点在于，它产生于自由资本主义时代，可它研究的主题是无产阶级和人类解放问题，它研究的对象是作为社会形态的资本主义而不是资本主义的某一阶段。因此，它的结论是关于整个资本主义社会形态和无产阶级解放的具有规律性的结论。马克思主义既是时代的产儿，又是时代和历史前进的指南。

我们只要读一读马克思发表在《德法年鉴》上的致卢格的信，以及《论犹太人问题》和《〈黑格尔法哲学批判〉导言》这两篇早期文章，就能知晓马克思和恩格斯创立新的学说的目的和使命。恩格斯1845年1月20日致马克思的信对这一点说得非常清楚。他说，“目前首先需要我们做的，就是写出几本较大的著作，以便给许许多多非常愿意干但自己又干不好的一知半解的人以一个必要的支点”①。

正因为马克思肩负着无产阶级和人类解放的历史使命从事写作，因而科学性是它的首要要求。他不是停留在资本主义的表层，不是对资本主义社会现象进行简单的描述，而是着力于通过现象把握资本主义社会发展的本质和规律。这样，他终生从事艰苦的大量的科学研究工作，并取得了划时代的成就。恩格斯说过：“马克思在他所研究的每一个领域，甚至在数学领域，都有独到的发现，这样的领域是很多

① 《马克思恩格斯全集》，第27卷，18页，北京，人民出版社，1972。

的，而且其中任何一个领域他都不是浅尝辄止。”[①]自由资本主义阶段的认识条件，可能会给马克思和恩格斯对材料的运用和理论视阈带来某些限制，但从根本上说不会影响他们对人类社会和资本主义一般规律的探求。一般存在于个别之中。在资本主义社会早期暴露出来的社会矛盾中，包含着它的发展规律和往后发展的趋向。这是马克思主义虽然诞生于自由资本主义阶段但至今仍然适用的一个最重要原因。

我们可以通过对马克思主义三个组成部分的分析来说明这一点。例如在马克思主义政治经济学中，马克思用40年时间从事对资本主义社会经济的研究，其成果《资本论》是人类经济思想史上最伟大最具科学性的著作。历史上还没有一本著作像《资本论》这样对一个社会形态的经济运行规律分析得如此透彻、鲜明而科学。马克思关于劳动二重性和商品二重性的理论；关于劳动价值论和剩余价值的理论；关于雇佣劳动和资本的理论；关于资本主义的基本矛盾——生产的社会性和生产资料私人占有的矛盾等等，并不因为资本主义社会由自由资本主义发展为国家垄断资本主义阶段而消失其科学性和理论价值。恩格斯在整理《资本论》第三卷时已经看到资本主义发展的某些新变化，如股份制的问题、托拉斯和垄断组织的问题，因而出现社会资本对私人资本的扬弃，出现对资本主义无计划状态的某些克服。但是他强调，这种转化仍然是在资本主义限制之内，因此这种转化并没有克服财富作为社会财富的性质和作为私人财富的性质的对立，而只是在新的形态上发展了这种对立，国家垄断资本主义仍然是资本主义。这种变化也没有根本改变马克思和恩格斯关于资本主义社会基本矛盾的理论、

① 《马克思恩格斯选集》，第3卷，776—777页，北京，人民出版社，1995。

劳动价值论和剩余价值理论。认为在当代劳动价值论已为知识价值论所取代，剩余价值理论已为利润是组织管理生产报酬的理论所取代，国家的干预已彻底消除生产无政府状态和经济危机，新的中产阶级已经消除了无产阶级和资产阶级的对立等等说法，都是非科学的。实际上，科学技术在生产中作用的提升，并不是劳动价值论的失效，而是对劳动价值论正确性的证明。因为科学技术研究本身是一种复杂的高级的劳动，创造价值的是科技劳动而不是被物化的各种生产设备。各种最先进的设备本身并不创造价值，而是价值的转移。劳动价值论(包括脑力劳动对价值的创造)是正确的。剩余价值在资本主义社会中仍然是存在的，仍然是多出于必要劳动而为资本所占有的部分，没有这一部分就没有利润。创造剩余价值的仍然是劳动(包括科技劳动)，而不是科技本身和各种先进设备。在经济全球化的时代，资本主义国家的跨国公司，并没有消除生产的社会化和生产资料私人占有(虽然它以股份制的形式存在)之间的矛盾，而是在世界范围内扩大了这种矛盾。因而我们说，马克思主义的经济学说仍然是有生命力的。

拿社会主义理论来说，它的最根本的内容并不是马克思恩格斯关于未来社会特征的描述，而是社会主义由空想到科学的转变，即把社会主义建立在现实的基础上，建立在对资本主义基本矛盾分析的基础上，从而揭示资本主义社会进一步发展的趋向和社会主义代替资本主义的必然性。较之空想社会主义以人性为基础，马克思主义的两个必然性的理论是科学的，因为它是建立在对资本主义社会矛盾的分析基础之上的，至今没有失效。而且马克思恩格斯在论述“两个必然”以后，还提出了“两个决不会”的论断，即无论哪一个社会形态，在它所能容纳的全部生产力发挥出来以前，是决不会灭亡的；而新的更高的生产关系，在它的物质存在条件在旧社会的胎胞里成熟以前，是决不会出现的。“两个必然”和“两个决不会”的结合，构成了一个关于社会主义代替资本主义的完整的科学的理论，这个理论是对当今西方发达资本主义国家状况最具说服力的解释。马克思恩格斯当时关于未来社会主义某些特征的描述，如关于由国家掌握全部生产资料的问题，关于商品生产和计划经济的问题，关于分配方式的问题，等等，都是以资本主义高度发展为前提的，是从两种社会形态本质特征的角度论述的。它并不是每一个国家革命完成后立即实行的行动纲领，而是一种追求的社会理想。至于社会主义首先在落后的东方国家实现，并在实践中具有许多超出甚至不同于马克思恩格斯当时所设想的情形，这完全正常。毛泽东说过：“马克思活着的时候，不能将后来出现的所有的问题都看到，也就不能在那时把所有的这些问题都加以解决。俄国的问题只能由列宁解决，中国的问题只能由中国人解决。”[①]因此马克思和恩格斯由于历史条件限制所不可避免的局限，并不影响他们关于社会主义理论整体的科学性质。

我们现在距离马克思生活的年代虽然有一个多世纪，时代特征和面对的主题发生了变化，但这个变化并没有改变马克思肩负的历史使命。历史是大尺度的，我们仍然在以不同方式实践马克思提出的伟大理想。在这个过程中，马克思的思想和理论仍然是我们的旗帜。当代科学技术的发展，当代的社会实践，没有也不可能有任何证据来推翻马克思的基本理论。由上可见，因马克思逝世已120年而否认马克思主义是完全徒劳的。

① 《毛泽东文集》，第8卷，5页，北京，人民出版社，1999。

二、马克思主义的发展没有止境

马克思创立马克思主义的功绩彪炳千秋，永载史册。学习马克思本人的原著应该是我们学习马克思主义的重要途径。恩格斯总是教导德国的一些青年马克思主义者，要学习马克思的原著，不要借助于第二手材料。这对于正确理解马克思的原本思想而不是经过三棱镜折射之光观察马克思的思想更加可靠。

可当问题涉及的不是对原著某段话的解读，而是马克思和马克思主义的关系时，应该承认马克思的理论只是为马克思主义奠定了基础，而不能代替整个马克思主义。列宁在《我们的纲领》中曾经深刻地阐明了这一点。他说："我们决不把马克思的理论看作某种一成不变的和神圣不可侵犯的东西；恰恰相反，我们深信：它只是给一种科学奠定了基础，社会党人如果不愿落后于实际生活，就应当在各方面把这门科学推向前进。"①马克思逝世后的120年，马克思主义的各国的后继者们，根据自己的实践经验从各个不同方面创造性地发展了这种思想体系。可以说，马克思主义理论是一个不断发展着的活的机体。

首先是马克思自己，他从创立学说的一开始就旗帜鲜明地反对"竖起任何教条主义的旗帜"，极力反对把他们的思想教条化，因而从来不否认自己的某些论断过时的可能性。例如，马克思、恩格斯在《共产党宣言》1872年德文版序言中明确指出："由于最近25年来大工业有了巨大发展而工人阶级的政党组织也跟着发展起来，由于首先有了二月革命的实际经验而后来尤其是有了无产阶级第一次掌握政权达两月之久的巴黎公社的实际经验，所以这个纲领现在有些地方已经过

① 《列宁选集》，第1卷，274页，北京，人民出版社，1995。

时了。”在讲到《宣言》中关于对待各反对党的态度时也说：“虽然在原则上今天还是正确的，但是就其实际运用来说今天毕竟已经过时，因为政治形势已经完全改变。”①他们也承认自己有过预测的失算，例如恩格斯说他在19世纪40年代，曾根据1825—1842年间的事变进程，预言资本主义工业大危机的周期为5年，“但是1842年到1868年的工业历史证明，实际周期是十年，中间危机只具有次要的性质，而且在1842年以后日趋消失”②。至于恩格斯逝世前在马克思的《1848至1850年的法兰西阶级斗争》一书的著名导言中的自我批评，非常坦率，非常诚恳。马克思和恩格斯宣称自己的某个论断过时，预测失效，甚至某些论断存在错误，这种自我审视、自我批判的精神，充分表现了马克思主义创始人实事求是的科学精神和与时俱进的理论品格。

人类都是在一定条件下认识事物的。条件所达到的水平，往往是认识的界限。因此，马克思的某些论断的过时或预测的失效是完全正常的，符合人类认识规律的。但是承认马克思个别论断的过时不同于“马克思主义过时论”。后者不是针对马克思和恩格斯的某个具体论断和个别结论，而是针对整个马克思主义科学体系，宣布整个马克思主义体系已经过时。他们认为马克思创立马克思主义时，各种理论都打着维多利亚时代资本主义的烙印，认为马克思主义是第二次浪潮即工业革命时期的产物，现在是信息社会，是后工业社会，现在再使用马克思主义，就像在电子显微镜时代还使用旧式的放大镜一样。这种种说法，都是从根本上反对和取消马克思主义。

---

① 《马克思恩格斯选集》，第1卷，249页，北京，人民出版社，1995。
② 同上，第4卷，424页。

理论的发展也是辩证的，可以说相反相成。凡是追求永远不变的最终体系的理论，反而或迟或早“寿终正寝”，而正因为马克思和恩格斯敢于宣布自己的某个论断过时和错误，从而在总体上保证了这种学说的科学性和生命力。“问渠那得清如许，为有源头活水来。”群众的实践经验和科学技术的发展，无产阶级革命家和马克思主义理论家的活动，不断为这个理论机体注入生命活力。而马克思自己的思想就是整个马克思主义的源头活水。梅林在讲到马克思时说：“马克思不是神，也不是半神，他也不是教皇那样的无过失者。他是一个从根本上扩大了人类的认识限度的思想家。”①恩格斯和列宁都强调马克思主义者要以马克思的态度对待马克思主义。可以说，这就为创造性地对待马克思主义，永远保持马克思主义生命力树立了一个光辉典范。

马克思主义产生于19世纪中叶，它却具有最重要的当代价值，是任何思想体系和学说无可取代的，原因还在于马克思之后有更多的马克思主义者在实践中推进马克思主义。马克思之后比起马克思生前，他的信奉者、实践者和以马克思主义为指导思想的政党遍及全世界。仅就中国来说，由毛泽东思想到邓小平理论，再到“三个代表”重要思想，就是马克思主义中国化的光辉历史。马克思主义中国化既是把马克思主义的普遍真理运用于中国的过程，又是中国革命以及社会主义建设和改革的经验创造性地上升为马克思主义的过程。马克思主义的中国化创造性地推进了马克思主义的发展。我们不能把马克思与他的后继者割裂开来，对立起来。马克思主义的生命力在于它的创造性，在于其与时俱进的理论品格。1883年马克思逝世以来的120年，是社会主义由理论变为现实的时期，也是马克思主义大发展的时期。

① ［德］梅林：《保卫马克思主义》，301页，北京，人民出版社，1982。

不仅马克思恩格斯的某些过时的论断，某些没有实现的预测，某些判断的失误，在后继者的实践和理论发展中得到了克服和解决，而且根据各国的实践经验，根据当代科技新成就，马克思主义还创造性地向前推进了。因而把马克思主义在马克思逝世后120年间的伟大发展剔除在马克思主义科学体系之外，实际上就是把马克思恩格斯的思想变成教条，这本身就是一种理解上的错误。所以要正确理解马克思主义在当代的生命力问题，就必须充分把握马克思主义与时俱进的理论品格，不能把视线只是停留在马克思创立马克思主义时的范围之内。

既然马克思主义是发展着的理论，那么马克思主义后继者与它的创立者的思想理论之间的关系就是复杂的，既有继承的一面，又有发展的一面；既是一脉相承，又有新的创造。马克思之后的马克思主义，必然会遇到马克思没有遇到过的新情况、新问题，因而会做马克思没有做过的事，说马克思没有说过的话。这才能叫理论创新。毛泽东说过，全世界自古以来，没有任何学问、任何东西是完全的，是再不向前发展的。邓小平也强调："绝不能要求马克思为解决他去世之后上百年、几百年所产生的问题提供现成答案。"①江泽民在十六大报告中也特别强调："我们一定要适应实践的发展，以实践来检验一切，自觉地把思想认识从那些不合时宜的观念、做法和体制的束缚中解放出来，从对马克思主义的错误的和教条式的理解中解放出来，从主观主义和形而上学的桎梏中解放出来。要坚持马克思主义基本原理，又要谱写新的理论篇章；要发扬革命传统，又要创造新鲜经验。善于在解放思想中统一思想，用发展着的马克思主义指导新的实践。"如果一切以马克思的本本为依据，以马克思的话作为衡量是不是马克思主义

① 《邓小平文选》，第3卷，291页，北京，人民出版社，1993。

的标准，我们就不是马克思主义而变成教条主义者了。这是与马克思主义与时俱进的本性背道而驰的。

三、马克思主义前途光明

马克思逝世以后的后马克思时代，是马克思主义大发展时期，也是马克思主义的高潮与低潮交错的时期。亚洲并非马克思主义的原发区，但它在亚洲得到重大发展。继十月革命后中国革命的胜利，以及亚洲其他国家革命的胜利，使马克思主义曾红遍半个世界，可谓霞光满天。可20世纪80年代以来，以苏东剧变为标志，马克思主义发展在一定程度上陷入困境。由于苏联解体和东欧剧变，与社会主义制度崩溃和逆转相伴随，马克思主义的威信受到极大的打击。在苏东剧变后，西方一些政治家弹冠相庆，欢呼共产主义的崩溃和没落。自由主义一时成为最流行最时髦的思潮。

但是马克思主义并没有被打倒，也不可能被打倒。不仅马克思主义在中国的改革开放中得到创造性发展，而且在世界上，不少马克思主义者和左派人士从苏东剧变的打击下重新集结，总结经验，探讨发展的前景和方式。1998年在巴黎召开的马克思主义国际会议和《共产党宣言》发表150周年时召开的国际会议，都表明世界并没有忘记马克思，没有抛弃马克思主义。

事实上，马克思主义仍在世界政治生活和思想领域中发挥它的重大作用。西方马克思主义在不断变化。世界上出现了各种名称的马克思主义学派。当然，西方马克思主义并非一个统一的学派，它们的理论视野和理论风格迥异。可是苏东剧变后，它们的政治态度很值得注意。西方马克思主义在它开始产生时，是以反对传统马克思主义，特别是苏联式的马克思主义为主要特征的，可在苏东剧变后，其中有些人却采取维护马克思主义的立场，反对把苏联模式的社会主义失败说成是马克思主义的失败。因而我们对各种不同旗号的西方马克思主义的观点和政治立场应该采取具体分析的态度，既不能一概赞同，也不能简单拒绝。

此外，在当代西方社会思潮中，后现代主义甚为活跃。后现代主义是资本主义社会自身矛盾的产物，是对资本主义社会现代化中消极方面抗议的理论表现。它在批评资本主义现代性的过程中，往往援引马克思主义对资本主义的批判，从而表现出对马克思主义的某种程度的接近。但它们的根本观点与马克思主义并不相同。然而，后现代主义的这种表现不是“作秀”，而是表明在当代任何对资本主义的批判，都不可能无视马克思主义的伟大成就。其实，说得极端一些，人们从当代西方发达资本主义国家的政府，更不用说自称实行第三条道路的政府推行的政策，如劳资政策、社会福利和社保政策、税收政策以及调节两极对立的政策中，都可以看到社会主义国家存在的影响，看到马克思主义对资本主义社会矛盾批判的作用，都能看到马克思主义的影响。

事情正像德里达在《马克思的幽灵》中所说的，我们都是马克思的幽灵即处在马克思的阴影之下，我们不能没有对马克思的回忆。在当代世界，不仅马克思主义的坚决拥护者，即使是马克思主义的形形色色的反对者，都绕不开马克思。可以说，全世界都受到马克思主义思想的影响。然而在当代，马克思主义不像 1848 年时的欧洲共产主义那样是一个幽灵，而是一个在思想理论领域和现实政治生活中，最具真理性最有影响力的学说。

尽管如此，与 20 世纪上半叶相比，马克思主义总体上还是处于低潮。但这种情况只是前进中的曲折。当代世界经济全球化的趋势，不仅促进了生产力的发展和各国的世界性交往，同时也把资本主义社会的生产社会化和生产资料私人占有之间的矛盾，通过经济全球化而变为一种具有世界性质的矛盾；把发达资本主义国家内部的贫富矛盾，扩大为世界范围内的富国与穷国的矛盾。这更有利于人们重新认识马克思主义理论的真理性，有利于世界人民对新的更公正更合理的社会主义制度的追求和选择。

当今世界，虽然以美国为代表的发达资本主义仍然处于主导地位，但世界并非别无选择。事实上，尽管当今社会主义发展处于困难时期，但中国社会主义改革的巨大成就已向世界表明，社会主义的前景是光明的，马克思主义是当代世界真正能给世界人民解放以精神支持和理论指导的科学学说。当然，这要经过较长时间的资本主义世界矛盾激化过程，经过长期的工人阶级组织和教育的过程，需要世界各国的马克思主义队伍的各自重新集结和壮大，需要群众革命意识的重新觉醒，需要各国马克思主义者与本国实际相结合，不断推进马克思主义的新发展。如果用毛泽东当年说的“前途是光明的，道路是曲折的”来描述马克思主义的前景，我认为非常恰当。

马克思逝世已经120年了。经历了这120年波澜壮阔风云变幻的历史考验，马克思依然是世人心目中伟大的思想家和革命导师；他所创立的马克思主义依然是我们时代的旗帜，依然是最具生命力和创造力的理论思想。黑格尔说过，“伟大的灵魂——哲学史上的英雄们的身体，他们在时间里的生活，诚然是一去不复返了，但他们的著作(他们的思想，原则)却并不随着他们而俱逝。”①历史上不少著名思想

① ［德］黑格尔：《哲学史讲演录》，第1卷，42页，北京，商务印书馆，1956。

家的思想不死，因为它通过文字物化为著作，可以为后人研究、吸收、借鉴。

这里特别需要指出的是，马克思与其他对历史和现实发生影响的思想家不同，那些历史上对人类思想有长期影响的思想家，他们的学说、理论一般都是在思想领域中，没有变成也不可能变成一种改造社会的运动，更没有千千万万的实践者和最广泛的群众支持，而马克思是永远的马克思，因为他所创立的学说在世界许多地方为群众所掌握，变为一种改造世界的物质力量，在实践中传播，在实践中发展，而不是只存在于图书馆中，存在于典籍中待人阅读和研究。马克思永远是“活着”的马克思，虽然他在120年前就安葬在伦敦海格特公墓中；尽管马克思创立的马克思主义产生于19世纪40年代，但它具有的真理性认识是任何时候都不能被推翻的。真理无新旧，可以有古老的真理也可以有最新的谬误。邓小平和江泽民一再强调“老祖宗不能丢”的原因正在于此。马克思的英名由于他所创立的马克思主义而不朽；马克思主义也由于他的后继者的不断发展而永葆青春。

唯物史观视野中的“以人为本”*

以人为本和人的全面发展是两个相互联系又相互区别的命题。前一个命题由于哲学思想驳杂而为一些马克思主义哲学家所拒斥；后一个命题由于被认为是遥远的共产主义理想而为现实社会主义实践所忽视。这两种片面性都曾经给社会主义事业带来危害。十六届三中全会提出坚持以人为本的科学发展观，把以人为本建立在客观规律的基础上；把对社会主义社会发展规律的认识和运用服从于以人为本的发展目标，充分体现了科学与价值的统一；从社会主义的本质和全面建设小康社会宏伟目标的高度，揭示了以人为本与人的全面发展这两个命题的内在关联性。

一、不要谈人变色，但要区分不同语境

以人为本可以是具有科学性的哲学命题，也可以是抽象人本主义的命题，关键是如何来理解人。“人”的内涵和外延在不同的语境中是极为不同的。我们应该区分人字的

* 本文发表于《中国人民大学学报》，2004年第4期。

日常用语、文学用语和哲学用语，而在哲学用语中又要区分不同的哲学学派。

当年恩格斯在《诗歌和散文中的德国社会主义》中就曾批评格律恩对歌德的误读。恩格斯说，歌德作为一个文学家时常在比较夸张的意义上使用人这个字，但歌德的人字并非费尔巴哈那样的哲学用语。"这些字眼，特别是在歌德那里，大多具有一种完全非哲学的、肉体的意义。把歌德变成费尔巴哈的弟子和'真正的社会主义者'的功劳，是全部属于格律恩先生的。"①由于不能区分人字使用的语境，往往会引起谈人变色的哲学混乱。

在日常生活中，人字是使用最频繁的。吵架时说，你不是人，不像个人样！这几乎同骂娘一样使对方无法忍受。可要是问，什么叫不像个人样？指责别人不像人样的人心里有没有应该怎样才算人的标准？真正的人应该是什么样子？显然没有，因为这里并不是讨论哲学问题。谁都明白，这里讲不像人样，是批评被指责的人违背社会公认的通行的道德准则，或者说违背人作为人的底线伦理。因此，在这里批评者是以通行的道德习俗作为衡量人与非人的标准的。

以"人"入诗是常见的。"前不见古人，后不见来者"，"空山不见人，但闻人语响"，"春潮带雨晚来急，野渡无人舟自横"，类似的例子比比皆是。这里的"人"也不是哲学用语。这里的人是具有审美意境的虚设，是情景交融的黏合剂。在文学评论中，人们不会按哲学原则去探究这里的人是什么意思，是具体的人还是抽象的人，因为这是文学，是诗。

---

① 《马克思恩格斯全集》，第4卷，255—256页，北京，人民出版社，1958。

可是哲学不同。以人为本作为哲学命题，可以通过对人的不同的理解表现完全不同的甚至对立的哲学路线。历史唯物主义理论中的以人为本，与形形色色抽象人本主义学说中倡导的以人为本在世界观包括历史观上是根本对立的。

把人看成不可解之谜，把人作为终极研究对象，源于哲学思考，源于对人的本性的形而上探求。在哲学领域，从古至今，多少哲学家为人而苦恼。这种苦恼是源于哲学思维方式自身，是要在现实存在的人之外，寻找一种所谓的人。古希腊一个哲学家白天打着灯笼在街上转悠，人家问他为什么白天打灯笼，他说找“人”。这里讲的就是寻找这种“人”。至今人还在找人。美国的一位哲学家罗洛·梅就直接把其关于人的著作题为《人寻找自己》。在他看来，我们生活在一个焦虑的时代，我们仅有的幸福之一乃是不得不去认识自己，我们已被抛回到对自我的追寻之中。

在当代，我们对自然的认识与人对自身的认识相比，差距似乎越来越大。在医学领域我们已经能够克隆人，在哲学领域却仍在争论什么是人。按照约翰·杜威的说法，今日哲学所能要求的最好的工作是从事苏格拉底在2500年前指定给哲学的产婆的工作，即“认识你自己”。什么是人，似乎是哲学永远在探索的任务。

其实，从对人的本性认识的角度看，自然科学并不比哲学对人认识得更清楚。尽管科学技术进步到能克隆人，但它们并不真正了解人。它们可以解剖人，在解剖台上把人的生理结构弄得一清二楚，甚至能绘制人的基因图谱，但它们所了解的是生物学的人，是人的肉体而不是人的本质和人性。我们不能过分陶醉于科学技术对人的研究成就，如果满足于自然科学对人的认识而不从哲学上弄清人的本性和需要，很可能会因此而大吃苦头。20世纪下半叶以来生态环境的急剧恶化已证明了这一点。

从哲学层面理解人的确很困难，这是个非实体的不可能直观的领域，任何仪器和先进的工具对此都无济于事。一万年以后同样如此。它要凭借人的哲学思维能力，因此不同的哲学对什么是人的回答是各不相同的。

关于什么是人的问题的另一个困难在于，哲学家们都力图在自己关于人的理论的基础上建立自己的哲学体系。毫无疑问，对哲学来说，人的问题是至关重要的。可以说，任何一个根本性的哲学问题都不能离开对人的问题的正确解决。对世界本质的理解，对认识本质和认识标准的把握，对历史规律和意义的诠释，对价值和科学关系的处理，都无法避开一个“人”字。世界是人的世界，人如果被设定为宇宙之窗，是世界的诠释者，像叔本华所说的“明澈的世界之眼”，世界只是人的意志和表象，世界的本质和意义都只能通过人并由人来图解和澄明，这代表的是一种唯心主义的哲学路线。所有不同时代的唯心主义至多是这同一条路线中的不同驿站。人作为主体这一客观事实，使许多哲学家陷于主体自我困境的围城之中。

从整个西方哲学史来看，从文艺复兴时期的资产阶级抽象人道主义、费尔巴哈的唯物主义人本主义到当代西方的唯心主义的或无神论的存在主义都表明，无论是在旧唯物主义还是在唯心主义的框架中，以人为本都是错误的命题。之所以是错误的命题，并不在于这个命题本身，而在于对人的错误理解。他们或者是把人理解为脱离历史条件和社会关系的生物学个体，或者把人理解为一个“类”概念，从而把现实的人变为脱离现实世界、现实社会的“人的一般”。如果说在唯物主义者费尔巴哈那里人还为自然所制约，人是自然的一部分的话，那么，在唯心主义的人本主义那里，自然已经成为人的一部分，成为人的依存系列，因而在世界观和历史观上，人都成为不受约束的绝对自由的主体。“以人为本”变为赋予人以凌驾于自然、社会及其规律之上的至高地位。这种所谓人，实际上是恩格斯曾经批评过的以漫画形式再现的基督创世说的思辨表现。

面对人的认识的困境，有的哲学家认为，人是什么，是不可言说的。这个说法有一半是对的。如果想寻找一个作为人的人，一个所谓非异化的本来的人，一个所谓真正意义上的人，当然不可言说。这种人谁也没有见过，也从来没有存在过。如果从现实出发，我们可以看到，人都是现实的、生活在一定历史时期和特定社会中的人。在现实的人之外没有人，正如在瓜果梨桃之外没有水果一样。马克思就曾经批评过英国的经济学家边沁，说他把现代市侩特别是英国的市侩即英国的资产者说成是“标准人”，还批评他用这种尺度来评价过去、现在和将来。实际上，资产者只是资本主义社会中的人，是资本主义社会关系的人格化。当然，这并不排斥资产者是有个性的人，可这种个性并不是抽象的人的个性，而是具体的资产者的个性，即资产者中的“这一个”。人不可能是绝对的个体，因为个人生活在群体之中；人也不是抽象的类，在现实个体之外没有类。人一旦变为独立自存的个体或类，也就成了一个不可理解的怪物。马克思用一句著名的论断说明了这个问题：“人就是**人的世界**，就是社会，国家。”恩格斯在批评费尔巴哈的抽象的人的观点时明确提出：“要从费尔巴哈的抽象的人转到现实的、活生生的人，就必须把这些人作为在历史中行动的人去考察。”①

抽象人本主义倡言，人是用人的眼睛看世界，因而看到的只是人

---

①《马克思恩格斯选集》，第4卷，241页，北京，人民出版社，1995。

眼睛中的世界。这并不错。可问题还有另一面，而且是更重要的一面，你眼中的世界是一个真实的世界还是倒立着的被歪曲了的世界？这就是世界的客观性和真实性问题。脱离世界的真实性讲世界的价值和意义，只能倒向唯心主义。何况用眼睛看世界的人并不是抽象的人，他就处在他所观察的世界之中。他在用自己的眼睛观察世界之前，世界(特别是社会)又以自己的力量通过各种方式决定着他的观察。人是社会的人，人归根结底是世界的一部分，而不是像唯心主义者断言的世界是人的一部分。人和人的本质离开了人存在于其中的自然和社会，离开了人的历史，就是不可理解的。

马克思在批评施蒂纳时说，在他那里，"'**人**'只是**概念**、**观念**的另一个名称而已。人们的这个脱离了现实事物的观念和思想，必然不是以现实的个人，而是以哲学观念中的个人，以脱离了自己的现实而只存在于思想中的那个'**人**'，也就是人的概念为其基础。这样一来，他对哲学的信仰(指对唯心主义哲学的信仰——引者注)便达到了顶点"①。可见，以人为本命题的科学性，决定于它由之出发和作为理论支点的世界观和历史观。在科学发展观中，以人为本命题的科学性，在于它对人的理解是以辩证唯物主义和历史唯物主义为依据的。任何人如果因以人为本曾为抽象人本主义所倡导而拒绝这个命题，如同因噎废食，在理论和实践上都是错误的。

二、坚持以人为本，但要防止误读

以人为本的科学性，不仅决定于我们对人的本性的历史唯物主义理解，而且决定于正确处理人的主体地位与客观规律的关系。在科学

① 《马克思恩格斯全集》，第3卷，332页，北京，人民出版社，1960。

发展观中，以人为本并不是孤立的命题，它与中国特色社会主义建设及其规律是联系在一起的。

自然界是发展的。人可以不参与也可以参与它的发展过程，不参与是自然界自身的发展过程，参与是人对自然的改造过程。社会在本质上是实践的，是由人的活动形成但不是由人的意志自由决定的过程。对社会来说，人既是剧作者又是剧中人，所以，在人的活动范围内，发展既是客观过程，又打上了主体的烙印。所谓发展观，讲的就是对发展的本质、目的、内涵和要求的总体看法和根本观点。发展观的变化往往伴随着对旧的发展过程的批判性反思和旧发展观的扬弃。由于发展观是从主体角度看待发展，是主体赋予客观发展以方式、目标和价值，因而不同社会的发展观对发展的道路、发展模式和发展战略，对客观的实际发展过程，会产生根本性的和全局性的影响。

不能抽象地说，任何发展都是以人为本的，因为任何发展都不能离开人，都是人为了人自身的需要而参与发展。这是一种以抽象的人作为活动主体的说法。实际上，在阶级社会中，发展的目的和对发展的期望值都受到了处于主导地位的统治者的意志的影响。在前资本主义社会，统治者赋予发展的目的是巩固自己的统治，使自己永远处于统治地位，并不是为了人，并非以人为本，而是为了一部分人，即统治阶级自身。如果谁要说统治者也是人，因而还是以人为本，这就不是论辩而是诡辩。

在资本主义社会，发展是以增加财富、提高生产率战胜对手以获取最高利润为目的的。因此，在资本主义社会中，资本家是以获取利润为目的，国家是以增加 GDP 为目的。这两者相统一，就必然把发展生产力、提高生产率放在首位。马克思在《1844 年经济学哲学手稿》中曾引用李嘉图的话说：“各国只是生产的工场；人是消费和生产的机器；人的生命就是资本；经济规律盲目地支配着世界。在李嘉图看来，人是微不足道的，而产品则是一切。”①后来，马克思在《资本论》中论及资本家的生产目的时说，资本家“狂热地追求价值的增值，肆无忌惮地迫使人类去为生产而生产，从而去发展社会生产力，去创造生产的物质条件②”。在生产目的问题上，资本主义社会是为生产而生产，即为增加财富而生产。毫无疑问，资本主义社会以生产为目的，就其对社会的发展和生产力的进步来说，功不可没，但就以人为本来说，人并不在资本主义生产目的的视野之中。

西方有的学者认为人性是一切科学的基础，也是判断一个社会是否合理的基础，他们期待在人的本性、在人道主义的基础上建立一个人性化的社会。这个愿望不能说不好，但在阶级对立、贫富两极分化的社会，这只能是个美好的梦想。千百年来，不少学者做过这样的梦，但除了思想家的许诺、牧师的传道，这个以人为本的社会从来没有出现过。在以往，以人为本或者是作为人道主义的诉求，或者是作为对现实不公的抗议，或者是作为对贫苦无告者创伤的止痛剂，但从来没有真正实现过。如果无视阶级社会中人对人的直接依赖或以物为中介的间接依赖关系，抽象谈论以人为本，的确是人道主义的“僭越”。弗朗索瓦·佩鲁说：“既然当代历史已经以制度性暴力造成的血腥暴行作为代价把那些比较拙劣的骗局(指经济增长必然带来发展——引者注)暴露在光天化日之下，为了一切人和完整人的发展就理应是政治家、经济学家和研究人员一致接受的目标。”③这个愿望很

① 《马克思恩格斯全集》，第42卷，72页，北京，人民出版社，1979。

② 同上，第23卷，649页。

③ [法]佩鲁：《新发展观》，4页，北京，华夏出版社，1987。

好，但从理论上说仍然是把“一切为了人”、“为了一切人”看成是与社会制度性质无关的结论，是一个关于发展“应然”与“实然”相矛盾的抽象结论。

党的十六届三中全会明确提出坚持以人为本，树立全面、协调、可持续发展的科学发展观，它最鲜明、最充分地体现了中国共产党立党为公、执政为民的本质，体现了我们党对符合社会主义制度的本质和社会主义发展规律的要求，也体现了我们党对西方现代化的历史经验和我国社会主义建设正反两方面经验的总结。如果离开全面、协调、可持续发展，离开对涉及人与社会、人与自然各方面关系的统筹，以人为本就会变成空洞的口号。

客观规律是以人为本发展观能否实现的依据。在社会主义实践中，多方面的规律在起作用。发展经济要遵循经济规律，推动社会发展要遵循社会规律，改造自然要遵循自然规律。各种性质的规律相互作用又相互矛盾。价值规律和市场经济规律有利于经济发展，可它所产生的负面效应又可能激化社会矛盾，不利于社会稳定和社会的全面进步。而经济发展和社会进步又可能损害自然界的自我修复和平衡能力，从而激化人与自然的矛盾。这样，全面处理上述三种规律的关系，就成为我们的实践中必须考虑的问题。全面、协调、可持续发展观中关于五方面统筹的要求，就是以对社会规律、经济规律和自然规律相互关系的正确认识和处理为依据的。以人为本是整个科学发展观的灵魂。不坚持以人为本，社会主义发展由于失去它的发展的动力和价值目标，不可能认真探索社会主义发展规律。可是离开对社会主义社会实践中多种规律的作用和多种关系和谐发展的认识，以人为本的科学发展观就会失去依托。只有社会主义制度的建立，才可能使以人为本成为中国共产党的决策目标；只有真正对社会结构和社会主义发展达到规律性的理解，才使这种决策的可行性有科学依据。科学发展观的提出，是对单纯以GDP增长为目标的发展观的超越，它既坚持以人为本，又包含对社会主义建设规律的认识。

以人为本是发展的目的问题。既然在实际上而不是在口头上坚持以人为本取决于对规律的认识，那么，把社会发展的本性定义为合规律与合目的统一的提法就大有可议之处。其实发展并不都是合目的的。社会发展是自发性与自觉性相互作用、矛盾、冲突的过程。就个人行动而言是有计划的，但在相互抵消中成为总体的无计划性；以政府作为社会代表的发展决策是有计划的，但其主观追求目标与结果之间并不相符合。所以，人的行为的效果并不完全取决于人的目的，而是取决于目的在何种程度上符合客观规律。人的目的不是既定的、不变的，在实际活动中，人根据对规律的认识来不断调整、更正目的，通过原定目的失败来制定新的目的。可以说，无论是在改造自然的活动中，还是在改造社会的活动中。许多结果都是出乎人的原定目的的。人的活动具有选择性，但社会发展并不一定具有合目的性。人类在长期的历史活动中，为盲目必然性支配而使自己的美好目的化为乌有或事与愿违的事是常见的。有的是近期似乎合乎合目的，但长期效果却违背初衷，有的则相反。人的活动的合目的性永远存在于不断选择之中。无论是自然目的论还是历史目的论都是错误的。社会是在不断纠正人的不切实际、违背规律的目的中前进的。正因为如此，科学发展观把坚持以人为本与按照规律处理各方面的关系融为一体。

要防止对以人为本的误读，除了正确把握人与规律的关系以外，还要对人有正确的理解。在历史唯物主义的视野中，以人为本的正确性和巨大导向力量，在于具有完全不同于抽象人本主义的科学内涵与价值内涵。它并不是以人是最高的价值、是世界的诠释者，人应该成为目的而不能成为手段之类的理论为依据的。它所说的人，指的就是正在从事全面建设小康社会、开创中国特色社会主义伟大事业的建设者，是社会主义社会的全体成员。这种人，在其现实性上就是社会主义生产关系的总和。以人为本中的“人”是人民，本是“本位”。以人为本通俗地说，就是人民本位主义，或者说人民利益是我们考虑一切问题的出发点和落脚点。一切为了人民，一切依靠人民，把满足人民不断增长的多方面的需求和促进人的全面发展作为我们制定发展战略和规划、作为衡量社会发展和社会进步的尺度和最高目标。

我们强调以人为本中的人不是抽象的人，并不意味着我们允许对另外一些人可以采取“非人”的手段对待。毫无疑问，以人为本包含了社会主义人道主义原则，它继承了历史上人道主义的优秀传统。我们赞同国际社会通行的一些有关人权、人道的原则。我们国家不仅重视广大人民的人权，将人民的生命健康和基本人权放在首位，即使对待各类罪犯，不管按照法律应该如何判刑，但同样尊重他们的人格，保护他们应该享有的各种权利。但这并不表明我们信奉抽象的“人”，所有人毫无例外都在“为本”之列。因为人民享有的人权包括各种政治、经济、文化权利与对各种反社会分子、各种类型的罪犯的人性化管理、改造与教育相结合方针中所体现的人道主义原则，是不能混同的。

以人为本的民本主义也不同于中国传统政治文化中的民本主义。民本主义思想当然是一种限制绝对君权主义的进步的政治学说。所谓民为邦本，本固邦宁，所谓民为重，君为轻，社稷次之，都包含许多值得借鉴的思想。但民本主义的立足点并不是民而是君，是为君权的稳固和封建社会的社稷长治久安服务的。民本主义主张的对民的爱，类似牧民对自己牧群的爱。这并不是共产党人追求的目标，也不是党悟了的人民的期待。韩愈在《原道》中说："是故君者，出令者也；臣者，行君之令而致之民者也；民者，出粟米麻丝，作器皿，通货财，以事其上者也。君不出令，则失其所以为君；臣不行君之令而致之民，则失其所以为臣；民不出粟米麻丝，作器皿，通货财，以事其上，则诛。"这些话虽不中听，倒是实话实说，确是封建社会的现实。在中国两千多年的封建社会中，虽然也有少数所谓比较开明的"有道明君"，但民本主义从来只是少数思想家的一种社会理想。实际上，中国封建社会是君权至上主义，老百姓从来都是出"粟米麻丝，作器皿，通财货，以事其上"的小民，从来没有也不可能成为封建社会的主人。

可见，在历史唯物主义中，以人为本是一种以根本改变了的社会、根本改变了的人与社会关系为依据的社会发展理论。它的立足点不是抽象的人性诉求，而是社会主义革命不同于以往任何革命、社会主义制度不同于以往任何社会制度在理论和实际政策上的必然表现。以人为本的人，最根本的就是广大人民。它与我们党提倡的为人民利益服务，"三个代表"重要思想中的代表广大人民根本利益，胡锦涛说的权为民所用、情为民所系、利为民所谋是完全一致的。

三、重视人的全面发展，超越纯逻辑推论

马克思主义关于人的全面发展理论，根本不同于中国传统文化中关于人人皆可为尧舜的道德人的模式，也不同于空想社会主义者所设想的人性人的模式。在马克思主义哲学中，人的全面发展问题既不是单纯的道德完善，也不是所谓人性的实现。它不是主观设定的关于人的理想的完美的模式，而是以社会发展规律为依据的关于人的发展过程的科学理论。人的全面发展不是以人为本命题的纯逻辑的思辨演

绎，它们两者统一的基础在于社会主义制度自身。以人为本体现的是社会主义制度的本质；人的全面发展反映的是社会主义社会发展的水平。离开了对人类社会发展和社会主义本质的历史唯物主义分析，就不可能对人的全面发展做出正确的解释。

在人类社会的发展过程中，社会发展、社会进步与人的全面发展既相互联系又相互区别。由于社会基本矛盾的作用，社会是发展的，它不可能永远停留在原有状态。社会进步就存在于社会发展之中。社会发展总的方向是上升的前进的运动，表现为以生产方式为基础的社会形态的更替过程，人类历史上各种社会形态的更替，就表现为社会进步。但社会发展与社会进步不能简单等同。由于社会矛盾和阶级对立，社会发展的成果并不能为社会全体成员共同享用。因此，社会进步是建立在社会对抗基础上的，对一些人是进步，他们占有和享受社会发展的物质成果和文化成果。而另一些人则处于物质和精神的贫困状态。即使在生产力发展水平很高的资本主义社会，尽管社会保障、社会福利制度有很大的改善，但同样是摩天大楼与贫民窟并存，亿万富翁与大量贫困失业者并存，发达的大城市与比较落后的农村并存，高学历与大量文盲并存。在这个意义上，社会的经济发展并不意味着社会进步，相反在社会进步中还存在退步和类似循环的现象。正如马克思和恩格斯在《神圣家族》中所说：“与‘进步’的奢望相反，经常可以发现退步和循环的情况。”①

就人的发展来说，社会进步与人的发展也是不平衡的。总的说来，人类改造自然的能力，人类的社会活动能力，人类运用科学技术的能力，与社会发展水平成正比。在以物为中介的资本主义社会中，

---

①《马克思恩格斯全集》，第3卷，106页，北京，人民出版社，1960。

由于不存在人对人的直接人身依赖和束缚，人的才能得到新的释放。资本主义社会科学技术的进步、生产力的迅速增长，同时带来了人自身能力的发展。即使如此，在资本主义社会人的发展仍然不可能是全面的，而是片面的、畸形的。脑力劳动和体力劳动的对立，旧的分工把人终身束缚在某一种职业上，极大地扼制了人的潜在才能的发挥，人单纯追求物质享受而陷于精神贫困，人的劳动不是创造性力量的发挥而是痛苦和自我折磨，等等，这就是马克思通过异化劳动描述的人的异化。尽管在异化的扭曲中存在着人的能力的发展，但人的异化现象与人的全面发展是对立的。

马克思在 19 世纪 40 年代曾说过，资本主义社会工业化预示着非工业化国家的未来。资本主义社会工业化进程表明，它的市场化和交往扩大化，科学技术在生产中的运用，是现代化进程中不可避免的现象。但资本主义现代化进程中的种种弊端表明，后发的工业化国家并不必然要重复资本主义现代化进程及其弊端。资本主义工业化并不是发展的唯一的道路。社会主义社会在现代化进程中，正在改变社会发展与社会进步、社会进步与人的全面发展相分离的状态。社会主义社会为实现人的全面发展提供了可能性和必要性。

人的全面发展不能简单地理解为人可以无所不能。就人的能力和技能而言，永远不可能是绝对全面的。社会分工是不可能消除的，人的能力和兴趣的差别也是不可能泯灭的。人永远是个性化的人。个体的生命有限，都只能在一定领域中活动。人的全面发展的本质，是指社会对人的潜在才能的发展、对人的个性的发挥、对人的整体素质的优化、对人的专业的变换提供最有利的条件。人不会为谋生而终生被束缚在自我摧残的旧的分工之中。所以，马克思主义关于人的全面发展的理论与社会发展理论是不可分的，前者是后者的最重要内容。马克思从来没有脱离社会变革和社会发展抽象地谈论人的全面发展问题。他指出：“个人的全面发展，只有到了外部世界对个人才能的实际发展所起的推动作用为个人本身所驾驭的时候，才不再是理想、职责等等，这也正是共产主义者所向往的。”①共产主义社会是“以每个人的全面而自由的发展为基本原则的社会形式”。我们不能脱离共产主义社会形态把人的全面发展变为人性的要求。没有社会形态的变革，人的全面发展只是一个乌托邦，一个永远不能实现的千年王国。但毫无疑问的是，人的全面发展的确为共产主义社会提供了一个以人的发展水平为目标的价值尺度。这样，共产主义就是社会形态的变化与人关于自身发展的价值理想相统一的过程。人类为共产主义社会而奋斗，同时也是为自身的发展、为人类自身的完善而奋斗。

人的全面发展不是乌托邦，就是因为它不是以人为本的逻辑推论，而是社会发展规律的体现。它的最深刻的根源在于社会发展自身。如果说人类以往的全部历史客观上是为人的全面发展准备条件的话，那么我们正在进行的全面建设小康社会、开创中国特色社会主义建设伟大事业，就是处在实现这一伟大理想的历史进程的起点，我们在社会主义初级阶段所做的一切都是朝这个方向前进。正如江泽民在“七一”讲话中指出的：“我们建设有中国特色社会主义的各项事业，我们进行的一切工作，既要着眼于人民现实的物质文化生活需要，同时又要着眼于促进人民素质的提高，也就是要努力促进人的全面发展。这是马克思主义关于建设社会主义新社会的本质要求。我们要在发展社会主义社会物质文明和精神文明的基础上，不断推进人的全面发展。”

① 《马克思恩格斯全集》，第3卷，330页，北京，人民出版社，1960。

从推动社会进步来说，只有坚持马克思主义关于生产力在社会发展中的最终决定作用的观点，才能把社会主义社会进步的基础放在代表先进生产力的要求上。我们反对把发展归结为 GDP 的增长，但我们知道经济发展在社会发展中具有重要的基础性作用，没有经济发展，任何关于发展的理论都会流于空谈。同样，对人的发展来说也是如此。没有生产力的高度发展，没有高度丰富的物质产品，当人们还处于贫困状态，处在为自己的生存而挣扎的时候，一切陈旧的腐朽的东西都会死灰复燃，根本谈不上人的全面发展。因此，我们在促进人的全面发展的过程中，应该牢牢把握以经济建设为中心这个原则。马克思说过："人们每次都不是在他们关于人的理想所决定和所容许的范围之内，而是在现有的生产力所决定和所容许的范围之内取得自由的。"①没有生产力的高度发展，就没有自由时间，因而也没有发展的自由空间，人的全面发展只能是永远不能实现的空想。同样重要的是，人的全面发展与社会关系的丰富是直接相联系的。人的发展的全面性不是观念中的全面性，而是现实即交往的全面性。一个被束缚在狭窄的生产关系中的人，其发展不可能是全面的。马克思说："社会关系实际上决定着一个人能够发展到什么程度。"②当今，世界性交往的强化和我们国家实行的对外开放政策，显然对促进人的全面发展是有利的。

生产力与生产关系只是社会结构的基础，社会是经济、政治、文化的有机统一体。只有理解马克思主义哲学关于社会结构的理论，才能理解经济、政治、文化以及三大文明协调发展对于社会主义社会进

① 《马克思恩格斯全集》，第 3 卷，507 页，北京，人民出版社，1960。

② 同上，295 页。

步的重要性，理解经济与社会发展的关联性；只有理解马克思主义哲学关于人与自然关系的观点，才能提出人与自然协调发展和可持续发展问题，等等。我们可以清楚地看到，推动当代中国社会朝着正确方向前进的以人为本的科学发展观，就是马克思主义哲学在当代的运用和发展。

在人的全面发展中，上层建筑的作用是极为重要的。精神文明的建设与全面提高人的素质是不可分的。没有人的素质的提高，就不可能有人的全面发展。人的素质是多方面的，它包括思想道德素质、政治素质、文化素质、专业素质、身心素质等。在当前，道德教育的迫切性尤为突出。我们不能以马克思说的“共产主义者根本不进行任何道德说教”，“不向人们提出道德上的要求”为由贬低道德教育。如果这样，这完全是误读。马克思这段话是针对以施蒂纳为代表的“真正社会主义者”宣扬抽象人道主义，把共产主义运动变为“大量进行道德说教”而言的。在马克思看来，共产主义不能依靠单纯的道德说教来实现，共产主义是改变现实，是根本消灭对立的物质根源的实际运动。①

在社会主义社会，政权已经掌握在人民自己手中，对全体社会成员进行思想道德教育，努力提高全民族的思想道德素质和科学文化素质，是从思想和精神生活方面促进人的全面发展的重要内容。我们社会的许多部门包括家庭都负有重要的责任，但最直接、最关键的是我们的各级教育部门，从小学到高等学校。我们要在教育发展中，改变中国长期的应试教育的传统，重视素质教育，不然的话，全面发展的

① 参见《马克思恩格斯全集》，第3卷，275页，北京，人民出版社，1960。

总体目标是很难达到的。

当然，人的全面发展不仅是个教育问题，更重要的是个实践问题。因为人的才能的多方面的发挥和形成，不可能脱离人的实践活动而仅仅在课堂里就实现。何况，我们说的是社会成员的全面发展，而不是某一个人的全面发展，这只能通过改造社会的实践活动才能实现。马克思早在一个半世纪以前就明确指出："只有改变了环境，他们才会不再是'旧人'，因此他们一有机会就坚决地去改变这种环境。在革命活动中，在改造环境的同时也改变着自己。"①根据马克思的这个论断，我们就应该在当前的社会主义建设中，把推进人的全面发展同推进经济、文化的发展和改善人民的物质生活的实际活动结合在一起，并形成良性互动关系。人的发展越全面，社会的物质文化财富就会创造得越多，人的生活就越能得到改善；而物质文化条件越充分，就越能推进人的全面发展。这两个历史过程应相互结合、相互促进。这样，就跨越了从以人为本到人的全面发展的纯逻辑推导，真正把坚持以人为本和人的全面发展置于全面建设小康社会的实践基础上。

坚持以人为本的科学发展观，对中国特色社会主义建设的理论和实践的意义是不言而喻的。但我们要充分认识到，在多种所有制经济同时并存，共同发展，市场调节在经济运行中处于主导地位的经济模式中，国家(作为社会的代表)以人为本的原则与个体(各种性质的企业、事业单位)可能以经济利益为最高导向之间会发生矛盾。要认真贯彻科学发展观，切切实实坚持以人为本和逐步推进人的全面发展，不仅我们党的各级领导要认真贯彻立党为公、执政为民，提高执政水平和能力，而且要对各种深层次矛盾和重大问题进行理论探讨。

---

① 《马克思恩格斯全集》，第3卷，234页，北京，人民出版社，1960。

实施马克思主义理论研究和建设工程的迫切性和重要意义*

《中共中央关于进一步繁荣发展哲学社会科学的意见》的决定，是一项关系全面建设小康社会，开创中国特色社会主义事业新局面，实现中华民族伟大复兴的战略性决策。在坚决贯彻党中央指示的同时，我们思想理论工作者面临的重大任务，就是要充分认识进一步繁荣哲学社会科学的重要性，繁荣哲学社会科学必须坚持马克思主义的指导作用。因此，实施马克思主义的理论研究和建设工程是繁荣哲学社会科学的一项极为重要的工作。实施马克思主义理论研究和建设工程，在繁荣哲学社会科学的整个事业中，具有全局性、方向性的意义。

一、哲学社会科学在中国特色社会主义建设中的作用是无可替代的

我们党是以马克思主义为指导的党，深知哲学社会科学在无产阶级革命事业和社会主义建设事业中的作用。在

* 本文发表于《教学与研究》，2004 年第 4 期。

民主革命时期，我们党领导下的哲学社会科学，对于传播马克思主义、对于实现马克思主义中国化和对于新民主主义革命的胜利做出了重要贡献。在全国胜利以后，由于处于执政地位，我们党对作为上层建筑意识形态重要组成部分的哲学社会科学的地位和作用非常重视。但毋庸讳言，在这方面我们也有经验和教训。在新中国成立初的院系调整中，我们不适当地取消了一些通过改造教学内容而可以继续保留和发展的系科，如社会学、人口学、政治学、心理学，等等；而在“文化大革命”中，哲学社会科学学科的教学和研究，处于停顿、曲解和思想理论混乱的状态。随着改革开放的逐步深入，我们的哲学社会科学处于不断繁荣之中，恢复了过去取消的学科，新建了许多新学科，哲学社会科学的教学和科研队伍不断壮大，经费逐年增加。可以说，哲学社会科学的发展处于繁荣时期。可是由于工业化进程对自然科学、新技术的需要和市场经济的利益导向，出现了重理工轻人文社科、重实用轻基础的倾向。这种思潮成为不少家长、考生以及社会的一种较普遍的心理状态和价值追求。这显然不利于哲学社会科学的繁荣与发展。

不少人对这种情况的危害性缺乏理论的自觉性。实际上，我们50多年成功的社会主义建设在很大程度上来自哲学社会科学，而灾难也来自对哲学社会科学的蔑视。新中国成立后的前20多年，我们由于对什么是社会主义和如何建设社会主义，对中国的国情和所处的发展阶段，对世界的政治、经济发展的状况缺少理论性和实证性的哲学社会科学研究，走了不少弯路。十一届三中全会以来，哲学社会科学对于党的思想路线的重新确立和指导思想的丰富发展，对于用马克思列宁主义、毛泽东思想、邓小平理论和“三个代表”重要思想武装全党、教育干部和人民，对于深化三大规律性的认识，对于推动改革开放和促进三大文明协调发展，对于弘扬民族精神和社会主义精神文明建设做出了重要贡献。

在全面建设小康社会的宏伟事业中，我们当然要依靠自然科学和技术，但同时也要繁荣和发展哲学社会科学，真正认识江泽民同志在多次讲话中关于哲学社会科学与自然科学同样重要观点的重大意义。我们应该充分认识到哲学社会科学在全面建设小康社会中起到无可替代的作用，因为它是人们认识世界、改造世界的重要工具，可以帮助我们真正把握人类社会发展规律、社会主义发展规律和执政党的发展规律，提高我们的执政能力、理论水平、思维水平。我们的社会在改革中迅速发展，但也存在着问题和矛盾。这些问题涉及经济、政治、文化诸多领域，涉及社会生活的方方面面。这些问题的解决，需要哲学社会科学的多种学科，包括交叉学科和各类新学科来共同努力，需要对重大社会问题进行全局性、战略性、前瞻性的研究。没有这种研究和清晰的理论分析，重大决策就会缺乏理论依据，干部缺乏行动的依据，群众缺乏信心依据；而且充分认识繁荣哲学社会科学在精神文明建设中的重大作用，有助于提高全民的思想道德素质和人文素质，有助于培养爱国主义和集体主义精神，有助于以科学态度培养民族精神。

我们应该承认，在哲学社会科学领域我们取得了重大进步，但与我们的时代和我们正在从事的社会主义建设实践的要求相比，无论是研究内容、成果转化、评价机制、学科的建设和人才的培养，还是社会科学的管理体制和经费的投入等等，都还存在着很大的差距。我们如果对哲学社会科学的战略地位、繁荣哲学社会科学的迫切性没有认识，哲学社会科学与自然科学比翼双飞的格局久久不能形成，在社会心理和政策层面的实际操作中，仍然是重理工轻人文，重应用轻基础，这就会严重阻碍社会主义建设的发展。由此可见，党中央把进一步繁荣发展哲学社会科学作为建设中国特色社会主义的一项重大任务的决策，是非常英明的。

哲学社会科学的繁荣发展，离不开哲学社会科学工作者。当前，全面建设小康社会、繁荣哲学社会科学是作为建设中国特色社会主义的一项重大任务提出来的。我们作为社会主义社会的哲学社会科学工作者，应认识到我们在繁荣哲学社会科学中承担的历史使命和历史责任。可是由于哲学社会科学工作是个体性的研究和写作方式，往往容易把自己的工作看成是纯个人的。这门学科是我的专业、是我的爱好、是我的兴趣，这本书、这篇文章是我的作品，一句话，我们从事的工作，是好是坏，有成就无成就都只属于我个人。这种看法是不对的。既然哲学社会科学属于上层建筑，是整个社会分工的一部分，我们在这个领域中工作，就对社会负有责任。所以我们的工作具有双重性，既是个人的，又是社会的。我们既要对自己负责，把它看成自己的专业，争取更大的成就，更要对社会负责，把它看成是社会主义事业的组成部分，是以自己的专业为社会主义服务的。我们的文章、著作，我们站在课堂上讲课，都必须具有社会责任感和使命感，这样才能有利于哲学社会科学的繁荣发展。

二、必须坚持马克思主义的指导地位

哲学社会科学具有双重性质。从社会结构的角度看，它属于上层建筑，具有意识形态的特性，因此在阶级社会中超阶级的、所谓价值中立的哲学社会科学是没有的。列宁说过，“建筑在阶级斗争上的社会是不可能有‘公正的’社会科学的”。“期望在雇佣奴隶制的社会里有公正的科学，正像期望厂主在应不应该减少资本利润来增加工人工资的问题上会采取公正态度一样，是愚蠢可笑的。”①但这只是问题的一方面。另一方面，哲学社会科学可以积累某些具有客观规律性的知识，只是这些知识的多少，以及它的解释和应用会受到阶级利益的制约。在阶级社会，例如，在资本主义社会，一个人在哲学社会科学研究中的成就，既取决于他在多大程度上能摆脱对统治阶级利益的依赖，以追求真理为目标，也取决于他们在研究中采用的理论和方法，这属于世界观和方法论问题。前者是他们作为科学家的良知，后者是他们的理论水平。这样，在阶级社会中，哲学社会科学的发展总是处在科学性与价值性的矛盾之中。我们可以看到，在马克思列宁主义产生以前，哲学社会科学既积累了人类知识的财富，又存在着剥削阶级的偏见和谬误。我们党强调要进一步繁荣和发展哲学社会科学，强调哲学社会科学与自然科学同等重要，有一个前提，这就是要发展为社会主义服务、为我们全面建设小康社会服务的哲学社会科学。为此，它们必须具有科学性，是科学性与价值性两者的结合。

我们不否认马克思主义产生以前或以后，即使在当代西方，在哲学和社会科学领域的各学科中曾经取得或现在还在某些部门取得某些成就，但对我们社会主义建设而言，我们不能无条件无区别地沿用或引进西方的东西，而要在吸收人类全部优秀成果包括资本主义社会的积极成果的基础上，建立与社会主义制度相适应的具有中国特色的哲学社会科学学科。为此，我们强调在社会主义社会，哲学社会科学必须以马克思主义为指导。在哲学社会科学的指导思想问题上，我们只能搞一元化，不能搞多元化，即以马克思主义为指导是我国繁荣发展哲学社会科学的根本保证。

① 《列宁选集》，第2卷，309页，北京，人民出版社，1995。

为什么我们强调马克思主义的指导作用呢?

第一,只有以马克思主义为指导,才能保证我国哲学社会科学沿着正确的方向前进。按照马克思主义的观点,社会主义国家中的哲学社会科学属于社会主义上层建筑,它必须为社会主义服务,必须为通过改革完善、发展和促进社会主义服务。任何背离这种方向的所谓繁荣和发展都是不利于甚至是破坏社会主义的。只有以马克思主义为指导,才能充分发挥哲学社会科学对社会主义的积极作用。长期以来有这样一种说法:西方哲学社会科学发达,是因为它们强调“学以致思”,是超越功利的纯学术研究,所以往往会有创造性的成就;而中国强调“学以致用”,是功利主义的,因而不可能出大哲学家大思想家。我以为这种说法是片面的。马克思主义强调理论为实践服务,走的就是学以致用的道路。学以致思和学以致用不是绝对对立的。哲学社会科学要真正出高质量成果,要真正为社会主义发展提出具有全局性、前瞻性、战略性的见解,必须深入实际、潜心研究,一思、二思、三思;急功近利、不动脑筋、不研究,是不可能出精品力作的,如果不以“学以致用”为目的,搞经院哲学、脱离实际、闭门造车,也不是真正的致思,这种所谓致思无非是天马行空,不着边际的幻想,于科学、于实际都无所裨益。只有以马克思列宁主义为指导,才不因致用而废思,因致思而废用,真正按照哲学社会科学的发展规律和功能来指导哲学社会科学,保证它按照正确的道路前进。

第二,以马克思主义为指导,才能有科学的立场、观点和方法。江泽民同志在关于哲学社会科学的多次讲话中特别强调要运用马克思主义的立场、观点、方法来进行哲学社会科学的研究,要以“三个代表”重要思想来统领我们的哲学社会科学。如果我们的哲学社会科学研究不以马克思主义为指导,就会因立场、观点和方法错误而走入死胡同。

哲学社会科学研究有立场问题，可能有些论者不以为然，似乎一讲立场就是提倡阶级斗争，就是“左”。这当然是误解。撇开社会主义初级阶段在一定范围内仍然存在阶级和阶级斗争、在一些重大政治问题上仍然需要用阶级分析的方法不说，我以为在哲学社会科学研究中仍然有个立场问题。这就是研究成果和研究目的，有个为谁说话、为谁服务的问题。在我们国家，一切有价值的有益的哲学社会科学研究，都应该站在社会主义立场、站在人民大众的立场。

立场不对，认识肯定不会正确，可立场对了，认识也不一定正确或一定完全正确。因为要认识正确，不仅立场要对，而且还有个观点问题。观点可以强化、弱化、虚化立场，或者使原本正确的立场僵化，束缚我们的眼界。而且，立场问题和思维方法不可分。这就是为什么我们强调辩证法是马克思主义中具有决定意义的东西，强调具体问题具体分析是马克思主义活的灵魂的道理所在。马克思主义的立场、观点、方法之间是有区别的，但它们之间是相互渗透、相互影响、彼此融为一体的。只有强调以马克思主义为指导，才能有正确的立场、观点、方法。江泽民同志在与中国人民大学师生座谈时，特别强调这个问题。他说，希望大家坚持用马克思主义的立场、观点和方法来指导哲学社会科学的发展。没有正确的理论指导，没有科学的世界观和方法论，哲学社会科学就没有正确的政治方向，就难以发展。

第三，坚持马克思主义指导，哲学社会科学才能解放思想、实事求是、与时俱进，才能推进理论联系实际和理论创新。从当代国外与国内的情况来看，与自然科学和技术革命相比，哲学社会科学的发展是相对滞后的；与自然科学所达到的科学性和规律性的认识相比，哲学社会科学的科学化进程是十分艰苦的。我们要努力建设哲学社会科学创新体系，积极推动学术观点创新、科学体系创新和科学研究方法创新。这一切必须以辩证唯物主义和历史唯物主义为指导。如果背离了认识与实践的辩证唯物主义关系，就弄不清哲学社会科学发展的立足点是什么，为什么应该以我们正在研究的问题为中心，从而使哲学社会科学的繁荣和发展流于空喊。

毫无疑问，在哲学社会科学的研究中，不同的学科有自己的一些特殊的方法，具体方法是多样的，但作为繁荣发展哲学社会科学的指导思想是一元的，是否以马克思主义为指导，事关我们整个哲学社会科学事业的发展方向，是重中之重。

三、实施马克思主义理论研究和建设工程

我们所强调的作为指导的马克思主义是发展着的具有创造性的马克思主义，而不是僵死的教条化的马克思主义。当代中国马克思主义理论工作者面临的一个重大任务，就是要在实践“三个代表”重要思想、全面建设小康社会的过程中，对理论和实践中提出的若干重大的马克思主义基本理论问题进行研究，以便以创造性的马克思主义来指导我们的社会主义建设事业，包括繁荣发展哲学社会科学的伟大事业。

从当代世界来看，由于苏联解体和东欧剧变，马克思主义在世界范围内处于低潮，可在中国不同。在马克思主义指导下，中国取得了民主革命的胜利，马克思主义在中国的理论和实践上取得了伟大成就，产生了邓小平理论和“三个代表”重要思想，充分显示了马克思主义的生命力。可是我们在马克思主义基本理论的研究方面，仍然面临诸多问题，亟待通过实施马克思主义理论研究和建设工程来加以解决。

在《共产党宣言》发表后的一个半世纪的世界变化中，我们要根据世界形势的变化和面临的问题，对马克思主义基本理论进行研究和审视。中国特色社会主义的伟大事业，充分证明了马克思主义基本原理的正确性，同时也面临着许多新的问题。对马克思主义基本理论进行深入的研究，不仅有助于党和政府的科学决策，而且也有助于从理论高度对干部和群众进行思想理论教育。总而言之，我们要坚持中国特色社会主义道路，坚持改革开放，坚持四项基本原则，坚持哲学社会科学发展的正确方向和指导原则，就必须加强对马克思主义基本理论的研究；否则，就很难巩固马克思主义在意识形态中的指导地位。

马克思主义是一个博大精深，经历了一个半多世纪发展的科学理论体系。因此，马克思主义基本理论研究的范围，既包括马克思主义发展史的问题，也包括作为这一科学体系中最重要的组成部分的问题。当然这两者不可分。理论的研究往往会回溯到历史中去寻找马克思和恩格斯的论断。但我们要在研究马克思主义发展史的同时，更要加强对现实问题的研究，加强对马克思主义中国化的三大成果的研究，特别是对邓小平理论和“三个代表”重要思想理论体系自身的研究，以及它们与马克思列宁主义、毛泽东思想的继承和发展关系。在基本理论研究中，马克思主义哲学、政治经济学和社会主义学说的若干重大问题及其当代价值的研究应该占有重要地位。

当然，我们对马克思列宁主义基本理论的研究，要立足现实，以现实问题为中心，因为我们面对的一切重大的实际问题都与马克思主义基本理论密切相关。例如，在哲学领域，坚持辩证唯物主义和历史唯物主义，正确阐述“三个代表”重要思想的哲学基础，正确处理马（马克思主义哲学）中（中国哲学）西（西方哲学）关系，反对当代形形色色的非理性主义和唯心主义思潮；在经济学领域，根据中国特色社会主义建设的经验，从理论上解决社会主义市场经济中一系列新问题，及其与马克思主义经济学基本理论的继承发展关系问题；在科学社会主义中，理解什么是社会主义和如何建设社会主义，以及社会主义的本质、前景、发展道路等等。

立足实践、立足变化中的实践，也包括变化着的世界状况。在对马克思主义基本理论的研究中，我们应该具有世界性眼界，要充分考虑世界的变化和科学技术革命的状况，要充分吸取西方学术成果中的有价值的因素。我们应该把西化问题和正确对待西方学术成就的问题区别开来。

在马克思主义基本理论研究中最困难的是区分哪些是必须坚持的基本原理，哪些是后人对马克思主义经典文本的错误理解和不适当的附加，哪些个别论断是过时的。这些问题的研究必须立足实践，而不是凭主观想象来认定哪些要坚持，哪些已经过时。没有实践经验，人们不可能凭空提出问题。例如，许多关于社会主义的新观念，从所有制到分配、从计划到市场都是碰到现实以后才发现马克思主义经典作家原有的论断的时代局限性。这个问题的研究应该以现有的实践经验为依据，以马克思主义中国化的伟大成果为指导，既熟悉马克思主义经典文本，又熟悉当代现实；要以创造性的态度来对待马克思主义，自觉地把思想从对马克思主义错误的和教条式的理解中解放出来。在理论与实际相结合的研究中，我们一定能在哲学社会科学理论体系、学术观点、科学研究方法的创新方面，取得突破性成果。

马克思主义基本理论建设是一个宏大的工程。理论研究当然是重要的，但它还包括新教材建设、管理体制的改革、科学的评价机制和标准的建立，特别是哲学社会科学队伍的培养。在一切事业中，人才是最重要的。可以说，只有培养政治强、业务精、学风正，用马克思主义武装起来，立足中国、面对世界、学贯中西的思想家和理论家，造就一批理论功底扎实、勇于开拓进取的学科带头人和年富力强、政治和业务素质好、锐意进取的理论骨干，我们的哲学社会科学事业才能得到繁荣和发展。

马克思主义的社会形态理论与和谐社会的构建*

我们可以从人类文化，尤其是中国传统文化中寻找到构建和谐社会的思想理论资源。但构建和谐社会的事实依据是当代中国社会主义建设的现实，而它的理论和方法论指导是马克思主义特别是它的社会形态理论。

一、立足现实矛盾，面对实际问题

社会主义运动中的重大理论和实践问题都具有现实性特征。和谐社会构建不是对和谐与对立关系的纯逻辑推演，也不是历史文献和古代经典中社会理想的现代版。它是以马克思主义社会形态理论为依据，以对立统一规律为矛盾分析方法，立足现实，解决我们面临的具有全局性问题而得出的科学结论。可以说，构建和谐社会是把邓小平提出的什么是社会主义，如何建设社会主义的基本理论原则转变为既具有指导性又具有可操作性的方针、政策。构建和谐社会既是中国特色社会主义建设之路，又点亮了关于世

* 本文发表于《马克思主义研究》，2006 年第 9 期。

界人类前途的理想之光。

从矛盾的角度说，和谐作为矛盾双方的斗争处于没有发展到彼此不能共存地步，矛盾着的双方处于某种和谐状态，这完全可能。可和谐社会不同，它是以社会矛盾的性质类型为客观依据，从整体上把握的社会的根本性质和全体社会成员彼此共荣共存，彼此合作，在根本利益一致基础上确立的经济、政治、文化制度及其有机关系，以及人的处境和生活状态。它不仅包括人与人的和谐，还包括人与自然的和谐，是对社会和谐达到的程度和范围的总体性判断。这是人类历史在经历了阶级对立的社会以后才有可能出现的一种新型的社会形态所具有的社会结构的本质特征。因此，在我看来，构建和谐社会包括两方面的问题，一个是真正和谐的社会在哪种社会形态下才可能建立，这是属于社会形态问题。离开了社会形态、离开了社会关系的根本性质，单纯在公平、正义、自由、平等的法律和道德范畴内，在矛盾对立与和谐关系的哲学概念范围内，或者在文献范围内探讨这个问题，容易忽视社会形态的区别，把追求和谐说成是任何社会都可能达到的普世价值，对和谐社会问题采取道德决定论、文化决定论的立场，背离历史唯物主义理论和社会现实。另一个是如何构建，这是属于社会主义社会执政党的基本路线、方针、政策问题。是坚持以阶级斗争为纲，强化矛盾、激化矛盾，还是采取正确方针，缓和矛盾、化解矛盾，并逐步通过社会主义建设的成就，使社会主义全体成员都成为这种社会制度的受益者。这是关系到以什么样的思想理论作为构建和谐社会的指导原则问题。

从社会形态考虑，是有没有构建和谐社会的可能性，何种社会形态可能构建成和谐社会；如何构建，采取什么样的路线、方针、政策，是能不能把和谐社会构建由可能变为现实，这是社会主义根本制度和它的优越性的发挥问题。在构建社会主义和谐社会的实践中，这两方面缺一不可。这种人的主体行为的选择性与社会形态提供的可能性的结合，实际上也就是人的行为合目的性和合规律性的关系问题。

二、构建和谐社会何以可能

我不反对追本溯源，从文化角度寻找和谐社会的思想理论支撑。无论是东方还是西方，一些伟大的思想家、哲学家、包括空想社会主义者都有很多关于和谐的思想和构建和谐社会的社会理想。中国传统文化中，这种关于和合、关于和谐的思想特别丰富。但有一点不能忘记，尽管中国古代有和文化，但中国以往的社会并没有出现总体性和谐，并没有出现过和谐社会。压迫与反压迫、剥削与反剥削、统治与反统治的斗争存在于整个封建社会。当然，封建社会也有相对稳定时期，有繁荣时期，历史上有过文景之治、贞观之治，有过开元盛世，如此等等。但不能说它是封建的和谐社会，因为它的基本矛盾就是不可能和谐的阶级剥削和压迫关系。贾谊的《过秦论》、《治安策》，杜甫的“三吏”、“三别”，白居易的《卖炭翁》，皮日休的《贪官怨》、《农夫谣》、《哀陇民》，以及各种悯农诗，都在不同程度上揭示了所谓盛世的农民的处境。不要光读正史，读点野史，读点诗词，就可以体会明白这一点。即使传说中的尧舜禹时期，也不是和谐社会，而是原始社会阶级未分化的史前状态。庄子在《马蹄》中描述道，“夫至德之世，同与禽兽居，族与万物并，恶知乎君子小人，哉！同乎无知，其德不离；同乎无欲，是谓素朴；素朴而民性得矣。”这似乎是人与人和谐、人与自然和谐的理想世界，其实这是没有丰富的社会关系和人对自然处于绝对依赖的状态。

在生产力水平低下的前资本主义社会不可能出现奴隶社会的或封

建社会的和谐社会。从人与自然的关系上来说，所谓田园风光，是文人眼中的自然而不是脸朝黄土背朝天的农民眼中的自然。农民对土地的爱是对自己赖以为生的生存之根的爱。这不是人与自然的和谐，而是土地对人的束缚和人对自然的依赖。至于人与人的关系，是一种金字塔式的等级制结构。在貌似简朴的人际关系中存在着统治与绝对服从。社会成员像安放在中药铺抽屉中的中药一样，永远被社会关系固定在等级制的抽屉格中。

在生产力与科学技术高度发达的当代资本主义社会中，也不可能构建资本主义的和谐社会。资本主义社会基本的阶级关系和社会基本矛盾，决定在资本主义社会形态范围内不可能构建一个和谐社会。资本主义和谐社会只能存在于资产阶级学者和理论家为资本主义制度永恒论和终结论炮制的历史幻想之中。在当今世界，无论哪个发达国家，如美国、英国、日本、法国、德国等国，其国内都为各种矛盾所困扰，既有人与自身矛盾，也有社会矛盾，包括阶级关系、种族关系以及对外政策问题，等等。纽约的公交罢工、法国的学生游行和英国的航空人员罢工，表明即使生产力发达，只要仍然是资本主义社会，就社会性质和阶级关系而言，就不能说是资本主义和谐社会。至于发展中国家，如非洲、拉丁美洲、亚洲的一些国家和地区，在贫困、腐败、动乱、内战的困扰中，更不可能构建和谐社会。

在构建社会主义和谐社会理论与实践中，我们应该区分和谐、社会稳定与和谐社会。如果不厘清它们的区分，就会把构建和谐社会这个社会主义社会的特殊历史使命，变为一个各种社会形态都可能或实际存在过的状态。这既违背马克思主义社会形态理论，也不符合历史事实。

和谐作为一个哲学范畴，它揭示的是矛盾着的双方在发展特定阶段普遍存在的关系。当矛盾双方的斗争处在量变阶段，或处在新的统一体取代旧的统一体之后都会出现矛盾的和谐。这种和谐的存在是必然的，但也是相对的。因为当矛盾发展到一定阶段，矛盾着的一方会采取各种不同方式打破原来的和谐关系，建立新的既对立又和谐的新的矛盾统一体。这是自然、社会、思维发展的普遍规律。

社会稳定作为一种社会历史范畴，它表现的是社会矛盾激化的程度和状态。从社会发展来看，社会稳定是一种社会运行相对有序，社会经济和文化比较发达，社会成员彼此对立情绪没有公开化的状态。统治者可以照样统治，被统治者在情感和事实上承认这种统治的合法性并愿意接受这种统治。毫无疑问，一个社会或国家在其整个历史发展过程中，有时发展会快些，有时发展会停滞，有时处于革命时期，有时阶级矛盾会缓和。革命、反抗，或对被统治者的镇压，并不是在社会发展的任何阶段都存在，因此无论任何性质的社会形态，都会出现社会稳定时期。否则，这个社会形态就不会出现，就不会存在，就没有存在的合理性根据和发展的可能性。但社会稳定并不等于社会和谐。因为这种社会稳定是以被统治者遵守维护统治者地位的法律和道德规范为前提的，是统治者统治地位稳定的外在表现。这不是真正的社会和谐，因为就其社会整体结构和社会性质而言，仍然是以阶级利益对抗为基础的社会。

这个原则同样适用于当今西方发达资本主义社会。由于处于统治地位的阶级实行缓和社会矛盾的政策，有比较好的社会保障系统和社会福利制度，法制比较健全，而且整个意识形态和传媒的价值导向，使广大社会成员成为马尔库塞所说的“单向度的人”。他们对资本主义经济制度和政治制度的认同感，对自己生活状况的满足度，与恩格斯在《英国工人阶级状况》中所描写的工人的愤怒、不满、怠工和以各种方式进行反抗的情绪状况相比完全不同。的确与早期资本主义相比，当代发达资本主义社会阶级矛盾和阶级对抗处于一种缓和状态，没有革命形势和缺少革命激情。这说明，当今发达资本主义的生产关系仍有容纳生产力迅速发展的空间，但不能认为发达资本主义社会在20世纪下半叶出现的社会稳定是资本主义的和谐社会。因为资本主义社会的社会基本矛盾是具有对抗性质的社会矛盾，由此决定的彼此对立的阶级或阶层虽然可以暂时各安其所、相安无事，但资本主义社会并不会由此成为各阶级利益一致、彼此合作的和谐社会。马克思在1859年的《〈政治经济学批判〉序言》中曾经在考察了人类社会的社会基本矛盾运动的规律之后明确指出："资产阶级的生产关系是社会生产过程的最后一个对抗形式，这里所说的对抗，不是指个人的对抗，而是指从个人的社会生活条件中生长出来的对抗；但是，在资产阶级社会的胎胞里发展的生产力，同时又创造着解决这种对抗的物质条件。因此，人类社会的史前时期就以这种社会形态而告终。"①

当代不少人对资本主义社会有认同感是因为价值观念的不同而不是基于社会关系和谐的事实。关于资本主义社会本质的价值判断和事实判断的背离可能会存在很长时间，但全部阶级社会包括资本主义社会在内都存在着阶级斗争和利益对抗，不会因为人们的价值观念和感受不同而被颠覆，用时髦语言说就是被"解构"。虽然革命、内战、或统治者对革命人民的大规模镇压，对历史长河而言，总是短暂的。历史的极大部分时间，是处于相对平静的日常生活状态。但社会成员之间的矛盾性质的对抗性本质仍然存在。就阶级社会整体而言，相对平静的日常生活状态，实际上是蓄势待发，矛盾不断积累的休战状态。

---

① 《马克思恩格斯选集》，第2卷，33页，北京，人民出版社，1995。

以私有制为基础，以统治和剥削为基本阶级关系的阶级社会，无论属于何种社会形态都是不可能成为和谐社会的。我们无法断定西方资本主义社会何时发生变革和以何种方式变革，但我们可以说资本主义社会存在的所谓和谐实际上是社会制度的稳定，并非真正的社会和谐。《共产党宣言》关于阶级社会的阶级状况及其相互关系的论述，我至今仍然认为是有效的。

从社会发展来看，共产主义社会是马克思和恩格斯所设想的扬弃了人与自然、人与人之间的冲突，实现人与自然和谐，人与人和谐，人的全面发展和人的个性得到自由的和谐社会。社会主义社会是通向这一目标的特定阶段。构建和谐社会正是立足社会主义社会本质提出的。我们所要构建的和谐社会，不同于以往任何社会，因为它的最高目标是与共产主义社会相联系的。

社会稳定不等于社会和谐，但在和谐的社会中一定包括社会稳定。社会稳定是社会和谐程度的量度。和谐社会的稳定不同于非和谐社会的稳定，就在于它不是依靠外在强力来维护原有的不平等的社会秩序，而是社会内部各种力量的凝聚和合力作用的表现。邓小平在说到什么是社会主义时明确指出，社会主义的本质就是“解放生产力、发展生产力、消灭剥削、消除两极分化、最终达到共同富裕”①。一个以高度发展的生产力为基础，以最终消灭剥削和两极分化为进程，以共同富裕、成果共享为目标的社会，肯定是和谐的，稳定的。从这个角度说，和谐社会构建的可能性正是扎根于社会主义社会与以往其他社会形态不同的深厚土壤之中。没有这种土壤就长不出这种果实。

但是，我们现在还不能说，我们的社会已经达到了和谐社会。如

① 《邓小平文选》，第3卷，373页，北京，人民出版社，1993。

果这样，就提不出构建和谐社会这个伟大历史任务。社会主义社会的本质的实现是个过程，而且是改革、发展和不断成熟的过程。在这个过程中，有些旧矛盾解决了，又会出现新的矛盾，而且还存在着由于处置不当而激化矛盾的可能和现实。我们处在社会主义社会的初级阶段，处在社会改革深化时期，从而也是各种矛盾凸现期和多发期。之所以提出构建和谐社会，就是因为它并不和谐，无论在人与自然、人与人关系方面都存在多种不和谐因素，需要认真对待。

有的论者说，不和谐并不妨碍我们的社会是和谐社会。因为按照对立统一规律，矛盾就应该包括和谐与不和谐的双重因素。这是用抽象的议论代替对现实的矛盾的具体分析。

毫无疑问，和谐并不是无矛盾状态。但我们当前面对的矛盾，是我们构建社会主义和谐社会必须着力解决的。不逐步解决这些矛盾就埋藏着不安定、不稳定，埋藏着社会成员彼此对立的因素。因为有些矛盾并不是社会主义本质应该具有的有利于社会发展的矛盾，而是附着在它的机体上的赘瘤。例如，社会分配不公问题、两极分化问题、国有资产流失问题、不合理的土地征用而导致的农民问题、教育和医疗改革中存在的种种弊端和黑洞、腐败问题，等等。这些都是使社会成员离心离德，制约进一步深化改革的瓶颈。当然，另外有些矛盾问题属于原来经济文化落后，或多种所有制并存和分配方式多样化而必然存在的矛盾。可以说，我们面对的是各种矛盾交错的情况。有合理的，有不合理的；有改革必要的成本，也有措施不当始料不及的代价。矛盾并不可怕，问题是重视不重视，解决不解决这些矛盾以及如何解决。构建社会主义和谐社会，正是以承认矛盾和解决矛盾为依据提出来的。社会主义和谐社会不可能是无矛盾的社会，不是矛盾终结的社会。但矛盾不是静止的对立统一状态。它是在解决现有的种种矛盾的基础上，在新的和谐水平的平台上出现的新的矛盾。旧的矛盾的解决和新的矛盾的出现，这种相依递进就是社会进步的过程。

我们面对种种矛盾并不能否定构建和谐社会的可能性。我们党之所以能提出构建和谐社会，就是因为我们面对的矛盾不同于以往非社会主义社会形态面对的矛盾。除了少数属于违法行为以外，我们社会的矛盾绝大多数是在基本利益一致基础上的人民内部矛盾。矛盾的性质和类型，决定了我们有可能按照有利于社会主义制度自我完善的原则来解决这些矛盾。因此在我看来，离开社会主义制度的保证和不坚持社会主义原则，就不可能构建和谐社会。反之，不以构建和谐社会为目标，不充分发挥社会主义制度的优势，任凭现在已经存在的矛盾不断激化，两极分化和贫富对立的现象更加严重，人和自然的关系随着现代化和工业化进程日益恶化，构建和谐社会的可能性就会变为一种抽象的可能性。因为当矛盾的非和谐方面已经超越了矛盾双方继续处于同一共同体的可能性的时候，社会就会发生危机。所以坚持社会主义制度和构建和谐社会本质上是一致的。离开了构建和谐社会的现实基础，离开了社会主义谈构建和谐社会，或离开构建和谐社会谈论社会主义，单纯在矛盾与和谐的相互关系中翻来覆去，就是把马克思主义哲学变为空谈。

三、构建和谐社会何以必要

从矛盾的性质和类型来看，社会主义本质上应该是和谐的，可以建设成全部成果包括物质成果和精神成果由全体人民共享的社会。但应该不等于必然，可能并不等于现实。只有通过和谐社会的构建，社会主义的本质才能得以逐步实现，社会主义制度的优越性才能得以充分发挥。

不难理解，一个长期处于剑拔弩张、阶级斗争和政治运动不断的“社会主义”，大多数人民群众生活贫困，缺乏正常的民主和法治的“社会主义”，绝不会是始终受到人民衷心拥护、满意和拼命维护的“社会主义”。这种社会主义不可能是巩固的、长久的、有生命力的社会。苏联解体和东欧剧变，国际社会主义运动的挫折和我们自己建设社会主义社会的经验教训从正反两方面说明，构建和谐社会不是可有可无的事，而是关系到社会主义社会的前途和命运的宏伟事业。

无产阶级及其政党在取得统治权以前，当然要展开斗争包括暴力革命。阶级斗争是无产阶级及其政党全部活动中的首要任务。可是在取得政权以后，任务已经从夺取政权、推翻旧的统治者到建设新社会。取得政权只是全部社会主义革命的开始，是万里长征第一步。从旧制度的破坏者到新制度的建设者所承担的责任是不同的。作为革命者，我们可以两眼盯住政权，可作为社会主义的建设者，两眼要盯住社会。但社会是一个整体，是一个包括经济、政治、文化在内的有机整体。人与人的关系、人与自然的关系，就内在于这种社会结构之中。因此，构建一个经济、政治、文化制度相协调、人与人的关系和谐、人与自然关系和谐的社会，是社会主义社会的本质所要求的。但是，构建社会主义和谐社会的必要性只有在当前的国际和国内的历史条件下，在经历了社会主义建设事业的痛苦与挫折之后才提得出来。可以说，我们当前面对的构建和谐社会是邓小平提出的什么是社会主义和如何建设社会主义问题的进一步展开和深化。

社会主义社会是相当长的一个历史阶段。在无产阶级取得政权后的一段时期内，可能会存在阶级斗争比较激烈的时期。这是阶级关系大变化必然出现的现象。特别是社会主义首先在处于发达资本主义包围中的经济与文化落后的大国——俄国与中国取得胜利，阶级斗争的尖锐与经济建设的繁重任务是发达国家不可比拟的。在如何处理阶级关系与社会和谐，经济发展与社会全面进步的关系上，的确有许多教训。这些教训成为当今构建和谐社会的宝贵理论资源。

从世界社会主义实践的历史来看，苏联在处理阶级矛盾与社会和谐、经济发展与社会进步这两个根本性问题上都有深刻的教训。

1917年十月革命胜利之后，苏维埃政权面临外国的武装干涉和国内的反革命叛乱，阶级斗争尖锐。布尔什维克采取坚决的严厉的措施捍卫新兴的苏维埃政权，这是完全正确的。问题是列宁逝世以后，斯大林领导党和国家，在经济建设时期，对社会矛盾与社会和谐关系处理上具有形而上学的片面性。这种思维方法使他在苏联社会内部矛盾的处理上采取了一种过“左”的政策。一方面，他不承认社会主义社会存在矛盾，宣布苏联社会在政治上道义上完全一致；另一方面又提出社会主义社会阶级斗争越来越尖锐的错误理论。在他看来，社会主义社会没有矛盾，任何矛盾都是阶级斗争，都是敌对斗争。虽然斯大林在《苏联社会主义经济问题》中开始承认社会主义社会有矛盾，但已到晚年的他，对实际政策的错误所酿成的后患已无法弥补。苏联社会始终处于非和谐状态，在政治和文化领域中阶级斗争和政治运动包括党内斗争都很激烈。虽然，在斯大林逝世之前，苏联社会仍很稳定，但这只是稳定而不是和谐。因为，这种稳定是依靠斯大林的个人绝对权威和对他的个人迷信，依靠政权的强制力量来维护的，仿佛是一只用铁箍箍住的木桶。苏联的社会主义社会始终没有进入一个和谐的、良性运行的发展阶段。斯大林逝世后，不断积累的矛盾最终导致社会主义社会的解体。戈尔巴乔夫和叶利钦没有解决矛盾，而是从右的方面进一步扩大和激化矛盾，而且改变了原有矛盾的性质和类型。现在虽然把十月革命节定为民族和解日，表示了一种社会和谐的愿望，但随着社会主义制度结束，社会和谐的可能性已成为流水落花。

在经济发展与社会进步的问题上，同样存在值得记取的教训。苏联在计划经济体制下，应该承认它的发展是迅速的，在某种程度上超越了资本主义国家。它完全改变了沙皇时代的落后状况。西方评论家都承认，斯大林把一个使用木犁的俄国带入了原子国家。但苏联发展的代价是巨大的，农业集体化和工业化虽然取得了重大的经济成就，但过高的积累和剪刀差，使经济的发展成为非协调的、不平衡的，难以持续。中央集权的计划体制，使经济缺乏活力，重工业和轻工业之间、工业与农业之间、城市与农村之间、军事工业与民用工业之间，极端不平衡，发展难以持续。重工业和军事工业的片面独进，妨碍了社会发展的整体进步。苏联的社会主义是一次伟大的试验。它在很大程度上显示了社会主义制度的优越性，但又表明社会主义社会如果没有社会和谐同样难以长久得到群众的爱戴和拥护。苏联社会主义的悲剧证实了社会主义和谐社会建设的必要性。

中国与苏联一样也是在经济文化落后的大国取得社会主义革命胜利的。中国在取得政权以后，也经历了疾风暴雨式的阶级斗争和政治运动时期。但毛泽东不同于斯大林，他承认社会主义社会有矛盾而且应该正确处理社会主义社会的矛盾。他在《关于正确处理人民内部矛盾的问题》的著作中提出了正确区分两类矛盾，正确处理人民内部矛盾，以求通过正确处理矛盾达到社会主义社会内部的团结。具有悲剧性的是毛泽东在实践上并没有处理好社会主义社会中矛盾的斗争和统一的关系，因而他期待的又有民主又有集中，又有个人自由又有纪律的生动活泼的政治局面始终没有建立起来。从 1949 年新中国成立到“文革”结束之前相当长的一个历史时期内，片面强调阶级斗争，弓紧弦满，社会处于一种不应有的非和谐状态。这严重影响了人际关系，包括党群关系、干群关系以及社会成员间的相互关系，甚至家庭关系。

在经济发展与社会进步问题上我们也有教训。没有强大的发达的经济就不能富国强兵，这是近代中国丧权辱国的血泪教训。社会主义社会必须发展经济，我们的确在短期内在工业方面取得了历史上从未有过的成绩。但是求快心切，三面红旗、“超英赶美”、大炼钢铁以及农业放卫星之类的举措，虽然反映了中国人民急于强国富民的愿望，但违背经济规律，违背经济与社会协调发展的规律，结果适得其反。三年灾难，极大损害了人们的社会主义积极性和社会其他事业的发展。

我们还应该从世界角度来看构建和谐社会的必要性。当代世界是社会主义社会与资本主义社会并存的世界。发达资本主义社会的基本矛盾的对抗性决定了它不可能成为和谐社会，但经过自我调整，西方资本主义社会处于相对稳定时期。科技发展、人均收入和实际生活水平都高于现存的社会主义国家。理论家们过去曾以资本主义的“老马”与社会主义的“雏鹰”来比喻两者的关系。苏联解体，东欧剧变，雏鹰折翅，极大扭曲了人们对社会主义社会的看法。因此坚持社会主义道路的中国构建一个什么样的社会主义社会，不仅是我们国内的事，也是关系社会主义理论和现实在世界人民特别是进步人民心目中的地位。从这个角度看，构建社会主义和谐社会的必要性具有国际意义。它是中国社会主义建设的需要，也是世界社会主义运动的需要。它将向世界展示一个国内社会和谐、繁荣、富强，对外以追求世界和谐为外交方针的社会主义国家。这将是社会主义理论和实践新胜利的信号弹。

四、构建和谐社会的基本原则

在中国，构建和谐社会、建设有中国特色的社会主义、继续坚持和深化改革开放是同一个过程。构建和谐社会就存在于中国特色社会主义的建设之中，而只有坚持和深化改革、扩大开放，才能构建和谐社会。可是坚持和深化改革又必须以构建和谐社会为目的。如果所谓改革、开放不是解决矛盾而是不断激化矛盾，就得不到广大群众的拥护和赞同，就会与构建社会主义和谐社会的总目标相悖。因此，改革开放必须有利于构建和谐社会，而和谐社会的构建必须为继续坚持和深化改革开放提供稳定的社会平台和群众的心理承受力。这两者结合的关键，是要有一个正确的路线。这就是邓小平提出的“一个中心、两个基本点”的路线，而科学发展观则是它的创造性继承和发展。

以经济建设为中心，不能动摇。和谐社会，没有高度发达的经济，没有雄厚的物质基础是不行的。社会主义国家目前还没有西方发达资本主义国家的生产力水平和科学技术水平。这是它们的优势，是我们的劣势。当年列宁说过，新的生产率是新社会制度战胜旧制度的保证。这种说法是有远见的。贫穷不是社会主义，更不可能构建和谐的社会主义。

马克思恩格斯在《德意志意识形态》中有两段话，有助于我们从社会形态角度正确理解经济发展在构建和谐社会中的重要作用。他说，人的解放不是依靠自我意识，“只有在现实的世界中并使用现实的手段才能实现真正的解放；没有蒸汽机和珍妮走锭精纺机就不能消灭奴隶制；没有改良的农业就不能消灭农奴制；当人们还不能使自己的吃喝住穿在质和量方面得到充分保证的时候，人们就根本不能得到解放。"①在另一处谈到共产主义革命时说，生产力的巨大增长和高度发展之所以绝对必需，"因为没有这种发展，那就只会有贫穷，极端贫困的普遍化；而在极端贫困的情况下，必须重新开始争取必需品的斗争，全部陈腐污浊的东西又要死灰复燃"。② 人们在 160 多年后的今天重温这些话，结合国际社会主义运动的教训，不能不合书惊叹马克思主义创造者的科学洞察力。

科学发展观是对以经济建设为中心的建设路线的创造性发展。科学发展观有两大要点：一是要发展，二是要科学。

不发展就不需要确立科学发展观。发展是硬道理的原则同样应该是发展观的一条根本性原则。斯大林在领导苏联社会主义建设时期企图通过农业集体化和工业化来发展苏联的经济的构想并不错，当时也确实取得了令整个资本主义世界为之震惊的成绩。可是它的经济发展是畸形的、片面的。毛泽东也注重发展经济，但当他试图以土办法包括土法炼钢、高度密植等等来实现生产力大跃进时，最终以失败而刹车。经验证明，只有发展的愿望不行，更要科学。

在社会领域中，科学发展观不同于非科学的进化型的发展观。社会发展不同于进化。进化作为一种状态是客观存在的，自然界和人类社会始终处于一种非停滞的运动状态。自然界的进化是自发的，由自然规律支配，可社会领域中则包含着人类行为的主体选择性和目的性。采取何种方式来发展经济，如何使这种发展有利于整个社会结构的均衡、协调，如何有利于人类自身，都必须以客观规律为依据。这

① 《马克思恩格斯选集》，第 1 卷，74 页，北京，人民出版社，1995。

② 同上，86 页。

种以客观规律为依据的发展观就是科学的发展观。

从20世纪70年代以来，关于发展的问题在西方争论得很激烈，西方一些学者提出了可持续发展问题，但是缺乏社会制度的有效保证。因为利润问题比环境问题对跨国公司、垄断集团以及私有者来说更为重要。这说明，要科学地解决发展问题，必须要有一个合理的社会制度保证。而且科学发展观中的科学二字，与全部科学有关，包括哲学、社会科学、自然科学、技术科学。因为它不仅要有一个科学的世界观和方法论指导，而且涉及经济学和应用经济学对合理的平衡与协调关系的理论和具体计算，包括对环境、人口、自然的承载力，可再生资源和不可再生资源等等多方面的自然科学和技术科学研究。科学发展观的贯彻和落实，可以说是各个学科通力合作的系统工程。这同时就是社会主义和谐社会的构建过程。

还要坚持两个基本点。首先要坚持四项基本原则。这是以什么样的理论原则和政治原则构建和谐社会的根本性问题。

谁来构建？起领导作用的当然是处于执政地位的中国共产党。坚持中国共产党的领导地位具有决定意义。在社会主义中国，鼓吹多党轮流坐庄，导致的只能是混乱而不是社会和谐。政府要发挥政府的职能。因此，构建和谐社会，首先是对党的性质，对党的先进性，对党的执政能力的考验，对政府工作效能的考验。没有一个真正立党为公、执政为民的共产党，没有一个廉洁高效、全心全意为人民服务的政权机构，构建和谐社会的蓝图也会因腐败低能而无法运转。就这一点说，构建和谐社会是对党的各级干部，尤其是领导干部的先进性和执政能力的考验。

按照什么方向构建？一定要坚持社会主义道路。关于社会主义建设我们有三种提法：一个是建设中国特色社会主义，一个是建设小康社会，再一个是构建和谐社会。其实，这三个关于社会主义建设的表述是相互联系的、不可分割的。但又各有重点，针对的是不同的理论和实践问题，具有与时俱进的特征。中国特色社会主义是就中国社会主义建设道路的总体说的，它强调的是中国社会主义建设不应该是苏联社会主义道路的翻版，也不是马恩关于社会主义理论的生搬硬套，而应该是有中国特点的。中国的社会主义建设应该走自己的道路。小康社会是针对社会主义建设的阶段性目标说的。我们正处于社会主义初级阶段，我们在一个相当长的时间内是全面建设小康社会，这是恢复实事求是路线，立足中国实际的社会主义建设目标的定位，但它的重点是以经济发展和人均水平为标准的。构建和谐社会是以社会主义社会形态为依据，针对我们面对的和要解决的矛盾说的，它以调整人与人的关系、人与自然的关系为核心，以社会主义社会作为总体来进行建设的。但三者本质上是一致的。和谐社会就是社会主义社会的和谐社会，离开了社会主义的根本制度就无所谓和谐社会。就这一点说，中国特色社会主义社会、小康社会、和谐社会在本质上是一致的，都有一个共同点即社会主义。当然，构建和谐社会也是全体社会成员的责任。从环境保护到社区和谐、家庭和谐、人际关系和谐，都离不开每个人的参与。

另一个基本点是深化改革问题。我们要坚持改革、深化改革，后退是没有出路的。近 30 年的改革成绩是举世瞩目的。但对改革中出现的问题和矛盾进行总结，不能认为是反对改革。我们应该重视对改革实践经验的反思和总结。

我们当前的确面对许多矛盾。矛盾有各种不同的情况。例如发展不平衡问题、城乡二元结构问题、经济与社会发展不同步问题、生态问题等等，这是老矛盾，是改革以前就存在的问题。半个世纪以前毛泽东在《论十大关系》中就列举过当时存在的十大矛盾。腐败问题、钱权交易问题是世界性问题。但新的两极分化与分配不公，包括钱权交易、腐败现象恶化，一夜暴富，道德失范和价值观念颠倒，以及早已绝迹的东西死灰复燃或沉渣泛起，对处于转型中的社会主义中国来说是新问题。它的原因是多方面的。不能忽视社会经济环境的改变，以货币为中介的市场关系，对于某些病症有诱发作用。这是市场经济的负面效应。但我们理论上对这些负面效应产生的可能性缺乏研究和法律与道德的防范，对社会经济环境改变对思想会产生什么样的影响，也缺少高水平的马克思主义理论研究。我们对公有制、对计划经济在中国社会主义建设中的作用缺乏合理的公正的评价，对公有制的主体地位如何维护缺少理论论证和有效监督。这种种问题，应该在坚持改革、深化改革中不断从理论到实践上得到回答。因此，坚持改革、深化改革，必须以坚持改革的正确方向为前提，坚持邓小平的"一个中心、两个基本点"为指针。

以人为本是科学发展观中的核心和灵魂。它同样应该是坚持和深化改革、继续扩大开放的灵魂。改革和开放本身不是目的，而是中国走向繁荣富强的必由之路，是中国特色社会主义发展前进的成功之路。它事关全体人民的根本利益，如何改革、如何深化改革都必须代表大多数人民的利益，并得到他们的拥护和赞同。只有这样，才能把以人为本的指导原则在改革开放中落到实处。

毫无疑问，深化改革会涉及各个学科的许多重大理论问题，需要进行专门研究。群众由于地位的局限可能更多地着眼个人利益、眼前利益、直接利益。但这不能成为广大群众应该排斥在改革之外的根据。中国共产党人长期坚持和一贯主张的是从群众中来，到群众中去，集中起来，坚持下去，反复检验的马克思主义决策方式。广大群众当然没有那么高的理论，不懂这个学派，那个学派，但有一条，任何改革都与全体老百姓的直接或间接利益息息相关。对谁有利？对多数人有利，还是对少数人有利？这个问题最有发言权的不是理论家而是直接承受改革成果的广大群众自身。作为单个人的判断会有局限，但作为广大群众共同感受是应该重视的。这是社会心理和民意社情的风向标。

近30年来的经验证明，中国广大百姓拥护改革，也在不同程度上享受到改革的成果。他们并不仇富，并不反对一部分人通过合法劳动先富起来，但他们痛恨的是借改革之名谋一己之利，反对的是利用各种非法手段一夜暴富的贪官、奸商和种种不法行为。反对的是种种利用自己手中掌握的物质资源、权力资源、关系资源非法致富的社会蛀虫。这种反对与我们党正在大力进行的反腐倡廉、加强依法治国的方向是一致的。如果改革成果流入少数人手中，代价则由全体人民"埋单"，这种所谓改革必然失败。归根结底，由全体人民共享改革成果才是改革成功的最终保证。因此，在深化改革的过程中，我们一定要高扬科学发展观中的以人为本的原则，这样才能构建社会主义和谐社会。

下　编

马克思主义哲学与当代

马克思主义哲学与现时代的关系*

哲学体系往往以哲学家命名。但并不专属个人。康德哲学不仅是康德的哲学，更重要的是属于他的时代。每个哲学体系当然有个性，但这种个性是受时代和阶级关系制约的。18世纪法国唯物主义的那种大胆明快、尖锐泼辣的风格，离开了法国资产阶级大革命时代，离开了处于上升时期法国资产阶级的战斗性是无法理解的。哲学是离经济基础最远的意识形态。但这并不等于说哲学是离政治生活、经济生活最远的意识形态。离经济基础最远，是就哲学这一社会意识反映形式的特点来说的。哲学是通过普遍的概念把握现实，它的命题和范畴具有比较大的抽象性、稳定性和可继承性。但是，每种哲学思潮的出现却总是和它的时代相联系的。黑格尔说："每个人都是他那时代的产儿。哲学也是这样，它是被把握在思想中的它的时代。"①这是对哲学本质的深刻概括。

---

* 本文发表于《求是》，1991年第9期。

① [德]黑格尔：《法哲学原理》序言，12页，北京，商务印书馆，1961。

哲学同时代的联系，其中最重要的一个方面是同特定时代的阶级关系相联系，因此哲学不可能脱离政治。当然，哲学是以哲学方式同政治相联系，这种联系的方式是复杂的、多样的。恩格斯至少讲过两种方式：一种是法国式的，一种是德国式的。法国百科全书派为资产阶级共和国大声疾呼，政治态度非常明朗，政治和哲学的关系非常明显。德国式则是学院派的，从康德到黑格尔，表面上谈的都是纯粹的哲学问题，但在枯燥的哲学词句后面，仍然隐藏着政治要求，即他们对在德国发展资本主义的要求。马克思主义哲学同政治的联系不同于以往哲学之处在于，它公开表明自己的阶级性和政治立场。马克思把无产阶级当做人类解放的心脏，把哲学作为人类解放的头脑，极其鲜明地把马克思主义哲学同无产阶级的伟大历史使命结合在一起。

哲学范畴和命题的普遍性同它的时代性是统一的，这种统一性是通过它的政治效应来实现的。哲学命题的理论意义与它的政治效应之间并不等值，一个哲学命题的政治效应在不同条件下是不同的。实践是检验真理的标准，就理论本身来说，是马克思主义中的一个最基本的命题，但在 1978 年中国政治生活中取得了那样一种政治效应，基本上可以说是对中国的命运带有决定性的一次讨论，这是在特定条件下取得的特定效果。从反面的例子来说，作为《河殇》历史观基础的地理环境决定论是一个很古老的理论，而且就其产生来说，它对反对神学历史观起过某种进步作用，可它在《河殇》中起的作用和这个理论提出的当时所起的作用完全不一样。一个哲学命题在特定条件下和一定的社会条件相结合，可以产生非常巨大的出乎意料的政治效果。

人们常常说，哲学是时代精神的精华，并说这是马克思说的。其实这个转述并不完全，并不准确。哲学可以是时代的精华，也可能是时代的糟粕；哲学家可以是时代的骄子，也可能是时代的弃儿；可以是真理的发现者，也可能是错误理论的吹鼓手。问题在于是什么哲学。在当代西方哲学中，有各种各样的流派、学派，究竟哪一种哲学可以称做时代精神的精华呢？我看都不够格。当代西方哲学最大的特点是生命周期很短，这个现象本身说明它的非真理性。真理本身是相对稳定的，更新太快本身说明它的非真理性。同时装一样更新太快的哲学，列宁称之为“时髦哲学”。尽管它很耀眼，但并没有生命力。

马克思并没有抽象地说哲学是时代精神的精华，相反倒区分了各种不同的哲学。他在发表于 1842 年《莱茵报》的连载文章《第 179 号“科伦日报”社论》中，驳斥了《科伦日报》编辑海尔梅斯对《莱茵报》重视哲学的指责，强调哲学不能脱离实际生活，并分析了当时德国哲学的状况。马克思说：“哲学家的成长并不像雨后的春笋，他们是自己的时代、自己的人民的产物，人民最精致、最珍贵和看不见的精髓都集中在哲学思想里”。在讲完这段话之后马克思才说：“任何真正的哲学都是自己时代精神的精华。”①从马克思文章的上下文分析，我们可以看到：首先，并不是任何哲学都是时代精神的精华，而只有真正的哲学才是时代精神的精华。马克思使用“真正的”这一表述含义深刻，“真正的”这一定语是决不可少的。当然，真正的哲学不能简单地说成唯物主义哲学，列宁讲过，聪明的唯心主义比愚蠢的唯物主义更接近唯物主义，如黑格尔的哲学虽是唯心主义，但可称得上是精华，而 19 世纪 40 年代的庸俗唯物主义则是糟粕。真正的哲学是指对人类哲学思维真正做出创造性贡献的哲学。当然，黑格尔哲学之所以是时代精神的精华在于它是聪明的，而不在于它的唯心主义；庸俗唯物主义之

① 《马克思恩格斯全集》，第 1 卷，120－121 页，北京，人民出版社，1956。

所以是糟粕在于它的庸俗性，而不在于它是唯物主义。这里，唯心主义和唯物主义指的是两种具体的哲学形态，而不是两条哲学路线。不是说唯心主义比唯物主义更高明，而是说聪明的比愚蠢的高明。其次，要想成为时代精神的精华，按马克思的说法，这个哲学必须是自己的时代、自己的人民的产物，也就是说，真正的哲学必须反映时代进步的要求，反映人民的要求。第三，真正的哲学必须概括和总结人类实践的经验和科学的成果，即把人们中间最精致、最珍贵、看不见的精髓集中到哲学里面，就是说必须概括实践的经验。所以，真正的哲学的来源并不在于头脑，尽管哲学家也用头脑和世界相联系。因此，只有满足上述三个条件的哲学，才能成为时代精神的精华。

从马克思主义哲学诞生到现在，已有150年的历史，它是否还是时代精神的精华呢？马克思主义哲学的150年历史，我以为大体可以划分为三个阶段：第一阶段是马克思、恩格斯阶段，即从马克思主义哲学创立到恩格斯逝世，这一阶段是马克思主义哲学的产生和传播的时期。马克思主义由西欧一个小的学派逐步壮大成为在工人运动中占支配地位。第二阶段从十月革命算起直到1956年为止，这40年是马克思主义哲学在实践中胜利的40年。其间，马克思主义哲学不仅在社会主义国家占主导地位，而且在一些资本主义国家和地区得到传播。第三阶段是从1956年开始到现在。这一阶段是资本主义相对稳定、科学技术比较发展的时期，也是社会主义国家遭受挫折的时期；是资本主义和社会主义两种制度由冷战和对抗走向缓和与共处的时期；也是西方帝国主义国家向社会主义国家大力推行“和平演变”战略的时期。意识形态领域中的斗争尖锐化了，的确是在打一场无硝烟的战争。

全部斗争的核心是关于如何看待马克思主义的问题。在这样的国际背景下，在我们国内，一段时期内马克思主义遭受到解放以来从没有过的冷遇。坚持马克思主义的文章和著作问世极难，而宣扬资产阶级自由化和西方资产阶级世界观、人生观、价值观的文章和著作则非常走俏。马克思主义的理论工作者、思想政治工作者的形象，是保守的、顽固的、愚昧的，是舞台上那种被丑化了的“马列老太太”的形象；而那些号称“社会精英”的人们，则是具有改革进取精神的、新的启蒙者的形象。如同在哈哈镜中一样，各种不同的政治势力及其理论代表都失去了自己的真面目。

斗争是激烈的，仅就马克思主义哲学而言，它的不少原理都受到非难、指责或攻击，或者被宣布为错误，或者被宣布为过时。问题不仅牵涉每一个原理，而且牵涉在当代如何看待马克思主义哲学的本质、使命和地位这样一个全局性的问题。

第一，马克思主义哲学究竟是辩证唯物主义和历史唯物主义，还是所谓人本主义、彻底的自然主义和实践唯物主义三者的结合？这是关系到马克思主义哲学本质的重大问题。

稍知马克思主义哲学史的人都知道，在 19 世纪 40 年代的德国，出现了两种哲学改革、两种改革纲领。一个是费尔巴哈倡导的改革，他的纲领是《关于哲学改造的临时纲要》；另一个是马克思倡导的改革，他的纲领是《关于费尔巴哈的提纲》。

费尔巴哈在《改革哲学的必要性》中倡导哲学改革，并提出了改革纲领《关于哲学改造的临时纲要》，随后在《未来哲学原理》中进行了阐述。费尔巴哈改革的实质，是以人本主义和自然主义来反对神学和黑格尔的思辨唯心主义。人本主义和自然主义的结合，是费尔巴哈哲学的特色。费尔巴哈的哲学是人本主义的，以人为本的原则贯穿于他的全部哲学。但这种人本主义是与自然主义相结合的，因为费尔巴哈关于人、人的类本质贯穿了自然主义原则；反过来，费尔巴哈的自然主义也是与人本主义相结合的。因为费尔巴哈虽然推崇自然，可是在自然界中处于最中心地位的是人，是人这个自然存在物。费尔巴哈自己就说过："我的'方法'是什么呢？是借助人，把一切超自然的东西归结为自然，又借助自然，把一切超人的东西归结为人。"①

马克思站在费尔巴哈的肩上，早期接受过人本主义和自然主义的影响，并吸收其中的合理因素。但马克思主义哲学的本质不是人本主义和自然主义，相反是对它的扬弃。在《关于费尔巴哈的提纲》中，马克思批评了费尔巴哈只是从客体角度考察自然界，把人的本质理解为类，理解为一种内在的、无声的、把许多个人纯粹自然地联系起来的共同性的观点，宣告同费尔巴哈的自然主义和人本主义决裂，随后又在《德意志意识形态》中进行了较全面的清算。把人本主义和自然主义说成是马克思主义哲学的本质特征，实际上是从马克思向费尔巴哈的倒退。

至于所谓实践唯物主义与人本主义、自然主义的结合，更有悖常理。马克思、恩格斯在《德意志意识形态》中使用"实践的唯物主义"这一提法，正好是反对自然主义和人本主义的。他们说："对**实践的**唯物主义者，即**共产主义者**说来，全部问题都在于使现存世界革命化，实际地反对和改变事物的现状。"②这个论断是针对费尔巴哈的，它同《关于费尔巴哈的提纲》第 11 条的基本精神是完全一致的。在马克思和恩格斯的著作中，"实践的唯物主义"、"科学的唯物主义"、"现代唯物主义"，都是对同一种哲学的不同称呼，而不是另一种与辩证唯

① 《费尔巴哈哲学著作选集》，上卷，249 页，北京，商务印书馆，1984。
② 《马克思恩格斯全集》，第 3 卷，48 页，北京，人民出版社，1960。

物主义和历史唯物主义不同的哲学体系。

可是在有些文章中，所谓"实践的唯物主义"已经是变了质的"酸牛乳"，它被改造成为同辩证唯物主义和历史唯物主义相对立的另一种哲学体系，用以制造马克思和恩格斯的对立，青年马克思和老年马克思的对立。这种所谓"实践唯物主义"倒用不着和人本主义结合，它本身就是人本主义思潮的变种。因为它所宣扬的"实践本体论"、"实践一元论"，无非是把重心从人的本性转向人的活动，并把实践提升为世界的本体，实质上是无视自然的客观实在性和优先地位，仍然停留在人自身。

在当代，有什么理由和根据要退回到费尔巴哈的人本主义和自然主义？没有。我们现时代的实践活动和科学技术的发展，世界范围内的战争和冲突，比起一个半世纪以前更能证明人本主义和自然主义的局限。其实，人本主义思潮在中国的泛起，无非是从20世纪30年代开始兴起的马克思主义人本主义化浪潮的回声。

第二，与前一个问题紧密联系，另一个重要问题是，在当代马克思主义哲学的主题究竟发生了根本性变化没有？

在这个问题上，西方哲学中的人本主义思潮、西方马克思主义中的人本主义学派，以及社会主义国家中的人本主义的宣传者们的看法是一样的，都认为马克思主义哲学的主题在当代发生了根本性的变化，即马克思主义哲学应该以人为出发点，人是一切哲学的主题，也是马克思主义哲学的主题。按照这种观点，资本主义国家中已经不存在无产阶级解放和无产阶级革命的问题，而是人的问题，是消除高科技发展所带来的所有的人的异化的问题；社会主义国家也不是建设社会主义的问题，不是完善和巩固社会主义制度的问题，而是人的问题，是个人的权利和尊严、人的价值问题，是消除社会主义制度下人的异化问题。他们认为，在当代世界上不存在两种社会制度对抗问题，而只存在全球性问题。而全球性问题的核心是人的问题，即生态问题、核战争问题、能源问题、人口问题等等。总而言之，这些问题都可以归结为一个所谓人的问题。按这种观点，革命的问题、社会主义的问题已经一笔勾销了，剩下来的最大问题就是人、人、人。有人公开提出抛弃马克思主义的传统形式，创建现代马克思主义，最根本的是主题的转变，从阶级、阶级斗争、无产阶级革命转向“人”。

说马克思主义哲学要研究人，这本来是无须争论的。人类所面对的世界，是包括人和人类社会在内的世界。马克思主义哲学要研究自然、研究社会，当然也要研究人，研究人与自然的关系，人与社会的关系，人与人(包括国家、民族、阶级、集团、个人)的关系。马克思主义哲学应该注意有关人的问题的研究。问题的关键在于，我们是要坚持辩证唯物主义和历史唯物主义世界观，坚持马克思主义哲学为无产阶级和人类彻底解放，为社会主义建设服务的方针，还是以抽象的人为出发点，以探讨人的永恒本性、人的不变价值之类的抽象问题取代在新的条件下无产阶级如何获得解放的道路的探索，这是一个关系到马克思主义哲学使命的根本问题。

在当代世界上仍然存在着两种主要的社会制度。在世界范围内仍存在着阶级、阶级剥削和阶级斗争。社会主义国家仍然在一定范围内存在阶级斗争，存在着两种政治势力的斗争。在这样的国际、国内政治形势下，离开了阶级、阶级斗争，把不属于任何集团和阶级的人当作哲学的主题，实际上就从根本上否认了马克思主义哲学作为无产阶级解放头脑和武器的根本作用。马克思主义哲学当然要研究人，但不是抽象的人，而是现实的人。在资本主义条件下研究人，最根本的是要研究在发达资本主义国家中，无产者和劳动者究竟如何能获得彻底解放。在社会主义国家中，要研究如何彻底消灭阶级，如何提高全民的素质，如何通过发展生产力，发展科学技术，使人得到全面发展。离开了无产阶级和人类彻底解放的根本任务，把抽象的人当作主题，就从根本上抛弃了马克思主义。把马克思主义哲学从阶级的哲学变成抽象的人的哲学，就等于把马克思主义哲学放入硫酸池里面溶解了。意大利共产党的重要创始人和领导人葛兰西讲过，马克思是一个历史时代精神的创始人，这个时代大概要延续几个世纪，也就是一直要到政治社会消灭和调整了的社会建立为止，只有那时，它的世界观才会被超越。这就是说，只有到世界上不存在阶级和阶级斗争的问题时才可能发生主题转变问题。在当前存在两种社会制度的情况下谈主题转变，实际上就是整个地抛弃了马克思主义。

第三，当代科学技术的发展，是否使马克思主义过时了？这是又一个使一些人感到困惑的问题。

近几十年来，马克思主义受到的攻击是多方面的。对科学社会主义关于两个必然性的否定，主要以社会主义国家在发展中遇到的挫折和困难为依据；对政治经济学关于劳动价值论和剩余价值论的否定，主要以科学技术的发展所带来的利润的增加和工人生活状况的某些改善为依据；对哲学的攻击，主要以当代科学和技术发展所提出的哲学问题为依据。他们在恩格斯说的随着自然科学的发展，唯物主义也要改变它的形态这句话上做文章，认为既然如此，科技发展到今天，怎么能坚持马克思、恩格斯在100年前的哲学观点呢？这是对恩格斯观点的曲解。恩格斯的观点是正确的，它揭示了哲学和自然科学之间内在的本质联系，整个哲学史都表明了这一点，即：哲学形态的变化与自然科学的发展关系非常密切。问题在于企图以当代科学技术的发展为依据，宣布马克思主义哲学过时了，这就是用抽象的推论代替对具体问题的分析。自然科学对哲学最本质的关系，是促进作用。这种作用可以通过两种方式实现，一是证实，一是证伪。自然科学可以通过提供新材料，丰富和证实哲学中某一个命题；也可以通过新的材料反驳或推翻某一个哲学命题。在这两种情况下，自然科学对哲学都起到证实真理、纠正谬误的作用。恩格斯在《路德维希·费尔巴哈和德国古典哲学的终结》中讲到，从笛卡儿到黑格尔和从霍布斯到费尔巴哈这一长时期内，推动哲学家前进的，绝不是像他们想象的那样，只是纯粹思想的力量，恰好主要是自然科学和工业。这说明自然科学和技术的发展是推进哲学的积极力量，而不是相反。现代的马克思主义的反对论者想利用科学和技术的发展宣布马克思主义哲学过时，实际上是利用科学技术的发展来否定真理，证实谬误，这完全颠倒了科学和哲学的本质关系。

在当代，用自然科学发展来否定马克思主义哲学的现象是比较普遍的。方励之一再说马克思主义过时了。他认为要了解19世纪的问题马克思主义还有一定作用，但它已不适用于今天了。他还把马克思主义哲学说成是一件穿破了的衣裳，应该扔掉。这种观点并非独创，无非是以更恶毒的语言重复托夫勒在《第三次浪潮》中鼓吹的在当代科学技术发展的情况下用马克思主义观察问题，好比电子显微镜的时代仍用放大镜看问题一样的错误论调。利用自然科学反对哲学在19世纪末就已出现，列宁的《唯物主义和经验批判主义》就是反对这种错误思潮的；而现在是在更大的范围内重复当时的现象。不同之处在于，19世纪末20世纪初发表这些观点的很多人是科学家，在当代发表这些观点的很多人则并不是真正的科学家，而是政治“科学家”，是以科学为招牌的“政治家”，而真正的科学家总是尊重唯物论、尊重辩证法的。我们当然承认，第二次世界大战以后，特别是20世纪60年代以来，科学技术有巨大进步，但是到目前为止，没有任何一个人能举出任何一条材料证明马克思主义哲学某一条原理是错误的。例如，有什么材料证明认识不是来源于实践，不是来源于以不同的方式对对象的反映；有什么材料证明物质已经不是第一性的，而是第二性的，世界是依存于主体的；有什么材料证明世界已是不包含矛盾的，矛盾论是错误的；有什么材料证明世界是静止的、不变的，形而上学是正确的；有什么材料证明物质资料生产已经不是社会存在的基础了，人们是依靠观念为生；有什么材料证明阶级斗争的理论是错误的。只有一个问题似乎是悬而未决的，即关于世界的无限性问题，然而即使在这个问题上，世界有限论的鼓吹者也没有拿出材料证明世界是有限的。

在考虑科学、技术和哲学的关系时，要考虑科学、技术和哲学各自的特点。技术是与生产过程、生产力相联系的，技术的特点是更新快，科学和技术相比不完全一样，只要科学揭示的结论是真理，它就只能发展而不能被推翻。阿基米德原理尽管时间很长了，现在的造船工业无论怎样发达，如果违背了这个原理，船还是要沉的。当恩格斯说，十万部蒸汽机并不比一部蒸汽机更能证明热力学原理，就极其深刻地说明自然科学原理和技术的各自特点。科学比技术具有相对稳定性，哲学则更具有相对稳定性。哲学概括的材料愈多，它的涵盖面越广泛，适用范围愈大，就愈具有相对稳定性。正因如此，直到今天任何人也拿不出一个事实来反对唯物主义基本原则，反对辩证法的基本规律。例如，即使是古希腊人说的世界是运动的，现在仍找不到材料反驳它。这是为什么？因为哲学观点更具有相对稳定性。自然科学的发展能丰富和促进马克思主义哲学，但决不能推翻它。推翻它意味着什么？意味着从唯物主义又回到唯心主义，从辩证法又回到形而上学，这是根本不可能的。科学、技术和哲学各自的特点决定了马克思主义哲学在当代需要吸收科学技术的成果，而不会被科学技术所推翻。当然，马克思主义哲学必须发展，我们并不认为马克思主义哲学应停滞不前。

当代马克思主义哲学工作者有个特点，即专业化、职业化、学术化。马克思、恩格斯不存在这一问题，因为马克思、恩格斯本人既是科学家又是革命家，他们的哲学是为革命、为实践服务的。第一国际、第二国际领导人的哲学活动和他们的政治活动是一致的。马克思主义哲学成为一种职业是无产阶级胜利以后出现的现象，这意味着马克思主义哲学成为国家的指导思想，占领的阵地越来越多，队伍越来越大。可是专业化、职业化、学术化也带来了一个不利方面，即容易脱离实际，容易教条化。这几年来哲学很冷落，哲学系毕业生不好分配，当然原因很复杂。但我们应该认识到，如果哲学不关心人民，人民就不关心哲学；哲学不关心社会，社会就不需要哲学；哲学家如果只关心概念、范畴，路子就会愈走愈窄。马克思当年曾猛烈抨击这种现象，他说："哲学，尤其是德国的哲学，喜欢幽静孤寂、闭关自守并醉心于淡漠的自我直观。"他还对德国哲学晦涩难懂的文风提出了批评："从哲学的整个发展来看，它不是通俗易懂的；它那玄妙的自我深化在门外汉看来正像脱离现实的活动一样稀奇古怪；它被当做一个魔术师，若有其事地念着咒语，因为谁也不懂得他在念些什么。"①每当我读到有些哲学文章中过多的和不必要的方块、圆圈、箭头、符号，如坠五里雾中时，脑海里总是浮现马克思的这段话。

在当代，要创造性地推进马克思主义哲学，不能背对现实，只是用两眼盯住西方的各种学派。企图从西方各种各样的哲学中东取一点

① 《马克思恩格斯全集》，第1卷，120页，北京，人民出版社，1956。

西取一点，甚至原封不动地照搬照抄，用以“补充”、“代替”马克思主义，把这种做法视为发展是不足取的。第二国际后期的伯恩施坦等人用康德主义，后来俄国的波格丹诺夫等人用马赫主义来“补充”马克思主义的历史教训已经证明了这一点。

当代西方出现的马克思主义与黑格尔主义、弗洛伊德主义、存在主义、结构主义等等的“融合”，不能看做是马克思主义现代化的尝试。人们从这种“融合”中，看到的不是马克思主义的发展，而是马克思主义的肢解和扭曲。

马克思主义哲学是无产阶级世界观，它同当代西方资产阶级哲学是不同的，甚至是对立的。黑格尔主义就是黑格尔主义，存在主义就是存在主义，弗洛伊德主义就是弗洛伊德主义。两种根本对立的主义是不能融合的。硬要把不可结合的东西融合在一起，无非是一些挂着马克思主义招牌的不三不四的资产阶级哲学的变种。我们这样说，并不是主张对西方现代哲学采取排斥态度。“融合”是一回事，用马克思主义哲学对西方哲学中的某些合理因素进行批判吸收，对它们提出的某些问题甚至挑战，作出马克思主义哲学的回答是另一回事。我们批判存在主义，但并不拒绝对个人问题进行研究；我们反对弗洛伊德的泛性主义、非理性主义，但我们应该用马克思主义哲学观点深入研究人的非理性因素，并作出马克思主义的解释。

真正创造性发展马克思主义哲学的根本道路，应该是立足现实，面对时代提出的新课题。

我们应该加强对当代资本主义的研究，通过研究和分析当代资本主义社会的矛盾来丰富马克思主义哲学。西方一些学者是注重当代资本主义的研究的。法兰克福学派马尔库塞的《单向度的人》，就是研究发达工业社会意识形态的著作。丹尼尔·贝尔的《资本主义文化矛盾》

一书则研究了资本主义的经济、政治与文化之间的矛盾。我们不赞同他们对资本主义现象的分析和解释，但他们注意分析当代资本主义社会内在矛盾的研究方向还是值得借鉴的。

我们要着重研究社会主义。马克思主义哲学和科学社会主义是不可分的，它的产生和成熟，与社会主义从空想到科学是同一个过程。马克思主义哲学和科学社会主义是相互促进的，没有马克思主义哲学当然不可能有社会主义从空想到科学的变革。反过来，如果不以实现无产阶级解放为目的，马克思主义哲学永远处在思辨的范围内，也不可能变成无产阶级解放的武器。特别是当前社会主义社会在发展中遇到困难和挫折，风云变幻、前途或明或暗时，更需要从马克思主义哲学高度来研究社会主义。这样，既可以坚定社会主义信念，又可以通过总结社会主义的理论和实践来丰富和发展马克思主义哲学。

我们还要研究当代科学技术的发展，特别是注意总结科学技术革命的经验，解决科学、技术和自然科学所提出的哲学问题。早在《1844年经济学哲学手稿》中，马克思就通过总结哲学史和自然科学史的经验，提出了研究哲学和研究自然科学相结合的问题。他说："**自然科学**展开了大规模的活动并且占有了不断增多的材料。但是哲学对自然科学始终是疏远的，正像自然科学对哲学也始终是疏远的一样。过去把它们暂时结合起来，不过是**离奇的幻想**。存在着结合的意志，但缺少结合的能力。"①重视总结自然科学的新成就，是马克思主义哲学得以产生和日趋成熟和发展的一个重要原因。《自然辩证法》、《反杜林论》、《唯物主义和经验批判主义》等经典著作已经表明了这一点。

---

①《马克思恩格斯全集》，第42卷，128页，北京，人民出版社，1979。

我们所面临的科学技术的发展，是马克思、恩格斯、列宁生活的年代所无法比拟的。自然科学和技术的发展突飞猛进，在不少领域都发生了深刻的变化。除系统论、控制论、信息论外，还出现了耗散结构论、协同论、突变论。科技发展提出了许多哲学问题。这些问题不仅涉及自然观和认识论，而且涉及到历史唯物主义，如科技进步与社会发展的关系、科技革命的社会效应，等等。认真研究和概括当代科技革命的成就，对于创造性地发展马克思主义哲学是十分必要的。尽管不是每个哲学工作者都有条件和能力从事这方面的研究，但马克思主义哲学作为一个整体来说，决不能缺少这方面的研究。

人类是在一定条件下进行认识的。对哲学的研究同样是如此。时代条件蕴涵的可能性为哲学发展规定了一个高度。在当代，我们所面临的重大课题，为创造性地推进马克思主义哲学提供了新的动力和机遇。我们马克思主义哲学工作者应该齐心协力地工作，以无愧于我们伟大的时代。

论马克思主义哲学的本质和功能*

在当今世界上，各种哲学流派纷呈林立，其中最具真理性和实践性的哲学是马克思主义哲学。世界上还从来没有一种哲学在认识世界和改造世界方面取得像马克思主义哲学这样的成就；也没有任何一种哲学像马克思主义哲学这样得到如此广泛的传播，拥有如此众多的信奉者和实践者。马克思主义哲学依然是我们时代的主旋律。本文拟就马克思主义哲学的本质和功能作一考察，以深化我们对马克思主义哲学的研究。

一、哲学的时代性、民族性和阶级性

“每种艺术作品都属于它的时代和民族。”① 哲学同样如此。时代性和民族性是哲学不可分离的特性。在阶级社会中，哲学还具有阶级性。

哲学思维是一种高度抽象化和理论化的思维。具有思

* 本文发表于《北京社会科学》，1993 年第 3 期。

① ［德］黑格尔：《美学》，第 1 卷，19 页，北京，商务印书馆，1979。

辨性特点。哲学使用的普遍范畴和概念，往往造成哲学只是在精神王国中驰骋的假象。实际上，从哲学体系产生的背景及其内容和价值取向来看，哲学是非常现实的。哲学似乎高耸于天国。可哲学家们仍然生活在尘世之中。由哲学家们创造的哲学体系，不管其外表如何抽象，都离不开哲学家所处的时代。哲学不是没有激情、没有冲动、没有爱憎、平静地苦思冥想的结果，恰好相反，它是在现实地、明显地或隐蔽地推动下的一种追求，即以哲学的方式来解答时代向哲学提出的问题。

因此，尽管哲学体系往往以哲学家命名，但它并不仅仅属于他个人。康德哲学不只是康德的哲学，更重要的是属于他的时代。每个哲学体系都有自己的个性，但这种个性是受时代制约的。法国唯物主义的明快泼辣，德国古典哲学的艰涩隐晦，离开它们的时代背景都是无法理解的。

哲学是时代的产物。哲学离不开它借以产生和发展的时代的经济、政治和文化。恩格斯指出："任何哲学只不过是在思想上反映出来的时代内容。"① 后来的马克思主义者一直坚持和发挥这个观点。梅林认为：一个时代的经济——政治斗争与这一时代的哲学之间的依存关系是那样鲜明地暴露出来，即使最近视的人也会明白看到的。普列汉诺夫强调：最彻底的唯物主义者也并不否认，每一哲学体系都只不过是自己时代智慧的表现。

全部哲学都依存于各自的时代，但其中真正的哲学是时代精神的精华。哲学是各种各样的，可以是时代精神的精华，也可以是时代的糟粕；哲学家可以是时代的骄子，也可以是时代的弃儿；可以是真理

---

① 《马克思恩格斯全集》，第 41 卷，211 页，北京，人民出版社，1982。

的发现者，也可以是错误理论的吹鼓手。问题是反映了时代的哪个方面。

真正的哲学之所以是时代精神的精华，正在于它符合时代的进步要求，抓住了时代的主题，回答了时代提出的迫切问题。背对自己时代的哲学是僵死的经院哲学；对自己时代迫切问题漠不关心的哲学家是空头哲学家。按照卢卡奇的说法："一个思想家越有才华和天才，他就越是他的时代、国家和阶级的产儿。"①

哲学的时代特性决定了真正的哲学必须面对时代，始终保持与时代的紧密联系，以便抓住时代的脉搏。这是关系判断这种哲学的价值，以及它能否生存和发展的关键。马克思曾经断言，作为时代精神精华的真正哲学，"不仅从内部即就其内容来说，而且从外部即就其表现来说，都要和自己时代的现实世界接触并相互作用"②。

并不是所有的哲学家都认识到了哲学的时代特性。由于哲学的特点，哲学往往被看成超时代、超历史的永恒范畴的王国。这是哲学家的哲学观念同哲学本性之间的矛盾。这种矛盾导致对哲学的唯心主义理解。

哲学还具有民族性。作为以共同的地区和血缘关系为基础的不同的民族共同体，各有自己不同的哲学传统。

很显然，东方哲学不同于西方哲学，即使同是东方哲学，中国哲学也不同于日本、印度和朝鲜哲学；同是西方哲学，欧洲大陆哲学也不同于英美哲学，而德国古典哲学则又有其自身的特点。

哲学的道理具有共性。我们可以发现各个民族的哲学在唯物主义

① ［匈］卢卡奇：《理性的毁灭》，4页，济南，山东人民出版社，1988。

② 《马克思恩格斯全集》，第1卷，121页，北京，人民出版社，1956。

和唯心主义、辩证法和形而上学、无神论和有神论等方面有许多类似或相似的说法。正因为这样，在哲学研究中才可以进行相互比较，可以比较柏拉图和老子、黑格尔和朱熹、贝克莱和王阳明。可是，各种哲学体系又都有自己的民族特点。无论是思维方式、范畴运用、价值观念和作品风格都各有特色。例如，以希腊罗马哲学为代表的西方哲学与以儒墨道法为代表的中国哲学就不完全相同。

从哲学的着力点，即各自关注的中心来看，古希腊罗马哲学更多地注重自然——作为纯客体的自然，作为关于存在学说的自然哲学因此也较发达。中国哲学，其中特别是儒家学说注重人伦，即人际关系中的伦理道德，处理人际关系的原则。中国古代哲学也讲到自然，如老子和庄子的著作。但老庄哲学中讲的自然，主要不是人之外的自然，而是人自身的自然，即人的自然本性。

从思维方式来看，西方古代哲学强调的是主体与客体的对立和划分，它们明于天人之分，讲求观察、实验、理性的方法，一般来说，擅长分析；而中国古代哲学则是以天人合一方式出现的主客体统一的思维方式，它强调主体，强调依靠主体的内在意识和道德实践来实现二者的统一，它运用的是反求诸己的内省方法，一般说来，擅长综合。

哲学范畴也各有特点。中国哲学讲理气、有无、动静、形神、知行；而西方哲学则讲矛盾、一多、感性理性、质量、肯定否定。

哲学具有民族性，但哲学可以相互吸收和传播。中国哲学可以接受西方哲学的影响，而中国哲学也可以影响西方哲学。特别是进入资本主义时代以后，历史转变为“世界历史”，更有条件相互影响。我们现在使用的许多范畴，就不是中国哲学固有的，而是经过马克思主义哲学为中介吸收的西方哲学范畴。

在阶级社会中，哲学具有阶级性。普列汉诺夫指出："各阶级的人生观和世界观是各不相同的，是依照各阶级的地位、需要、意图，以及各阶级的相互斗争行程而改变的。"① 由于哲学家们站在不同的阶级立场上，他们对世界观根本问题的看法，他们对待事物的态度和价值观念，都明显地打上了阶级烙印。

某种哲学体系的阶级属性，并不完全取决于哲学家本人的阶级出身，也就是说，并非所有的哲学家都自觉地按照自己阶级的需要来创立自己的哲学体系。事实上，哲学家们往往自认为是超阶级的，是摆脱一切物质利益的。然而，这并不影响哲学的阶级实质。判断一种哲学体系的阶级性质，并不是根据哲学家们对自己体系的看法，而是看在现实的斗争中，这种哲学体系以及由其引出的政治结论究竟对谁有利。

哲学的阶级性是就哲学整个体系说的，而不是指每一个命题、范畴或哲学判断。事实上，在一个哲学家的哲学体系中，有些论述政治性强些，有些学术性强些。这取决于这个哲学判断或命题与人们的经济和政治利益的关系。一般说来，越是直接涉及经济和政治利益、处于斗争激烈中心的问题，阶级性越明显。

哲学的阶级性并不排斥某个哲学体系中可能包含的真理性颗粒和对人类文化的积极贡献。哲学家是以哲学的方式来为某种阶级利益服务的。他们的阶级立场、政治态度是通过对哲学问题的阐述间接地、曲折地表现出来的，因而往往会迸发出哲学的天才火花。在哲学史上，不少卓越的哲学家，既是某个阶级在哲学上的代言人，又是人类

① 《普列汉诺夫哲学著作选集》，第 3 卷，189 页，北京，三联书店，1961。

文化的积极创造者。

同其他意识形态一样，哲学也有精华与糟粕之分。作为文明活的灵魂的哲学是指它的积极方面。因此，就有一个如何对待哲学传统的问题。我们既不能采取虚无主义，也不能采取复古主义。我们要使传统中优秀的东西在当代得到发扬；要使当代的东西在传统中得到滋补和营养。离开了传统，当代没有根；离开了当代，传统没有果。黑格尔说过：哲学只有在本质上与前此哲学有了联系，才能够有其存在，而且必然地从前此哲学产生出来。

二、马克思主义哲学是辩证唯物主义和历史唯物主义

马克思主义哲学属于唯物主义阵营，但它是唯物主义的高级形态。马克思主义哲学以实践为核心，建立起辩证法与唯物主义相结合、辩证唯物自然观与历史观相结合的完整科学体系。它的创立意味着哲学上的一次变革。

马克思主义哲学产生以前，民族性是哲学的一个主要特征，即使孔子、老子、朱熹、王阳明、康德、黑格尔哲学对其他民族和地区发生过深刻的影响，但这仍然属于文化交流和传播的范围，并未改变哲学的民族特性。老庄哲学仍是中国哲学；康德、黑格尔哲学也仍是德国哲学。

马克思主义哲学则与之不同，它是国际性的学说，尽管德国是马克思主义哲学的故乡，但它并不专属德国，而是一种“世界性哲学”。马克思曾经预言会出现这种哲学：“哲学对于其他的一定体系来说，不再是一定的体系，而正在变成世界的一般哲学，即变成当代世界的哲学”①。马克思主义哲学就是这种放之四海而皆准的“世界性哲

① 《马克思恩格斯全集》，第1卷，121页，北京，人民出版社，1956。

学”。同时它可以在各个民族和地区生根发芽，成为它们的民族文化的一部分。早在1888年恩格斯就曾说过，马克思的世界观在德国和欧洲境界以外，在文明世界的一切语言中都找到了代表。

马克思主义哲学是“世界性哲学”，但不是所谓“全人类”的哲学，它代表的是全世界无产者和劳动人民的利益。历史证明，任何一个阶级如果想取得政权或维持自己的统治地位，就都必须有相应的哲学体系。无产阶级更是如此。无产阶级要认清自己的阶级地位、认清自己与资产阶级的关系，找到一条获得彻底解放的道路，不可能从当时流行的空想社会主义或其他资产阶级、小资产阶级世界观中找到出路，唯一代表他们利益的是马克思主义哲学。正如恩格斯说的那样，“只有当工人阶级不是带着有色的法学眼镜，而是如实地观察事物的时候，它才能亲自彻底认清自己的生活状况。在这方面马克思的唯物史观帮助了工人阶级”①。

就内容来说，马克思主义哲学是辩证唯物主义和历史唯物主义。这不是唯物主义、辩证法、历史唯物主义三个部分的板块结构，而是它们的辩证统一，彼此渗透。列宁说过，在这个由一整块钢铁铸成的马克思主义哲学中，决不可去掉任何一个基本前提、任何一个重要部分，不然就会离开客观真理，就会落入资产阶级反动谬论的怀抱。辩证法、唯物主义、历史唯物主义一旦分离，就会丧失它们作为马克思主义哲学重要组成部分的性质。

马克思主义的唯物主义是辩证唯物主义。这不仅是说，在唯物主义基本原理之外，还有辩证法的三大规律及其他辩证法原理，更重要的是，马克思主义哲学的唯物主义本身就是辩证的。它的世界物质统

① 《马克思恩格斯全集》，第21卷，548页，北京，人民出版社，1956。

一性、思维和存在的相互关系、认识的本质和机制等等一系列原理都是辩证的，既反对唯心主义又不同于旧唯物主义。

马克思主义的辩证法是唯物辩证法。这不仅是说，在马克思主义哲学中，与辩证法并存的还有一系列唯物主义原理，而且是说辩证法本身就是唯物主义的。任何辩证法的运动都有客观载体。自然辩证法就是自然界自身的辩证运动；社会辩证法是以物质资料生产方式为载体的社会辩证运动；主观辩证法是对客观辩证法的反映，它同样不能离开以人为主体的思维运动。矛盾、质量、肯定否定等等一系列辩证法的规律和范畴，只有在纯概念中才似乎是独立的，实际上它的运行机制和作用，始终是与它借以运行的载体不可分的。

辩证唯物主义和历史唯物主义并不是两个不同的“主义”，而是一个主义，即辩证的唯物的主义。与辩证唯物主义并列，另加上历史唯物主义，是对马克思主义哲学特点的强调，即它不是像旧唯物主义那样把历史放在唯物主义之外的半截子的唯物主义，也不是不彻底的辩证法。它是最彻底最完备的唯物主义，这种彻底性和完备性正表现在社会历史之中，即表现在历史唯物主义之中。列宁说，马克思和恩格斯特别注意的是使唯物主义哲学向上发展，也就是说，他们所特别注意的不是唯物主义认识论，而是唯物主义历史观。在《马克思主义的三个来源和三个组成部分》中，列宁把历史唯物主义称为对哲学唯物主义的“加深和发展”。他说，马克思加深和发展了哲学唯物主义，使它成为完备的唯物主义哲学，把唯物主义对自然界的认识推广到对人类社会的认识。在《卡尔·马克思》中，列宁有专节论述唯物主义历史观，强调的是唯物主义的彻底性和完备性问题。他说，马克思认识到旧唯物主义的不彻底性、不完备性和片面性，因此确信必须使关于社会的科学同唯物主义的基础协调起来，并在这个基础上加以改造。还说，发现唯物主义历史观，就是彻底发挥唯物主义，即把唯物主义运用于社会现象。

西方马克思主义在整个马克思主义体系中，特别重视马克思主义哲学。可是，他们中的一些人，却把辩证法和唯物主义、辩证唯物主义和历史唯物主义割裂开来，着重强调其中的一方面，用以重建马克思主义哲学。

他们把唯物主义和辩证法割裂开来，强调辩证法，但强调的是主体与客体相互作用的人学辩证法，否定自然辩证法，把物质同运动分割开来。例如，萨特就力图把辩证唯物主义、自然辩证法从马克思主义哲学中清除出去。萨特的著作《辩证理性批判》的主旨就是为了确定辩证法的有效性和它的限度。在萨特看来，辩证法只能来源于个人的实践，辩证法不是人以外的对象所固有的，而是人所创造的，离开了人就不可能有辩证法。“如果我们不想把辩证法重新变成一种新的法则和形而上学的宿命，那么，它必须来自一个个的个人，而不是来自我所不知道的什么超个人的集合体。”①

萨特还把辩证唯物主义和历史唯物主义割裂开来，只承认历史唯物主义而否认辩证唯物主义。他说：“我所理解的马克思主义哲学乃是以一种历史的内在辩证法为前提的历史唯物主义，而不是辩证唯物主义。”② 而法兰克福学派则把马克思主义哲学篡改为仅仅是一种社会批判理论，完全抛弃了辩证唯物主义。

实践观点是辩证唯物主义和历史唯物主义的首要的、基本的观

① ［法］萨特：《辩证理性批判》，36页，北京，商务印书馆，1963。

② 转引自徐崇温：《西方马克思主义》，463页，天津，天津人民出版社，1982。

点，是它区别于以往一切旧哲学的显著特点。在马克思主义哲学中，科学实践观的意义和作用是多方面的：在世界观中，它认为人类通过实践改造自然，使自然打上人的烙印，我们周围的感性世界绝不是某种开天辟地以来就已存在的、始终如一的东西，而是工业和社会状况的产物，是历史的产物，是世世代代活动的结果；在认识论中，它把实践放在首位，作为全部人类认识的来源和基础；在社会历史观中，它把人类的实践作为社会得以存在和发展的根据，认为社会生活在本质上是实践的。但马克思主义哲学反对西方马克思主义鼓吹的“实践本体”论，唯物辩证地、恰当地评价实践的作用。

重构马克思主义哲学，是西方某些“马克思主义”学者对待马克思主义的一种态度。按照乔治·莱尔因在《重构历史唯物主义》中的说法，所谓重构就是“不用教条的传统马克思主义立场来对待马克思、恩格斯，而是特别注意在马克思和恩格斯著作中能够找到的同教条的传统马克思截然不同之处，以及解决这一问题的必要性”①。西方某些学者正是这样，他们用强调一点不及其余的方法，把完整严密的辩证唯物主义和历史唯物主义肢解为片面的、畸形的哲学学说。

三、马克思主义哲学的双重功能

在人类历史上，哲学家们非常重视哲学的功能。不过有的重视它探求宇宙奥秘的本体论功能；有的强调它研究认识可能性和途径的认识论和方法论功能；有的则推崇它的所谓明生死、去私欲，作为安身立命精神支柱的人生哲学功能。由于以往哲学的局限，它的认识功能

---

① ［英］乔治·莱尔因：《重建历史唯物主义》，2页，北京，中国社会科学出版社，1991。

是有限的，其中有不少还是消极的。而马克思主义哲学的功能则是以往任何哲学都无法相比的。

马克思主义哲学具有双重功能。一是科学认识功能。马克思把这个功能比做“头脑”的功能。他说，无产阶级“解放的**头脑**是**哲学**，它的**心脏**是**无产阶级**”①。马克思主义哲学作为无产阶级解放的“头脑”，最突出、最集中地表现在它为无产阶级和人类提供了科学的世界观和方法论。

我们说马克思主义哲学是唯一科学的世界观，因为只有它才提供了以自然科学和社会科学为依据的、关于整个物质世界的科学图景。辩证唯物主义关于世界的物质性、关于世界发展普遍规律的观点，是对客观世界本身面貌真正的揭示。整个科学都表明，世界确实如马克思主义哲学所揭示的那样，处于普遍联系和永恒运动之中。

马克思主义哲学又是唯一科学的方法论。这一点同样是极其重要的。它表明了马克思主义哲学的革命本质。马克思主义哲学和无产阶级革命实践的紧密联系和各门科学的紧密联系，其最突出的、最集中的表现，就是给予它们认识和改造世界唯一科学的方法论。马克思主义哲学的创始人，十分强调自己哲学的方法论意义。恩格斯以其远见卓识向人们宣布：“马克思的整个世界观不是教义，而是方法。它提供的不是现成的教条，而是进一步研究的出发点和**供**这种研究**使用**的方法。”②

世界观和方法论的一致性，贯穿着全部马克思主义哲学。其中任何一个规律、任何一个范畴，都既是世界观又是方法论，是世界观和

① 《马克思恩格斯全集》，第1卷，467页，北京，人民出版社，1956。

② 同上，第39卷，406页。

方法论的统一体。把辩证法作为方法而否认它是世界观，或者把唯物主义作为世界观而否认它是方法，都是不全面的，因而也是错误的。

唯物主义是世界观，它给予世界本质以唯一科学的解释，正因为如此，它又是方法论。恩格斯说，唯物主义的自然观无非是对自然界本来面目的朴直的理解，不添加任何外来的东西。① 这充分表明了唯物主义世界观作为方法论的功能。按照世界本来面目认识世界，不附加任何外来成分，应该说是最科学、最客观的研究方法，它和主观主义的思想方法是根本对立的。后来，列宁在辩证法十六要素中，把这一方法规定为观察的客观性（“不是实例，不是枝节之论，而是自在之物本身”），使唯物主义作为科学方法显得更加突出。

无疑辩证法是一种方法，是从事物的矛盾中，从运动、变化和发展中考察事物的科学方法，但它同时又是世界观，因为它承认世界本身就是运动的、发展的、包含矛盾的。辩证法之所以能成为一种科学方法，首先在于它是科学世界观。全部辩证法的基本规律和范畴的内容都是客观世界所固有的，主观辩证法只是对客观辩证法的反映。把辩证法仅仅作为方法，主观地加以应用，就会导致诡辩论，从根本上歪曲了辩证法的本质。

不仅全部辩证唯物主义，而且全部历史唯物主义也是世界观和方法论的统一体。历史唯物主义揭示了人类社会发展的普遍规律，同时也为认识和分析社会历史提供了唯一科学的方法。马克思和恩格斯称之为辩证方法（它与形而上学方法相反）的，不是别的，正是社会学

---

① 参见《马克思恩格斯选集》，第4卷，306页，北京，人民出版社，1995（文章发表后在被其他书收入时，对注释按照当时的新版本作了调整，因此出现发表时间在先，引用文献版本在后的情况，下同）。

中的科学方法，这个方法把社会看做处在不断发展中的活的机体。

马克思主义哲学还有一个重要功能，这就是意识形态的功能。马克思主义哲学具有鲜明的阶级性，它公开申明为无产阶级服务；在意识形态领域中，坚持党性原则，反对和批判各种敌对的学说和思想体系，反对形形色色的资产阶级思潮。

在马克思主义哲学产生以来的一个半世纪中，它在动员、组织、宣传群众，指导无产阶级革命和社会主义建设的过程中，既发挥着世界观和方法论的功能，又起着在意识形态领域把各种错误的理论和学说从工人运动中、从无产阶级及其政党中不断清除出去的作用。一部马克思主义哲学史，既是指导无产阶级及其政党的实践史，又是哲学斗争史。正是在这个过程中，马克思主义哲学不断得到丰富和发展。

马克思主义哲学的科学认识功能和意识形态功能的一个突出表现，是马克思主义哲学与社会主义的理论和实践的联系。

从理论上说，马克思、恩格斯创立马克思主义哲学同他们把社会主义由空想变为科学是同一个过程。19 世纪初的空想社会主义者之所以陷于空想，从世界观来说，主要因为他们是历史唯心主义者，把社会主义建立在抽象人道主义原则的基础上。而马克思、恩格斯之所以能把社会主义由空想变为科学，除了剩余价值理论外，是因为他们创立了唯物史观。他们把社会主义置于现实的基础之上，运用唯物史观分析资本主义社会的矛盾及其运动，从资本主义制度自身发现了它被社会主义制度所代替的必然性。

从实践上说，社会主义由理论变为现实，也是同马克思主义哲学不可分的。列宁非常重视马克思主义哲学，他在领导俄国革命的过程中，不仅亲自撰写了《唯物主义和经验批判主义》、《哲学笔记》等著作，而且运用马克思主义哲学分析俄国的阶级状况，为俄国共产党领导民主革命和社会主义革命制定了正确的路线和策略。在十月革命以后的7年中，列宁又运用马克思主义哲学分析了俄国当时的状况，制定了新经济政策，力图在恢复国民经济的基础上，把俄国的社会主义建设迅速向前推进。

中国革命的历史也极其生动地证明了马克思主义哲学的指导作用。我们可以想一想：毛泽东的《中国革命战争的战略问题》、《实践论》、《矛盾论》、《论持久战》、《新民主主义论》等著作，对于打败日本帝国主义、推翻蒋介石统治、夺取民主革命的胜利，起了何等重要的作用。在领导社会主义建设过程中，毛泽东又写下了《关于正确处理人民内部矛盾的问题》、《论十大关系》等重要著作，其中关于社会主义时期正确区分和处理两类不同性质的社会矛盾，重视意识形态领域中的斗争，以农业为基础、以工业为主导、工农业同时并举的方针，以及关于反对“和平演变”、防止资本主义复辟等等论述对于社会主义建设都是非常重要的。当然，在社会主义革命和社会主义建设中我们曾经犯过不少错误，而且当前社会主义也在一些国家遭到重大挫折，社会主义革命正处于低潮，但这并不能证明马克思主义哲学的错误，相反，却证明马克思主义哲学是不能违背的。“违犯辩证法是要受惩罚的”。

在粉碎“四人帮”以后，邓小平同志和党中央恢复了实事求是的马克思主义思想路线，从中国国情出发，制定了一整套关于建设有中国特色的社会主义的路线、方针和政策。这条正确的路线已经取得明显的效果。这充分说明，对社会主义建设道路的探索、对社会主义原有的经济和政治体制的改革，必须以马克思主义哲学为指导。

毛泽东历来重视学习哲学。1955年，他在中国共产党全国代表会议上的讲话中说，马克思主义中“基础的东西是马克思主义哲学”，

"我劝同志们要学哲学"。在哲学学习中，我们一定要遵循理论联系实际的学风。马克思曾经批判过旧哲学的经院派学风，他说："哲学，尤其是德国的哲学，喜欢幽静孤寂、闭关自守并醉心于淡漠的自我直观……它那玄妙的自我深化在门外汉看来正像脱离现实的活动一样稀奇古怪；它被当做一个魔术师，若有其事地念着咒语，因为谁也不懂得他在念些什么。"① 马克思主义哲学工作者不应是"沙漠里的高僧"，不能空谈哲理，推崇"机锋"，把哲学变成貌似高深的"偈语"。同时，我们也应注意到，马克思主义哲学不是教条，它并不提供当代问题的现成答案。马克思主义哲学并没有结束真理，它只是为人类认识新的真理提供了一个支撑点。我们一定要密切联系实际，真正学会运用马克思主义哲学分析和解决当代面临的问题。

① 《马克思恩格斯全集》，第1卷，120页，北京，人民出版社，1956。

马克思主义哲学的群众性与实践性*

——兼谈哲学的冷与热

当前，一部分青年人中的所谓信仰危机，突出地表现为对马克思主义，其中包括对马克思主义哲学的冷淡。一些人对马克思主义哲学不理解，不感兴趣，甚至拒斥。任何一个有社会责任感的理论工作者都对马克思主义哲学的处境怀有某种忧虑。通过总结历史经验来寻找摆脱困境的出路是有益的，但用以总结的哲学原则应该是正确的，否则就很可能会得不出正确的结论。

一、应该面对群众，宣传群众

我们是社会主义国家，理所当然地要宣传和提倡学习马克思主义哲学。新中国成立以来，毛泽东同志多次倡导学习马克思主义哲学。邓小平、陈云等老一辈革命家也是如此。“学习哲学，终身受益”是陈云同志提倡学习马克思主义哲学的名言。江泽民同志曾在讲话中号召全党学习哲

---

* 本文发表于《求是》，1994年第4期。

学，最近又提倡加强世界观和人生观教育。尽管如此，要使马克思主义哲学为广大知识分子、干部和青年一代所掌握，还是一个长期艰苦的宣传和教育过程。

意识形态领域正如经济建设领域一样也是充满曲折的，其中在宣传和倡导学习马克思主义哲学方面的确有许多教训。例如1958年“大跃进”中出现的群众学哲学热潮，其用意是好的，是为了使哲学从哲学家的书本里和课堂上解放出来，变为群众手里的锐利武器，但存在着严重的形式主义和庸俗化倾向。而且由于“左”的思想影响，在处理学习马克思主义哲学与批判地汲取中国传统文化和西方哲学成果之间的关系方面也存在偏颇。这些都是应该认真总结、切实改正的。但把“君临一切”、“指挥一切”作为教训，很容易使人理解为马克思主义哲学不应面对群众，也不应处于指导地位。

马克思主义哲学应该面对群众、宣传群众，这是由它的本性决定的。历史上许多著名哲学家，从柏拉图、亚里士多德到康德、黑格尔，他们的思想对人类文化作出了重要贡献，但它们的信仰者和研究者人数不多。全世界有多少黑格尔主义者？一百、二百就了不起。马克思主义哲学则不同。它是无产阶级的世界观，是人类认识世界和改造世界的武器。马克思主义哲学要真正发挥作用，就必须由少数人的哲学变为广大人民群众的思想武器。这是马克思主义哲学发挥作用的唯一途径。像对待德国古典哲学那样来对待和要求马克思主义哲学，至少是忘记了马克思《关于费尔巴哈的提纲》的最后一条，即：“哲学家们只是用不同的方式**解释**世界，而问题在于**改变**世界”。①

面对群众、宣传群众，这是马克思恩格斯在创立自己学说时就确

---

① 《马克思恩格斯选集》，第1卷，61页，北京，人民出版社，1995。

定了的原则。他们非常重视向工人宣传自己的理论，决不因为他们文化水平低而采取蔑视的态度。马克思主义哲学作为科学的世界观和方法论，最突出地表现在它与人们的实际活动、与各门科学研究活动的联系之中。马克思主义哲学只有在“用”中才表明它是“有用”的。割断马克思主义哲学与群众的联系，把它从实际活动和科研活动中排挤出去，就是把它变为无用之物，最多是一种“偶像”。

我们决不能把对马克思主义哲学的错误认识加在马克思主义哲学头上。试图从马克思主义哲学中引出解决一切问题的结论，责任不在于马克思主义哲学，而在于自己的无知。认为一切结论都可以从马克思主义哲学中引申出来，这是最为马克思主义哲学所反对的。马克思主义哲学的活的灵魂就是具体问题具体分析。马克思主义哲学不是教条，它不提供也不可能提供对一切问题的现成答案。恩格斯早就说过：“马克思的整个世界观不是教义，而是方法。它提供的不是现成的教条，而是进一步研究的出发点和供这种研究使用的方法。”① 至于“人有多大胆，地有多大产”的来源不是马克思主义哲学，而是违背马克思主义哲学的唯意志论；“文化大革命”中打倒一切、否定传统，只讲斗争性、不讲同一性等等，更是唯心主义盛行、形而上学猖獗的表现，不能把过错加在马克思主义哲学头上。

我认为，对于一个社会主义国家来说，应该牢固地树立马克思主义的指导地位。如果我们的实际工作者坚持以辩证唯物主义和历史唯物主义为指导，坚持从实际出发和实事求是；我们的自然科学和社会科学工作者学会运用马克思主义哲学的世界观和方法论；我们的青年一代自觉地树立正确的世界观和人生观，这是很值得赞扬的。不过我

① 《马克思恩格斯全集》，第39卷，406页，北京，人民出版社，1974。

们并没有做到这一点。十一届三中全会以后我们党强调从实际出发和实事求是，端正思想路线，证明此前马克思主义哲学并未做到“指挥一切”，否则何必拨乱反正呢？

其实，由唯心主义和形而上学造成的错误，丝毫也无损于马克思主义哲学的“威信”和“形象”。马克思说过一段话，用在此处特别贴切。他说：“就好像汽锅爆炸（结果使一些乘客血肉横飞）这种个别情形不能成为反对力学的理由一样，某些人不能消化最新的哲学并因这种消化不良而死亡的情形，也不能成为反对哲学的理由。”① 一个真正的马克思主义理论工作者，总结历史的经验教训，从中得出的结论应当是维护马克思主义哲学的威信，坚持辩证唯物主义和历史唯物主义，提倡从实际出发和实事求是的原则，而绝不是相反。

毋庸讳言，马克思主义哲学今天是冷一些。但不能认为“今天哲学的冷遇便是‘发烧’后所表现出的虚弱”。任何一个在高校从事马克思主义哲学理论教学、接触过学生的人都知道，实际情况要复杂得多。至少有三点是起作用的。第一，在我们马克思主义哲学教学中，存在一个主要问题是理论联系实际很不够。它没有着重把马克思主义哲学作为一种科学的世界观和方法论，着重提高学生分析问题、解决问题的能力，而是教条地停留在一般原理的照本宣科上，使学习者看不到马克思主义哲学的强大功能，从而大大降低了对马克思主义哲学的兴趣。第二，就业问题是决定专业选择的重要因素。专业的选择并不完全代表兴趣，而更多出于毕业后的考虑。热门专业，收入高，就业容易，对学生们有很大吸引力。第三，更重要的原因是世界共产主义运动处于低潮，社会主义在一些国家遭到严重挫折，使马克思主义

① 《马克思恩格斯全集》，第1卷，124页，北京，人民出版社，1956。

处于一种困难的境地。在我们国家，马克思主义哲学的命运同社会主义制度的巩固和完善是紧密结合在一起的。只要我们坚持党的基本路线，在狠抓物质文明建设的同时狠抓精神文明建设，我相信在建设有中国特色的社会主义进程中，一定会使马克思主义哲学重放光辉。

二、应该面对现实，走理论结合实际的道路

如果说马克思主义哲学的群众性决定了它必须面对群众，即用马克思主义哲学来教育我们的干部、知识分子和青年一代，那么马克思主义哲学的实践性，则决定了它必须面对实际，走理论联系实际的道路。当代中国最大的实际是建设有中国特色的社会主义，是进行经济体制和政治体制的改革，其中关系最为重大的改革是确立社会主义市场经济体制以及与此相关的一系列改革。这些问题当然不是哲学唯一的研究对象，但也绝不是什么浅层次的问题。从哲学角度来研究这些问题绝不是什么“赶时髦”。如果置关系到 12 亿人口命运和前途的中国社会主义建设与改革实践于不顾，而要马克思主义哲学家专注研究什么“人的形而上学本质”之类的问题，对于这样的哲学主张我很难赞同。

康德和黑格尔不研究商品经济，不能成为当今中国的马克思主义理论工作者不应研究社会主义市场经济中的哲学问题的根据。要知道，马克思主义哲学终究不同于德国古典哲学。德国古典哲学，从康德到黑格尔，以及青年黑格尔派都始终停留在思辨哲学的领域。正如马克思恩格斯所说的：“德国的批判，直到它的最后的挣扎，都没有离开过哲学的基地。”① 而马克思之所以成为马克思主义创始人，正

① 《马克思恩格斯全集》，第 3 卷，21 页，北京，人民出版社，1960。

在于他没有停留在纯哲学领域，而是由哲学转向经济学研究，从而突破了思辨哲学的传统，创立了唯物史观。马克思研究资本主义商品经济的巨著《资本论》，既是经济学著作又是哲学著作。谁都不敢说，马克思的《资本论》降低了哲学的品格。依我看，在当今中国，谁要是能像马克思研究资本主义商品经济写出《资本论》那样，从马克思主义哲学角度来研究社会主义市场经济问题，对人们普遍关心的社会主义市场经济条件下的一系列重大问题作出科学的回答，谁就是有真正贡献的哲学家。

德国古典哲学对人类文化的贡献是巨大的，但它不能成为我们今天应该研究什么、不应该研究什么的样板。德国古典哲学的思辨性，使其整个体系处在概念和范畴的阴影王国之中。马克思曾经批判过它的这个缺点："哲学，尤其是德国的哲学，喜欢幽静孤寂、闭关自守并醉心于淡漠的自我直观"；"它那玄妙的自我深化在门外汉看来正像脱离现实的活动一样稀奇古怪；它被当做一个魔术师，若有其事地念着咒语，因为谁也不懂得他在念些什么"①。马克思主义哲学要充分吸取德国古典哲学的优秀成果，但不能沿着它的足迹前进，像它那样面对概念、范畴，精心构筑自己的体系，而是要面对现实。用马克思的话来说，就是要"走出阿门塞斯的阴影王国，转而面向那存在于理论精神之外的世俗的现实"②。

面对现实不是一句空话。它要求面对客观存在着的重大问题。没有问题就没有科学，没有对问题的思考就不需要哲学。"**问题**就是公开的、无畏的、左右一切个人的时代声音。问题就是时代的口号，是

① 《马克思恩格斯全集》，第1卷，120页，北京，人民出版社，1956。
② 同上，第40卷，258页。

它表现自己精神状态的最实际的呼声”①。所谓真正的哲学是时代的精神的精华，就是指它捕捉住了时代的普遍的、重大的问题，从时代高度，把人们在实践中和科学研究中所取得的成就凝集在哲学思想之中。

哲学问题来自时代的实际生活，即特定时代的人们在实践活动中不断重复的根本问题，而不是来自人的抽象本性。把人的本质归结为所谓“形而上”，把“哲学研究的主要课题”说成是处理人作为经济动物和人作为形而上学动物的矛盾，实在高深莫测，令人如坠五里雾中。

人和人的本质问题当然是哲学研究的重要对象，但不能把哲学对象归结为人与人的本性，特别是归结为对人自身抽象本性的研究。正如迁出神庙抛到荒野的神像不再是神而是木偶一样，脱离社会及其环境的人也不再是人，而是两足动物。人是从自己所处的社会关系中获得自己的质的规定性的。马克思说的黑人就是黑人，只有在一定关系下，他才成为奴隶，就是这个意思。离开了奴隶制，就没有奴隶主与奴隶；离开了封建庄园制，就没有领主与农奴；离开了资本主义私有制，就没有资产者与无产者。所谓人自身所固有的本性，除了通过遗传获得的生物特性外全都是在社会环境中形成的。而且即使是人的生物特性也已经过了社会的再铸造，不能归结为动物本能。

正因为哲学中的问题不是根植于人的抽象本性，而是来源于时代，正因为问题和考察问题的方式都是依赖于时代的，因此哲学具有鲜明的时代性、民族性和阶级性。哲学的时代性，表现在不同时代所

① 《马克思恩格斯全集》，第 40 卷，289－290 页，北京，人民出版社，1982。

着力探讨的哲学问题不同。例如在古希腊罗马哲学中，自然哲学处于支配地位，着力于世界本质的探讨；中世纪由于宗教和教会的统治，哲学致力于关于上帝存在和灵魂不死的论证；随着资产阶级的兴起，由于科学发展的需要，许多大哲学家如洛克、康德等致力于人的认识活动和认识能力的研究；同时由于对社会认识的要求，历史哲学也悄然兴起。在现代西方哲学中，人本主义哲学把人视为哲学的中心，分析哲学则致力于语言和逻辑的研究。哲学对时代的依赖性，对于每个民族而言则表现为民族性。由于阶级对立是进入奴隶制以来时代的重要内容，哲学还具有阶级性。不同阶级的哲学代表人物着力探讨的哲学问题也是不完全相同甚至很不相同的。

哲学不可能是超功利主义的。虽然哲学由于它自身的特点，往往会使人觉得它与利益无关，是在纯概念王国中驰骋，其实并非如此。哲学是以哲学方式实现它的功利主义，即为特定阶级的利益服务。恩格斯说："从15世纪中叶起的整个文艺复兴时期，在本质上是城市的，从而是市民阶级的产物，同样，从那时起重新觉醒的哲学也是如此。哲学的内容本质上仅仅是那些和中小市民阶级发展为大资产阶级的过程相适应的思想的哲学表现。"① 在德国古典哲学那"迂腐晦涩"、"笨拙枯燥"的语句背后，恩格斯都看到了"隐藏着"的资产阶级革命的要求。

如果说以往的哲学是隐蔽的功利主义，是不承认功利主义的功利主义的话，那么马克思主义哲学则是公开地、鲜明地倡导革命功利主义原则，把自己看成是"无产阶级解放的头脑"，宣布哲学的目的不仅是要认识世界，而且还要改造世界。马克思主义哲学始终是和科学

① 《马克思恩格斯选集》，第4卷，254页，北京，人民出版社，1995。

社会主义学说相结合的。恩格斯说过，现代的唯物主义，它和过去相比，是以科学社会主义为其理论终结的。在革命时期，马克思主义哲学要为无产阶级夺取政权服务；在取得政权之后，则要为社会主义建设服务。这不能叫狭隘功利主义，这是马克思主义哲学的历史使命。这种使命既是功利主义的，又是理想主义的。因为马克思主义哲学关于无产阶级彻底解放和人的全面发展的共产主义理想，本身就包含革命功利主义，即包含对无产阶级和人类根本利益的追求。

马克思主义哲学的“功利主义”，不仅在于它为无产阶级获得彻底解放服务，而且表现为它为人类提供了一个锐利的认识武器。各门科学，无论是自然科学还是社会科学，都能从马克思主义哲学的应用中获得“效益”。

事情并不像有些人所说的那样，在全国范围内讨论关于实践是检验真理的唯一标准之后，哲学境遇越来越困难，是由于狭隘功利主义造成的。在我看来，刚好相反。如果我们哲学工作者能关注现实，写出像《实践论》、《矛盾论》那样理论与实际相结合的著作，如果我们哲学工作者能真正实现哲学与科学的联盟，总结自然科学、社会科学和思维科学的新经验，提供新的哲学方法，而不是停留在重复一般原理上，或者进入虚无缥缈的哲学太空，我看感兴趣的人一定会越来越多。

马克思主义哲学摆脱困境、走出低谷的道路，是走理论联系实际的道路。我们要有人专门从事所谓纯哲学的研究，即研究本体论、认识论、方法论的问题，但这种研究也必须结合人们实践中和科研中提出的问题，观点要真、结论要新，而不是年复一年地重复基本原理，这方面的研究非常重要，应该加强；另一方面，也要有人在应用中求发展，结合研究各门具体科学来丰富马克思主义哲学。对马克思主义哲学工作者来说，当然应该淡泊名利，潜心学问，耐得住寂寞，但却不能走历史上某些哲学家曾走过的道路，即远离闹市、隐居农村、隔绝人世、背对现实的哲学道路。在当代，这做不到，也不能做。恩格斯曾经为隐居乡村而限制了自己哲学思维的费尔巴哈感叹不已。在即将进入21世纪的中国，为马克思主义哲学工作者开这种处方实在不妥。

三、要正确把握人与动物的根本区别

我们遵循的哲学原则应该是辩证唯物主义和历史唯物主义，而不能沉湎于对人的抽象本质的哲学思辨。人与动物的根本区别决不能归结为人的本性是“形而上”，动物的本性是“形而下”；人的本性是“追求理想”，动物的本性是“追求功利”。这种说法令人困惑难解。

人的需要当然不同于动物。人的需要有其生理基础，但人的需要既不能仅仅归结为生理结构，也不能归结于人的所谓形而上学本性，而是取决于社会生产。随着社会生产力的发展，人的需求的内容不断丰富。为什么人们“在吃好、穿好的同时，还要看演出、听音乐、外出旅游”呢？这当然不是由于人的“超功利的”“形而上学本性”，而是生产发展和生活水平提高引起的需求层次的变化。现代人和原始人、发达国家和贫穷国家、富人和穷人的需求的内容和层次的差异性，离开了社会发展水平和人的不同的社会地位，从人的所谓超功利的本性中是得不到科学说明的。

人与人的关系与动物之间的关系是不同的。人与人之间的关系是社会关系；而动物之间的关系则是自然关系。当然，人与人之间的关系也存在某种自然关系，如父母与子女之间的血缘关系、夫妻之间的性关系就是一种自然关系，但这已经是社会化了的自然关系。因此，考虑人与人之间的关系、考虑人与动物的区别决不能离开这个基点。为什么“人比禽兽还要野蛮一千倍、一万倍”呢？为什么某些动物之间的斗争最多是单个的或成群的撕咬，而人却“发明越来越先进的武器成百成万地杀人”呢？把这归之于人对自己“思维能力”和“文明”的“误用”，归之于人“没有考虑到”自己的“形而上学”的本性，不能认为是合适的解答。

在社会领域中，人与人之间的大规模斗争主要有两种形式：一是各国家内部的阶级斗争，统治阶级对被统治阶级的镇压，以及革命时期阶级之间的你死我活的决战；另一种是国家之间的战争，如帝国主义国家之间以及帝国主义国家同被侵略国家之间的战争。战争的深刻的根源是物质利益，阶级斗争的核心是阶级利益，国际战争的根源是国家民族的利益（主要是以国家形式出现的处于领导地位的统治阶级的利益）。没有利益冲突就不会有大规模的相互“残杀”。即使是以文化冲突、宗教信仰冲突形式出现的战争，其深层次的东西也仍然是物质利益。在阶级社会中，利益问题是同私有制结合在一起的。人类社会进行过无数次国内战争以及国家之间的战争，大规模地相互残杀，这绝不是理性的迷误，而是私有制社会里不可避免的现象，是不依人们意志为转移的。在当前，人们可以防止第三次世界大战，但绝不能消除一切战争。事实上，世界上战争不断。决不可以认为只要考虑到人的“超功利的理想的要求”，不考虑“功利的方面”，向人的“形而上学”本性发出呼吁，就可以制止或消灭人类的相互残杀，这是不可能的。

同样，从人的所谓超功利的“形而上学”本性出发，也无法理解人与自然的矛盾，也不可能找到解决人类面临的生态危机问题的出路。我们面对的世界，是包括人类社会在内的世界。人在客观世界中处于双重关系——人与自然、人与社会——之中，或者像恩格斯所说的："自然和历史——这是我们在其中生存、活动并表现自己的那个环境的两个组成部分。"① 这两方面是相互影响、相互渗透的。考虑其中任何一方面，都不能撇开另一方面。不能离开社会的性质和发展水平来考察人与自然的关系，因为人对自然资源的占有和利用方式本身就是生产力和生产关系的重要内容。从人的本性而不是从生产方式中探求当代生态环境问题，在我看来有点偏离。

动物与环境的所谓平衡是不值得羡慕的。因为这种平衡的主导方面是自然，通过自然选择使不适宜环境的生物品种灭绝或迫使它变化。这种"平衡"是长期进化的结果，对它们自己而言，代价是巨大的，是"残酷"的。当然，人类实践活动造成的结果有时确是"城门失火，殃及池鱼"，但这绝不是说，如果排除人为因素，它们就是没有矛盾的"极乐世界"。

人类的发展也是如此。人类社会早期绝不是人与自然平衡的时代。当时人类生存环境极端恶劣，人对自然环境在一定程度上仍处于动物般的依赖之中。进入农业社会后，人类为自然创造了一个相对平衡的自然环境。尽管由于农业生产方式的特点，它不可能摆脱对自然的依赖，但也不会导致大规模生态环境恶化。资本主义工业化打破了农业社会建立的相对平衡。特别是随着生产力的发展和科技进步，人们从对自然界的改造中受到日益增多的惩罚，最终导致引人注目的生态危机。究其原因并不在于人类"没有考虑到超功利的理想的要求"，而是由生产关系决定的对巨大生产能力和科学技术运用的目的和方式。生产力的发展和科技进步不是生态危机的根源，相反，只要运用

① 《马克思恩格斯全集》，第39卷，64页，北京，人民出版社，1974。

得当，它还能为克服生态危机、改善环境、保持可持续发展提供物质的、科学的、技术的可能性。因此，人与自然矛盾的尖锐化不能归结为人性问题。克服这种危机的动力，也不能指靠超功利的理想，相反，它恰好是来自最大的功利主义，即来自人类对自己生存还是毁灭的自觉认识。

科学家同哲学家有相似之处。对于科学家而言，科学研究不仅是一种职业，而且是一种事业、一种社会责任。有幸而从事科学研究，进入科学殿堂，这表明了他承担的社会义务。对于我们国家的哲学工作者也应该这样要求。哲学不应该仅仅是个人的兴趣、爱好、思辨，而应该看做是承担了一种社会责任，即为建设有中国特色的社会主义，为提高民族素质和思维水平服务。我深信，尽管对于同一个问题有不同看法，但繁荣我国的哲学事业是我们的共同愿望。

重视人文科学在文化建设中的地位和作用*

江泽民总书记在党的十五大的政治报告中，高举邓小平理论伟大旗帜，强调在建设有中国特色的社会主义的经济、政治的同时，要加强社会主义文化建设，教导全党必须从社会主义事业兴旺发达和民族振兴的高度，充分认识文化建设的重要性和紧迫性，并高屋建瓴地指出，这对于坚持马克思主义在我们社会主义意识形态领域的指导地位，对于探索有中国特色的社会主义的发展规律，增强我们认识世界、改造世界的能力，有着重要意义。正确理解人文学科的性质、地位和功能，是切实落实党的十五大关于加强社会主义精神文明建设、创造绚丽多彩的有中国特色的社会主义文化的一个重要方面。

一、人文科学内容个性化问题

人文学科究竟属不属于科学，至今仍在争论。有的学者认为，自然科学是科学，而人文学科则只能称为人文学

---

* 本文发表于《高校理论战线》，1997 年第 11 期。

科，而不能称为人文科学。我们现在把人文学科与社会科学合称为人文社会科学，只是一种折中的说法。这就把人文学科的属性这个长期争论不休的问题又摆到了我们面前。

我们面对的世界，是包括自然、社会、人在内的统一体。它是分别由不同学科来研究的：自然科学以自然为对象，它研究自然规律；社会科学以社会的结构、关系、规律为对象，如经济学研究经济规律、政治学研究国家和阶级关系、社会学研究社会各方面的问题；而人文学科则以人的活动、思想和人的各种活动和思想的历史过程为对象。这三者相互联系又各有特点。自然科学是以自然为客体、以人为主体，主客体关系、反映与被反映关系比较清楚。可人文科学是以人为对象，人既是研究主体又是研究客体，很难把研究者和被研究者区分开来，因而不少人认为人文学科不是科学，只是价值，只是文化，它研究的是不可重复的独特的现象。例如，新康德主义者李凯尔特在《自然科学概念构成的界限》中说，历史上的东西，从最广泛的意义上来说，就是那种仅仅出现一次的、件件都是个别的、属于经验范围的实际事物；它既带有直观性，又带有个别性，因而是自然科学构成概念的界限。雅斯贝斯在《论历史的起源与目的》中说，如果我们从普遍的规律去把握历史，那么我们把握的决不是历史本身，因为历史就其个性来说是某种仅仅出现一次的东西。这是西方历史哲学中从狄尔泰到柯林武德、克罗齐、波普尔等都持有的大体相同的看法。历史学是精神学科、是无客观规律可循的，这种观点把自然科学、社会科学、人文科学的差异性弄到了绝对对立的地步。

自然科学的科学性是得到公认的，除了少数科学哲学家否定世界的客观性和规律的客观性，从而导致否定自然科学的客观性外，人们一般都承认自然科学揭示的是一般规律，它没有地区、国家和民族的界限：没有中国的物理学或美国的物理学、中国的化学或美国的化学。自然科学的规律是普遍的，牛顿的力学规律在宏观领域全世界都适用；20世纪所有的重大科技进展，如核能、原子物理、超导、激光、半导体、计算机，则都建立在相对论和量子力学规律的普遍适用性的基础上。

社会科学以社会结构和社会运行规律为对象，它涉及社会生活的各个方面。每个国家和民族的社会的具体存在方式虽然有其特殊性，但社会形态和社会发展还是有规律的：既有一般规律又有特殊规律。所以社会科学与自然科学有相同之处，即以一般为对象。我们不能说有中国的社会学、美国的社会学或者美国的经济学、中国的经济学，因为社会学、经济学作为一种科学是不能按国家和民族来划分的。但社会科学有其特殊性，与自然科学并不完全相同。因为社会科学以社会为对象，而社会与人不可分，人有社会制约性和阶级性，所以不同社会和阶级的研究者的立场和观点方法会不一样，而它又必然会反映到所研究的学科上。所以不能说美国经济学、中国经济学，但却可以说资产阶级社会学、无产阶级社会学、资产阶级经济学、无产阶级经济学。这就是说，社会科学不同于自然科学，它存在科学与价值的关系问题。

人文科学更不同，它以人的思想与人的思想与实践的历史过程为对象。它的直接对象是单一的、不可重复的，思想家是独特的、伟大历史人物是独特的、历史重大事件是不可重复的。所以人文学科的对象以及它的研究者都具有个性，即时代性、民族性和阶级性。我们不能说中国的物理学、中国经济学，但我们却可以说中国哲学、德国哲学、英美哲学，甚至以人命名，像老子哲学、庄子哲学、黑格尔哲学、海德格尔哲学等等。人文科学的这种个性化特点常常成为否定人文学科科学性的根据，这是不对的。事实上，在有个性化特点的人文科学中仍然有一般性的东西，这种个性中所包含的一般正是它的科学性之所在。例如黑格尔哲学当然属于黑格尔，它的特性是以绝对观念作为自己哲学阐述的对象和立论的根据。但是使黑格尔哲学成为人类宝贵精神财富的不是绝对观念，而是他通过绝对观念自我运动的方式猜测到的世界和社会运动的辩证规律，如对立统一规律、量变质变规律和否定之否定规律。恩格斯高度赞扬黑格尔在历史上第一次以唯心主义方式阐述了辩证法的规律。如果黑格尔仅仅提出绝对观念而不以绝对观念的方式去阐述规律性的东西，那他就不是一个大哲学家，甚至是一文不值的狂人。同样，老子的哲学也是个性化的，它是中国古代的，而且是由老子创立的。它的特色是以道为本体来阐述他的哲学思想。老子哲学的伟大之处正在于它通过道这个范畴确立了辩证宇宙观。他讲的道生一、一生二、二生三、三生万物，讲曲则全、枉则直，讲有无相生、长短相成，讲飘风不终朝，骤雨不终日，等等，这都是宇宙的普遍规律。如果没有这些，老子也就不成其为世界名人老子。

作为人文学科的历史学也是如此。按照当代西方某些历史哲学的观点，历史学在任何意义上都不能说是科学，因为它是个体的、永不重复的，无规律可循，只能描述和记述。其实，一门学科的科学性并不取决于对象，而更重要的是取决于如何研究和研究什么：对科学可以采取迷信的态度，对迷信可以采取科学的态度。占星术是迷信而不是科学，虽然星星是客观的可见的；精神分析可以是科学而不是迷信，虽然精神是人的内心活动。历史的科学性在于它以事实为依据、以规律为对象，历史学中的描述和记述只是它的方法论的一个特点而不是历史学的本质。历史学同样可以通过个别人物、具体事件达到规律性理解，因为在历史中，事件并不是单一的而是整个过程的一个部分；人物并不是孤立的而是整个历史运动的一部分；历史事实不是详尽的细节而是规律性的重要表现。因此，历史学同样可以通过历史中的不可重复的个别性达到规律性的东西。在所有的历史中，都可以看到各个阶级和集团为利益而进行的斗争、看到革命和战争、看到王朝的盛衰兴亡，即通过不可重复的单一现象看到不断重复的规律性现象。例如，《史记·陈涉世家》记载的陈涉起义当然是具体的不可重复的，但封建社会中迫于暴政的农民起义可不是个别的而是不断出现的。农民起义是具体的，农民起义这种社会现象是不断重复的；英雄人物是具体的，每个时代、每个阶级都需要自己的领袖性人物是不断重复的。历史规律正隐藏在这些个别的不可重复又不断以自己的独特方式出现的重复中。

所以，人文科学无论怎样个性化，都不能否定其中存在着一般性的东西。因为按照马克思主义哲学观点，一般与个别是相联系而存在的。比如说，马克思主义为什么能应用于中国呢，就因为它的本质的普遍性。尽管马克思主义是马克思和恩格斯创立的，具有德国人的思维方式和语言风格，但它不仅属于德国，而且属于世界。没有任何国家可以不受辩证法和唯物主义规律的支配。

同样，中国传统哲学之所以同马克思主义哲学不是相互排斥的，是因为中国传统哲学中的唯物主义与辩证法规律与马克思主义哲学是相通的。中国哲学中关于气的一元论、关于神不离形、关于知行合一、关于凡物莫不有对、关于一中有二、关于独中有对等等，都是既有中国特色又有普遍意义的东西。否则，就是毫无价值的东西，正如鲁迅嘲笑的长在脸上的疣，虽很特殊但却不能说美。

人文科学工作者，应该重视个性。无论是哲学、历史、文学，从内容、风格、视角，都应该有自己的特色，但这只是使自己更逼近对象，更能正确解释对象，或更有益于提高人的思想和道德境界。个性化不是目的。片面强调人文学科是个人生命的体悟、是不可重复的仅属于我自己的独特的东西，人文科学就没有存在的价值和必要，因为仅属于我、除我之外没有任何客观内容的东西是长在脸上的疣。人文科学的个性应该包含为人类实践和认识所认同的共同的东西，否则它就很容易陷于说胡话甚至说疯话的地步，所以在人文学科中一定要把求新和求真结合在一起，只真不新、重复旧说没有价值，只新不真、违背常识谬误流传更不行。马克思在关于伊壁鸠鲁哲学笔记中有段话讲得特别深刻。他说："编纂哲学史的任务，不是要把哲学家的个性，即使是他的精神上的个性理解为好像是他的体系的焦点和形象，更不是要罗列心理上的琐屑小事和卖弄聪明。哲学史应该找出每个体系的规定的动因和贯穿整个体系的真正的精华。"①

二、人文科学的科学与价值

科学与价值的关系涉及各种学科，但情况不同。例如，自然科学自身并不包含价值问题，可以说价值中立，因为价值问题不能也不会进入自然规律的内容之中。它影响的只是对科学技术作用的不同评价，例如有的学者认为科学发展导致环境的恶化和人性的堕落，而有的学者则认为这与科学技术本身无关，而是对科学技术的应用不当所致，而且解决这些问题，不是靠停止而是靠进一步发展科学技术。可见，在自然科学中，价值问题是一个科学哲学问题。而在人文科学中，价值问题则构成人文学科内容的一部分。这也正是一些学者否定人文

① 《马克思恩格斯全集》，第40卷，170页，北京，人民出版社，1982。

科学科学性的论据:似乎历史学不是科学而只是历史学家对历史的诠释,哲学不包含对世界的客观内容的认识而是哲学家的自我意识,至于文学更是源自内心,是人的情感的抒发。如果真是这样的话,人文科学就只能是价值而不可能有客观内容。这种看法我以为是不对的。

人文科学也是科学,但它是不同于自然科学的科学。就它不能数学化、公式化、定量化而言,它不同于实证的自然科学。但人文科学本身同样存在一个科学性问题,它的科学性表现在,它应以事实为依据、以规律为对象、以实践为标准,不是无可评判的画鬼而是画人。它的是非对错、像与不像是可以判别的。这一点,就连中国古代哲学家荀子都有一定认识。他说:“凡论者,贵其有辩合,有符验。故坐而言之,起而可设,张而可施行。”如果一种理论根本不可验证、不可实行,那只能任其胡说。

1. 以事实为依据

马克思和恩格斯都承认人文社会科学的科学性。恩格斯说:“我们不仅生活在自然界中,而且生活在人类社会中,人类社会同自然界一样也有自己的发展史和自己的科学。”① 马克思主义经典作家不仅承认人文学科的科学性,而且强调人文学科要成为具有科学性的学科,就必须以事实为依据。事实,这是一切论断科学性借以立足的根据,无事实根据的论断只能是主观臆测,所以恩格斯特别强调事实的重要性。他在《自然辩证法》中说:“不论在自然科学或历史科学领域中,必须从既有的事实出发。”在《卡尔·马克思〈政治经济学批判〉》中,恩格斯强调,即使是在一个单独的历史实例上发展唯物主义的观点,也是一项多年冷静钻研的科研工作,因为很明显,在这里

① 《马克思恩格斯选集》,第4卷,230页,北京,人民出版社,1995。

只说空话是无济于事的，只有靠大量的、批判地审查过的、充分地掌握了的历史资料，才能解决这样的任务。马克思在研究工作中非常重视事实，他曾经写信给魏德迈嘲笑那些不凭借资料而只靠拍脑袋的经济学家说，他们靠“从天上”掉下来的灵感，当然不需要下这样的功夫。“这些幸运儿为什么要用钻研经济和历史资料来折磨自己呢？”①

有的学者认为，人文学科是关于人的思想和精神的学科，不存在事实问题，只存在解释。历史的本质是思想史，历史学只是价值判断，没有确定无疑的事实；文学同样无事实，只有文本，完全可以有不同的解读；哲学是哲学家的自我意识，与事实更无关系。这种说法，我以为是把人文学科置于困境甚至绝境。

人文学科当然不能离开人，人有思想、有精神，但人文学科并不是直接以人的内在思想和精神为对象。人是创造性的存在物，他不是在思考中而是在不断对象化中生存和发展的。离开人的对象性存在，人的思想或精神就是无。例如，历史是人创造的，人是有思想的，但历史学不是也不可能以人的内在精神为对象，而是以人的对象化活动中创造的实在的历史过程为对象。这不是不可捉摸的人的内心过程，而是有人物、有事件、有活动、有结果的实在过程。历史研究离不开通过文字记载、地上和地下的文物来分析历史过程。历史人物的思想和精神问题，即历史动机问题，对于历史分析是重要的。它的重要性并非因为历史是思想史，而是因为对历史动机的分析可能引导深入到任何主体都没有意识到的力量。关于这个问题恩格斯曾做过很精彩的论述，他说：“探讨那些作为自觉的动机明显地或不明显地，直接地或以意识形态的形式、甚至以被神圣化的形式反映在行动着的群众及

① 《马克思恩格斯全集》，第27卷，582页，北京，人民出版社，1972。

其领袖即所谓伟大人物的头脑中的动因，——这是能够引导我们去探索那些在整个历史中以及个别时期和个别国家的历史中起支配作用的规律的唯一途径。使人们行动起来的一切，都必然要经过他们的头脑；但是这一切在人们的头脑中采取什么形式，这在很大程度上是由各种情况决定的。"① 所以在历史研究中，不能以思想替代或否定历史存在的事实。至于文学则更不能简单地归结为文本。文学著作的作者是生活在一定时代条件下的人，一部优秀作品不可能是脱离他的时代和社会现实的。文学研究当然要把作品、作者、时代和作品反映的社会现实统一起来考察和衡量作品的价值。哲学思维也同样要以事实为依据，不管哲学如何抽象、如何思辨、如何远离现实，只要是真正有价值的哲学，即使是唯心主义哲学，也都是以不同的方式来概括人类实践的成就、概括他所处时代的自然科学和社会科学成就，在哲学思维中同样不能无视事实。

2. 以规律为对象

人文科学要以规律为对象。科学是揭示规律的，不揭示规律就没有科学。这一点，对自然科学和社会科学都能理解。人文科学面对的是不重复的对象，它的记叙性和描述性的方法特征，往往使一些学者认为人文学科不能揭示规律，而应揭示人性。他们认为人文学科是人性的学科。文学研究的是文学与人性，研究文学如何表达人性，历史学研究的是历史与人性，而哲学则是人学，是人对自身本性的认识。例如，罗素主张人性是历史的决定力量，认为历史是人性的历史。按罗素的说法，饮食、男女、贪婪、追逐享乐、权力争斗、虚荣心、创造欲都是人的本能或人性。历史就是由这些活动组成的，研究历史乃

① 《马克思恩格斯选集》，第4卷，249页，北京，人民出版社，1995。

是研究人性在不同历史条件下的具体表现。再如，当代美国著名的社会生物学家威尔逊就是把人性即人的生物特性作为全部人文社会科学的基础的。他说："任何有关人类处境的严肃思考，都必须把它（指人性——引者注）作为首要的前提。要是没有这个前提，人文学科和社会科学就都会局限于现象的描述。"① 威尔逊所谓的人性是指人所固有的生物性，即存在于人的基因中的攻击性、利他性、宗教——这都是人的永恒不变的人性。如果人文科学就是建立在这样的人性的基础上，那就无法解释人的不变的生物本性，为什么会产生如此多样的文学，如此不断变化的历史，如此多样的具有不同世界观和认识论、历史观的哲学思维。当然，人们可以说，人性也是变化的，因此以人性为基础的人文学科的内容也是变化的。可问题是人性何以能变化、何以会变化？如果人性不能得到合理的解释，那它自身是什么也解释不了的。可要解释人性，就必须把人放在社会之中，用社会的变化来解释人性的变化。即使是人的生物学本性，同样也会受到社会的制约。

说人要吃喝、要繁殖、要生存，这谁也不会反对。问题是仅凭人的生物学本性能解释历史吗？能解释社会的多样性和复杂性吗？能解释社会的发展和变化吗？马克思主义从不否认人要吃、喝、穿、住，可是人类社会的复杂结构，以及如此不同的观念并不是直接决定于人的生物学需要，而是在于人满足自己的生存方式即劳动，人是通过劳动并以在劳动中形成的生产方式作为自己生存和发展的基础的。人类社会结构和各种观念，归根结底要从人的生存方式中得到解释，并在这个基本规律的基础上发现各自的特殊规律。

马克思和恩格斯总是强调科学必须研究规律。当伊·伊·考夫曼

① ［美］威尔逊：《论人的天性》，1页，贵阳，贵州人民出版社，1987。

在评论马克思的《资本论》时说，“在马克思看来，只有一件事是重要的，那就是发现他所研究的那些现象的规律”，马克思对此是深表赞同的。历史研究当然要揭示历史的规律，尽管历史著作离不开具体人物、事件、过程的表述，但真正有价值的历史著作决不能是简单的编年和纪传，而是通过个别显示出一般性的东西的作品。同样，文学和文学史、哲学和哲学史也都应该包含对所研究对象的规律的揭示。流水账式的断烂朝报，的确是柯林武德所说的剪刀加糨糊式的东西，没有价值。

3. 以实践为标准

凡是属于科学范围的论断，都是可以证实或被否决的。不能反驳的只能是宗教教义，这不属于科学而是属于信仰范围。人文学科的论断是可以验证的，不能认为人文学科的论断只能是公说公有理婆说婆有理、无休止的争论、不断扯皮。争论和扯皮的事当然存在，但很多情况却并非由于人文学科论断没有是非标准，而往往表现为一种社会思潮。即使明明是奇谈怪论，翻案文章也可以照样做。从这点来说，它不同于自然科学，自然科学的论断的真伪可以直接求诸生产实践和实验，但这只是实践标准的运用的特点问题，而不是有问题。

任何人文学科都包括理论与历史两个部分，这两者验证的方式是不同的。柯林武德否认历史的可证性，他说：“圣奥古斯丁从一个早期基督徒的观点来看待罗马的历史；提累蒙特是从一个 17 世纪法国人的观点来看；吉本从一个 18 世纪英国人的观点来看；而蒙森则从一个 19 世纪德国人的观点来看。问哪一种观点是正确的，那是没有意义的。每种观点对于采用它的人来说，都只是一种唯一的可能。”①

① ［英］柯林武德：《历史的观念》，9 页，北京，中国社会科学出版社，1986。

很显然，柯林武德是把历史评价问题，即历史观的可变性问题与历史能否有正确或比较正确的判断问题对立起来，用前者否定后者。实际上，历史评价的观点是可以验证的，它的验证就是现实。凡是用以评价历史的英雄史观、意志决定论、命定论、宿命论以及其他形形色色的唯心主义和宗教史观，它的正确与否，都是可以在当前的现实中得到验证的。而属于历史史实方面的问题，则可以借助历史特有的验证方法，包括考古、考据以及史料的比较和新发现等等，求得接近事实的把握。当然历史的真实不可能是细节的真实性，因为细节是无穷无尽的，即使是现实的每日每时发生的细节也是不可穷尽的。历史的真实是对于历史发展具有重大或关键意义的事实，这种事实并不是不可胜数的，而是可以弄清或基本弄清的。历史证明，在人文学科中，一些争论往往不是事实的争论而是观点的争论，是对事实的解释的争论。而这些观点的是非对错，我以为在现实中是可以判别的。

我们说人文学科的内容有其客观性和科学性，但这绝不是说，人文科学与自然科学一样，可以采用实证的方法，达到自然科学那样的精密和公理化的水平。对于自然科学来说，价值是中立的。自然科学的真理是普遍的，它的规律不包含研究者的价值评价。人文科学则与之不同，它不仅包含对象的内容，而且包含对内容的解释和评价。就这点来说，人文科学与社会科学是相同的，不可能存在价值中立，所以这两者合称人文社会科学是合理的。

马克思讲到资产阶级古典经济学时，曾肯定它的科学贡献，可是他又说，当资产阶级处于统治地位后，敲响了资产阶级经济学的丧钟。现在问题不再是原理本身是否正确，而是它对资本有利还是有害。公正无私的科学探讨让位于辩护士的坏心恶意。恩格斯在讲到历史学时，曾经赞扬过法国历史学家的贡献，但他后来还说过：“资产阶级把一切都变成商品，对历史学也是如此。资产阶级的本性，它生存的条件，就是要伪造一切商品，因而也要伪造历史。伪造得最符合于资产阶级利益的历史著作，所获得的报酬也最多。”① 历史证明，在阶级社会中，超阶级的、不受意识形态影响的人文科学是没有的，但这并不是说，研究者们都有意作假，而是每个研究者本人的时代、阶级和所受的教育，都会影响研究者对问题的解释和评价。当然，这种影响的程度因人而异，因而人文学术著作的水平也不一样。在当代，我们可以在西方学者中发现有思想有见解的著作，也可以发现对马克思主义任意曲解攻击的著作。对马克思说的资产阶级胜利敲响社会科学丧钟的说法不能绝对化，因为西方学者对资本主义制度的态度是多种的：有辩护性的、有研究性的、有批评性的、有超越性的。我们对西方学者在人文社会科学方面的贡献应该采取实事求是的分析态度：既不能对他们的成就一概抹杀，也不能忽视他们对问题解释和评价中的局限。

人文科学中的科学性与价值性之间的矛盾是很显然的：人文科学的科学性要求它的内容应该是客观的无偏见的，可它的价值性又决定它的解释和结论往往要受到研究者的立场和观点的制约。在当代，马克思主义提供了这种结合的可能性。正如恩格斯曾经说过的那样，科学越是毫无顾忌和大公无私，它就越符合工人的利益和愿望。当然，可能不等于现实。由于个人的马克思主义理论水平和学识水平，即使社会主义国家的人文社会科学要达到这两者的高度统一也是不容易的。我们既要认真学习马克思主义，树立观察问题的正确的理论和方法，还要认真深入实际，掌握充分可靠的材料。在这里，学风是个关

① 《马克思恩格斯全集》，第16卷，573页，北京，人民出版社，1964。

键问题。以玩文学、编历史、造哲学的态度对待人文科学是一种轻浮的学风。我们应该努力学习马克思主义，坚持实事求是和理论联系实际的学风，认真艰苦地从事研究，这样才有利于我们人文科学的发展，才能逐步达到科学性与价值性的统一。

正因为人文科学不同于自然科学，所以它的研究方法也不相同，它不仅要揭示对象的规律，而且包括对对象的理解和解释，但能否做到这一点，则取决于我们对人的理解。我们不能把自然、社会、人截然分开，把自然划归自然科学，把社会划归社会科学，把人划归人文科学。认为人是人文科学的主题和唯一对象，从而认为人文科学只是研究人的内在精神、思想，这种看法是片面的。离开自然，离开人与自然的关系，离开社会，离开人与社会的关系，所谓对人的内在精神世界的理解、体验，就都是神秘的。因为人一旦变为独立自存的孤立个体，就是不可理解的。像柯林武德说的，要了解柏拉图的著作中说的是什么，必须由研究者进入柏拉图的思想内部重演柏拉图的思想进程，即把自己变成柏拉图。但这又怎么可能呢？我们只能从柏拉图的时代及其整个文化背景来理解柏拉图，而不可能独立地从所谓柏拉图内心世界的重演中来理解柏拉图。人文科学的对象不是孤立的个人的内在精神世界，而是被外在化对象化的文化世界，它是通过文字、语言、书籍、文物等等可以看见可以把握的东西来进行研究的。

三、人文科学的作用是无可替代的

人生活在两种环境，即自然环境和社会环境之中，面对两种性质的矛盾，即人与自然的矛盾和人与人的矛盾。在解决这两种矛盾的过程中，不断形成两种类型的文化：科技文化与人文文化。人类需要科技知识发展生产，也需要人文知识了解人与人类社会自身。但是在社会发展过程中，人文文化与科技文化的发展是不平衡的，而且是在矛盾中发展的。

无论是西方还是东方，在古代，人文知识都处于主导地位，中国尤其显著。在中国长期的封建社会中，儒家学说是修齐治平的经典，是被用法律维护的主导意识形态。中国的科学技术尤其是技术发展在封建社会有很大成就，但在中国传统文化中，技术却被视为奇巧淫技，技术人才是不为士林所重视的匠人。中国知识分子的最大出路，是学而优则仕。特别是科举制度以儒家经典为录取标准，更是强化了这个特点。在中国古代，做官的人都具有很高的文化修养：史官、诗人、文学家往往集于一身。史学家在中国有法定的地位——史官，即使翻开中国的文学史、哲学史，一些文学家、诗人、哲学家，大都为官从政，而且身居高位，如李斯、屈原、贾谊、刘禹锡、韩愈、柳宗元，像王安石、欧阳修、王阳明这样的能官能文的人在中国历史上是常见的：身居高位，从政之余则为文为诗，宦海失意后更显出文人诗人的一面。所以中国传统文化中的人文方面具有强烈的政治伦理特色，为政者的人文修养是做官的必备条件。在长期封建社会中，我们出了不少令人骄傲的政治家、文学家、诗人、哲学家。在中国历史上，为忠君爱国、为道德理想而从容就义的人很是不少，但为真理、为科学而献身的人却并不多见。

在西方的文化传统中，在前资本主义社会同样是人文文化处于主导地位：古希腊罗马的哲学、文学是光耀夺目的；中世纪是宗教处于主导地位；在文艺复兴时期，人文学科的知识尤其是文学和哲学得到从未有过的发展。而且自然科学在反对神学的斗争中起着特别重要的作用。许多科学家如哥白尼、布鲁诺、伽利略，都是名载史册的反宗教的英雄人物。他们为真理、为科学而不是为某种道德而坦然面对迫害、面对死亡。西方的文艺复兴是包括自然科学在内的反宗教的政治文化运动，是社会生活由神圣天国转向世俗世界的必然表现。人文文化与科技文化在反神学斗争中是携手作战的。美国学者杜布斯基说："西欧对地球上所有地方的文化和政治影响在不断地增长。在这方面，西方的全新的科学和技术起了极为关键的作用。这一事实为当时大多数学者所公认。"①

资本主义是人类社会以往生产方式中最有利于科学技术发展的。在中国，明中叶以后科技的落后，中国文化的强烈政治伦理特性是一个原因，但并不是决定性的，关键是中国没有经历资本主义社会，缺乏对科技的生产需要。西方科技的发展，并不因为它的哲学是主客二分的、主张向外用力，而是资本主义生产方式存在和发展的需要。资本主义越发展，科技地位越重要，而人文学科由于它的非生产性、非直接实用性，则逐步降到次要地位。科技并不排斥人文，而是资本主义市场经济的利益导向必然把科技推向前列。科技与人文都是人类需要的；科学精神和人文精神也都是人类需要的。我们反对唯科学主义但不能反对科学精神，正如我们反对抽象人本主义但不能轻视人文精神一样。在资本主义社会中，人文学科陷入困境，不被重视，出现所谓的人文精神危机问题，其原因并不在于科技的发展，而在于人们对物质消费的无限追求。把资本主义社会中价值观念和伦理道德观念的混乱和失范归之于科技发展是错误的，特别是得出反科技进步的结论更是荒谬的。我们应该把科技的作用和它的应用区分开来。我们不能反对发展科技而应要求有一个合理应用科技的社会经济和政治环境。

① ［美］杜布斯：《文艺复兴时期的人与自然》，1页，杭州，浙江人民出版社，1988。

只要不是从一些人发财致富的角度来应用科技而是着眼于全体人民的利益，并采取有效的措施进行控制，科技的负效应是可以防止或及时纠正的。在这里，从学校学习开始就对理工农医学生进行人文教育是必要的。最近几十年，西方教育界的一些有识之士已经意识到了这一点，他们倡导文理渗透，加大理工科的人文教育，以作为对唯科学主义思潮引发问题的补救。

我们是社会主义国家，对我们来说，强调对学生进行马克思主义思想教育、进行社会主义道德教育、进行人文教育是理所当然的。可由于市场经济的自发的利益导向和发展生产的客观需要，重理工轻人文的倾向已严重存在。这对于我们的青年一代的培养是不利的。我们应该重视人文教育，把它作为社会主义精神文明建设的重要内容。

人文科学属于文化的重要组成部分，但又具有特殊性。它不同于存在于人们的行为与生活方式中的文化观念，它是一种系统化、理论化的文化形态。如果说一个民族的文化往往是作为传统观念以自发的和耳濡目染的方式起作用的话，那么人文科学就是理论的和学术的形态，主要通过学校传授知识方式起作用。因此，人文科学的作用具有强烈的自觉性、目的性和系统性。人文科学的知识处于人文文化结构的上层，它的作用和接纳范围有限，但它能丰富和提高一个民族的文化内容和层次。它能通过各种方式和渠道融入社会生活之中并发挥它的教化作用。

人文科学有价值性的一面，因此，不同社会中人文教育的目的和作用是不同的。在我们社会中，人文科学的教育是整个社会主义教育的组成部分，它的直接目的是培养以马克思主义的世界观和思维方法为指导的社会主义的人文学科的专业人才，间接目的是有利于全民族的人文素质的提高，加强我们民族的凝聚力。经验证明，科学的理论指导、对祖国历史的了解、自觉的道德自律、一定的语言文学修养，对于我们的干部尤其是各级负责干部、对于提高我们整个青年一代的人文素质是非常必要的。这是关系到我们建设有中国特色的社会主义的重大原则问题。在我们这样一个国家要跨越卡夫丁峡谷，固然要充分吸收资本主义的科技成果，要大力发展生产力，但同样不可忽视的是要有坚定正确的政治方向、社会主义的道德情操和较高的文化修养。人的素质问题是社会主义建设的关键问题。而素质则不是单纯的科技水平，它还包括人的人文素质。试图在文化的荒漠上建立繁荣的社会主义社会就如同缘木求鱼，永远也达不到目的。当前，我们要落实十五大关于建设有中国特色的社会主义文化的决定，一定要加强人文学科的改革，提高教育质量，培养优秀的人文学科的人才，使我们的人文科学教育成为社会主义精神文明建设、成为建设有中国特色的社会主义文化的坚实基地。

当代中国哲学发展的道路和哲学工作者的使命*

党的十一届三中全会以来的20年，是我国社会主义建设史上光辉灿烂的20年，也是邓小平理论形成和发展的20年。20年来，从实践是检验真理的唯一标准的讨论到恢复解放思想和实事求是的思想认识路线，从解放和发展生产力的指导思想到“三个有利于”的标准，充分显示了马克思主义哲学在改革开放实践中的威力。而这些原理本身或者是马克思主义的基本原理，或者是对马克思主义基本原理的发挥。这个事实说明，那种认为马克思主义哲学原理是陈旧的课堂哲学，应该另外创立一个什么体系之类的看法是不全面的，甚至是错误的。20年来，邓小平理论的创立和我国改革开放的实践经验证明，关键是能否坚持理论联系实际的问题，而不是马克思主义理论本身已经陈旧或过时的问题。邓小平坚持马克思主义，坚持科学社会主义理论和实践的基本成果，并根据当今时代特征和国际形势，总结了世界上社会主义国家的成败教训，总结了我国社会

* 本文发表于《教学与研究》，1998年第11期。

主义胜利和挫折的历史经验，从而开拓了马克思主义的新境界。江泽民总书记在党的十五大报告中指出：马克思列宁主义、毛泽东思想一定不能丢，丢了就丧失根本。同时一定要以我国改革开放和现代化建设的实际问题、以我们正在做的事情为中心，着眼于马克思主义理论的运用，着眼于对实际问题的理论思考，着眼于新的实践和新的发展。“一个中心、三个着眼于”的原则，既是对党的十一届三中全会以来20年马克思主义在当代中国发展的历史总结，又为我们指明了如何正确对待马克思主义的基本理论和方法论原则。

一、真理没有新旧，“老祖宗”不能丢

任何一门具有科学性的思想体系，都是由一系列原理构成的。自然科学是这样，社会科学也是这样。科学体系的某些原理，它的不完备可以为新的事实和理论所补充，被证明为过时的、不适用的原理也可以为新原理所取代。这是科学发展的普遍规律，是人类实践和认识的进步。但是，认识的可靠性是以其中包含的真理性颗粒为尺度，而不是以出现的时间长短为准则。在认识史上可以有古老的真理也可以有最新的谬误。因此某个原理是否要被抛弃或被取代，不取决于它出现的时间而是取决于理论本身的正确程度。

邓小平一直强调“老祖宗”不能丢。他坚持“一定不要忘记了马克思列宁主义，不要丢掉这个最根本的东西”①，他还强调“毛泽东思想这个旗帜丢不得。丢掉了这个旗帜，实际上就否定了我们党的光辉历史”②。邓小平之所以强调“老祖宗”不能丢，正是因为马克思

① 《邓小平文选》，第1卷，283页，北京，人民出版社，1994。

② 同上，第2卷，298页。

列宁主义、毛泽东思想是被实践反复证明了的科学体系。而凡被实践证明了的科学理论是不能被随便推翻的。

马克思和恩格斯逝世以后的一百多年间，马克思主义“过时论”从来没有断过。一些人以时代的变化为借口，说马克思主义具有维多利亚时代的印记，在现代还坚持马克思主义，如同有了电子显微镜仍然使用放大镜一样。“过时论”已经出现过一千遍，现在仍在重复。不同的是，由于苏联解体和东欧剧变，马克思主义“破产论”更是甚嚣尘上。“破产论”本质上仍是“过时论”，是“过时论”的变种。可连一些明智的西方学者都明白，马克思主义是不可能被消灭的，他们说：“苏联共产党政权在欧洲的垮台宣告了冷战的结束，但还不等于马克思主义对资本主义挑战的结束”；“再度兴起的马克思主义对西方古典主义的思想的挑战，会比苏联共产党政权曾经构成的挑战更令人生畏”。邓小平高瞻远瞩，在苏东剧变后世界人民陷于困惑之际，他明确指出：“马克思主义是打不倒的。打不倒，并不是因为大本子多，而是因为马克思主义的真理颠扑不破。”他还说：“我坚信，世界上赞成马克思主义的人会多起来的，因为马克思主义是科学。”① 马克思主义的真理性和科学性，是它不会过时、不会被消灭的保证。事实也是如此。马克思主义在中国的新发展、新胜利不用说，西方在经过苏东剧变的最初的猛烈冲击之后，马克思主义的重新复兴和宣传攻势日趋活跃，各种大型的马克思主义的国际会议频频举行，如1996年7月英国《社会主义者评论》杂志等单位组织的“96马克思主义大会”，1997年10月由《当今马克思主义》杂志、“马克思世界协会”等主办的“十月社会主义革命”国际讨论会，1998年5月由法国“马

① 《邓小平文选》，第3卷，382页，北京，人民出版社，1993。

克思世界协会”主办的“纪念《共产党宣言》发表150周年巴黎国际大会”，会议的规模多达千人甚至数千人。即使在原苏联和东欧地区，马克思主义和左派力量仍然是不可忽视的。我曾在一首纪念十月革命70周年的诗中写道：“水行地底静寂寂，俯身侧耳有洪波。”马克思主义的火种是扑灭不了的。

马克思主义之所以打不倒，正因为它是真理，是科学。马克思主义是由马克思和恩格斯创立的，由它的后继者所坚持和发展的关于无产阶级和人类彻底解放、关于人类最终推翻资本主义建立社会主义——共产主义的创造性的开放的思想体系。从马克思和恩格斯所创立的马克思主义体系来看，马克思主义包括它的新世界观、对资本主义的经济分析和由此得出的关于社会主义革命的一系列结论。可见，马克思主义创立时的马克思主义包括两个不同的部分：一部分是根据当时的实践（包括自然科学和社会科学成就）直接概括的经过验证的理论，如哲学理论和关于资本主义生产方式的本质和基本矛盾的理论、关于价值和剩余价值的理论等；另一部分，尽管包括具有科学性的基本原则，但是没有经过实践检验，属于推测和假设的理论，如关于无产阶级如何取得政权、关于社会主义的基本特征等等。马克思和恩格斯当时只能从西方资本主义现实出发考虑无产阶级取得政权的方式，只能从与西方现实资本主义对立的角度逻辑地考察社会主义的基本特征。所谓公有制与私有制的对立、计划经济与市场经济的对立、按劳分配与按资分配的对立，讲的是抽象形态中的两种社会形态的对立性。至于在建立现实社会主义的过程中，在特定条件下也可能出现不是非此即彼而是亦此亦彼同时并存的局面，却不在他们思考之列，因为现实并没有提出这个问题。因此，马克思主义的体系始终是未完成的，即不是封闭的体系。列宁和毛泽东就依据实践经验，对无产阶级如何根据本国特点夺取政权，各自大大发展了马克思主义。至今，西方发达资本主义国家的马克思主义者仍在就发达国家如何革命的问题进行探索。而邓小平则根据经济文化落后的中国的实践经验，对什么是社会主义和如何建设社会主义的问题进行了创造性的研究，提出了建设有中国特色的社会主义理论，在当代中国把马克思主义发展到一个新的阶段。马克思主义中凡是经过实践检验的原理，都应该不断总结新的实践经验和科学成就使其丰富和发展；凡属原来未经检验、未经实践的原理，则应该根据新的实践和新的经验去验证、补充和纠正，即用新的原理代替过时的旧的原理。一部马克思主义史就是不断创造性发展和用新的原理代替个别旧的原理的过程。这与马克思主义"过时论"是截然不同的。马克思主义"过时论"是针对马克思主义整个体系说的，就体系而言，马克思主义永远不会过时，因为它以实践为源头活水，不断与时俱进；会过时的是个别原理，而个别原理的过时，正是整个体系永具活力的保证。

在考察马克思主义科学体系时，我们不仅要区分经过检验和未经检验的原理，还要区分马克思主义基本原理和具体结论。经过检验的基本原理是对规律的把握，可以丰富但不会过时，如马克思主义关于世界的物质性和发展的辩证规律的认识、关于历史发展规律的认识、关于资本主义生产方式的本质和资本主义基本矛盾的认识、关于资本主义最终会为更高的社会形态——社会主义所取代的认识等等。列宁说马克思主义之所以万能是因为它是正确的，毛泽东说马克思主义是放之四海而皆准的普遍真理，邓小平说马克思主义是科学、是真理，都是从普遍规律的角度讲的。至于马克思主义经典作家根据特定时间、地点就某个问题作出的结论并不是不可改变的。事实证明，马克思和恩格斯关于社会主义基本特征和革命前景的考察，明显地具有时代和地区性的局限。但这并不损害马克思主义的指导作用和威信，因为正是他们一再强调，他们的理论不是教条，而是观察问题的方法。例如，恩格斯在致考茨基的信中曾批评杰维尔关于《资本论》评论文章的缺点，说："他把马克思认为只在一定条件下起作用的一些原理解释成绝对的原理。杰维尔忽视了这些条件，因此那些原理本身就成为不正确的了。"① 在给屠拉梯的信中，恩格斯提出了同样的批评，说："杰维尔在许多地方把马克思的个别论点**绝对**化了，而马克思提出这些论点时，只是把它们看做**相对的**，只有在一定的条件下和一定的范围内才是正确的。"② 历史上和当代，还没有任何一种理论和学说，在总体上能像马克思主义这样为人们认识和改造世界提供基本的理论和方法，也没有任何一种理论和学说能像马克思主义这样强调理论的运用必须联系实际，必须具有创造性。凡是马克思和恩格斯没有做到的，他们的后继者可以做到，后继者还有后继者，这个过程永无止境。正是在这个过程中，马克思主义才永葆青春。

所以，马克思主义本身就包括如何对待马克思主义的问题。不知道什么是马克思主义，就不知道如何对待马克思主义。反过来，不知道如何正确地对待马克思主义，把经典著作中的只言片语、把一些具体结论、把一些未经检验的推理和预测当成永恒不变的原则，就弄不清什么是马克思主义。我们说"老祖宗"不能丢，不仅是指经实践检验过的基本原理不能背弃，也是指马克思主义关于应该如何对待马克思主义的态度和方法不能丢。

---

① 《马克思恩格斯全集》，第36卷，98页，北京，人民出版社，1975。
② 同上，第39卷，79—80页。

二、马克思主义不能空谈，必须运用

有人经常问，马克思主义哲学有什么用？我回答说，马克思主义哲学的最大用处存在于用之中，不用则无用，用则有用。例如，实践是检验认识真理性的唯一标准，解放思想、实事求是，科学是生产力，等等，都是理论工作者甚至普通知识分子耳熟能详的原理。可是只有邓小平同志以马克思主义哲学为先导，结合当代世界和中国的实际，在中国开辟了社会主义历史的新时代、新局面，开辟了马克思主义在中国发展的新阶段。党的十一届三中全会以来的历史，极其充分地显示了马克思主义世界观和思维方法的巨大威力。

哲学变革是政治变革的导言，这是恩格斯通过总结法国和德国资产阶级革命揭示的一条规律。法国百科全书派的启蒙思想揭开了法国资产阶级大革命的序幕，而德国从康德到黑格尔的哲学革命，则以枯燥的哲学命题曲折隐晦地反映了德国发展资本主义的要求。无产阶级革命更是如此。可以说，马克思和恩格斯毕生都在从事为无产阶级革命夺取政权而进行的思想变革工作。他们创立新的革命学说，用马克思主义来武装工人阶级和工人政党，把形形色色的空想主义、无政府主义以及各种各样的资产阶级和小资产阶级的思潮从工人运动中驱逐出去。这项思想变革的工作长达数十年，最后无产阶级革命才第一次在俄国取得胜利。没有这种思想变革，无产阶级及其政党就不可能成为一支自觉的、有组织的政治力量，更不用说成为统治阶级了。

我国是无产阶级已经处于统治地位的社会主义国家。我们所进行的改革涉及经济体制和政治体制方方面面的问题，就其深度、广度和困难程度而言都不亚于一场革命。这场改革的导言同样首先是思想领域，是哲学变革。而这个思想变革难度更大，因为它所要反对的是各种各样以经典作家的片言只语拼凑起来的所谓马克思主义，是对马克思主义的附加和错误解释，是被曲解或理解错了的社会主义，而其中不少就是我们自己亲手培育和创建起来的经济和政治体制。因而这个拨乱反正、正本清源的思想解放运动比起反对任何资产阶级思想的工作都更为困难。邓小平的伟大英明正在于：他紧紧抓住思想变革，从恢复党的思想认识路线入手，为经济体制和政治体制改革清除思想障碍。

邓小平首先以实践是检验认识真理性的唯一标准的大讨论为契机，破除了“两个凡是”，为纠正毛泽东晚年错误以及长达 20 年的“左”的错误找到了比任何个人权威更有权威的权威，即人类的实践活动。这是任何一个马克思主义者都不会否认、也不能否认的权威。在长期个人崇拜影响下的中国，在粉碎“四人帮”以后仍沿着“两个凡是”路线滑行的中国，只有以实践是检验认识真理性的唯一标准开路，才具有如此的回天之力。接着，邓小平又着力恢复解放思想和实事求是的思想认识路线，以思想解放为先导，破除僵化半僵化的思想束缚，力求实事求是，以实事求是为依据解放思想。这样，不仅能越来越深入地总结国际和国内社会主义建设的正反两方面的经验教训，并且逐步形成了建设有中国特色社会主义理论的科学体系，在中国大地上产生了邓小平理论，实现了马克思主义与中国实际相结合的第二次飞跃。哲学变革是政治变革的导言，在中国社会主义自我完善的改革中同样得到了证实。

真正的哲学是时代精神的精华，这是马克思的著名论断。人们往往容易把这个命题看成是新哲学体系的创造，以为哲学的应用似乎永远达不到把握时代精神精华的境界。其实不然，马克思主义哲学的创立是人类思想史上的伟大变革，而根据时代的需要结合实际，运用马克思主义哲学的原理解决时代面临的重大问题同样是个创造。马克思说过，世界历史的发展过程就是不断提出问题并要求人类予以正确解决的过程。谁能敏锐地把握时代面临的问题并从理论和实践相结合上予以解决，谁就是伟大理论的创造者。邓小平积极支持并指导的关于实践是检验真理的唯一标准的大讨论的巨大意义和理论价值，正在于这个问题的提出和解决抓住了中国当时面临的向何处去的问题。这是社会主义在中国存亡兴衰的问题，也是关系到中华民族的前途和命运的问题。实践是检验真理的标准是个老命题，至少从1845年算起已经历了150多年，可中国面临的问题是新的，是历史上从来没有过的。一个老的命题之所以能解决一个如此重大的新的问题，不仅在于这个命题本身的真理性，更在于处于新时代的运用者透彻地理解了时代的需要，创造性地运用了这个原理。因此，实践标准讨论在当代中国的作用不仅仅是理论的作用，而且是理论与实践相结合所爆发出的力量。

同样，实事求是是马克思列宁主义、毛泽东思想的精髓。辩证唯物主义和历史唯物主义的本质就是实事求是和解放思想，它体现了辩证法与唯物主义、辩证唯物主义与历史唯物主义的统一。邓小平并不是简单地重复这一原则，而是在新的历史条件下面对新的问题，创造性地运用这些原则。不解放思想，就不敢提出什么是马克思主义、什么是社会主义、什么是当代中国的现实等所谓依据经典有定论的问题。不实事求是，就不能立足现实，通过总结国际国内的正反两方面的经验科学地回答这些问题，确立建设有中国特色的社会主义的新道路、新措施、新办法。所以，实事求是和解放思想虽然是马克思主义的一贯原则，但在邓小平的运用中被赋予了新的内容，成为开辟改革开放和现代化建设新时期、创立邓小平理论的强有力的思想武器。

邓小平理论思维方法的特色就是理论联系实际，着眼于时代特点创造性地运用马克思主义，反对本本主义。他说过："实事求是是马克思主义的精髓。要提倡这个，不要提倡本本。""我读的书并不多，就是一条，相信毛主席讲的实事求是。过去我们打仗靠这个，现在搞建设、搞改革也靠这个。"① 可以说，邓小平在如何对待马克思主义的问题上一贯坚持有的放矢的原则。

宋代著名哲学家叶适曾说过一段很有见解的话，他把需要讨论的问题比为"若射之的也，或百步之外，或五十步之外，的必先立，然后弓矢以从之。故弓矢从的，非的从弓矢"。的必先立，矢要从的，而非的要从矢，这是一条重要的唯物主义的原则。毛泽东极力反对强的以从矢的教条主义态度，反复强调有的放矢，反复强调马克思主义不能脱离中国的实际。邓小平多次说，我们对什么是马克思主义、什么是社会主义没有完全弄清楚。这就是说，我们对矢必从的而非的必从矢的原则没弄清楚。邓小平说，我们要坚持马克思主义，但必须是与中国实际相结合的马克思主义。我们要坚持社会主义，但必须是有中国特色的社会主义。江泽民1997年5月29日在中共中央党校的重要讲话中，又重提理论联系实际的学风问题。江泽民强调，在当代中国，坚持马克思主义、毛泽东思想，就要高举邓小平建设有中国特色的社会主义理论的伟大旗帜，只有坚持邓小平建设有中国特色的社会主义理论，才算是真正坚持马克思主义、毛泽东思想。因此，马克思主义必须是创造性的，必须是发展的。

矢必从的，非的从矢是正确的论断。可要真正弄清的之为的，又必须以正确的理论观点为指导。的必先立绝不是不要理论，因为在人的实践中确立"的"的过程，就是总结经验进行理论分析的过程。在

---

① 《邓小平文选》，第3卷，382页，北京，人民出版社，1993。

中国革命中，不以马克思主义为指导来分析中国的各种经济成分的比重，分析中国的各种阶级关系和阶层的状况，就无法正确把握中国社会的性质。毛泽东的《中国社会各阶级的分析》、《中国革命和中国共产党》、《新民主主义论》等都是分析中国国情，以矢射的的名作。同样，党的十一届三中全会以来，邓小平的许多重要著作和讲话，对我国的生产力状况、工农业的比重、自然经济半自然经济的比重、文盲半文盲在人口中的比重、科学技术文化教育落后的状况、贫困人口和地区经济发展不平衡等状况，都有科学的分析。这些分析，立足国情，以矢射的，把握住了我国社会主义初级阶段的现实，并以此为据提出了建设有中国特色的社会主义理论，创立了邓小平理论。

世界无不变之的，亦无不变之矢。以矢射的，的变，矢当然也要变。江泽民在党的十五大的政治报告中强调，在当代中国，只有把马克思主义同当代中国实践和时代特征结合起来的邓小平理论，而没有别的理论能够解决社会主义的前途和命运问题，讲的就是这个道理。有的同志说，这是不是三矢（马克思列宁主义、毛泽东思想、邓小平理论）一的（中国当代实际）？是一的三矢，还是只能一矢（邓小平理论）一的？这种怀疑或困惑，是把马克思列宁主义、毛泽东思想、邓小平理论分为相互排斥的三种体系。实际上我们只存在一种主义，这就是马克思主义，一种科学思想体系，这就是马克思主义思想体系。邓小平理论是马克思主义与当代中国实际和时代特征的结合，是马克思主义在当代中国的创造性发展，而不是不同于马克思主义的另一种体系。邓小平曾多次强调：“我是个马克思主义者。我一直遵循马克思主义的基本原则。”① 离开了马克思主义就无法理解邓小平理

① 《邓小平文选》，第3卷，173页，北京，人民出版社，1993年。

论，也不可能产生邓小平理论；反之，离开邓小平理论也就没有马克思主义在当代中国的发展，马克思主义在中国就会由于变为僵死教条而丧失它的生命力。

在当代中国只有邓小平理论而没有别的理论能解决社会主义的前途和命运问题。所谓别的理论，指的是非马克思主义理论。例如，西方的经济理论和政治理论，以及当今颇为热门的新儒家倡导的儒家治国论，等等。西方的经济和政治理论可以借鉴，但不能作为我们改革的指导原则，儒家学说也是如此，尽管它是中国的东西。在封建社会中，有人倡言半部《论语》治天下。但没有一个王朝是用半部《论语》治国安邦的，更不用说用《论语》来挽救封建制度的衰亡了。那种把马克思主义说成是异族文化、是外来文化，企图恢复儒学在当代中国的主导地位的意图，是极不现实甚至是荒唐可笑的。

三、马克思主义哲学工作者的历史使命

哲学家们都热切地关心并讨论21世纪中国哲学的发展道路问题。我以为，中国哲学发展的道路，仍然是走马克思主义与中国实际相结合的道路。毛泽东思想走的是这条路，邓小平理论走的也是这条路。这条路的本质是马克思主义中国化，即把马克思主义基本原理应用于中国实际，从而创造性地推进马克思主义的道路。原理似乎仍然是“老祖宗”的，可一旦与实际相结合，从中生发出来的新的内容及其实际效果就会远远超出原来基本原理的范围。这就叫坚持与发展的统一。正如实践是检验认识真理性的标准和解放思想、实事求是等一系列原理，一旦与中国实际相结合，它们的作用是无可比拟的。我们有些人嫌马克思主义哲学基本原理陈旧，意在创新，来点新花样。我总是说问题不是面孔的新与旧，而在于真与不真。一个具有真理性的哲

学体系，只要密切结合实际（包括自然科学成就和人类的社会实践），是能够不断增值的。相反，没有真理性，任何所谓创新都是经不起实践碰撞的泡沫。在马克思主义哲学产生以后，西方出现过不少哲学家和新的哲学体系，可真正能解决人类命运、指导科学研究的并不多。当然多了一些学者，多了一些哲学家，但我们作为马克思主义哲学工作者追求的并不是这个。我们需要的是发挥实践标准讨论所蕴涵的精神，即在实践中运用马克思主义哲学，着力解决实际问题。这样，马克思主义哲学就能永葆青春。列宁的话是对的："**沿着**马克思的理论的**道路**前进，我们将愈来愈接近客观真理（但决不会穷尽它）；而**沿着任何其他的道路**前进，除了混乱和谬误之外，我们什么也得不到。"① 这是实践标准问题大讨论，也是党的十一届三中全会以来20年马克思主义哲学基本原理通过邓小平的运用和发展所昭示的重要结论。

哲学贫困的说法现在非常流行。哲学圈子外的人这样说，以表示对哲学的轻视；哲学圈子里不少人也这样说，以表示对自己专业的无奈。其实，与蒲鲁东不一样，我们的马克思主义哲学并不贫困。贫困的是哲学家，或者说是哲学工作者。我们要区分开哲学的贫困和哲学家的贫穷。《庄子·山木》中有个故事，说庄子身穿打补丁的破衣服，脚穿用麻绳绑着的破鞋去见魏王，魏王说您怎么这样贫困呀？庄子说，我是贫穷但不是贫困，衣服破旧、鞋子破烂是贫穷，有理想不能施行才是贫困呀。这个道理，与哲学的贫困和哲学家的贫穷二者的区别相类似。

哲学家是贫穷的，可哲学作为一门学科并不因此而贫困。我不搬

---

① 《列宁选集》，第2卷，103—104页，北京，人民出版社，1995。

用我们的祖先，说哲学是我们传统文化中最重要的组成部分，如果没有哲学，中国灿烂的文化是不可设想的，也不搬用中国革命史，说《矛盾论》、《实践论》、《关于正确处理人民内部矛盾的问题》的作用如何如何，只需看到20年来真理标准问题的讨论及实事求是、解放思想的思想认识路线对于建设有中国特色的社会主义的理论和实践的伟大作用是无可替代的，就足矣。整个中国的历史、整个中国的革命史、正在进行的中国的实践运动，都证明我们的历史发展得力于我们丰富的哲学思维。哲学本身并不贫困。

仅就当前来说，现实提出了许许多多的哲学问题。例如，在自然科学中，西方科学哲学家有的重新对世界物质性问题提出挑战。他们说：世界只有在未进入人类实践和认识范围时才是客观的自在之物，一旦进入人的认识范围，就成为为我之物，成为现象；客体是不能认识的，当它一旦被认识就转变为现象，即转变为在主体中呈现并依存于主体的客体。我认为，这是在新的历史条件下，重复自在之物和为我之物对立的陈旧观点。如果对客体的把握仅仅属于主体的构建，那无非是人为自然立法。按照这种哲学，自然科学就会完全丧失它的客观真理性，丧失它的实际效用。当今人类的生产实践活动以其成功和失败不断地驳斥这种理论。特别是生态环境恶化，迫使人们要尊重自然规律，承认自然规律的客观性。

社会科学领域中也是如此。苏东剧变把历史有无规律性的问题摆到了人们面前。至于物质文明与精神文明的关系问题、市场经济与道德建设的关系问题、生产力标准问题、社会主义发展的阶段问题等等，都是当前存在的一些重要的哲学问题。面对丰富的社会生活、复杂的社会实践，哲学不会贫困也不能贫困。哲学家的贫穷不应成为哲学家投身哲学研究的障碍，更不能成为一个民族和国家的人民轻视哲学的理由。中国自古就有“安贫乐道”的传统。我们应该改变对“哲学贫困”的看法，让贫穷的哲学家到富裕的哲学大海中去搏击。随着国家经济的发展，从事哲学研究和教学的人员，一定会比现在生活得更好。但如果不是爱好真理而是迷恋金钱，就不可能成为一个合格的马克思主义哲学工作者。

我国正处在把建设有中国特色的社会主义事业全面推向 21 世纪的关键时期。我们哲学工作者肩负着高举邓小平理论旗帜、坚持邓小平理论、全面准确地宣传邓小平理论的历史使命。同时，我们还要坚持有的放矢、理论联系实际的原则，加强对马克思主义哲学基本理论的研究。这是个至关重要的问题，又是个难题。从延安整风至今半个多世纪以来，由纯理论工作者撰写的能称得上研究中国实际问题的高水平的马克思主义哲学著作不是很多。我们的理论研究工作多停留在解释或注解某本著作或某个原理上，或介绍西方某些理论。这对于宣传普及和启蒙有作用，但我们的马克思主义理论研究工作长期处于这种水平当然不能发挥它应有的作用。研究现实问题既要有勇气、有胆量，还要有条件、有水平。我们只有真正落实江泽民关于端正学风，坚持“一个中心、三个着眼于”的指导原则，造就一种面对实际的学风，才有望培养出一大批跨世纪的高水平的马克思主义哲学理论研究人才。这是时代的需要，也是建设有中国特色社会主义的理论和实践的需要。

论社会规律的特点和主体的选择*

社会规律是大尺度的规律，它的实现往往要经历很长的时间，如王朝的盛衰兴亡、社会形态的更替等等。因此社会规律往往表现为一种趋势、一种最终的必然性。如生产关系必须适应生产力性质的规律，是一种最终的要求，而不是每时每刻的现实。必须适应是在长期的不适应后实现的。这种情况，使得许多理论家否认社会规律的客观性。他们不理解社会规律的特性，按照自然规律的特点来要求社会规律，从而得出否定社会规律的结论。

社会领域是人的领域。人的活动是有意识有目的的，但不能由此得出结论说社会规律是以人的意志为转移的，或者说是主客体相统一的规律。这种说法是错误的。社会规律就其本性而言同样是客观的、不以人的意志为转移的。就是说，某一社会存在某种规律，这种规律的性质和内容及其起作用的范围，不取决于主体的意志而是取决于社会条件。社会规律是一定条件下社会现象之间的本质的必然

* 本文发表于《高校理论战线》，1999 年第 5 期。

的联系。它的公式是“只要有……就有……”，只要有阶级就有阶级斗争，只要有商品生产就有价值规律，只要有市场经济就有供求规律，只要有货币就有货币流通规律，如此等等。这个“只要有……就有……”，表现的是客观现象之间的关系而不是主客体之间的关系。只要原因而不要结果，只要条件而不要它必然产生的现象是不可能的。这就是规律。

当然，社会规律起作用的机制不同于自然规律。自然规律的产生与实现同人的活动无关，它是物质运动自身的规律。社会规律则与之不同，它依存于人的活动，是人的活动的规律。它不存在于人的活动之前，不存在于人的活动之外，而是存在于人的活动之中。不存在某种活动就不存在相关的规律，如不存在商品生产和流通就不存在价值规律和供求规律。规律与实践相关联是社会规律的特点。

社会规律对人的活动的依赖性，造成了社会规律是以人的意志为转移的假象。其实，人的意志与人的活动的联系是直接的，而人的意志与规律的联系则是间接的。社会规律依存的不是人的意志，而是人的活动中形成的各种关系。价值规律是商品生产和流通的规律而不是商品观念的规律，尽管商品是人生产出来的，但人直接生产的是产品而不可能创造价值规律。产品只是在一定条件下才变为商品，价值规律是市场经济条件下商品生产和流通所固有的规律。从人的观念来说，在市场交易中都想贱买贵卖，可他们的行为是要受到经济规律的制约的。

而且我们所说的社会规律是人的活动规律，是就其存在和作用方式来说的，并不是说人的全部活动都是合乎规律的。在人的活动中存在三个因素：动机、行为、结果。这三者之间往往是相互矛盾的。人的动机和行为有的符合规律有的并不符合规律，人们行为的结果有的是预期的，有的是违反自己的意愿和意志的。所以规律并不总是和个人的行为相吻合的，而是众多行为中形成的不依赖任何个人的必然性。不管人们的动机如何，规律性的东西都表现为最终起决定作用的东西。就人们的行为与规律的关系而言，人们的行为可以符合规律，社会进步运动的倡导者、组织者们就是如此，他们是历史的英雄。主观愿望很好但违背历史规律，这就是历史上的悲剧性人物。如果逆历史潮流而动就会成为向隅而泣的可怜虫。

就社会规律实现和利用的机制来看，它不同于自然规律。无论是自然规律还是社会规律都有个利用问题。要利用规律就必须有对规律的科学认识，把客观规律变为科学规律，对客观规律予以科学的把握。但不同的是，自然规律无论认识与否都在自发地起作用，只是就价值的观点来看，起作用的性质不同，不认识它就起破坏作用，而认识和利用它则可以起有益的作用。社会规律则与之不同。当然，社会规律的作用也有一个自发性问题，例如，生产关系必须适合生产力性质的规律，直到马克思主义产生时才发现，但不能说在此之前它就不起作用。事实上，它是人类社会的普遍规律。一个社会形态的更替以及每一社会形态内部王朝的兴衰更替都是以这一规律的作用为内在根据的。在这里规律起作用的方式不是表现为对这一规律的自觉认识和利用，而是革命阶级和集团对自己切身利益的关怀，是意识到不推翻统治阶级就不能维护自身的利益。正是在这种对切身利益的关怀的背后隐藏着规律的作用和要求，正是在实现自己利益的同时实现了规律的作用。就这点而言，它的作用是自发的。但无论社会规律起作用的方式如何，它都必须通过人的活动才能实现。所以人们用不着组织一个月食党来促进月食，但却必须组织革命党来实现革命的规律，实现生产关系必须适合生产力性质的规律的要求。特别是在阶级社会中对社会规律的运用，必然要通过阶级斗争才能实现。

可是历史选择论者却否认历史规律的客观性，他们根据社会规律存在于人的活动之中，必须由人的活动来实现这一事实，得出社会发展是由主体的选择来决定的。这种看法是错误的。在当今，历史选择论和历史规律论之争是关系唯物史观的重大问题。

马克思逝世以后，在19世纪90年代德国青年派中的一些人，把马克思主义的唯物史观曲解为庸俗的经济决定论，从而把唯物史观曲解为历史宿命论，后来第二国际后期的某些理论家也存在着这种倾向。20世纪20年代卢卡奇发表了《历史与阶级意识》，以反对第二国际的历史宿命论为号召，提出了主体性问题。这对于唯物史观的研究是个推动。但是在此后的发展过程中，却被一些理论家逐步推到了另一个极端，即片面强调历史主体的选择作用，反对历史决定论，否认历史规律的客观性，从而走向了唯意志论。

毫无疑问，人的行为具有选择性的观点比起历史宿命论是一个大的进步。当古希腊罗马的历史学家们不再用神的意志来解释历史而强调人的行为具有选择性并负有责任时，就具有反宿命论的性质。柯林武德在《历史的观念》中论述古希腊罗马历史编纂学的人文主义特点时说，这种历史学“所依据的哲学观念是，人类的意志可以自由地选择它自己的目的，并且它在它的事业中所取得的成功仅仅受到它自己的力量的以及受到理解它们并能研究出它获得成功的方法的那种智力的限制。这就蕴涵着历史上无论发生了什么事情，都是作为人类意志的直接结果而发生的，并且有某个人对它直接负责的，要看它是好事还是坏事而对它加以赞扬或谴责”①。

---

① ［英］柯林武德：《历史的观念》，46—47页，北京，中国社会科学出版社，1986。

可是在近代，人的行为的选择性却被唯心主义夸大为历史的选择论，并把马克思主义的历史决定论诬为宿命论。其实，无论是自然领域还是社会领域都有决定论的问题。机械决定论只是自然领域中的一种而不是唯一的。机械决定论在社会领域中是错误的，必然导致唯心主义。社会中的决定论是辩证决定论，它把主体的作用作为客观历史发展中的一个环节包括在历史必然性之中。有些人不理解，以为只有完全排除主体的作用才叫决定论，这是用自然主义的观点来看待社会规律，完全抹杀了社会生活的特点。把主体作用包括在内并不否定决定论，因为主体的意愿、目的、动机，并不决定于主体自身而是决定于客观条件。某一阶级之所以有这样的目的、这样的动机、这样的行动，并非是任意的、无原因的，而是被决定的。所以社会决定论正表现在人们的动机和结果之中。恩格斯说："这是能够引导我们去探索那些在整个历史中以及个别时期和个别国家的历史中起支配作用的规律的唯一途径。"①

社会决定论不同于机械决定论。它不是单一的因果链条，而是许多复杂因素相互作用的结果。所以社会决定论往往表现为统计决定论，通过大量偶然性来表现必然性。宏观自然规律一般是动态规律，它支配着每一个个体，并有严格的因果关系、数量依存关系。而社会规律实现的时间跨度，虽然从每一个具体事件和人物来看是偶然的，但从总体来看却是必然的。

如何看待人的行为的选择性问题是个重大的理论问题。我认为人的行为当然有自主性、能动性、计划性，但我不同意用历史选择论来取代历史决定论。关键是要区分人的行为的选择的可能性与不可能性

---

① 《马克思恩格斯选集》，第4卷，249页，北京，人民出版社，1995。

的界限。选择性涉及的是主体的问题，是主体的行为动机意志的问题。选择的可能性问题不是看行为的开始而是看行为的最终结局。因此，关键是与客观规律的要求相一致。

社会有不可选择的一面。人们不可能自由选择生产力，不可能自由选择生产关系，不可能自由选择自己的文化传统。这些都是既定的、被给予的。每一代人都面对一个既成的现实。

但社会又有可选择的一面。这是由于在社会发展过程中，矛盾的复杂性和多样性以及各种错综复杂的关系，使事物的发展呈现多种可能性。究竟哪种可能性会变为现实，固然要取决于客观条件，但同样要看主观的努力。这种主观努力就包括主体的选择、对各种可能性的选择、对计划和行为方式的选择。世界上的任何事情都要人去完成，这就决定了人的行为具有选择性。

人的选择行为面对的是现实而不是历史。历史是不可选择的，它面对的是无可改变的既成事实。在历史观中谈论选择，只能是“假设”、“如果”。如果拿破仑在俄国不打败仗而是打胜仗，欧洲目前的政治地图就会是另一个样子。如果当年法国的路易十六逃跑时不是一个偶然因素使他无法逃脱，欧洲的历史都将因而改观。1931年由斯魁尔主编的著作《假如我们的历史经过重写》，由许多著名的历史学家执笔，内容是关于历史上的事件可能演变的推测。它的指导思想就是历史假设论。在我们国内也有人鼓吹这种观点，说什么如果太平天国胜利历史就会大倒退，什么如果没有推翻清朝的辛亥革命而实行改良，中国就会如何如何。有事实吗？没有，有的只是假设。假设不是人的行为的选择而是一种历史观，是历史学家们的一种价值观念、一种愿望和要求。对未来不是选择而是预测。它能否实现是未知数，它的实现的可能性取决于现实的行为。我们可以按未来安排现在，但必须立足现实才能预测未来，因为是现在决定未来而不是未来决定现在。

真正具有选择性的行为是人们正在进行的实践活动。现在包含着过去，孕育着未来。我们不能留恋过去空想未来而忽略现在。现在不能改变历史但能改变历史的传统，吸收好的抛弃旧的，创造一个更辉煌的现在，同时就是安排一个好的未来，可见历史选择问题实际是现实的选择问题。历史选择论是一个非常不科学的称呼。

一个很难咬开的硬核桃是历史决定论与人的行为的选择性的关系问题。既然历史发展是有规律的，那又怎么可能选择呢？既然肯定人们行为的选择性，又怎么承认客观呢？他们在两极对立中思维，或者要选择，或者要规律。他们把选择的可能性空间移到规律之外，越是无规律选择的可能性就越大；而把规律移到选择的行为之外，只有在无选择可能性的地方才谈得上客观规律。他们不知道规律存在于人们的选择行为之中，是在选择行为中形成的而又不依赖于选择行为。真正能达到目的的选择又必须符合规律。选择是和自由连在一起的，无自由即无选择，无选择也谈不上人的自由，但选择是有条件的、相对的，人的自由也是一样。人没有绝对的无条件的自由，也不可能有绝对的无条件的选择，要使选择达到目的并不取决于主体的意志和愿望，而是取决于这种愿望、动机、目的在何种程度上反映了客观现实，所以符合规律的行为才是真正地表现了人所固有的具有选择能力的行为。在一片混乱的、偶然的、无序的状态下人往往是无能为力的。我们应该尊重规律、尊重人的行为的选择性，在实践基础上把它们结合起来。

经济浪潮中的哲学*

我们正处在从传统计划经济体制向社会主义市场经济体制转轨的时期，经济浪潮汹涌澎湃。而首当其冲的就是人文科学，尤其是哲学。哲学似已丧失了昔日的光辉，它正在困境中挣扎：或者抛弃哲学下海，俯身去拣拾“金苹果”；或者固守哲学阵地，在孤寂贫困中走向没落。事情仿佛只能如此，别无选择。

这种情况正常吗？不正常。

市场经济和哲学并不是绝对对立的。整个资本主义的发展历程证明了这一点，在资本主义社会，哲学就是在市场经济日益成熟的条件下发展起来的。从 14 世纪文艺复兴开始，随着市场经济的发展，哲学也日益发展；17 世纪的英国哲学、18 世纪的法国哲学、19 世纪的德国古典哲学，都闪烁着人类智慧的光辉。市场经济当然不是全民经商，否则就不可能有培根、洛克、伏尔泰、卢梭、狄德罗、康德、黑格尔，更不可能有马克思和恩格斯。全民经商，社

---

* 本文发表于《求是》，1995 年第 2 期。

会也许能多几个“大款”，但却要扼杀不少文化巨人。这合算吗？对于人类文化而言，这是巨大的损失。

应当看到，社会是一个自组织系统，是由复杂的社会分工组成的有机体。它不仅需要物质生产，也需要精神生产。市场经济在资本主义社会是经济运行的体制，它的作用在于资源和劳动力的配置，不可能囊括一切。只要社会存在，就存在分工，而作为社会精神分工的特殊领域——哲学，就也会存在和发展下去。如果社会严重失衡，精神生产部门极度萎缩，那就意味着这个社会形态走到了尽头。

资本主义市场经济的确立和孕育成熟，不仅没有阻碍反而推动了各门人文科学，其中包括哲学的发展。道理很简单，尽管经济上落后的国家在哲学上仍然能够演奏第一提琴，但一个时代的哲学的普遍繁荣，正如文学一样，归根到底，是经济高涨的结果。正如奴隶的劳动促进了奴隶社会精神生产部门一样，资本主义社会经济的发展，提供了更多的闲暇、更多的生活资料，使得一部分人（甚至越来越多的人）有可能直接投身于人文科学，包括哲学的研究。一个不用担心自己“肚皮”问题的民族，是更有“闲情”和时间去从事哲学思维的。

哲学并不简单地面对市场，即使资本主义社会也是如此。如果考虑的只是市场，康德就不可能有三大批判，黑格尔就不会写《精神现象学》和《逻辑学》。这些艰深晦涩的著作，知音难得，印数甚少。一些传之千古的艺术作品也是如此。许多画家的作品，在当时一文不值，可死后却变成稀世之宝。一切以货币价值为尺度、以市场为取向，必然会使“精神”垂下自己高贵的头颅向金钱膜拜，这即使在资本主义市场经济下也为有识之士所不取。

我们是社会主义国家，我们建立的是社会主义市场经济，它应该而且能够有助于推动和促进哲学的发展。把社会主义市场经济与马克思主义哲学对立起来，实际上是认为，社会主义国家的经济发展，可以完全脱离它的作为指导思想的意识形态，可以脱离它的思想文化背景。其实，面对混乱的意识形态、低劣的文化素质，真正的社会主义市场经济是很难确立的。

对于一个民族而言，哲学是极其重要的。日本一位著名哲学家说过，没有哲学的民族是浅薄的民族。的确，没有哲学的民族是浅薄的民族；而没有哲学思维头脑的人则是浅薄的人。马克思主义哲学作为一种科学的世界观和方法论，作为科学的人生观和价值观，它对于社会主义制度的巩固和发展、对于各项实际工作的指导、对于每个人的思维方法和道德品质的培养和提高，其作用都是无可替代的。

这当然不是说，哲学应该成为一块“净土”，总是背对社会主义市场经济。与时代无关的哲学是经院哲学；与时代需要相脱离的哲学家是书斋哲学家。这种哲学和哲学家没有生命力，必然会焦枯萎缩。

问题在于我们要正确地理解社会主义市场经济与哲学的关系。我们的眼界和尺度应该是哲学的，而不是市侩的。

哲学作为一个专业，就它所培养的学生来说，当然要适应社会人才市场的需要。除了专门从事“纯”哲学研究和教学的人才外，它还可以培养能从事各种理论和实际工作的人才。这并不降低哲学的品格和水平，相反，它要求我们哲学专业的学生具有更高的分析和解决问题的思维水平和能力。我们应该交给他们一把能够打开一切困难之锁的金钥匙。尽管由于对其他专业不熟；开始起步较慢，可一旦深入其中，就有可能充分发挥哲学的效能，获得意想不到的成果。这是哲学的特点决定的。哲学虽然很抽象，但应用性又很强，它可以运用于自然、社会、思维任何一个领域，运用于任何一个实际部门。哲学系毕业的学生有一部分向其他领域发展，既有利于从更高层次做好自己从事的理论和实际工作，又可能有力地促进哲学的丰富和发展。我们需要一些哲学工作者从事“纯”哲学的研究，研究有关世界观、方法论、认识论、价值论的基本理论问题，但我们更需要有人从事把哲学和各门学科结合起来的研究。这并没有脱离马克思主义哲学的基地，而是真正把马克思主义哲学辐射到各门学科，充分发挥了马克思主义哲学的功能。

其实，马克思主义哲学并不是“纯”哲学，它是整个马克思主义体系的一个重要组成部分。在马克思主义的完整体系中，它同其他组成部分是紧密结合在一起的。马克思主义哲学是无产阶级的头脑，它的实践性和改造世界的功能，突出地表现在科学社会主义理论和实践之中；同样，马克思和恩格斯的哲学理论和方法，也突出地表现在他们的经济学研究之中：从《1844年经济学哲学手稿》到《资本论》，都极其鲜明地体现了这种结合。

当前，我们国家正在确立社会主义市场经济体制。对于这个划时代的举措当然要进行各方面的理论研究。经济学家固然责无旁贷，哲学工作者同样有许多工作可做。哲学对经济问题的研究，不同于经济学，它有自己特定的视角。例如生产力问题，从经济学角度来看，生产力是由劳动者、劳动资料（尤其是劳动工具）、劳动对象构成的。生产力的水平表现在劳动生产率之中。经济学家们为增加生产着力寻求发展生产力的途径和方法。哲学角度则与此不同。从哲学角度来看，人不仅是生产力的构成要素，而且是历史活动的主体。劳动工具不仅是生产的手段，而且是人类社会进步的指示器和人借以实现自己目的的中介。劳动产品不仅是作为使用价值和价值的统一体的商品，而且是一本感性的、打开了的人的本质力量对象化的书本。生产力的高低问题不仅是经济问题，而且是人的发展和社会进步的问题。从哲学角度来看，生产力的发展同人的才能、个性和社会进步是紧密相连的。对经济学的哲学研究有其独特之处。《1844年经济学哲学手稿》从经济学角度来看，尽管同亚当·斯密有渊源关系，可它摆脱了就生产谈论生产的狭隘眼界，把劳动和生产的研究同扬弃私有制，消除异化，恢复人与自然、人与社会的统一，使人获得解放结合在一起，把对经济现象的分析由纯经济的研究提升到哲学的层次。

社会主义市场经济的确立和孕育成熟，绝不是使哲学无用武之地。事实上，现实提出了许多哲学问题。哲学家们应该把眼光投注到现实中去。例如，社会主义市场经济与资本主义市场经济的异同，不仅是个经济问题，而且是个哲学问题。作为市场经济，它们当然具有共性，都是社会资源和劳动力的配置方式，而且都是通过竞争来实现的。可它们又有着根本区别。因为市场经济并不是一种独立的经济制度，而是从属于它所依存的社会制度的。资本主义市场经济通过竞争，优胜劣汰，导致财富集中和两极分化的加剧；而社会主义市场经济在竞争中，虽然同样存在优胜劣汰，一部分企业会破产、被兼并或转产，但它导致的不是两极分化和财富的集中，而是社会主义生产力的发展和综合国力的提高。邓小平同志说过："社会主义与资本主义不同的特点就是共同富裕，不搞两极分化。创造的财富，第一归国家，第二归人民，不会产生新的资产阶级。国家拿的这一部分，也是为了人民，搞点国防，更大部分是用来发展经济，发展教育和科学，改善人民生活，提高人民文化水平。"① 如果离开了社会制度来考察市场经济，就会抹杀两种市场经济的本质区别。这里既有辩证法问题，又有唯物史观问题。

---

①《邓小平文选》，第3卷，123页，北京，人民出版社，1993。

从哲学角度来看，市场经济与人的解放问题关系极大。

我们面前有两种类型的市场经济，它们经历了两种不同的转变：资本主义市场经济是从封闭的、自给自足的领主庄园经济和小商品经济逐步发展而来；而社会主义市场经济则是由计划经济体制转变而来。这两种转变中都存在人的解放问题，但情况又根本不同。

资本主义市场经济的形成当然是人的一种解放：劳动者摆脱了封建束缚和人身依附，获得了出卖劳动力的自由，所有者获得了攫取利润和聚敛财富的自由。可是在资本主义市场经济中，在激烈的竞争和两极分化中，人为自己的创造物——商品和货币所奴役。在自由中隐蔽着不自由。

第二种转变，即由计划经济体制转向社会主义市场经济，是人的进一步解放，是走向更彻底解放的过渡。

计划经济体制在我国建设中发挥过重要作用。可是多年来的实践证明，无所不包的单一的计划经济体制，限制了企业管理者和工人的主动性。亿万人民的复杂的不断变化的需要，不可能由主管部门的计划来规定。完全的指令性计划变为一种新的束缚。社会主义市场经济的确立，迫使所有参与市场的竞争者，都必须是一个真正能自我决策的主体，充分了解市场，发挥自己的主观能动性。社会主义市场经济的竞争，在一定意义上也是人的才能和智力的竞争。正是在竞争中，人们的潜能才迸发出来。可是，在社会主义市场经济条件下，人的解放并不是彻底的，问题不仅是市场经济的负面效应，即使是信息反馈的滞后性和不可避免的某种程度的盲目性，也限制了人的才能的发挥。因此，宏观控制是完全必要的。只有在宏观控制和市场调节相结合的互补中，经济才能得到健康发展，社会才能得到全面进步，人才能得到进一步解放。

市场经济与道德的关系也是一个争论不休的问题。市场经济带来的究竟是道德滑坡还是道德水平的提高？对这个问题，必须进行全面的、历史的分析。例如，资本主义市场经济经历了它早期的原始积累阶段。在这个时期，由于市场发育不全，所以商业道德的沦落是必然的，各种欺诈和哄骗成为在生产力水平低下的条件下相互竞争的一种手段。恩格斯在《英国工人阶级状况》1892年德文版第二版序言中分析过这种道德沦落。他说，现代政治经济学的规律之一就是："资本主义生产越发展，它就越不能采用作为它早期阶段的特征的那些小的哄骗和欺诈手段。"① 为什么市场逐步孕育成熟，商业道德水平就会愈来愈高，经营愈来愈文明？这当然不是由于人性的改变和良心的发现，而是经济发展所带来的竞争条件和状况的变化。恩格斯在讲到19世纪德国商业情况时说："随着大工业的发展，据说德国的许多情况也改变了，特别是当德国人在费城打了一次工业上的耶拿战役以后，连那条旧德国规矩基本守则也声誉扫地了，那条守则就是：先给人家送上好的样品，再把蹩脚货送去，他们只会感到称心满意！的确，这些狡猾手腕在大市场上已经不合算了，那里时间就是金钱，那里商业道德必然发展到一定的水平，其所以如此，并不是出于伦理的狂热，而纯粹是为了不白费时间和辛劳。"② 恩格斯由此得出结论："大工业看起来也变得讲道德了。"③ 认为市场经济必然带来道德沦落是片面的，事实上市场经济的发展和成熟，为人们道德水平的提高提供了物质基础。至于在我们国家出现的某些方面的道德滑坡和价值观

① 《马克思恩格斯选集》，第4卷，419页，北京，人民出版社，1995。

② 同上。

③ 同上书，420页。

念混乱，其原因是复杂的，既有市场经济的某种负面效应，更有教育失误、精神文明建设抓得不紧的原因。可以肯定，随着社会主义市场经济的发育成熟，特别是社会主义精神文明建设的加强，全国人民尤其是年轻一代的道德水平一定会逐步提高。

哲学尽管在困境中踯躅，但决不会停止前进。哲学不能丧失自己的特性变为非哲学，但哲学工作者却可以从哲学角度对其他领域中的重大的实际问题和理论问题进行研究。我们坚信：被马克思称为头脑、闪电和报晓雄鸡的哲学，在建设有中国特色的社会主义的伟大而生动的实践中，一定会越来越显示出它的效用和价值。

论社会主义实践中的唯物史观*

自俄国十月革命胜利以后，唯物史观与社会主义的关系就已经从以资本主义社会为依据的理论关系，变为以社会主义实践为依据的实际操作关系，即变为以唯物史观作为社会主义建设制定路线、方针、政策的理论基础。社会主义实践在验证和发展唯物史观理论，而是否坚持和全面准确地运用唯物主义历史观又是关系到社会主义事业成败兴亡的重大问题，因此，是否能适应这种转变具有重大的意义。搞社会主义建设必须正确处理唯物史观与社会主义的关系。如果说，在马克思和恩格斯时代，没有唯物史观就没有科学社会主义学说，那么在当代我们可以说，没有唯物史观就没有正确的卓有成效的社会主义实践。苏联的崛起和解体、新中国50年来特别是近20多年来建设有中国特色的社会主义的实践及其成就都证明了这个真理。

* 本文发表于《高校理论战线》，2000年第1、2期。

一

1949年民主革命胜利以后，中国进入了社会主义改造和社会主义建设时期。社会主义实践本身不断提出不同于民主革命时期的新问题。

1. 关于发展经济与阶级斗争的关系问题

无产阶级在夺取政权之前、在准备革命时期，应该着力反对庸俗生产力论。不反对庸俗生产力论，就不能树立革命必胜的信心，就迈不开革命的步伐；在取得政权之后，攻守异势，由打烂坛坛罐罐到建家立业，就不能继续沿着反对庸俗生产力论的路子走，而应该变到强调发展生产力，批判忽视生产力重要性的错误观点，不如此，就迈不开建设的步伐。这是取得政权之前和取得政权之后的一个根本性变化，唯物史观的应用必须适应这个变化。

在中国革命中，毛泽东着力反对庸俗生产力论，反对二次革命论。毛泽东同志著名的新民主主义理论就是马克思主义科学社会主义理论在中国的创造性发展。毛泽东利用有利的成熟了的革命形势，在一个经济文化落后的中国终于取得了无产阶级领导的民主革命的胜利。谁如果坐等生产力的发展从而延误革命时机，谁就是执行机会主义路线、就是历史的罪人。

列宁在领导俄国革命时也大力反对伯恩施坦、考茨基和俄国机会主义者的庸俗生产力论。普列汉诺夫在俄共第四次党代会上说，任何人民的创造都改变不了我们经历的这场资产阶级革命的根本性质。我们现在追求的是什么？是资产阶级共和国。至于夺取政权那是以后无产阶级革命的事。列宁极力反对这种观点，并最终取得了俄国十月革命的胜利。列宁并非不知道俄国经济文化比较落后，正如他在《论我国革命》中回答苏汉诺夫的责难时说的那样，为什么我们有机会夺取政权而不夺取政权、然后利用政权的力量大力发展我们的经济和文化呢？这样岂不是要永远处于被奴役的地位吗?！因为这样的马克思主义不是马克思主义，而只能是机会主义。当年，恩格斯在《法德农民问题》中就曾经批评过坐等农民无产阶级化再革命的观点，他说："假如我们不得不等到资本主义生产到处都发展到底以后，等到最后一个小手工业者和最后一个小农都变成资本主义大生产的牺牲品以后，再来实现这个改造，那对我们可就太糟了。"①

在唯物史观看来，究竟庸俗生产力论和科学生产力论的界限在哪里？依我看，庸俗生产力论是机械的生产力决定论，孤立地把生产力当成唯一的决定力量；而科学的生产力论则是辩证决定论，它把生产力的归根结底的最终决定作用，放在生产力和生产关系、经济基础和上层建筑的矛盾运动中来考察。例如，任何革命都需要一定的经济条件，没有一定的经济发展是不可能发生的，也不可能持续存在，更不会胜利的，群众性的社会革命不能是少数人的阴谋，这是历史唯物主义原则。马克思说过，彻底的社会革命是同经济发展的一定历史条件联系着的；这些条件是社会革命的前提。可生产力发展水平只能是革命的前提而不是唯一决定因素。生产力水平高而不爆发革命的情况比比皆是。而且生产力发展、经济高涨往往会抑制群众中的不满情绪而有利于统治者政权的巩固。革命是经济、政治、思想多种矛盾的复杂的综合征，它是统治者无法照样统治、被统治者不愿照样生活以及国内国外条件结合形成的。只要有了这个条件，任何一点火星都可能引发革命。而从生产力来看，这时不仅不是生产力高涨时期，相反是生产力萎缩时期。赤地千里，民不聊生。旧的生产关系严重阻碍生产力的发展，

① 《马克思恩格斯选集》，第4卷，500页，北京，人民出版社，1995。

旧的上层建筑特别是国家政权全力维护旧的生产关系，这种社会基本矛盾的激化才引发革命。马克思在著名的《〈政治经济学批判〉序言》中关于社会革命就是这样分析的。例如，旧中国的生产力水平不如西方任何一个国家，但社会矛盾却非常复杂。旧政权的腐朽，旧的生产关系如帝国主义、封建主义、官僚买办资产阶级对中国人民特别是农民的剥削使旧中国的社会基本矛盾激化，没有任何促进生产力进一步发展的可能。中国人民只有两条路：或者永远处于殖民地半殖民地、处于万劫不复的奴隶地位，或者前赴后继为民族生存而流血奋斗。自鸦片战争以来的一个半世纪，中国的志士仁人，特别是中国共产党人走的就是这条路。这条道路是中国社会自身解放的必由之路。它并不是由生产力发展绝对水平造成的，而是由中国社会基本矛盾造成的。而中国的资本主义经济的一定发展、一定的生产力水平和工人阶级的一定数量只能由于这种矛盾才能发挥超出它的绝对水平和数量的作用。

在生产力发展水平相对低的国家里可以进行革命，只要革命时机成熟就可以夺取政权。在革命准备和进行时期反对庸俗生产力论是正确的。列宁和毛泽东在这个问题上是正确的。1977 年 10 月邓小平在与加拿大教授林达光的谈话中说，列宁在批判考茨基的庸俗生产力论时讲，落后国家也可以搞社会主义革命，我们也是反对庸俗的生产力论，我们采取了和十月革命不同的方式，农村包围城市。当时中国有了先进的无产阶级的政党，有了初步的资本主义经济，加上国际条件，所以在一个很不发达的中国能搞社会主义。这和列宁讲的反对庸俗的生产力论一样。① 可是在夺取政权以后，如何处理发展生产力与

① 参见中央文献研究室编：《邓小平思想年谱》，46—47 页，北京，中央文献出版社，1998。

阶级斗争的关系就是一个新问题。历史经验证明，一个新的生产关系的优越性正在于它在确立之后能促进生产力的发展。资本主义生产力的迅速发展并不是在17世纪、18世纪英法资产阶级革命时期，而是在取得政权以后的19世纪、20世纪，特别是20世纪下半叶。因此，如何利用新建立的社会主义生产关系和社会制度，把重心放在发展生产力上，应该是无产阶级革命胜利后首要的课题。革命时期应该反对庸俗生产力论，不反对就不能革命。可取得政权以后，如果始终以反对所谓庸俗生产力论为理由，把阶级斗争放在中心地位，就不能迅速发展经济，就不能摆脱贫困，就会使社会主义社会长期处于落后状态，不能显示新的社会主义制度的优越性。应该说，在民主革命胜利之后毛泽东同志是非常注意发展生产的。他在七届二中全会上的讲话中提出，在革命胜利以后，要迅速地恢复和发展生产，对付国外的帝国主义，使中国稳步地由农业国转变为工业国，把中国建设成为一个伟大的社会主义国家。他还明确指示，动员一切力量恢复和发展生产事业，这是一切工作的重点所在，是党的中心任务。1956年以后，由于当时的国际和国内形势的变化以及对这个变化的过分严重的估计，阶级斗争逐步变为中心甚至发展到“以阶级斗争为纲”的地步。这是个沉痛的教训，也是中国社会主义建设进步的历史代价。

2. 如何处理生产力与合理的所有制结构的关系

无产阶级革命的根本目的，就是消灭资本主义私有制、消灭剥削，实行按劳分配和最终实行按需分配。马克思和恩格斯在《共产主义原理》、《共产党宣言》以及其他著作中曾多次重申这个主张。这也是世界各国共产党人的共同主张。可是在革命胜利以后，在消灭旧的生产关系和建立新的生产关系的过程中，如何适应本国生产力的性质和水平来确定所有制类型是个新课题，是马克思和恩格斯没有遇到的实际问题。例如，在所有制问题上，是从原则出发，过早过快地改变一切原有的所有制类型，从而造成生产力与生产关系之间新的不适应，还是适应生产力的状况逐步建立新的生产关系？在分配问题上，是采取有利于促进生产力的分配形式，还是在生产力不发达的状况下单纯追求公平？绝对平均主义就会导致贫困的普遍化，而普遍的贫困又会使一切陈旧的东西死灰复燃。

3. 关于党群关系问题

在夺取政权之前，共产党与群众的关系的确是鱼水关系。否则，共产党就无法生存，更不要说夺取政权。列宁曾多次强调过这一点，他说："公开的政治斗争迫使政党更紧密地联系群众，因为没有这种联系，政党就没有什么用处。"① 不联系群众，就会一事无成。之所以在革命胜利之后容易产生脱离群众的危险，是因为胜利之后，党群关系又加上了一层"官民"关系。共产党处于执政地位，而各级干部又是委任的，因此他们往往忘记了我们的权力是谁给的这个根本问题，以为权力是上级给的，只对上级负责，而没有把对上级负责与对人民负责结合起来，而且应该以对人民负责为最高尺度。因而处于执政地位的各级干部存在一个如何为人民服务的问题，搞不好就有脱离群众的危险。我们党和毛泽东同志一贯强调群众观点和群众路线，也曾经开展过轰轰烈烈的反对官僚主义的斗争。这个问题始终是革命胜利以后面临的一个根本问题。

4. 关于领袖与群众的关系

在夺取政权以前，个人迷信的产生缺少条件和土壤。为了夺取政权、打败敌人，不实行党内民主、不集众人之力是不可能的。特别是

① 《列宁全集》，第17卷，325页，北京，人民出版社，1988。

处于革命和战争时期，不可能有领袖人物的终身制，革命的挫折和失败往往会导致领袖人物的更换。领袖人物不可能凭个人崇拜而只能凭自己的卓越才能和团结合作精神才能处于领导地位。而在革命胜利之后，则有可能由于群众的衷心爱戴，以及政权具有的无上权威而逐步产生对领袖的个人迷信。特别是在经济和文化落后、小农占多数的东方国家更是如此。马克思在关于法国波拿巴政变的分析中曾讲过这个问题。他说，农民不能以自己的名义来保护自己的阶级利益，无论是通过议会或通过国民公会。他们不能代表自己，一定要别人来代表他们。他们的代表一定要同时是他们的主宰，是高高站在他们之上的权威。因此，在东方社会主义国家无产阶级革命胜利后，防止和反对个人迷信也是一个严峻的问题。

5. 关于国家问题

国家问题是历史唯物主义中的重大问题，也是无产阶级革命胜利后面临的现实问题。从历史上来看，国家的出现是历史的进步，国家对经济和文化教育的管理职能有利于社会的进步，可是国家的本质并不是它的管理职能而是作为阶级压迫的工具。在以往的全部阶级社会中，国家都是作为从社会中产生又凌驾于社会之上并日益脱离社会的一种力量。它通过税收、国债等来豢养官吏、军队、警察，耗费劳动者血汗，以维护自己的统治，所以马克思主义经典作家把国家称之为附着于社会机体上的“社会赘瘤”。特别是因为国家职能总是由一部分人来行使的，这些人是官吏，是社会的管理者，他们可以利用手中的权力，“从社会的公仆变成了社会的主人”。恩格斯说，这种“从社会的公仆变成了社会的主人”，“不但在世袭君主国内可以看到，而且在民主共和国内也同样可以看到。正是在美国，同在任何其他国家中相比，‘政治家们’都构成国民中一个更为特殊的更加富有权势的部分。在这个国家里，轮流执政的两大政党中的每一个政党，又是由这样一些人操纵的，这些人把政治变成一种生意，拿联邦国会和各州议会的议席来投机牟利，或是以替本党鼓动为生，在本党胜利后取得职位作为报酬”①。这就是政权的腐败现象。可以说，剥削阶级政权中没有不存在腐败问题的；而且社会的进步和经济的发展也并不能根绝腐败问题。尽管任何社会的任何政权为本阶级统治的长远利益考虑都反对腐败，但却都不能根本解决问题，最终只能在腐败中走向灭亡。这就是所谓政权更迭的周期率问题，这也是一切剥削阶级政权不可避免的命运。

无产阶级胜利后也必须利用国家这种形式来进行统治，也必然会把社会管理职能交给一小部分人。这是必要的。我们不是无政府主义者，不能梦想革命胜利即可使国家消亡。但我们应该清醒地看到，社会主义国家政权同样可能产生腐败。如何对待腐败问题，这是关系到我们社会主义事业成败、关系到我们执政党生死存亡的大问题。黄炎培当年在延安就向毛泽东提出过共产党如何避免周期率的问题，毛泽东当年把进北京称为进京赶考，都包含这个深刻的历史内涵。无产阶级政权并不必然带来腐败，认为权力必然腐败就等于要无产者和劳动人民永远放弃革命、放弃夺取政权。这种观点极端有害。但是我们得承认，没有监督的权力确会产生腐败，特别是把权力交给一部分人而不受法律制约和人民监督更容易产生腐败。片面强调所谓的“精英政治”是不对的。的确，管理国家需要文化、才能、经验，但排斥人民监督把管理国家神秘化的观点，是几千年来统治者愚弄百姓、恐吓百姓、企图永远把握统治权的观点。马克思主义经典作家曾多次批判过

① 《马克思恩格斯选集》，第3卷，12页，北京，人民出版社，1995。

这种资产阶级的政治观点。社会主义国家是人民当家做主的国家，是人民通过各种有效方式对国家进行管理的国家。毛泽东当年把民主作为避免周期率的药方，就是寄希望于人民参与国家管理和对各级干部进行有效的监督。反腐败斗争是长期的斗争，可又是必须不断取得成果的斗争。反对腐败是无产阶级取得政权以后，特别是当革命的狂飙过后社会逐步转入以市场经济方式运作来进行经济建设时面临的日益严重的问题。

6. 关于意识形态问题

任何一种革命都包含着意识形态的斗争，任何一个社会的阶级统治都包含着意识形态的统治。资产阶级革命从文艺复兴到英法资产阶级取得政权，经历了长达几百年的反对封建思想的斗争。随着资产阶级处于统治地位，它的意识形态也处于统治地位。资产阶级不断为本阶级培养意识形态人才。马克思明确指出，在资本主义社会，意识形态阶级等等是依附于资本家的，还说，资产阶级把意识形态阶层看做自己的亲骨肉，到处按照自己的本性把他们改造成为自己的伙计。社会主义革命更应该重视意识形态，特别是在取得政权以后，意识形态的斗争并没有因为经济改造的成就和直接政治斗争弱化而结束。以往的一切革命都是在私有制范围内的革命，是以一种私有制代替另一种私有制。而社会主义革命则是与传统私有制彻底决裂的革命，因而在思想领域中必然要与传统的私有制观念决裂。这是个非常长期的过程，而且也是意识形态领域中斗争时起时伏的过程。在这个过程中，既要反对意识形态工作中“左”的错误，把反对资产阶级和封建主义意识形态的斗争变为反对传统文化的斗争，变为以知识分子为对象的斗争，伤害知识分子，又要防止右的错误，任凭资产阶级和封建主义意识形态自由传播，甚至资产阶级自由化思潮传播。在一个社会主义国家，一旦马克思主义的指导地位动摇，西方的资产阶级思潮和国内的自由化思潮相结合，就会成为危及社会稳定的极大的不安定因素。思想理论领域，无产阶级不去占领资产阶级就会去占领，这是一个不依人们意志为转移的规律。社会主义国家的理论工作者应该用历史唯物主义观点来研究意识形态问题，并真正正确地、卓有成效地发挥马克思主义在意识形态领域中的指导作用。

7. 关于马克思主义与本国社会主义实践相结合的问题

以上种种问题归结到一点就是马克思主义与本国实际相结合的问题。这个问题在夺取政权时就已经解决了——不解决好就无法取得胜利。但这种结合不是一劳永逸的。民主革命时能结合好不见得社会主义时期也能结合好，因为这两个时期各有特点。而且从复杂性来说，历史唯物主义与社会主义实践结合问题要比在革命时期困难得多。民主革命时期比较单纯，全部工作的目标就是夺取政权；而革命胜利以后的社会主义时期，是改造整个社会包括改造人在内的复杂过程，它包括社会生活的方方面面，是一个系统工程。古人说创业难守成更难，社会主义不是守成而是包括巩固政权在内的新的更为艰巨更为伟大的创业。毛泽东在七届二中全会的报告中说，夺取全国胜利，这只是万里长征走完了第一步。如果这一步也值得骄傲，那是比较渺小的，更值得骄傲的还在后头。历史和现实都证明，无产阶级取得政权的国家不少，可能长期巩固政权的国家却并不多。不解决马克思主义与本国实际相结合的问题，一切理论和实际问题就都很难解决。

类似的问题还可举出一些。所有这些都是唯物史观的根本问题，即经济与政治的关系，生产力与生产关系的关系，阶级、政党、领袖、群众的关系，以及社会主义发展的普遍规律和各国特点的关系问题等等。中国有这些问题，苏联也同样存在这些问题。苏联在 70 多年中由崛起到解体的历史证明，对这些问题的处理如何关系到社会主义的生死存亡。

列宁在革命前曾着力反对苏汉诺夫以及俄国的一些庸俗生产力论者，在经济和文化落后的俄国第一次取得社会主义革命的胜利。可列宁在十月革命胜利后并没有继续反对所谓的庸俗生产力论，而是非常注意发展生产力，他已明确意识到高度发达的生产力是新社会战胜旧社会的保证。列宁的新经济政策本质上就是利用一切办法发展生产力的政策。斯大林在一定时期也曾很注意发展生产力。应该说，在斯大林的领导下，苏联的经济和科学技术、国防力量还是得到了惊人的发展，成为世界第二大强国。可是在20世纪30年代以后，斯大林却过分地强调了党内斗争和社会阶级斗争，特别是肃反扩大化人为地制造阶级斗争，而且以后越来越背离唯物史观关于经济和政治关系的原理。在党群关系、领袖与群众关系问题上缺少社会主义民主，搞个人迷信；在生产力与生产关系问题上放弃列宁的新经济政策，追求工业和农业的全部公有制；在意识形态斗争中采取过左政策，特别是40年代后期对文艺对哲学的批判更是如此。苏联始终没有很好地解决马克思主义与本国社会主义建设相结合的问题，而是教条式地按照马克思恩格斯关于社会主义的设想，建立以全部公有制和按劳分配为基础、高度集中的计划经济体制。特别是斯大林否认社会主义社会存在矛盾，从而堵塞了正确认识社会主义社会的性质和采取正确方针的途径。斯大林逝世后，他的后继者在纠正斯大林错误的同时，逐步陷入了一条导致资本主义复辟的路线。如果说，斯大林是偏离了历史唯物主义某些原则，那么他的后继者们则逐步背叛了历史唯物主义根本原则。斯大林时代存在的矛盾不仅一个也没有解决，而且还从右的方面进一步恶化了这种矛盾。他们在反对个人迷信的借口下完全否定杰出人物的历史作用；他们重新回到庸俗唯生产力论，认为俄国的生产力根本不可能搞社会主义，他们力图通过推行私有化来发展经济，取消共产党的领导、取消马克思主义的指导，结果却是断送了十月革命的成果。

中国的道路与苏联不同。当然，我们的错误与苏联在违背历史唯物主义方面有某些相同之处。例如，我们也犯过个人迷信的错误，忽视生产力的制约作用盲目追求一大二公的错误，否定市场经济把计划经济奉为唯一经济体制的错误，以及脱离生产决定分配原则导致平均主义和贫穷普遍化的错误，等等。但是有一个根本点我们不同于苏联，那就是中国共产党始终坚持马克思主义与中国实际相结合的优良传统，坚持历史唯物主义与社会主义实践相结合的原则，自行总结教训，纠正错误，认准方向，继续前进。新中国的50年是不可分割的50年。尽管其中也有阶段，“文化大革命”前17年、“文化大革命”10年，特别是改革开放以来的20多年这三个不同时期，有着某些区别，甚至重大区别。但它们是统一的社会主义建设的50年，是社会主义实践在曲折中前进的50年。在这50年的社会主义实践中，中国的哲学工作者对历史唯物主义与社会主义实践的关系体会得更为深刻。如果我们不重新回到历史唯物主义关于生产关系必须适应生产力性质和水平的原理，不重新回到历史唯物主义关于生产力是社会最终决定作用的原理、关于经济与政治关系的原理、关于个人与人民群众相互关系的原理，等等，我们就不能正确总结经验，继续沿着社会主义方向前进，就很可能会在纠正错误的掩盖下倒向否定前30年，从而导致否定社会主义。邓小平的伟大和英明正在于他创造性地坚持了马克思主义，运用历史唯物主义原则总结经验，批评个人迷信但又充分维护毛泽东的历史地位；批判一大二公，坚持按适应生产力发展来调整所有制结构但又维护公有制的主体地位；坚持“三个有利于”的标准但又强调我国四个现代化的社会主义方向，注重反“左”但又防止“右”。我们从邓小平关于建设有中国特色的社会主义的理论中，从关于社会主义初级阶段理论、社会主义本质和社会主义根本任务的理论、社会主义经济体制和运行机制理论以及社会主义改革开放理论和“三个有利于”标准的论述中，不难看出历史唯物主义原理与邓小平关于社会主义理论的内在联系。完全可以说，邓小平建设有中国特色的社会主义理论是历史唯物主义与中国社会主义实践结合的突出表现。所谓解放思想、实事求是的路线，就其内容来说都是有关历史唯物主义的根本问题。这是自十月革命以来的社会主义实践和中国50年来的社会主义实践正反两方面经验的结晶。没有历史唯物主义与社会主义实践的这种结合，就没有当前中国这种生机勃勃的发展局面。

二

马克思主义和一切以往的哲学包括当代西方哲学的根本不同之处，就在于它对人类彻底解放和社会发展前途的关怀。它不同于张扬终极关怀的宗教哲学，也不同于只关心个体或所谓类的人本主义哲学。马克思主义哲学切切实实关怀的是无产阶级和劳动人民的解放，是用社会主义社会来代替资本主义社会。马克思把哲学称为“人类解放的头脑”，就非常准确生动地表现了马克思主义的这种本质。

正因为这样，马克思主义哲学从来都不是追求建立一种形而上学的思辨体系，而是以哲学为武器投身现实的革命运动。马克思主义哲学的本质决定了在马克思主义哲学史上，马克思主义哲学家同时又是革命家，是以各种方式推翻旧世界斗争的参与者。从马克思、恩格斯、列宁、斯大林、毛泽东到第一国际、第二国际的众多理论家，以及许许多多的著名的马克思主义理论家都是如此。

纯粹以马克思主义研究为专业、为职业是无产阶级取得政权以后出现的现象。苏联十月革命以后培养了大批的马克思主义理论教员和马克思主义理论工作者。中国也是如此。这是社会主义政权建设和巩固的需要，是牢固掌握意识形态领导权的需要。50年来我们党和政府培养了大批马克思主义哲学教员，其中包括历史唯物主义研究者。马克思主义哲学的专业化和职业化、马克思主义队伍的扩大，对于马克思主义的普及和研究起了推动作用。马克思主义教员从个人角度来看自己是可有可无的，但这支队伍却绝不是可有可无的；我们从事的职业是平凡的，但我们所从事的事业是伟大的，它关系到社会主义意识形态中的领导权问题。理论上的成熟是一个政党成熟的尺度。一个没有一支马克思主义队伍的社会主义社会是不可能巩固、不可能持久存在的。培养一支立场坚定、旗帜鲜明、理论水平高、善于联系实际的马克思主义理论队伍是社会主义思想理论建设中的一个重要任务。早在20世纪50年代毛泽东就提出了这个任务。他说我们要作出计划，组成这样一支强大的理论队伍；只有我们的社会主义工业化、社会主义改造、现代化国防、原子能研究，是不行的，是不能解决问题的。

50年来，中国历史唯物主义的研究者们对有关历史唯物主义的许多重要原理都进行过探讨和争论。其中有的是与当时社会主义建设中提出的问题相联系的，也有的是纯学理性的争论。例如，在我国曾经发生过的关于综合经济基础和上层建筑问题的争论、关于先进生产关系与落后生产力矛盾问题的争论、关于过渡时期阶级和阶级斗争的争论、关于人道主义与异化问题的争论、关于历史唯物主义的出发点的争论等等都具有明显的社会政治背景。另外有一些问题的争论则更多地属于学理方面的争论，如关于历史唯物主义的对象和性质的争论，关于历史唯物主义的逻辑起点的争论，关于经济基础与社会存在是否等同、上层建筑是否属于社会存在、经济基础是否包括生产力的争论，以及近年来关于社会发展五形态与三形态、多线论与单线论、历史规律论与选择论的争论，伟人还是人民群众是历史创造者的争论等等，几乎涉及历史唯物主义的一切基本原理。

50 年来，中国的历史唯物主义研究者通过以上两个方面，对历史唯物主义的理解和把握，比起“文化大革命”前以及改革开放前要更为深刻和全面。例如，对历史唯物主义对象的理解，就超出了历史本体论，突破了仅仅把历史唯物主义理解为研究社会历史一般规律的范围，开始注意到历史认识论和历史价值论的研究，打破了西方把所谓思辨历史哲学和批判历史哲学对立起来的观点；对生产方式在社会发展中的作用与阶级斗争的关系，对生产力的尺度问题、标准问题以及最终决定作用的问题有了更为深刻的理解；对社会规律客观性与人的主体选择的关系的理解也更趋全面；对社会发展的统一性和多样性、社会主义建设道路的多样性、社会发展的阶段性问题以及社会主义精神文明建设、文化建设、社会科学理论和教育等上层建筑因素对于社会主义建设的重要性问题，都比以前理解得更为深刻而全面，对有关人和人的素质的问题的研究也非常活跃。应该说，新中国成立 50 年来历史唯物主义研究的成绩是显著的。

当然，争论的问题仍然很多，而且不少都是原则性的问题。例如，在如何看待马克思主义的阶级和阶级斗争理论上，有的学者就批评毛泽东关于“阶级斗争，一些阶级胜利了，一些阶级消灭了。这就是历史，这就是几千年的文明史。拿这个观点解释历史的就叫做历史的唯物主义，站在这个观点的反面的是历史的唯心主义”的观点是对历史唯物主义的曲解，是极“左”思潮的理论依据。他们把反对“以阶级斗争为纲”延伸到在一切阶级社会中观察问题都不应该强调阶级观点和阶级分析方法。这当然是不正确的。即使是在我们社会，观察问题都不能完全放弃阶级分析方法，否则你就说不清为什么美国和西方某些国家总是千方百计反对社会主义国家，苏联解体以后把矛头针对中国；说不清为什么在中国会出现动乱、会出现“法轮功”这种具有政治意图的组织及其围攻中南海事件，如此等等。再如一个社会的性质是不是由占主导地位的生产关系决定的，从历史唯物主义理论来说这是不言而喻的，可我们有的理论家却说所有制问题是无关紧要的，关键是发展生产力，只要保证社会公平、提高生活水平就是社会主义。还有人错误理解科技是第一生产力的论断，混淆历史唯物主义和科技至上主义的界限，孤立地把科学技术作为社会发展的唯一决定力量；也有的学者以科技是第一生产力，以所谓信息化为理由，宣扬新英雄史观，认为创造历史的人是提供信息的人，决定社会发展的是掌握科学技术的人；有的以当代科学技术发展为依据，否定马克思主义的劳动价值论和剩余价值论、否定生产资料的私有制是剥削的根源、否定生产力决定生产关系的规律，鼓吹科学技术是剩余价值的源泉；有的论者否定社会规律的客观性，否定两个必然性，即资本主义必然为社会主义所取代的规律；也有的论者划不清科学生产力观与庸俗生产力观的界限，否定经济落后国家的社会主义革命的可能性和必要性；还有的论者把社会规律与主体选择对立起来，认为主体选择的可能性只能是在必然性范围之外的可能性空间，而在必然性范围内主体是不自由的，以此来推翻马克思主义关于自由与必然关系的“传统观点”；如此等等。争论的问题的确很多，而且不少都是事关马克思主义历史唯物主义存亡的原则问题，因此不能不搞清楚。恩格斯在致康·施米特的一封信中要求他要善于从理论上思考，只有清晰的理论分析才能在错综复杂的事实中指明正确的道路。我们历史唯物主义的研究者，面对我国的新的实践、面对现实中提出的许多理论问题，的确任重而道远，有待我们继续努力。

我们正处在两个世纪的转折点上。20世纪是中国百年巨变的伟大时期。尤其是后50年，特别是改革开放以来的20多年，我们社会生活的各个方面包括思想理论观念的变化是中国历史上从来未有的。但在即将来到的新世纪里，我们既有着更大的机遇，也面临着更大的挑战。在历史唯物主义的研究方面也是如此。因此，我们应该对社会主义时期历史唯物主义50年的经验和教训有个比较清醒的认识。

毫无疑问，在社会主义革命和建设的50年中，历史唯物主义在中国得到了新的发展，它所涉及的领域和范围、问题的深度比早期都有发展。可是从走向未来看，我们仍有许多不足。在民主革命时期，马克思主义历史唯物主义的研究者和革命者是合二为一的，他们为革命为解决现实问题而研究理论，他们注视现实的需要，注重运用历史唯物主义去研究中国的历史和现实。解放以后则与此不同，我们的马克思主义研究者、历史唯物主义研究者作为专业队伍已经职业化了，变成了在高校、在研究院以从事这种研究为职业。我们扩大了研究范围，拓展了某些问题的研究深度，但却往往容易轻视实践的需要和呼声，而只关注纯学理的研究。因而在我们研究和争论的问题中，更多的是关于概念、范畴、定义的争论，而缺少对现实问题的深入研究。也正因为这样，在历史唯物主义的研究中，现实性和理论性都很强的高水平的历史唯物主义著作不算太多。我们较多的是教材，而且有一些有较高水平的教材。教材固然重要，但停留于此显然是不够的。应该说，现实问题是历史唯物主义的最重要方面。缺少现实性，历史唯物主义就没有生气、就没有灵魂。其实运用历史唯物主义来分析我们面对的问题是极为需要的。在市场经济条件下的工人阶级的主人翁地位问题、在多种所有制并存及私有经济发展中公有制的主体地位何以保证的问题、意识形态领域的多种思潮并存和市场经济条件下马克思主义的指导地位问题、腐败的根源和防止问题等等，都是关系到中国社会主义前途和命运的重大问题。如果历史唯物主义理论工作者对此一概不感兴趣，那就不成其为历史唯物主义，而是倒回到一般的历史哲学、从最抽象的角度探讨社会历史的形而上问题的学说。这决不能说是历史唯物主义研究的正确方向。

在21世纪里，我们当然要继续沿着毛泽东开辟、邓小平继续的马克思主义哲学中国化的道路前进。历史唯物主义的研究，更应该结合有中国特色的社会主义建设实践问题的研究，使历史唯物主义的研究具有中国特色。我们有一支庞大的专业队伍，我们完全有条件做得比现在更好。我们应该培养一批有个性、有特色的历史唯物主义理论家。有人认为，马克思主义哲学工作者是千人一面不可能有个性，因为原理是共同的。这种说法是不对的。其实，马克思主义哲学史上的大家都是个性化的，马克思、恩格斯不用说，拉法格、倍倍尔、列宁、普列汉诺夫、毛泽东、邓小平，都各有特色。特色并不是要立谬论异说，而是有创造性地发展真理。有发展就有特色。而要发展就必须面对现实而不是面对原理本身。现实自身是个性化的，因为它是变化的发展的，不同的现实中孕育着不同的问题。即使原理是共同的，但面对的现实和必须解决的问题不同，应用的水平不同，从中引出的结论也不同，这种哲学家自然具有个性具有特色。而哲学的个性化同时也是民族化，或者说是马克思主义的中国化，因为这种理论上的个性化是中国现实所具有的特性的结晶。它根植于中国，它不离开中国；它是地地道道的马克思主义的，又是不折不扣的具有中国特色的。我们期望在历史唯物主义研究领域能够出现这样一批马克思主义者。

三

在当今世界上，从西方到东方，从发达资本主义国家到发展中国家存在各种各样的社会主义思潮。我们可以发现，每种社会主义思潮都有其相应的哲学基础，特别是社会历史观。可以说，有什么样的社会历史观，就会有什么样的社会主义理想和方案。

自从马克思和恩格斯创立科学社会主义时起到当代中国的社会主义实践，在这一个半世纪中，社会主义经历了从理论到运动、到制度的过程。它在不同的时期，强调的重点是不同的。在马克思恩格斯时代，他们强调的是社会主义理论的科学性，强调对社会主义必然性的论证，强调社会主义理论的阶级斗争基础。他们曾经批评过德国党内的右倾机会主义，说他们“在阶级斗争被当作一种令人不快的‘粗野的’现象放到一边去的地方，留下来充当社会主义的基础的就只有‘真正的博爱’和关于‘正义’的空话了”①。1877 年 10 月给左尔格的信中，恩格斯在反对杜林时又对德国党重提这种批评，说有些人“想使社会主义有一个‘更高的、理想的’转变，就是说，想用关于正义、自由、平等和博爱的女神的现代神话来代替它的唯物主义的基础”②。

列宁是俄国社会主义革命的领导者，是第一个把社会主义由运动

① 《马克思恩格斯选集》，第 3 卷，684 页，北京，人民出版社，1995。
② 同上，第 4 卷，627 页。

变为制度的实践者。列宁强调的是社会主义的实践性，因为他是社会主义实践的领导者，肩负着实际建设社会主义的历史使命。在俄国十月革命胜利后，列宁说，对俄国来说，根据书本争论社会主义纲领的时代已经过去了，我深信已经一去不复返了，今天只能根据经验来谈论社会主义。他还说："现在一切都**在于实践**，现在已经到了这样一个历史关头：理论在变为实践，理论由实践赋予活力，由实践来修正，由实践来检验。"① 当讲到什么是社会主义时，他说："要论述一下社会主义，我们还办不到；达到完备形式的社会主义会是个什么样子，——这我们不知道，也无法说。"因为"建设社会主义的砖头现在还没有烧好"②。

邓小平处在社会主义建设的另一个时期，这时已经有了社会主义正反两方面的经验，他深感我们对什么是社会主义还没有完全弄清楚，所以他特别强调社会主义的本质问题和社会主义的民族道路问题。邓小平继承毛泽东探索中国社会主义建设道路的未完的事业并总结探索中的经验与教训，提出了建设有中国特色的社会主义理论，从而把科学社会主义理论提升到了一个新境界。

要搞清什么是社会主义、如何建设社会主义，这在理论阶段是无法完全实现的。在科学社会主义理论确立阶段，它要求的是理论上的可论证性和逻辑上的一贯性；在纯理论阶段，社会主义是作为社会发展的一般形态来论述的，它是被放在五种社会形态更替的框架内，处于取代资本主义社会的更高阶段，它在各方面都绝对高于资本主义社会。这种社会主义是一种抽象的纯理论形态的社会形态。可在实践中

① 《列宁全集》，第33卷，208页，北京，人民出版社，1985。

② 同上，第34卷，60、61页。

的社会主义社会，不是抽象的社会主义的一般而是在特定的国家和民族范围内具体的社会存在。它的生产力水平、文化和教育的普及程度，以及社会的道德状况可能远没有达到马克思恩格斯在纯理论范围内所企望的水平。因此不是根据社会主义社会形态的抽象原则，而是根据自己国家的实际状况来建设社会主义是至关重要的。因此在社会主义实践阶段，社会主义理论原则必须与本国实际相结合，具有可操作性和有效性。如果在社会主义现实实践中没有达到预期目的，生产力没有持久的、稳定的和较快的发展，人民生活没有得到满意的提高，社会主义的民主和法制建设处于无序状态，那就肯定说明我们对什么是社会主义以及如何建设社会主义还没有完全弄清楚。这不能怪马克思和恩格斯，不能怪我们的老祖宗，因为他们的任务就是论述社会主义的一般，从社会发展一般规律的高度对社会主义进行科学的论证。至于如何通过具体的途径实现、变更或者突破这些原则则是后人的事。他们反复强调的正是这一点，从来没有用他们的社会主义观念去束缚后人的手脚。但无论是马克思和恩格斯强调的社会主义理论的科学性、列宁强调的实践性，还是毛泽东和邓小平强调的社会主义建设道路的民族特色，从根本上来说都是一致的。正因为它是科学的才可能指导实践，而实践总是具体的，必然具有民族特色。所以在科学社会主义理论中，科学性、实践性、民族性是不可分的，只是依据不同历史情况强调的重点不同而已；而且它们都是以历史唯物主义为基础的，都是唯物史观与社会主义在特定时期结合的不同表现。

与以唯物史观为基础的科学社会主义相反，还有另一条所谓的社会主义路线。这就是以抽象人本主义为基础的民主社会主义路线。这种社会主义路线的特点是片面强调社会主义的人道性即所谓社会主义是人道化的社会，是以自由、民主、人道、公平、正义为最高准则的社会，从而把价值问题摆在首位，作为社会主义的本质。在马克思和恩格斯的时代，这种以抽象人道主义代替历史唯物主义作为社会主义理论基础的趋向已逐步成为社会主义运动的重要派别，其重要代表人物是第二国际的伯恩施坦。他认为社会主义的胜利并不取决于它的内在的经济必然性，而只是一种理想，因此提出“回到康德”的口号，把社会主义变成一种单纯的价值目标。伯恩施坦的影响是巨大的，自此以后逐渐形成的三股思潮，即西方发达资本主义国家的民主社会主义思潮、西方马克思主义中的人本主义思潮、社会主义国家中以戈尔巴乔夫为代表的人道的民主的社会主义思潮，无一不是伯恩施坦思想的延伸和变形。但其结果也是很清楚的。西方发达国家至今仍然是资本主义社会，它们既没有像民主社会主义所期待的人道化也没有社会主义化；在资本主义基础上实行社会主义价值是天方夜谭。相反曾经是社会主义的某些国家，倒是通过民主社会主义这条通道走向了资本主义。尽管戈尔巴乔夫着力宣传民主化和公开性，宣传全人类利益高于民族和阶级利益，可是这些抽象的人道主义原则并没有使苏联强大而是使它走向解体和削弱。

苏联和东欧剧变以后，什么是社会主义成为一个世界性的课题。西方一些国家的社会民主党、工人党，包括一些共产党的领导人曾就“未来的社会主义将是怎样的”为题进行讨论并创办了《未来社会主义》杂志。其中不少文章就是鼓吹民主社会主义理论的。而且有的文章还蓄意歪曲马克思主义与科学社会主义的关系，提出要社会主义不要马克思主义的混淆视听的口号。例如让·埃伦斯坦的文章《马克思主义正在死亡，马克思主义已经死亡，社会主义万岁!》就是这样。他反复强调，“社会主义不是指生产方式。它代表一种赋予我们的技术文明以良知和道德的企图”。“我们同革命、同无产阶级专政、同阶级斗争毫不相干”，社会主义是“新人道主义”，是“当代人道主义”①，如此等等。

在我们国家也出现过这种抽象的人本主义思潮，但遭到邓小平的严厉批评。我们坚持社会主义的道路并在建设有中国特色的社会主义道路上取得辉煌成就，是因为以邓小平为首的党中央坚持以唯物史观为指导来建设社会主义，始终以正确处理社会主义社会基本矛盾为中心，坚持社会主义公有制的主体地位，有步骤地改革各种与社会主义本质不符合的体制，以便解放生产力、发展生产力。我们强调社会主义必然性和现实可能性存在于经济之中。但我们重视社会主义作为理想、价值、信仰的重要性，社会主义作为一种不同于资本主义的制度，它自身包含着社会主义的民主、公正和人道原则。建立一个民主的法治国家，通过法律和道德保证社会主义的公平和正义，实行社会主义人道主义原则，是社会主义社会优越性的重要方面。在以往的社会主义实践中，片面强调阶级斗争的作用以及违反社会主义法治和人权的现象极大地损害了社会主义的威信。这种“左”的错误在我们国家得到了纠正。但我们强调社会主义的价值原则是社会主义制度的一部分，它是以社会主义经济和政治制度的建立为依据的。离开社会主义经济的发展和社会主义政治制度的建立和巩固，在资本主义范围内，所有一切关于公平、正义以及人道主义的温言暖语都会流于空谈和欺骗。即使是在社会主义社会，如果没有共产党的正确领导、没有公有制主体地位的巩固和加强，社会主义的价值原则也是不可能自动实现的。正因为这样，我们在反对和纠正“左”的错误的同时，也反

① [苏]戈尔巴乔夫等：《未来的社会主义》，449、451页，北京，中央编译出版社，1994。

对抽象的人道主义。我们要把发展经济和巩固社会主义制度放在首位，以高度发展的经济和完备的法治来切实保证社会主义的价值原则的实现。如果以抽象人道主义来代替历史唯物主义作为社会主义的理论和实践的基础，倡导抽象的自由、民主，我们就会重蹈苏联的覆辙。

中国社会主义未来的发展，在一定意义上可以说决定于我们以什么理论作为社会主义理论和实践的基础。只要我们坚持历史唯物主义关于社会发展规律性和人的活动的目的性相统一的观点、坚持社会主义社会在中国建立的历史必然性和必要性与它的价值目标相统一的观点、坚持邓小平的社会主义本质论和建设有中国特色的社会主义理论，我们就能在风云变幻的世界浪潮中始终坚持社会主义航向。新中国社会主义实践的 50 年的经验和教训，就包含着历史唯物主义与社会主义相结合的正确方向。

论坚持先进文化的前进方向*

100多年来，中国各派政治势力关于文化问题的争论，与中国社会发展的前途与命运休戚相关。从清末洋务派的“中体西用”到五四新文化运动，从毛泽东的新民主主义文化建设到邓小平的加强社会主义精神文明建设，实际上是中国社会经历过的从维护腐朽崩溃的封建清王朝到试图选择西方的资产阶级民主共和制度，到建立新民主主义社会和社会主义社会这一历史脚步的回声。近一个世纪的中国文化争论史，从一个侧面说也是中国社会变革的历史。

改革开放以来，党中央一直关注文化建设问题，有过多次决议和许多加强社会主义文化建设的实际措施。江泽民同志《在庆祝中国共产党成立八十周年大会上的讲话》中指出，文化问题占有重要地位，在论述关于“三个代表”的重要思想时，对什么是当代中国的先进文化以及坚持先进文化前进方向对于保持党的先进性，对建设有中国特色社会主义的重要性等一系列重大理论和实际问题，结合中国

* 本文发表于《教学与研究》，2002年第1期。

共产党80年的历史经验，高屋建瓴地作了马克思主义的回答。江泽民同志说，“坚持什么样的文化方向，推动建设什么样的文化，是一个政党在思想上精神上的一面旗帜”。从旗帜的高度来看待文化，认为坚持先进文化是保持一个政党先进性的标志，这是无产阶级政党史上特别是执政党历史上的创见。它对于保持无产阶级政党的先进性和执政地位，维护社会主义制度的稳定和发展，顺利推进一切有利于社会主义制度兴旺发达的改革措施是完全必要的。

一

提出先进文化问题，实际上也同时提出了一个重大理论问题即判断文化的标准问题。在这个问题上相对主义和绝对主义都是片面的。相对主义强调文化的多元性、相对性和等价性，认为任何文化形态对于它的文化主体来说，都是合理的，文化没有先进与落后、革命与反动之分。尽管文化相对主义有某些合理性，如它承认各民族文化存在的权利，强调各种文化中有合理的东西，但相对化必然保护落后，为一切不合时宜甚至反动的文化提供保护。而绝对主义是把某一个时期的文化或某种文化因素的合理性绝对化，视为万古不变的东西，先进的东西永远是先进的，文化不必与时俱进。西方文化中心论者把西方资本主义时期文化对封建文化的暂时领先地位绝对化；而东方精神文明优越论者把中国封建时代文化的领先地位绝对化。文化相对主义和绝对主义在文化问题上都是只见树木不见森林，都不可能正确认识先进文化的本质和找到正确的评价标准。

先进文化或文化的先进性不是一个抽象的不可言说的论断，它有科学的和价值的标准。

所谓科学标准讲的是评价的客观性问题。当然，生产力的先进性，可以有一个公认的甚至量化的标准，因为生产力存在于人们生产的客观过程中，通过实际生产过程中的科技含量、生产工具的性质、生产者的科技素质、管理水平、产品的数量和质量，等等，可以作出判断。尽管生产力的先进性也有它的相对性的一面，即放在世界范围和历史过程中进行横向和纵向比较，但对生产力的先进性可以作出多数人可以接受的客观判断。

文化的先进性不同，它属于精神生产领域，体现在以物质载体出现的精神产品的内涵中。它不可能具有可见的直观的性质，更难以量化，但不能由此得出结论，文化先进性完全是价值判断，不具有客观的科学的标准。

问题的关键在于正确理解文化的本质。文化，无论是作为以各种社会意识形式表现的理论形态，还是以人们日常生活方式表现的世俗形态，都不能脱离它借以产生的社会和时代。文化不存在于超社会超时代的精神天国之中。文化具有社会制约性和时代性，在阶级社会中它还有阶级性。因此通过文化与社会、文化与时代、文化与阶级的关系，就可以对文化的性质进行判断。

从客观标准看，文化的社会制约性决定文化的先进性，它表现为社会制度的进步性。因此在社会发展过程中，一种社会形态为另一种更高的社会形态所代替，也就是一种比较先进的文化取代与旧的社会形态不可分的旧文化。这当然是从文化整体性质说的，至于随着旧的社会的解体，原有文化中的积极成分和合理的东西会被新的先进文化扬弃，成为新的先进文化中的有机要素，这是文化发展的规律，但这个规律并不否认新社会的新文化较之旧文化具有总体的进步性。

从文化与时代的关系看，文化都具有时代性，即使是最荒谬最不具有可接受性的文化形式的出现，都有它的时代背景，都具有现实存在的可理解性。正如马克思说的，“凡是把理论导致神秘主义的神秘东西，都能在人的实践中以及对这个实践的理解中得到合理的解决”①。但可理解性不等于可接受性，更不等于进步性。在一个时代中，可以有各种各样的文化思潮。先进文化是反映时代的进步潮流，符合时代前进方向和要求的文化。符合时代进步潮流还是逆潮流而动，这是区分文化的先进与落后、革命与反动的一个重要客观尺度。

当然，判断文化的先进性还有它的价值标准，因为在阶级社会中文化有阶级性，站在不同的立场，评价可迥然不同。自马克思主义产生以后，拥护者、信仰者、实践者是世界上任何一个学派无法相比的，而咒骂者、反对者之多也是任何一个学派无法相比的，但不能由此得出结论，价值判断是等价的，是公婆争理，无是非可言。其实，价值判断是由利益支配的，而利益的合理性决定于生产关系的性质和不同阶级在生产关系中的地位。因而有剥削者利益与被剥削者利益之分，进步阶级利益与反动阶级利益之分，多数人利益与少数人利益之分。从历史发展进程看，一种先进文化，它的阶级基础总是比旧文化代表的阶级基础要宽，人数要多。这是由奴隶社会到封建社会，再到资本主义社会，然后进到社会主义社会利益主体变化的状况。这是社会的进步，也是价值观念随着价值主体变化而具有可比性的依据。

在阶级社会中，先进文化不一定是主流文化，而处于统治与支配地位的主流文化不一定是先进文化。特别是处于社会大变动时期，先进文化的代表者往往处于被统治被压迫的地位，他们的思想被视为异端邪说、离经叛道而受到压制。明代的李贽反对宋明时期处于统治地位的道学，反对存天理灭人欲，主张男女平等，结果被捕死于狱中。

---

① 《马克思恩格斯选集》，第1卷，60页，北京，人民出版社，1995。

在清末中国国势沦落以后，龚自珍、魏源、王韬、马建忠、郑观应、陈炽、谭嗣同以及早期的康有为、梁启超等人的思想，在清王朝和以慈禧为首的顽固守旧派的压迫下，同样不行于时。处于五四新文化运动和国民党文化围剿时期的鲁迅，代表的是先进文化的方向，它向旧文化发起猛烈攻击。毛泽东曾高度赞扬鲁迅的这种精神。他说："鲁迅是在文化战线上，代表全民族的大多数，向着敌人冲锋陷阵的最正确、最勇敢、最坚决、最忠实、最热忱的空前的民族英雄。鲁迅的方向，就是中华民族新文化的方向。"①真理开始总是掌握在少数人手里，先进文化也是一样。代表先进文化的开始是少数人，但它迟早会取代旧文化的主导地位。历史前进的方向是不可阻挡的，中外古今的历史都证明了这一真理。

江泽民同志强调代表先进文化的前进方向，这"前进方向"几个字特别重要。因为文化的先进性具有时代性和相对性，它只是相对于一定时代而言，不是永恒不变的，正如社会形态的更替一样。原来先进的文化可以变为不先进甚至落后的文化。关键是文化应该具有与时俱进的品格，才能保持它的先进性。能不能做到，既取决于文化的阶级性，又取决于文化中的科学性含量。

毫无疑问，相对于封建的神学的文化而言，文艺复兴宣扬的人道主义、自由、平等、博爱思想是进步的，它在资本主义与封建主义的斗争中，以其世界观、价值观和人生观，影响并渗透到道德、文学、艺术、绘画、音乐等几乎所有部门，代表一种先进的社会思潮。恩格斯曾经高度赞扬他们都是既拿笔又拿枪的第一流学者，是多才多艺的天才人物。可是随着资本主义社会取代封建社会，资产阶级成为统治

① 《毛泽东选集》，第2卷，698页，北京，人民出版社，1991。

阶级，这种以抽象人道主义为核心的文化的先进性逐步为更先进的以马克思主义为指导的无产阶级文化所取代。恩格斯在《反杜林论·引论》和《反杜林论·历史》中对这个问题做过最精辟的论述。他在论述了资产阶级启蒙运动学者关于自由、平等、博爱的理论之后说：“现在我们知道，这个理性的王国不过是资产阶级的理想化的王国；永恒的正义在资产阶级的司法中得到实现；平等归结为法律面前的资产阶级的平等；被宣布为最主要的人权之一的是资产阶级的所有权；而理性的国家、卢梭的社会契约在实践中表现为，而且也只能表现为资产阶级的民主共和国。18 世纪伟大的思想家们，也同他们的一切先驱者一样，没有能够超出他们自己的时代使他们受到的限制。”①随着资本主义社会的发展，各种矛盾不断积累和激化，资本主义文化的先进性逐步褪色蜕化，所以恩格斯又说：“同启蒙学者的华美诺言比起来，由‘理性的胜利’建立起来的社会制度和政治制度竟是一副令人极度失望的讽刺画。”②恩格斯历数了资本主义社会的两极对立、商业欺诈、道德败坏等种种与人道主义，与自由、平等、博爱相对立的社会现实，“贿赂代替了暴力压迫，金钱代替刀剑成了社会权力的第一杠杆。初夜权从封建领主手中转到了资产阶级工厂主的手中。卖淫增加到了前所未闻的程度”③。与此同时，资产阶级的启蒙主义的文化由理性主义转向非理性主义，由自然观的唯物主义的人道主义转向抽象的唯心主义的人本主义，由崇尚科学转向崇尚宗教。至于发展到当代，醉心于物质享受、追求感官满足的资本主义社会，各种畸形的荒

① 《马克思恩格斯选集》，第 3 卷，356 页，北京，人民出版社，1995。

② 同上书，607 页。

③ 同上。

唐的垃圾文化比比皆是。这就是说，资产阶级曾经是先进文化的代表，但并不能代表先进文化的前进方向，无力进一步推动文化朝非资本主义文化方向发展，它的阶级利益把它死死地禁锢在资本主义的范围内。当然，它所创造的辉煌成果不会丧失，会为处于更高形态的新社会和工人阶级所吸收。恩格斯一百多年前曾提出过，德国有教养的资产阶级失去了理论兴趣，但德国的古典哲学会为工人阶级所继承，这个论断就预示了这种资本主义文化进一步发展的前景。

无产阶级不同，它的阶级本性和阶级利益决定它不能中途止步，与此相一致，它的文化形态也不能够凝固化，必须与时俱进，由社会主义初级阶段的文化发展到成熟阶段的文化并最后发展到共产主义文化。这当然是个相当长的历史进程，在这个过程中作为无产阶级政党的共产党要保持自己的先进性，必须始终代表先进文化的前进方向。

二

文化是人类生存的一种环境——文化环境，它与经济环境、政治环境相一致，构成了一个社会的社会性质和总体状态。在当代中国，坚持先进文化，就是发展有中国特色的社会主义文化，就是加强社会主义精神文明建设。这是一种以马克思主义为指导的，继承中国文化优秀传统和吸收外国文化的积极成果的、民族的科学的大众的文化形态。它立足本国，放眼世界，重视传统，面向未来。无论从它与社会主义制度的关系、与时代进步潮流的关系、与人民群众根本利益的关系来看，都表明有中国特色的社会主义文化是当代的先进文化。如果说在文化上资产阶级曾有过给它们以光彩的文艺复兴时代，我们也可以说，当代中国正在从事的有中国特色的社会主义文化建设比起文艺复兴毫不逊色，它力图把人类所创造的全部文化遗产中优秀的东西发扬光大，把在“左”的路线下特别是在所谓“破四旧”中被践踏的优秀遗产重新吸收到社会主义文化的建设之中。如果可以借用的话，我会说这是一次中国人的中国式的社会主义文艺复兴。

当代理论家们都为人类生存环境恶化而忧虑。可人的生存环境的恶化不仅是自然生态问题，不仅是自然界的污染，也包括文化环境的恶化，即社会风气的败坏、道德贬值、价值观念混乱，各种黄色文化、黑色文化、暴力文化、种族歧视充斥社会，西方有些学者称之为文化矛盾或文化危机。这是一种精神上的污染。自然生态恶化损害人的肉体，危及人的生命；而文化生态恶化损害人的灵魂，危及人的思想和精神。我们要坚持先进文化，以促进全民族思想道德素质和科学素质的不断提高，为我国经济发展和社会进步提供精神动力和智力支持，特别是要建立一个适宜于社会主义社会的成员特别是青少年一代健康成长的优化的文化环境。

文化的教化功能是文化诸多功能中最重要的一种功能。文化是人创造的，但人又生活于文化之中，不断孕育出受这种文化“化”出来的人。晏子说过，“橘生淮南则为橘，淮北则为枳。枝叶相同，味实异也。所以然者，水土异也”。晏子是以此喻人的。橘子与枳的不同，是由于水土的差异，即植物的生长环境不同，而人的不同也有自己的水土，这种水土就是不同的文化背景。这也就是荀子说的：“越人安越，楚人安楚。是非天性，积习使然也。”越国人具有越国人的特性，楚国人具有楚国人的特性，正是长期文化适应的结果。有些人移居国外，最容易产生所谓文化适应不良，即无法在文化上融入移居国，最后又回到本国。这说明文化对人影响之深。那种认为人的特性和行为是由基因决定的，是先天的无可改变的观点，是一种宿命论的观点，完全无视社会和文化环境对人的制约作用。江泽民同志说，发展社会主义文化的根本任务，是培养一代又一代有理想、有道德、有文化、有纪律的公民。这就是把先进文化的育人功能，即把武装人、引导人、塑造人、鼓舞人，作为坚持先进文化前进方向的最根本任务。

一个人的一生与文化教养息息相关。一个人的生活目的、生存价值与生存技能，他的审美情趣和能力，人生境界和道德自律能力，都与他的文化素质不可分。一个民族的整体素质，也与这个民族整体的文化素质不可分。个体的文化素质会影响整体，而一个民族的历史的和现实的文化积淀，最终要体现和表现在个体的素质上。江泽民同志是着眼于全民族的素质，着眼于人的全面发展来讲文化问题的，高瞻远瞩，既立足现实，又放眼未来，把坚持先进文化的前进方向看成是关乎子孙后代和民族未来的千秋功业。

三

坚持先进文化的前进方向，是一个长期的艰巨的任务。特别是在市场经济条件下，如何坚持先进文化，会遇到许多矛盾，必须坚持党的理论、路线、方针、政策，予以正确处理。理论上的失误，实际处理的不当，都会严重阻碍建设有中国特色的社会主义文化任务的完成。

例如，市场经济的利益导向与先进文化的价值原则之间会发生矛盾。毫无疑问，资本主义制度产生后，由自然经济过渡到市场经济，对文化的发展与传播起着重大的促进作用。在前资本主义社会，文化被宫廷、贵族、教会所独占，为少数人所垄断。而资本主义社会文化走向市场后，扩大了文化的传播渠道，改变了文化的内容。文化走向世俗化、平民化、商业化，有利于整个民族的文化素质的提高。社会主义更是如此，社会主义市场经济体制的确立，积极推动了我们国家文化事业的发展，文化市场的启动有利于较多的资金投向文化事业，物质利益的作用有利于调动文化工作者的积极性，竞争有利于优秀人才脱颖而出。文化产业的出现，使文化的传播方式和手段更加先进和快捷，有利于全体社会成员特别是青年人多渠道地接受文化教育。可是市场经济的利益原则与文化的先进性和社会价值存在着矛盾。有商业价值的不一定有丰富的文化内涵，相反有社会效益的东西不一定有经济效益甚至难以为继。有的论者提出，把经济效益交给市场，社会价值交给政府，只要合法就行。这种二分法，对于文化产业的经营在一定范围是可以的，但对整个社会主义文化事业是不可取的。文化中的合法经营只是最起码的条件，是文化产业工作的底线，而社会主义的先进文化的建设不能以此为目标。有中国特色的社会主义文化建设要力求出精品佳作，培养大批学术名人。有没有一些立得起的精品，有没有一批为世界公认的学术名人，是一个国家文化发展水平的标志。坚持先进文化的指导原则是社会效益与经济效益的统一，如果发生矛盾，后者要服从前者。我们不能把商业经营的利益原则，作为整个文化建设的尺度。

与市场经济相联系的还有高雅文化与大众文化的关系问题。在市场经济条件下，大众文化的出现是必然的普遍的文化形态。在西方，大众文化是一种批量生产的、以营利为目的的商业文化、消费文化，它的特点是娱乐性、消闲性，但并不是超意识形态的。在视听娱乐的谈笑之中，渗透着西方世界观、价值观，其中包括拜金主义、利己主义，甚至种族歧视、黄色的暴力的垃圾文化。在我们国家随着改革开放和由计划经济体制向市场经济体制的转型，大众文化的崛起，是一种进步的趋势，不能笼统否定，但是大众文化与高雅文化的矛盾也随之尖锐化。文化市场为大众文化占领，高雅文化趋向萎缩，从而使群众的欣赏和审美水平平均化和表面化，没有深层次的文化意蕴。可是如果从商业竞争角度看，高雅文化抵不过大众文化，这是由整个民族的文化素质和它们面对的不同人群的数量决定的。我们不能阻止大众文化的流行。我们应该扶植高雅文化，引导大众文化，不能简单以市场为尺度进行取舍。应该把文化消费的提高与普及相结合，大众文化应该提高品位，高雅文化应该跨出神圣的殿堂接近群众，提高群众的水平。文化消费与物质消费不同，物质消费是消耗性的，它营养人的身体；而文化消费是积累性的，它影响人的心灵。每次的文化消费同时也是一次“洗脑”，日积月累，耳濡目染，它的作用之大是无与伦比的，所以文化消费可不是普通意义上的消费，它同时也是宣传，是教育。因此，要坚持先进文化前进方向，不能不区分不同文化的性质、类型、状况，一概推向市场。

在市场经济条件下，人文文化与科技文化发展的矛盾与不平衡状态会进一步强化。工业需要自然科学和技术，这是关系到它们企业生死存亡的通灵宝玉。工业的发展强化了对自然科学发明和技术更新的需求。人文科学由于它的非生产性非营利性和非直接实用性而遭到冷落。这一进程在西方工业化过程中至少已存在200多年。当自然科学技术成为第一生产力时，更加快了这种倾斜。西方一些理论家们惊呼人文危机，纷纷寻找失落的精神家园。他们意识到这种片面倾斜对人类社会的危害，特别是生态环境的恶化，更强化了这种向人文精神回归的呼声。可是西方一些哲学家们没有正确理解人文文化与科技文化的关系，反对科技进步，鼓吹回归自然，返璞归真。这是错误的。

我们国家要坚持先进文化的前进方向，就必须正确处理人文文化与科技文化的关系。我们必须大力扭转重科技轻人文的倾向，但也要防止不利于科技发展的错误的哲学观点，即对人与自然和谐关系的浪漫主义的充满神秘主义的追求。人与自然关系的和谐是在人类发展进程中实现的，是一种历史的过程，而不能认为人类社会以往是和谐的，只是因为科技的发展破坏了这种和谐，人类才从与自然和谐的黄金时代逐步跌入人与自然对立的深渊。其实，农业社会时代的所谓人与自然的和谐是以社会发展的缓慢为代价的。生产力的发展和社会的进步必然会破坏这种原始的和谐，为将来的真正的和谐开辟道路。而自然对人类的每一次报复，为人类应该如何对待科学和技术作了警示：人类对自然的破坏并非来源于科学技术本身，而是来源于对科学技术应用的制度——私有制、利润和对物质消费的无限追求。需要停止发展的不是自然科学和技术，而是要有正确的科技政策和防止人们对财富无止境追求；不是停止对自然的改造，而是反对对自然的掠夺。

科技与人文不是势不两存，如同冰炭。事实上，科学技术的发展，不仅通过工业推动了生产和改善了人类的生活质量，而且科学观念、科学精神、科学思维对人的人文素质的提高同样起着重要作用。爱因斯坦重视自然科学的这两种功能，他说："科学对于人类事务的影响有两种方式。第一种方式是大家熟悉的：科学直接地，并且在更大程度上间接地生产出完全改变了人类生活的工具。第二种方式是教育性质的——已经作用于心灵。尽管草率看来，这种方式好像不太明显，但至少同第一种方式一样锐利。"①因此，我们在先进文化的建设中，既要发展科学技术，缩小与发达国家的差距，又要重视哲学社会科学，重视人文精神的培养，真正使自然科学与哲学社会科学成为车之两轮、鸟之两翼，相互促进。资本主义社会的工业化和市场经济的

① 《爱因斯坦文集》，第3卷，135页，北京，商务印书馆，1979。

发展所形成的科技与人文的对立，人与自然矛盾的激化，为我们预防和克服这种失衡提供了经验和教训。我们不应重蹈覆辙。如果把矛盾归结为反对科学技术，那先进文化的建设将成为跛脚，从而成为一纸空谈。

市场经济是开放性的，因此在经济全球化条件下的先进文化建设问题，面临一个经济全球化与保持文化民族性的关系。处理失当，就会阻碍先进文化的建设。经济全球化是一个不可逆转的客观趋势，但经济全球化不是经济一体化，在不同国家存在不同社会制度的世界上不可能有经济一体化。经济全球化有两个不同方面：就生产力角度看，它是当今世界生产力特别是发达资本主义世界生产力高度发展，生产社会化寻求世界市场的必然结果，是资本主义生产方式产生后已经出现的寻求全球市场的继续和新条件下的高度发展；从生产关系角度看，它是发达资本主义国家处于主导地位，它的最重要表现是跨国公司和各种垄断组织在全球的落户。在世界经济全球化条件下，一个国家要发展不能孤立于世界经济之外，闭关锁国只能永远落后。尽管对于发展中国家来说有风险，但挑战与机遇并存，关键是我们的对策。我国加入世界贸易组织就是准备在世界经济浪潮搏击中求得迅速发展。对我们坚持先进文化来说，更是考验和挑战。在经济全球化中，文化的交流是不可避免的。文化交流有两种形式，一种是间接的，即以贸易为载体的隐形的文化交流，如在进口美国的牛仔裤的同时也输入了美国人的一种服饰审美观念；可口可乐、麦当劳在中国的大行其道，特别是受到青少年的青睐，就是不知不觉地接受一种不同于中国传统的生活方式和生活观念。另一种是直接的文化交流，如科技的传入，图书的进口，各种文化艺术团体的互访，等等。文化的交流是有益的，它不同于商品交易，商品是互通有无，文化是相互增加。没有一个民族的文化是纯而又纯的本土文化，文化是复合体，或者如同一个哲学家所说的是“百衲衣”。可是，文化又是民族性的，它对异文化的接纳与吸收，如同人的饮食一样，会变为自己的血肉。文化不会也不能失去民族性。经济全球化有利于文化交流，但也有可能是发达国家凭借它的先进传媒，借助经济实力使自己文化在交流中处于强势文化的地位，成为文化霸权主义，而接受国的文化变为殖民地文化。对这种情况应该预加防范和采取有效对策，但不能因为这种风险而禁止文化交流。

总之，在市场经济和经济全球化条件下，坚持先进文化的前进方向是一个非常艰巨的任务。

在先进文化的建设特别是坚持文化的前进方向中，马克思主义哲学和哲学工作者应该发挥自己应有的作用。人类的文化史表明，任何一种比较发达的文化形态都有相应的哲学水平。无论是西方的古代希腊罗马文化，还是东方的印度文化和中国文化，无不如此。梁漱溟先生说过，每一种民族文化都有一种哲学作为它的中心和基础；金岳霖先生也说，每一种文化都有它的中坚思想。他们的意思都是一样，都是强调哲学在文化中的地位和作用。

在建设有中国特色社会主义文化的过程中，要始终坚持先进文化的前进方向，有效地防止和坚决抵制腐朽文化和各种错误思想观点对人们的侵蚀，必须坚持马克思主义哲学的批判性精神。在文化中我们主张“和而不同”，但对于腐朽文化和各种反动思潮，必须坚决抵制和进行有说服力的争论与批判。这是时代赋予马克思主义哲学理论工作者的历史使命。

关于中国马克思主义哲学的未来走向*

人是唯一具有历史意识的存在物。当历史的巨轮驶入百年交替千年更迭的隆重时刻，回顾一下马克思主义哲学在中国传播和发展的历程，对于我们在建设有中国特色的社会主义的过程中充分发挥马克思主义哲学的功能是非常必要的。继往开来，这是以史为鉴的一种最好形式。反思马克思主义哲学在中国传播和发展的历史，也是理解中国社会百年变革的一条引线。哲学的变革既是社会变革的思想先导，又是现实变革的回音。正如被映在湖水中的倒影有助于我们从另一个角度理解被映照的现实一样，从哲学观念的变化中也可以捕捉到变化着的现实。

一、马克思主义哲学的先导作用与当前面临的“哲学困境”

在中国社会变革中，哲学的确发挥了像恩格斯说的那种先导作用。先是西方的适者生存、物竞天择的进化论历

* 本文发表于《中国人民大学学报》，2002 年第 2 期。

史观取代传统的历史循环论和复古论的历史观，从思想理论上为社会变革争得了生存权利。接着是马克思主义，首先是唯物史观和社会主义理论在中国的传播。马克思主义的传入，是近百年来中国学术思想最突出、最显著、最具有决定意义的变化。中国开始出现了一批马克思主义哲学家，这支队伍随着中国革命的发展而逐步壮大。马克思主义的传播促进了革命，而革命的发展又扩大了马克思主义的传播。革命的胜利，终于确立了马克思主义在意识形态中的主导地位，并形成了一支马克思主义哲学的专业队伍。在各个学术领域都出现了力求用马克思主义哲学作为世界观和方法论进行研究的学者。这从根本上改变了旧中国的学术面貌。

有的论者说，解放以后半个世纪中国没有哲学家，更没有解放以前那样的大家。他们主张哲学的发展道路应该回到1949年以前，沿着老一辈学人各自创建自己的哲学体系的道路走。这是一个非常尖锐的问题。这个问题的关键是如何理解哲学，马克思主义哲学算不算哲学？西方有的哲学家以西方哲学为标准，否认中国有哲学。按他们的观点，只有以一个基本概念为中心通过纯逻辑推论建立起一个体系才是哲学，而中国哲学至多只能是道德格言和人生教条；而按照中国某些哲学家的观点，西方哲学不是真正的哲学而至多是以主客二分为中心的知识论体系，没有哲学的韵味和境界；而按照某些西方哲学家和中国新儒家的观点，马克思主义哲学根本不是哲学，至多是政治学，它没建立起一个形而上的哲学体系，它拘泥于现实和功利而缺乏超越。可按照对马克思《关于费尔巴哈的提纲》第十一条关于“哲学家们只是用不同的方式解释世界，问题在于改变世界”的理解，有的马克思主义哲学家认为，以往的全部哲学都是不结果实的花。如果哲学家都这样各是其是、各非其非，也就没有哲学了。其实，哲学在不同时代、不同民族都各有其特点，并没有一个固定不变的格式。哲学的多样性是哲学的生存状态。问题不是什么才是哲学，而是什么样的哲学才是作为时代精神精华的真正哲学。

马克思主义哲学当然是哲学，而且是我们时代最具科学性和革命性、科学性和革命性相统一的哲学。它的产生是哲学中的一次革命，不能也不可能以是否建立形而上体系作为标准来衡量马克思主义哲学。马克思主义哲学不同于西方哲学和中国哲学的一个显著特点是，在马克思主义哲学的大家中有不少同时是革命家、是无产阶级革命和工人运动的领袖性人物。因此，一部马克思主义哲学史同时也是一部革命和改造世界的历史。例如在中国，毛泽东、邓小平等老一辈革命家对马克思主义哲学的贡献是无可争辩的，他们的革命功勋和哲学贡献相互映照。但是，他们的哲学贡献主要是在实践层面、在政治层面，在应用马克思主义的辩证唯物主义和历史唯物主义解决中国实际问题方面创造性地发展了马克思主义哲学，而不是传统的以创立形而上的哲学体系为目的意义上的所谓哲学家。曾经出现过的邓小平有没有哲学的争论也是源于对哲学模式的固定理解。

马克思主义哲学在中国的传播为改变中国社会前途和命运找到了一条正确的道路，而中国的马克思主义革命家和理论家则从理论和实践两个方面完成和继续完成铸造中国美好未来的历史重任。但我们并不因此而否定解放前非马克思主义哲学家的历史功绩。问题是我们不能脱离中国社会百年变革的实践，以所谓是否建立哲学体系来对中国百年哲学的历史进行评价。中国百年是苦难中奋起战斗的百年，是战争、革命、建设的百年。凡是既有学术价值又在三次变革中起积极作用的哲学学术著作就值得肯定，凡是在三次变革中站在反对的方面的哲学思潮就不值得赞扬，凡是纯学术研究而确有贡献的应该肯定其学术成就。解放前，我们中国老一代的一些哲学家利用西方哲学来分析中国哲学，创立了自己的哲学体系，而且为对中国传统哲学的研究探索出一条中西哲学结合的道路，这方面的功绩应该肯定。但这种结合并没有达到科学水平，至于对中国社会命运的解决来说，更无法与马克思主义哲学相比。任何以他们的成就来贬低马克思主义哲学和哲学家的地位和作用的观点都只能被视为一种偏见。

值得思考的倒是另一种现象，这就是我们的专业哲学家对哲学的贡献问题。在无产阶级掌权以后，培养了大批专业的马克思主义哲学工作者。其数量之大，是任何一种社会制度、任何一个政权都没有的。他们在各个高等学校、各级社科研究机构从事马克思主义哲学的教学和研究工作。他们对社会主义政权的巩固和青年的政治思想教育发挥了很重要的作用。因此，就研究哲学的人数、出版的著作的数量以及在群众生活中的作用而言都是旧中国的哲学界所无法相比的。可是就培养具有独创性高水平的哲学家而言，新中国成立50年来的确有不少值得总结的经验教训。例如，我们的马克思主义哲学工作者缺少某些老一代哲学家那种深厚的中国传统哲学的素养和对西方哲学的深切了解，过多的政治运动和极“左”思潮的干扰，以及哲学各分支彼此分割形成的哲学过分专业化所带来的狭隘性，都极大地妨碍了一流哲学人才的成长。但也不能由此得出结论，社会主义50年的哲学成就不如解放以前的旧中国，更不能提倡社会主义时代的年轻哲学工作者重新走老一辈哲学家以创立自己的形而上哲学体系为目的的哲学道路。解放前老一辈哲学家由于受历史条件的限制，无论就其哲学观点、处理哲学的理论和方法还是就其哲学的社会功能都具有旧哲学不可避免的局限性，这是历史条件决定的。任何哲学家都只能在一定条件下进行哲学创造，他们同样不可能超越条件许可的水平。处于社会主义时代的马克思主义哲学只能继续沿着马克思主义哲学与中国实际相结合的道路走。在坚持这个基本方向的前提下，应该使专业马克思主义哲学的研究更为绚丽多彩。马克思说过："每一滴露水在太阳的照耀下都闪耀着无穷无尽的色彩。"①可以肯定，最重视实践性和创造性的马克思主义哲学，在中国这个正处于急剧变化的具有最丰富现实内容的时期，一定能产生一批具有独创性的马克思主义哲学家。何况50年没有哲学家的说法也过于绝对。从哲学史来看，不少哲学大家的思想和著作的价值都是死后多少年才被重新发现的。孔夫子生前如丧家之犬到处碰壁，苏格拉底被迫饮鸩，斯宾诺莎以磨镜片为生，康德、黑格尔甚至尼采，都是生前并不如死后为人所尊重和崇拜。哲学家不是流行歌星、影星、运动员，后者红极一时，名闻遐迩，可一旦息影挂靴，很快就会被人淡忘。思想家不同，他们可能生前不为时人所知，可是他们的著作和思想一旦被后人理解、被发掘、被重新发现，就会在历史上长期发挥作用。

但是我们应该承认，在中国社会变革和意识形态领域中曾经发挥过重大作用的马克思主义哲学，当前确实面临着新的困境。我所说的哲学困境指的是当前重理工轻人文、重实利轻理想倾向中所蕴涵的对哲学特别是对马克思主义哲学的轻视。一些人特别是年轻人中滋生的拜金主义、个人主义、享乐主义，物质欲望的过度膨胀和对消费的无限追求，这种种思想与马克思主义的世界观、人生观和价值观的不相容性，使得受这种思潮侵蚀的人对马克思主义哲学抱有一种成见、偏见和内在的抗拒力。他们把马克思主义哲学当成一种过时的说教，根本不知道也不理解马克思主义哲学的时代性和真理力量。

① 《马克思恩格斯全集》，第1卷，7页，北京，人民出版社，1995。

最近，德里达写了一本名为《马克思的幽灵》的书。他承认，在西方无论是在赞成马克思主义还是反对马克思主义的著作中，都可以发现马克思的幽灵。德里达并不是马克思主义者，无意吹捧马克思主义，但他的这个说法却是客观的、公正的。马克思死了多年，可在当今世界，在哲学、政治、道德、文学、艺术等所有意识形态领域，无论是赞成者还是反对者，都脱离不了马克思和马克思主义的影响。当年马克思把一个民族的传统称为纠缠活人头脑的亡灵。不同的是，马克思主义并不是一个已经死去的亡灵，而是一种现实的政治力量和思想力量，是一种时时刻刻都在起作用的活的力量。

从有人类历史以来，还没有一个思想家、一种思想体系像马克思和马克思主义这样有如此威力。宗教，如基督教、佛教、伊斯兰教的影响力是巨大的、持久的，中国的孔夫子即儒家学说的影响也是巨大的、持久的，可是它们都只是影响自己的信徒，即这种宗教和学说的信奉者。马克思主义则不同，它不仅影响自己的信仰者，而且感染自己的敌人，迫使他们研究马克思主义，迫使统治者动员一切力量来反对马克思主义。马克思主义不仅影响人们的思想，而且实际地改变世界。自从马克思主义诞生以来，世界发生了巨大的变化，出现了一种新的社会制度，人类社会进入了一种更高的社会形态。

我们是社会主义国家，毫无疑问，我们应该高举马克思主义、毛泽东思想，特别是邓小平理论的旗帜，坚持用马克思主义哲学的世界观教育我们的人民和青年。世界观的教育具有头等重要的意义。但是，哲学智慧是一种具有自觉性的追求，而不是硬塞给的卖货的“搭头”。要使我们的马克思主义哲学为广大青年所乐于接受并成为一种自觉追求，真正成为像马克思说的“浸进同时代人的灵魂，也就是浸进使他们激动的爱与憎的感情里”①的哲学，就必须使专业的马克思主义哲学的研究有一个大的转变，更接近实践，更接近生活，更接近人的心灵，从而使马克思主义哲学基本原理的讲授具有更为丰富生动的内容。

二、马克思主义哲学的发展方式

在我国，哲学是包括多种分支的学科群。马克思主义哲学是其中最重要的组成部分，但不是唯一的内容。哲学中的各个分支都各有其特点，各自面临不同的问题。就马克思主义哲学来说，根据新中国成立50年来哲学发展的经验和教训，我认为，马克思主义哲学的发展应该注意主题多样化、道路民族化、风格个性化。但这“三化”归根结底仍离不开哲学的创新。

1. 主题多样化

马克思主义哲学就其研究领域和范围来说是非常广泛的，可研究的方面很多。所有的马克思主义哲学工作者，同时研究一个问题，没有必要。哲学研究不能是政治运动式的，短期突击很难是真正的高水平的哲学研究，也很难有高质量的科研成果。正如在文学创作中提倡题材多样化一样，我认为在哲学中也应该提倡研究的主题多样化，提倡马克思主义哲学家应该关注现实，以自己的哲学敏感性在自己的专业领域中捕捉不同的问题；而不能是哲学中的游击战，东放一枪西放一枪，没有相对固定的作战领域，不断地随着浪潮转，这样是不可能产生高水平的哲学家和哲学著作的。其实，我国有中国特色的社会主义建设和当代社会现实，可以说对马克思主义哲学的各个领域，无论

① 《马克思恩格斯全集》，第1卷，121页，北京，人民出版社，1995。

是认识论、辩证法、历史观，还是价值论和人生哲学方面，都提出了非常多的问题，有待我们去研究、去回答。

我们应该少点体系意识多点问题意识。我不主张把精力放在创立体系上。恩格斯过去对德国大学生动不动就要创立一个体系的批评对我们同样是有价值的。对一个哲学来说，体系往往是相对的、暂时的，如果成为一个固定结构，就往往容易僵化为束缚思想的桎梏，重要的是对问题的研究。一个哲学家的思想珍品不是体系，而是体系中所蕴涵的内容。少点体系意识是指不要动不动就搞一个主观的思辨结构，找一个所谓的逻辑出发点，弄成一个首尾相接的圆圈式的东西。这种东西除了能满足思辨的爱好和吓吓外行以外是没有用处的。但这也绝不是说，一个哲学家的基本观点可以是杂乱的、无内在联系的。即使您的思想是珍珠，也需要有一根线串着才能成为一个珍贵的饰物。我们反对的是人为的结构，但不否定自己的观点之间应该有不能自相矛盾的逻辑联系。

问题意识不同于体系意识。如果说体系可以虚构，那么问题的捕捉就必须面对现实，必须具有时代的敏锐性。在哲学领域和在科学领域中一样，要发现问题和提出问题本身就必须进行哲学研究，而且其本身也是一个重要的哲学成就，它的成就不亚于获得答案。然而，50年的哲学发展证明，我们在哲学中并没有提出多少属于我们自己的哲学问题。一些争论最热闹的问题大多是引进的，从异化、人道主义问题到实践唯物主义问题、主客体问题，等等，无不如此。在西方已经过时的问题，在我们这里却正在争论得不可开交。当然从思潮的传播和影响的角度来看，这种情况也不可避免。尽管不是我们自己的问题，但在我们这里有引进和引起争论的土壤和需要，因而这种争论还是有益的。但这些问题终究不是从我们的哲学研究中提出的，因而不具有独创性。中国人的马克思主义哲学研究除了引进外，更应该提出自己面对的问题，就像当年毛泽东提出社会主义社会的基本矛盾、两类矛盾和正确处理人民内部矛盾，邓小平提出什么是社会主义和如何建设社会主义的问题一样，唯此才有可能创造性地推进马克思主义哲学。

2. 道路民族化

哲学是最具民族特色的。它和文学艺术一样，没有民族特色就没有这个民族的哲学。我们老一辈的哲学家，如冯友兰先生，力求用西方哲学的方法来处理中国哲学。在当代，张世英先生的两本著作《天人之际》和《进入澄明之境》就把当代西方哲学家海德格尔、胡塞尔的思想和中国道家的哲学相比较和相互发明，并独创性地提出了自己的看法，从而使西方哲学的思想具有中国特色。这种治学方法是很有启发的，它不是照着讲，不是移植，而是结合中国哲学的传统予以解读和发挥。

对于西方哲学的研究来说，这种方法比较容易些。而对马克思主义哲学来说，则禁忌较多，因为马克思主义哲学是具有普遍性的哲学。它似乎只能应用而不能民族化，民族化似乎是对马克思主义哲学的背离。其实并非如此。马克思主义的科学社会主义学说同样是具有普遍性的学说，但社会主义实践必须具有民族特色。同样的道理，马克思主义哲学尽管具有普遍适用性，但它在一个民族中传播和生根，成为这个民族中的成员的思维方式、价值观念和行为规范就必须民族化。马克思主义哲学民族化问题可以说是一个普遍性问题。马克思主义哲学在任何一个国家传播，并被接纳、吸收和融合成该民族文化的一部分，都有个民族化的问题。这个过程是很长的，总是先经历一个照搬、移植然后在实践中再创造的过程。这个过程也是这个民族的革命和马克思主义者日益成熟的过程。自马克思主义传入中国，已经历了近100年的结合过程，而且这个过程仍在继续。从社会主义学说来说，这是结合最为成功的。在民主革命时期是毛泽东的新民主主义革命理论；社会主义革命时期是关于社会主义基本矛盾和正确处理人民内部矛盾的理论；社会主义改革时期是邓小平关于建设有中国特色的社会主义的理论。而哲学方面则相对滞后，经济学更为滞后。用马克思主义观点创造符合中国实际的社会主义政治经济学还需要相当时日。

马克思主义哲学民族化不是范畴的简单转换。把矛盾变为阴阳、物质与意识变为形与神、规律变为理、物质变为气，这只能是哲学游戏。毛泽东早在1938年就在中国共产党第六届中央委员会扩大的第六次全体会议上的报告中对马克思主义民族化问题做过原则的论述。他说："共产党员是国际主义的马克思主义者，但是马克思主义必须和我国的具体特点相结合并通过一定的民族形式才能实现。"①"空洞抽象的调头必须少唱，教条主义必须休息，而代之以新鲜活泼的、为中国老百姓所喜闻乐见的中国作风和中国气派。"②根据对毛泽东论断的理解，马克思主义哲学民族化最根本的是与这个民族面临的实际问题相结合，成为用以分析和解决问题的基本认识方法。从学理上来说，是与这个民族的优秀文化和哲学传统相结合，既用以总结和分析这个民族的遗产，又充分吸收其合理的因素，使中国人的哲学研究能与历史上长期争论的问题相衔接，对老问题予以新的回答，如天人问题、义利问题、心性问题等等；而且在表现上也应该为这个民族所喜

① 《毛泽东选集》，第2卷，534页，北京，人民出版社，1991年。

② 同上。

闻乐见，就像毛泽东的《矛盾论》和《实践论》那样，尽管论述的是一个纯哲学问题，基本观点完全是马克思主义的，但又是具有民族特色的。它的内容是以中国现实问题为中心，而语言风格和论证方式都和苏联教科书或理论著作迥然不同。如何使我们的哲学著作生动可读、趣味盎然，仍是一个亟须解决的问题。说实在话，我自己一生从事哲学，写的却也是令人头痛、难以卒读的文章。

3. 风格个性化

哲学与哲学家不可分。我们可以说，哲学是哲学家之所以为哲学家的存在方式。哲学家是有个性的，哲学也应该有个性。但哲学的个性不同于哲学家的个性。哲学家的个性是其心理特性，如苏格拉底的执著、培根的贪心、康德的刻板、马克思的慈爱、恩格斯的潇洒等等。哲学家作为人当然是各有个性的，但哲学家作为人的个性并不是哲学的个性。马克思说过，不是要把哲学家的个性，即使是他的精神上的个性理解为好像是他的体系的焦点和形象，更不是要罗列心理上的琐屑小事和卖弄聪明。哲学的个性是哲学家所创立的不同于其他哲学体系的每个体系的规定的动因和贯穿整个体系的真正的精华。①当然，哲学的个性也包括每个哲学家哲学观点的表现方式。它可以是诗，像西方的《物性论》和中国的《道德经》；可以是散文和随笔，如蒙田的散文；可以是寓言，如《庄子》；可以是书信，如伏尔泰的《哲学通信》；可以是小说，如卢梭的《爱弥尔》和狄德罗的《拉摩的侄子》；可以是格言式的短语，如帕斯卡的《思想录》以及朱熹与王阳明的语录之类的著作。至于康德和黑格尔的纯理论性的哲学著作、马克思和恩

① 参见《马克思恩格斯全集》，第40卷，170页，北京，人民出版社，1982。

格斯的论战性的著作，更是风格迥异，各有特色。

其实，我们应该把哲学和哲学问题区分开来。哲学是个总称，它是相对于非哲学即实证科学而言的一种认识形式。哲学是以世界为对象、以人与世界的关系为中心、以提高人认识世界和改造世界的思维能力和整体素质为旨归的一种认识形式。因为是以世界为对象，故对哲学而言就包括对人与世界的关系的研究，因为哲学视野中的世界是现实的世界，是包括人在内的世界，以人与世界的关系为中心是哲学与自然科学研究世界的根本区别。自然科学的世界是无人的世界，它关注的是自然自身。自然科学中出现的人的观察和实验对自然科学结论的影响问题、自然科学研究的对象不是纯客观的对象也是人对自身的认识问题、关于自然科学家的人文精神问题，这都已经不是自然科学问题，而是进入了哲学领域。当代西方自然科学中存在的主体化倾向是一种哲学路线而不是自然科学本身研究主题的变化。在人类所有的知识中，只有哲学才关注人与外在世界即人与自然、人与社会关系的研究。这种研究本质上也是对人自身的研究。了解这种关系，就是了解人。因为只有从这种关系中才能了解人，人不可能直接从人自身了解自己，而必须通过自己的对象性存在物来了解，而人参与改造的自然、人的活动形成的社会就是这种对象性存在物。人在改造自然和社会的过程中使自己成为人，而且成为处于特定关系之中并具有这种社会关系特性的人。

哲学的功能是双重的，但它却不同于自然科学。哲学具有认识功能，能为人类认识世界和改造世界提供世界观和方法论。因为它超越了分门别类的科学专业所不可避免的狭隘性，具有普遍适用性，因而它的这个功能是任何科学都无法替代的。另一个是价值功能，它为人类提供了一个具有真理性的、道德性的和审美意义的评价尺度、衡量生活意义的尺度，把人提升到了一个更高的境界。哲学的认识功能如果脱离价值功能就会变为单纯的工具理性，丧失它作为哲学的特性；反过来说，如果哲学没有认识功能而只有价值功能，这种价值功能也就不可能是以科学规律为基础的，而是一种教堂里的传道。哲学的认识功能和价值功能的统一，归根结底是以世界自身的规律为依据，把规律变为认识工具，把规律变为价值评价的客观依据。这就是对客观规律的认识内化为主体智慧的过程。

哲学和哲学问题不同。哲学是全体，而任何一个哲学家都只能是哲学的一种形态。哲学家是通过哲学问题进入哲学殿堂的，离开了哲学问题，就不可能有哲学家，就不可能有各种风格的哲学家。不同时代、不同国家、不同民族面对不同的哲学问题，思想敏锐的哲学家提出了问题并以自己特有的方式回答了问题。这就形成了不同的哲学派别、不同风格的哲学家。任何哲学问题都是哲学，都是哲学中的问题，如本体论问题、认识论问题、方法论问题、历史观问题、人学问题、语言哲学问题等等，而且问题中还有问题。任何一个新的问题的提出和解答，都是一种新哲学的出现。但哲学不能归结为任何一个哲学问题，认为哲学就是本体论、就是认识论、就是人学、就是语言哲学或者就是什么什么都是片面的。哲学问题的出现和回答具有时代制约性，它是变化的，这种变化就是哲学史。一部哲学史就是哲学问题和对问题回答变化的历史。

哲学个性化问题，是指哲学问题的新颖或对问题观察方式的独特。哲学的个性化并不意味着哲学只是哲学家个人特有的看法，用不着认同和验证。只属于哲学家个人特有的看法不是哲学智慧，最多是一种意见，而且是一种无足轻重的个人意见。哲学的特性是它的内容的普遍性。不管风格如何独特，一个哲学家的只要是称得上是具有哲学意义的观点，不管对错，都必须具有一定程度的普遍性，而不能只是一人之言。唯物主义观点具有可验证性、具有普遍性。即使是唯心主义哲学也不是纯个人的，而是有其生活依据的。例如，“物是感觉的复合”、“存在是被感知”，这是两个最著名的唯心主义命题，可这都不是空穴来风。人们在日常生活中，对同一个苹果可以有不同的看法，有的认为甜，有的认为酸，有的认为太脆，有的认为太面，有的认为是红的，有的可能认为是红中透青、不够熟，如此等等，几乎任何一个人都可以对同一个苹果形成不同的感觉，这是日常生活经验。再如，人们只有进到房子里看到桌子才知道桌子存在，如果从来没有进入房间，从来没有见到桌子，就不可能知道房子里有桌子。可见，存在之所以存在，必须进入人的观念，被人在观念中把握到。“存在是被感知”这个哲学命题是错误的，可它借以产生的经验却是普遍的，是人们在日常生活中每日每时都能体会到的。这正是唯心主义得以存在的根据，贝克莱和马赫正是对人们的日常经验给予了唯心主义的解释。我们要哲学风格的个体化。哲学体系是不可重复的，但绝不是说哲学内容与真理无关。实际上真正有价值的哲学体系都在不同程度上、以不同的方式分享真理。哲学不能离开真理。任何哲学体系都不能独占真理，但任何不包含真理颗粒的哲学却都只能是哲学垃圾。哲学的个体性一旦排斥真理就走进了死胡同。

三、哲学思维的创造性

要实现哲学的主题多样化、道路民族化和风格个性化，都离不开创造性思维。科学技术的发展需要创造性，哲学同样也是如此。我们要以哲学的观点来看待哲学，不能把哲学凝固化。黑格尔曾经批评过一些哲学家把哲学变为“老是原来的一盆冷饭，一炒再炒，不断端出来，以飨大众”。他强调哲学的任务是“发现真理，阐述真理，传播真理”①，而不能是不断地重复真理。

创造性思维对哲学而言是非常困难的。科学技术的本性决定了它必然是创造性的，因为人类的生产在不断地迫使它前进：或者是发展或者被淘汰，这是生产特别是以市场经济为运行方式的大生产对科学技术发展的强大压力。人类有了新的生产技术，决不会再回过头去采用落后的技术；有了新的生产工具，决不会再回过头去采用过时的生产工具；而生产和技术的发展必然会推动科学的创造，而新的科学原理又会推动生产和技术的发展和改造。历史已经证明，科学和技术的发展速度和创新水平与社会发展的速度成正比、同历史的长度成反比。人类进入资本主义大工业时代特别是从20世纪下半叶开始，科学技术的发展突飞猛进，处于革命时期。

但是人文科学的发展却并没有这样迅速。特别是哲学智慧一旦定型，就会世代相传，这是不难理解的。哲学与技术不同，它不是人类活动的表层结构，而是关于普遍真理的认识，它具有启迪后人的长期历史作用。古代曾经是哲学最辉煌的时期：中国是春秋战国的诸子百家时期；西方是古希腊罗马时期；而印度、埃及哲学的繁荣时期也是古代。这一点决定了哲学研究往往容易朝后看，眼望过去而不是眼望未来。怀特海说，全部西方哲学都是柏拉图的注脚，都在以不同方式阐述和解释柏拉图提出的观点。我们也可以说，中国全部哲学在很大程度上也是孔孟的儒家和老庄的道家思想的注脚。两千多年来，中国哲学总是在儒、道哲学的基本理论范围内进行争论。当然哲学也有创新，但在很大程度上这种创新是解释学范围内的创新，即在新历史条

① ［德］黑格尔：《法哲学原理》，2页，北京，商务印书馆，1961。

件下，由新一代的哲学家按照自己的理解和时代要求来重新解读原作的文本。中国的魏晋新道学、宋明理学、当代新儒学都具有这种特点。对哲学发展来说，这也不失为一种方式。因为哲学不是一种具体的知识，而是一种人类积累的智慧，它不会因为年代久远而过时。古希腊罗马时代距今已经很远了，可人们还时时回到那个时代的哲学家那里寻求智慧，正如我们中国人不断回到诸子百家一样。对哲学的历史研究是人类从前人那里吸收智慧的一种方式。恩格斯说过，在希腊哲学的多种多样的形式中，几乎可以发现以后的所有观点的胚胎、萌芽。因此，理论自然科学要想追溯它的今天的各种一般原理的形成史和发展史，也不得不回到希腊人那里去。恩格斯的这一论断，对于每个拥有丰富哲学遗产的民族来说都具有普遍意义。研究哲学史可以从总结中学习思维方法，而且我们也可以通过历史的研究知道人类在哲学方面研究过什么问题、提出过什么问题、什么问题没有解决。没有对以往哲学的研究，哲学创新就没有根据。

哲学的创新，最根本的不是依靠回到过去、不是解释学意义上的创新。在新的条件下重新解释旧的原理，只是哲学的一种方式，而且还不是最重要的方式。哲学的创新最重要的不是面对文本，而是应该面对时代、面对实际，研究新的材料，提出新的问题，开拓新的领域，得出新的结论。在哲学史上凡属具有创新意义的哲学都不是重复而是开拓。由本体论到关注和提出认识论问题是创新，提出科学哲学、文化哲学、语言哲学、人的哲学都是新领域的开拓，具有创新性质。当然，在任何一个哲学领域中都会存在哲学观点的分歧，但一个新领域的开拓，就为哲学的发展开辟了一个新的活动空间。

马克思主义哲学的创立是哲学中的一次变革，即哲学的创新。马克思吸收了人类全部文化遗产和德国古典哲学的优秀传统，但又突破了这个传统。马克思和恩格斯在哲学的对象、内容、功能方面，都创立了一个与以往哲学不同的新唯物主义哲学。他们之所以能做到这一点，是因为他们不是采取解释学的方法，把哲学研究放在对文本的解读上，而是建立在实践的基础上，面对资本主义社会的现实和科学技术的新成就，进行新的概括和总结，而前人的哲学成就则是创造新哲学的思想酵母和材料。列宁也是立足俄国的现实，所以他既继承了马克思和恩格斯的理论又增加了新东西，从而才可能有对马克思主义哲学的发展。毛泽东、邓小平也无不如此。所谓两个飞跃，第一个飞跃就是突破了原来的俄国十月革命的经验范围，创造了中国式的农村包围城市的革命道路，它的哲学成果就是毛泽东哲学思想。所谓第二个飞跃，就是突破了马克思主义经典作家(包括毛泽东同志)关于社会主义的某些设想，提出了有中国特色的社会主义理论，它的哲学成果就是邓小平的哲学思想。

没有突破就没有创新，没有创新就没有发展。当前要发展马克思主义哲学，就必须大力提倡创新意识。一个民族没有创新意识就会停滞，科学技术没有创新就会被淘汰，而马克思主义哲学原理如果没有创新，就的确会变为黑格尔所说的一炒再炒的冷饭。如果真是这样，我们的马克思主义哲学就无法走出当前被“冷落”的困境。

论马克思主义哲学本体论及其当代价值*

一、没有关于本体论的理论，就没有哲学

哲学中的本体论问题，学术界争议颇多，其中既有关于译名的争论，也有关于本体论自身的争论。我认为，我们不应该拘泥于本体的词义学考证，也不能因为各种唯心主义的、神学的，以及旧唯物主义形而上的本体论而否认它在哲学中的地位。哲学中本体论存在依据的最深层的根源不是人的哲学思辨，我们不能依据某些错误的本体论观点而对本体论作为哲学问题采取拒斥态度。本体论问题存在的必然性和必要性是人的实在处境和生存需要。人生活在世界之中。人是生活于世界中的人，人面对的是人的世界。人的生存依赖世界，人必须了解世界和改造世界。作为不同于具体自然科学的哲学学说不能无视这个最根本的事实。对客观世界的具体把握是实证科学，而对包括人自身在内的世界的总体性把握是哲学。世界如何（它的本质和

* 本文发表于《江海学刊》，2002 年第 3 期。

状态)属于本体论问题；世界如何认识(认识世界的途径、方法和规律)属于认识论问题；世界的意义(应该如何)属于价值论问题；如此等等。任何一个够得上称为哲学问题的问题都必然直接或间接地与世界客观实在性问题相关联。在哲学史上哲学领域不断分化又不断扩大，新的问题会不断出现。但无论怎样变化，对世界自身的认识始终是它的基础部分。本体论问题并不能涵盖全部哲学，但本体论问题的解决方式，对一个哲学体系具有基础性的决定性意义。

世界是唯一的，但关于世界存在的本体论学说却是多样的。我们可以不同意本体理论中的思辨形而上学学说，不同意柏拉图、黑格尔的理念论和绝对观念论，不同意生命哲学、唯意志主义哲学以及各种非理性主义的本体论学说，但我们不能反对本体论问题。不能把马克思主义哲学的变革归结为对本体论问题的抛弃。其实即使是拒斥本体论的哲学仍然是以拒斥的形式包含着一种对世界实在性的看法。尽管自古至今，各种各样的本体论学说都是为自己的哲学体系寻求基石，主张各异，但从根本上说它的核心始终离不开人类面对的世界即存在，问题只是它以什么样的哲学观点对存在进行诠释。

马克思主义哲学本体论的立足点不是为了构造哲学体系，也不是寻找所谓安身立命的依据，而是建立既能认识世界又能改造世界的不同于以往的哲学。马克思主义科学世界观的可能性、必要性和客观基础，都是以对世界的本质和人与世界关系的科学理解为依据的。离开世界本身争论世界观问题，以及争论所有的哲学问题都无异于民间笑话中瞎子争匾，自说自话。

本体论问题并不单纯局限于世界的本性问题，它关系到认识领域、实践领域、生活领域中的种种问题。实践是对象化的活动，对象化的活动必须有对象，而对实践的看法取决于对实践对象的看法。康德的实践理性、黑格尔的实践观念，虽然都强调实践但并不改变它的唯心主义本性，因为它对世界的看法是唯心主义的或者是二元论的。认识是对象化的知识，它必须有对象才可能有认识。因而认识论的性质取决于本体论的性质；唯理论与经验论都各有唯心主义与唯物主义之分，这并不取决于理性与经验自身，而是取决于它的本体论前提。马克思主义也强调哲学必须从天上降到地上，反对德国的思辨哲学，但马克思主义的生活世界、现实世界或者像他们所说的实际生活都是以自然界优先地位为前提的人的现实生活世界，即在人与自然关系基础上发生的包括经济生活、政治生活与思想生活在内的人的实际生活过程。它既有主客体关系又有以物为中介的人与人的关系。社会生活在本质上是实践的，而实践就内涵着人与自然、人与社会、人与自我的关系，否则任何实践活动都不可能进行。如果把生活世界只看做主体际世界，主体的经验世界、语言世界，这种生活世界的转向与把哲学归结为追求现象背后的理念和绝对观念的思辨哲学相比，有一定的合理性，但很难说是哲学的根本转折。因为当主体性和主体际关系失去一般唯物主义本体论特别是历史唯物主义的支撑时，双脚仍然跨不出唯心主义的领域。因此在我看来，所谓现代哲学的种种转向，如认识论转向、语言学转向、方法论转向、价值论转向、实践论转向、人学转向等等，实际上是哲学研究重点和主题的变化，它不可能绕开世界的客观性问题。我们可以毫无例外地在这些重大问题上看到哲学性质的分歧。

从哲学发展看，本体论不是一成不变的。中国哲学与西方哲学，在古代与现代都各有特点。在西方古希腊时期，本体论表现为对宇宙起源和世界物质构成统一性的追求。这表现为哲学童年时期的宗教与神话在哲学问题中的继续。创世说、起源说，是任何民族的神话中都存在的原始人对自身起源的追问，也是宗教创世说所提的世界起源问题。不同的是，当人类不是以幻想的神话方式也不是以上帝创世说的方式，而是以理性思维的方式解答这个问题时，它就变为一个哲学问题。在古希腊，由于自然科学与哲学是浑然一体的，科学尚未从哲学中分化出来，因而古希腊的本体论对问题的回答既是哲学的又具有自然科学的色彩。在西方，当实证科学逐步从哲学中分离出来，从宗教与神话怀抱中挣脱出来，哲学对本体论的提问，就摆脱了起源说和创世说的方式，变为纯哲学的问题，变为在人与世界的现实关系中，在人的思维与存在的关系中来思考世界的客观实在性问题。它的提问不是世界的起源和物质构成的问题，而是存在与人的思维的关系问题。存在和思维这两者都是现实的，思维就是人的思维，而存在就是人所面对的世界。这个第一性和第二性的问题，实际上也就是我们面对的世界是真实的客观的世界还是在它背后还有一个决定和产生现实世界的世界。这个产生现存世界的存在物，无论称之为理念、绝对观念或是主体的感觉、观念都是一样的。因为依赖观念的世界，当然是非客观的世界，它只是观念的变形和投影。

本体论是任何哲学都不能摆脱的问题，它是哲学中的根本性问题，是哲学不同于非哲学的一个本质性规定。中国传统哲学中同样有本体论理论。这突出地表现为道家关于道和儒家关于心性的学说。当然，中国传统哲学以人生哲学和伦理哲学为主导特色，因此道家的道变为德，而儒家的发明本心往往转变为道德修养的最高境界，因而中国哲学的本体论学说没有西方哲学那样浓重的纯逻辑的范畴体系色彩。但是，不能认为中国哲学没有本体论学说。当然，哲学家并不一定以本体论为重点来构建自己的哲学体系，哲学是多种多样的，更不用说在不同时代哲学会面对不同的问题。有认识论问题、语言问题、非理性问题、欲望问题、意志问题、人的问题，以至当今的文化哲学、环境哲学、伦理哲学、生态哲学、经济哲学，可以说，哪里有问题哪里就有哲学。哲学会出现在任何具有普遍意义的问题的地方。但是无论哲学如何多样，只要是哲学，是哲学的思考方式，它就有一个本体论的前提。这个前提可以是显性的，也可以是隐性的。这种本体论前提决定它的整个哲学的性质和方向。有个哲学家说过："每一种认知论——即使它本身意识不到或不怎么愿意——也必然是一种本体论(这种理论一方面探究实体是什么，一方面探究对实体所作的思维是什么，然后把两者作一比较)。由于有这种关系，有时思维被视为根源于实体——这是实在论的观点，有时实体的结构被认为导源于思维的作用——这是唯心论的观点。不管怎样，这种关系是不能置之不理的。"①

世界观是自古就有的，但它的科学性经历了很长的过程。恩格斯在《法学家的社会主义》中曾从世界观发展的角度总结过从宗教世界观经历"资产阶级的经典世界观"即法学家世界观——关于自由、平等、博爱的抽象人道主义世界观，到马克思主义的科学世界观的历史过程。科学世界观就是能科学地把握世界的客观本性，把握人与世界的辩证关系和为人类提供认识世界和改造世界方法和途径的世界观。其中具有基础性的问题是世界的本性和状态，即世界的本质和辩证发展规律问题。可是世界的客观性问题是所有哲学问题中最困难最难以解决的问题，这是由人类存在的方式和人的认识自身的特点决定的。由人提出和证明可以有一个在人的意识之外不依赖人的意识的存在，这就是一个悖论。这个悖论的存在，证明本体论的问题与认识论不可

① 加塞尔：《什么是哲学?》，45页，北京，商务印书馆，1996。

分。要使本体论问题得到一个具有科学性的解决方式，必须走出认识论自我中心的困境。

二、主客体认识关系中的本体论困境

人所面对的世界是包括人和人类社会在内的世界，也就是说世界是人的世界。这样人无法撇开人自身、撇开人作为主体来谈论世界，谈论世界的客观性。主体与客体的关系、认识与认识对象的关系是人类认识中永恒的任何时候都不可能摆脱的关系。这种关系的存在并不能把本体论化为认识论，或者否定本体论问题的重要性，而只能更加证明本体论问题存在的必然性和在哲学体系中的决定意义。可是主客体关系的存在，的确使世界客观性问题变得更为复杂。正是由于人与作为认识对象的世界之间的认识论关系，使世界客观性这个最根本的本体论问题长期聚讼纷纭、争论不休。

旧唯物主义者离开主体谈论世界的客观性。这种纯客体论者虽然坚持唯物主义，强调世界的客观性、强调按照世界本来面目认识世界，可它无法解决什么是世界本来面目，人何以知道世界本来面目？难道世界的本来面目不是被人意识到的内容吗？难道人对世界的认识能不附加任何外来的内容吗？在旧唯物主义纯客观主义范围内无法解决这个认识论难题。唯心主义者的确抓住了旧唯物主义的要害，他们认为，撇开主体谈论世界客观性问题，就是谈论处于认识之外、经验之外的存在，这是神秘主义。如果你回答说我是在经验之内、认识之内、意识之内谈论世界客观性问题，我见到、我听到、我触到，那么，唯物主义又会陷入唯心主义的陷阱。因为这等于说，不存在世界本来面目的问题，世界本来面目就是对象在自己心中的面目，而不是对象自身的面目。这样，由于主体意识的屏障作用，对象的本来面目或者变为康德的物自体，或者变为主体意识的内容。不是倒向本质与现象对立的不可知论，就是倒向存在是被感知的唯心主义。

要解决从客体观察客体的理论和实践的矛盾，必然引入主体性，进入主客相关理论的领域。这种引入不是一个纯思辨问题，而是事实如此。这样，本体论问题的解决和论证必须求助于认识论的正确解决，这样才可能避免独断论、怀疑论和不可知论。可主体问题的引入又增加了陷入唯心主义陷阱的可能性。当哲学家们强调人面对的是人的世界，因而主客体关系是人类实践和认识中普遍的必然的关系时，往往向另一面倾斜，即单纯从主体角度观察客体，从而把客体融入主体之中。

这的确是个难题。认识永远无法摆脱主体，人对客体的认识总是主体的认识，是从主体角度出发的认识。即使我们暂时搁置认识为自己构造对象、认识就是自我对自身的认识这种极端的意见不讲，就算认识是有客观对象，可要对这种对象形成认识，仍然离不开主体的参与。这样，主体认识的不同角度、不同条件、认识的主观图式都会影响到对客体的判断。“横看成岭侧成峰，远近高低各不同”讲的是认识角度不同中的对象面目；坐井观天，蝼蛄不知春秋，夏虫不可以语于冰，讲的是不同时间和条件中所形成的对象的差异性；咖啡中的糖是不是够甜，各人回答可能不一样，这是主体感受差别形成的对象性质的差别性。总而言之，认识不可能没有主体，可认识一引入主体，关于认识对象的客观性问题就会陷入无休止的争论。所谓月亮在没有看时是不存在的，在实践范围之外世界是无都是由此引起的。

存在问题是哲学家无法绕过的关隘。问题是如何处理。当代著名的存在主义者雅斯贝斯把存在分为三种：一种是最低级的存在，这就是客观世界的存在，这是所有科学所把握的存在；另一种是个人的自我的存在，这是更高级的存在，它蕴涵着潜在的可能性，不可能由支配客观存在的理性范畴所把握，因而在这种存在中包含自我超越的因素；当它与第一种存在相结合便进入第三类存在即前二类存在的结合，从而达到了对存在的超越。很显然，人的存在才是一切存在中最重要的存在。其实海德格尔的“基础存在论”关于存在的学说也没有越出这条路线。在海德格尔的关于存在的学说中，“此在”置于存在者的首位。此在虽然也是在者，可不是一般的在者，而是所有在者中能够追问存在的意义，能够赋予存在以意义，能够理解和解释存在意义的在者，也就是“此在”。所以“对此在的存在论的解释，构成了基础存在论，此在充当的就是首先须问及其存在的存在者”。人的存在论是基础存在论，而其他一切存在无非是作为此在追问的对象才有存在的意义和价值。真理根本不是认识与对象的符合，真理只能是此在对存在的揭示和去蔽，因此在“此在”之前无真理，“此在”之后无真理。我们对这种看法并不感到惊奇。就其最根本的思想来说，是我们在哲学史上已知的关于人、关于主体性、关于主客体相互同一性理论的更思辨的更具有时代气息的另一种说法。此在也罢，人也罢，主体也罢，无论怎样调换，只要坚持世界的客观性和意义全在于人的理解之中，世界的存在是依存于主体的，就是万变不离其宗。其他一切再说得天花乱坠也无改哲学路线的本质。

这种主客一体的哲学中国也有，所谓心物一体，万物本心，世界无心外之物就属于这一类。王阳明关于南阳镇看花的辩论最为生动。在常人看来，花生在山中，看与不看花照样存在，只能说，无人看时不知道花的存在而不是没有花的存在。“不知道”和“没有”不是一回事。前者属于认识论问题，后都属于本体论问题。可王阳明则说，你来看花时，此花在你心中明白起来，你不来看花时，此花与你的心一同归于寂寞。可是这样说，并非是没有困难的。因为它极力回避不来看花时，花究竟存不存在，如果不存在，你心中关于花的观念由何而来，存在与关于存在的观念的先后问题，尽管被一些思辨哲学家认为是一个肤浅的问题，可确确实实是一根梗在思辨唯心主义者咽喉的骨刺。只有先有花才可能看花。岂止看花一例，整个世界都是如此。先有客观世界才有关于世界的认识。即使是人造的事物，观念的先行性也是有条件的，因为在头脑中形成的即将付诸实现的观念仍然是从实践中积累来的。而当它被制造出来，作为另一些人的认识对象时仍然是先于认识的主体。鱼不能离开水，水可以没有鱼。人不能离开世界，世界可以没有人。当然，世界没有人是个毫无意义的说法，没有人，一切议论都是无聊的空话。可是从本体论角度说，人对世界的依赖远比世界对人的依赖更为根本。可以说，没有世界就没有人，但不能说，没有人就没有世界，只能说，没有我们现在这样的世界。

认识对象的客观实在性先于认识的主体，这是认识论中的一个重要的根本性命题，也是认识可以具有客观真理性内容的前提。人不是在认识中构造客观对象，而是在认识中对处于被认识地位对象的认识。当然，人可以根据主体的需要有选择地认识对象的不同方面，人选择自己需要认识的东西。但被选作认识对象的东西仍然是不依赖于人的认识的东西。人按照正确的认识创造出自己需要的东西，但这个东西已不是认识的意识内容而已转变为客观实在即再认识的对象。在认识中，人不应该增加对象所没有的东西；而在实践中，人应该创造世界所没有的东西。如果片面强调主体的作用，世界中的一切客体及其属性都只是主体自身的感觉，或者是主体的理解、解释，那么这些各种各样的感觉，这各种各样的理解和解释是从哪里来的？这是一切唯心主义者包括片面的主体论者无法解开的死结。

真正解决这些认识困难的是马克思主义哲学。马克思《关于费尔巴哈的提纲》第一条我们都很熟悉，可往往容易把它理解为正确处理主客体关系的认识论问题，而较少考虑它的本体意义。实际上，论纲第一条同时是对马克思主义哲学本体论的科学解决。这种解决既没有离开唯物主义又超越旧唯物主义。其中的关键是，当马克思把实践作为主客体之间、认识与认识对象之辩证统一的基础时，就把哲学本体论问题从旧唯物主义、唯心主义、不可知论、怀疑主义等等的困境中解脱出来。正是人类自身的实践每时每刻在证明有一个主体之外的客观世界。人的实践的成功与失败，正效应与负效应表明人不可能“心想事成”，而是取决于主体在何种程度上形成有关客体的正确认识。恩格斯就曾经批判过青年黑格尔派，说“每一种感觉都迫使他相信世界和他以外的其他人的存在，甚至他那**世俗**的胃也每天都提醒他在他**以外**的世界并不是**空虚的**，而真正是把他**灌饱**的东西”①。实践迫使人们必须接受关于存在客观世界的哲学观念；而自然科学与技术则以自己的功效来证实唯物主义的这一原则。实践也打破了关于自在之物的假设，使本质显现在现象之中，成为人们能把握和利用的东西。

在马克思主义哲学看来，世界是客观的，它的存在不依存于人的主体。也就是说，先有对象才有关于对象的认识。人不可能认识世界上根本不存在的对象。依存于主体的不是客体而是被反映在主体中的客体的内容。我们面前的苹果的存在是客观的，它的存在不依存于主体，可在人们意识中存在的关于苹果的观念当然依存于人的意识，一个是意识外的存在——客观的苹果，一个是意识内的存在——观念中的苹果。这是两个苹果，没有意识外的苹果，不可能有观念中的苹

① 《马克思恩格斯全集》，第2卷，154页，北京，人民出版社，1956年。

果。观念中的苹果是不能食用的，正如观念中的货币是不能购物的一样。康德说过，观念中的100元和口袋里的100元是完全不同的。如果相同，每个人都可以自我宣布是百万富翁。

可是，世界的客观性不是永恒不变的。它可以是自在的变化，这就是自然自身的进化，另一是人类对自然的改造。人可以创造自然界没有的东西，可以改变自然存在的状态，这就是人化自然。人化自然的存在，并不否定世界的客观性，因为人化自然是由人对自在的自然改造而来的。没有先于人而存在的自然界，就不可能有人化自然。而且，人化自然对于所有的人来说，仍然是意识之外不依存于人的意识的存在，它能为所有的人所感知、反映和利用。自从人类产生以后，我们先辈改造自然的全部成果都是作为后代所面对的客观事实。“人并没有创造物质本身。甚至人创造物质的这种或那种生产能力，也只是在物质本身预先存在的条件下才能进行”①。

人在改造世界和人能够改造世界，这是人类产生以后每时每刻都在进行的现实。承认这一点并不困难。可是熟知非真知。能从人的这个现实活动中得出哲学结论则是另一回事。历史上以及当代许多哲学家都无视这个事实。马克思和恩格斯面对自然界由于人类活动而发生的变化，在哲学史上作出一个具有根本转折性的结论，这就是人的实践是现存感性世界的基础。实践本体论是站不住脚的。对具有客体性质的世界而言，实践是人的实践，它是人的活动能力，具有主体性特征，实践不具有外在于人的独立性质。但由于实践是主客体之间的中介，人通过实践不是作用于观念而是作用于客体，进到客体，因而实践与只具有认识作用的观念不同，实践具有本体论的功能，即实践能

① 《马克思恩格斯全集》，第2卷，58页，北京，人民出版社，1956。

把观念外的存在变为观念中的存在，把观念中的存在转变为观念外的存在。马克思和恩格斯的用语非常严谨，他们强调实践是我们周围的感性世界的基础。周围的世界即人的人化世界而不是整个世界。马克思主义哲学重视实践的本体论功能，消除了旧唯物主义的直观性，使唯物主义的历史发生了根本性转折。但马克思主义哲学始终从唯物主义和辩证法的观点来考察实践，强调实践观点一旦越出唯物主义和辩证法的范围，就会转变为唯心主义的"实践哲学"。

主客相关性原理，是最令哲学家们烦恼的问题。人是用人的眼睛观察世界，何以保证人们所看到的就是客观世界自身呢？似乎在主客相关中观察世界，顺理成章就只能是倾向唯心主义和不可知论。这种观点，与旧唯物主义可以说是相反相成。旧唯物主义由于离开实践理解客体性，因而无法真正坚持世界客体性，最终克服不了唯心主义，而主客相关论者也由于离开实践谈论主客相关性，既说不清为什么客体会进入主体，也说不清为什么主体会作用于客体。结果只能以主体是所有存在物中最独特的存在物，是一切存在物揭示自己的唯一的窗口的存在物之类无可辩驳的真理来"吓人"。说的是主客体不可分，实际上只是主体唱独角戏，主体是真正赋予客体以意义的存在物。"天不生仲尼，万古如长夜。"世界没有人，没有主体，一切客体的意义、存在的价值，以及属性问题都是白搭。衡量客体的尺度是主体也只能是主体。因为主客二项中具有能动性、具有意识和具有辩解力的只能是主体，客体没有发言权，也被唯心主义者剥夺了发言权。可是客体是会造反的，它并不是百依百顺任人摆布的少女。其实自然会发言，自然对人的惩罚就是自然的语言，是打破唯心主义思辨哲学的最有力的语言。自然是会说话的，客体是会说话的，只是醉心于自我的哲学家读不懂客观的自然的语言，因而只能接受自然的敲打和惩罚。

其实这个问题，在马克思主义哲学中已经解决。马克思主义哲学区分主客体两重不同的关系：科学关系和价值关系，这是引入主体后必然存在的关系。不承认人与客体间的科学关系，一切以主体为转移，必然是以人是万物尺度作为主客体关系唯一标准，在这种唯心主义观点下，世界客观性问题、自然规律客观性问题、生态环境问题的客观依据都不存在。唯一存在的只是人和人的需求。另一方面，如果不承认主客体中的价值关系，人的情感、欲望、需求、目的在认识中的选择作用、能动作用都化为乌有，人成为自然的玩偶。这样的所谓科学性只能是机械性和客体至上论。在主客体关系中，本体论问题的重要性正是由于这两重关系决定的。而使主体与客体发生科学与价值关系并使两者统一的是实践。由于人的实践活动，客体被消融掉它的坚硬性而被人的目的和愿望所重铸，同样由于实践，主体被化解掉它的任意性和纯主观性，而必须受到实践的检验。尽管人在认识中不可避免地有主观附加，但这种主体的附加会在长期反复的实践中得到清洗，然后开始新的认识中又会有新的附加。因而按照世界本来面目认识世界是一个长期的不断反复的过程。但原则上我们可以说，按照世界本来面目认识世界是可能的，因为客观世界并不会由于主客体关系而变为物自体，实践打破了认识与认识对象循环不已的纠缠。由于实践，主体认识是否正确并不是重新回到主体自身，主体既是原告又是终审法官这种唯心主义思辨哲学统治由于实践宣告终结。马克思所说的人应该在实践中证明自己思维的真理性，即自己的现实性和力量，离开实践的思维的现实性和非现实性的争论是一个纯粹经院哲学的问题的著名论断，就是把实践作为防止由主客体相互作用而滑向唯心主义的不可逾越的栏栅，从而为世界的客观实在性提供了最有力的证明。

三、马克思主义哲学本体论是世界观科学性的基础

科学与科学性是不同的概念。科学是从学科分类角度说的，科学性是从认识中蕴涵的真理性程度说的。从学科分类说，哲学不同于实证的自然科学。自然科学可以量化，而哲学是宏观的；自然科学可以公式化，而公式化是哲学的大敌；自然科学以实验为基础，首先在实验室研究，而哲学可以而且必须借助于思辨。实证主义企图把哲学变为实证科学，结果以失败而告终。但这不是说，哲学可以没有科学性的问题，可以各是其是、各非其非。不是的。哲学从内容说可以具有科学性，即哲学作为人类认识的一种形式，有真理与谬误的问题。有的学者认为，哲学永无结论，是无休止的争论，有结论就不是哲学。这种说法把哲学与实证科学的区分绝对化、片面化。毫无疑问，哲学问题的正确性不像自然科学特别不像数学那样答案是唯一的。可是哲学中仍然有是非对错，有真理与谬误。只是哲学中的是非不像实证科学那样分明，可以非中有是，是中有非。唯物主义中的机械性形而上性就是是中之非，而唯心主义中包含的辩证法可以是非中之是。一个错误的命题可以包含智慧，而一个正确的命题也可包含着悬而未决的问题。特别是因为哲学中的问题都是大问题，任何一个哲学家都没有能力一劳永逸地解决它，因而问题中永远包含着问题。哲学家不仅可以对前人的论断质疑，提出不同的看法，而且可以对已经解决的问题提出新问题。这种复杂性显现出哲学问题似乎永无结论的假象。当恩格斯说，世界的物质统一性是要由长期的哲学和自科科学来证明时，正是考虑到哲学论断证明的长期性的特性。例如唯物主义主张物质第一性、意识第二性，可是如果解决不了物质如何被移置于人的大脑以及如何被改造，解决不了大脑如何思维，形形色色的唯心主义和物质与意识对立的二元

论总会一再浮现。可是大脑如何思维是自然界的最大奥秘,是脑科学王冠上的明珠,迄今仍在探讨之中。这就是自有哲学以来,哲学中唯心主义与唯物主义争论不断的一个重要原因。但哲学既然是世界观,它不能无视世界的客观存在。只要承认世界存在,那它关于世界的论断就不能停留在哲学家个人对世界的看法的层面而不涉及它所论及的世界。

究竟什么是马克思主义哲学的本体论学说?我以为不能企图用一个判断或一个命题,如自然本体论、物质本体论或实践本体论来概括马克思主义哲学本体论的丰富内涵。任何简单的概括都会由于片面性而陷入无休止的争论。我们可以不同意自然本体论,但我们不可能取消自然界的优先地位,取消任何为我之物都是从自在之物转化而来的事实;我们可以不赞成物质本体论,但我们不可能否认世界的物质统一性,不可能否认世界各种各样的现象是物质的不同形态或物质的属性;实践本体论是不能同意的,但我们无法否定实践具有本体论功能,人可以创造自然界原来没有的东西,可以参与自然的变化并在自然界打上人的烙印,使人的实践成为周围感性世界的基础。我以为,马克思主义哲学的本体论理论是一个包括许多重大问题的问题域。例如,自然、物质、社会、实践、规律、运动等等,都是它的重要范畴,把它们对立或割裂开来,都会歪曲马克思主义哲学本体论的本质。如果要给马克思主义哲学本体论以名称的话,不妨称之为辩证唯物主义本体论,正如我们惯用的辩证唯物主义认识论、辩证唯物主义历史观一样。辩证唯物主义本体论包括一系列重要原理,但其中最重要最关键的问题,是世界的客观实在性及自在世界向为我世界的转化的基础问题。马克思主义哲学世界观的科学性和根据在于,它真实地揭示了世界本来面目和人类实践的参与使世界发生改变的过程。马克思说过,只要这样按照事物的真实面目及其产生情况来理解事物,任何深奥的哲学问题都可以十分简单地归结为某种经验的事实。①

人所面对的是人的世界。人所直接作用的世界是一个有限的世界，是自然、社会和人在实践基础上统一的世界。人不能认识实践之外的世界，但不能说未进入实践的世界是“无”、是“非存在”或者说没有意义。如果这样，“人类世界”就是一个凝固不变的哲学概念，实践和认识的循环往复的运动也就没有可以扩展的空间。人类产生后不断把自在世界变为自为世界，自然对人的生成的历史就是不断改变这种自然、社会与人的统一的状况的历史。这个过程，实际上也就是自然发展史、社会发展史与人类自身发展相互作用的过程。自然、社会与人统一的现实世界是一个开放的体系，它永远朝着尚未进入人的实践和认识范围的无限世界的领域。我们千万不能把自然、社会与人在实践基础上的统一作形而上学的理解。

因此，人所面对的不仅是人的世界，而且是一个客观的世界，这两者是重叠的统一的。所谓世界的客观性，指的是它存在于人的意识之外，不依赖于人的意识而存在。没有这个前提，就没有哲学认识（岂止哲学，任何认识都如此）的真理性问题。人们不可能对根本不存在的东西谈论认识的正确与否问题，正如没有箭垛无法判断箭术高低优劣一样。当然，世界在人意识之外，不依赖于人的意识而存在的客观世界是唯物主义的共同原理，没有这一条一切都无从谈起。马克思就特别强调世界的现实性，他说过：“哲学不是世界之外的遐想”，“哲学首先是通过人脑和世界相联系”②。他强调“从现存的现实**本身**

① 参见《马克思恩格斯选集》，第1卷，76页，北京，人民出版社，1995。

② 《马克思恩格斯全集》，第1卷，120、121页，北京，人民出版社，1995。

的形式中引出作为它的应有的和最终目的的真正现实”，“从世界本身的原理中为世界阐发新原理”①。无论有些哲学家怎样蔑视这个问题，斥之为自然本体论或者旧的哲学思维方式，可是世界的客观性问题是任何哲学都难以轻易通过的哲学“卡夫丁峡谷”。

马克思并没有因为世界客观性是唯物主义的共同前提而忽视它的重要性。问题是马克思主义哲学没有停留在或仅仅是重复这个原则。可是如果不捍卫世界的客观性原则，不反对片面强调人的自我意识就不可能坚持世界观的科学性。正因为这样，在《神圣家族》中他们批判只承认自我意识，否识客体，认为认识只是与自己的臆想和幻影打交道的青年黑格尔派。他们说，鲍威尔“在实体中，他驳斥的不是**形而上学的幻觉**，而是**世俗的**内核——**自然**，他攻击存在于人**之外**的自然，也攻击作为自然存在物的人本身。在任何领域内都不假定有**实体**……这就等于不承认任何有别于思维的**存在**”，“任何有别于**主体的客体**”，“任何有别于**抽象的普遍性的现实的共同性**、任何有别于**我的你**”②。现在有些哲学家批评所谓主客二分，批评世界的客观实在性和人对世界的认识和改造是旧的哲学思维方式，他们把主客绝对对立的形而上学混同于唯物主义，在反对形而上学的名义下张扬主客一体，为了所谓辩证法而牺牲唯物主义。

辩证唯物主义强调世界的现实性，强调它存在于人的意识之外和不依存于人的意识，这是就它的物质性和客观性而言，而不是说人的意识不能通过实践参与到世界的生成和发展中去。实际上人的存在，

① 《马克思恩格斯全集》，第1卷，417、418页，北京，人民出版社，1995。

② 同上，第2卷，180页。

同时也是自然对人的生成过程。如果这样，我们能不能说，马克思主义哲学的本体论是物质—实践本体论呢？不能。因为实践虽然具有本体论功能但它是主体的活动方式，它发挥的是世界人化的作用，它本身不具有离开人的客观实在性。而人化世界并不会因为是人的实践与意识的参与而变为主体性的存在，变为依存于人的意识的存在。它仍然是客观的并对于所有的人具有同样的客观实在性和规律性。世界客观实在性和主体活动的统一与区别，人与世界的这种复杂关系只有在辩证唯物主义本体论中才得以妥善地处理而避免旧唯物主义和唯心主义思辨哲学的弊端。

我们不能以为主张马克思主义哲学是科学世界观就是科学主义，就是抛弃马克思主义哲学的人文精神。这是不对的。科学主义和人文主义是两种相互对立的哲学观点。马克思主义哲学不是科学主义也不主张科学主义，尽管当代分析的马克思主义力图把马克思主义哲学科学化，但并不代表马克思主义哲学的当今的正确发展方向。马克思主义哲学的科学性强调的是哲学可以达到对世界的科学性理解，因为客观世界是本质与现象统一的世界，本体论并不是在现实世界之外或现存世界背后探求它的存在的依据，而就是探求人类在实践中面对的世界自身。本质就存在于现象之中。世界的物质实在性就表现在世界的多种多样的现象之中。物质世界就是人类面对的客观存在，是由无限的物体和过程构成的整体性存在。

马克思主义哲学世界观的科学性，表现在它关于世界客观性的论断，关于世界物质运动一般规律的论断，关于人与世界相互关系的论断，都是对世界真实面目和状态的揭示，可以为全部人类实践活动所不断证实。而以拒斥本体论、反对形而上学为宗旨的科学主义与马克思主义世界观的科学性风马牛不相及。实证主义强调经验、倡导实证、拒绝思辨、反对共相，可任何实证科学的经验、观察、科学理论、科学原则，如果没有可以参照的客体，没有存在于现象中的本质，没有反映本质的共相，只能是空谈。而任何具体科学的对象都是总的世界的一个部分，科学本身迫使一些科学哲学家必须回到本体论问题。尽管当今科学哲学中的“本体论承诺”是不彻底的、含糊的、羞羞答答的，但它的提出表明本体论问题是无可回避的。

马克思主义哲学世界观的科学性与它的人文精神是结合的。马克思主义哲学代表世界最大多数人的利益，把人类解放和人的全面发展作为自己的哲学使命，最充分地体现了对人的现实命运的关怀。但这种人文关怀不能纳入当今的人文主义的哲学思潮中，不能按照存在主义或抽象人道主义观点来解读或重建马克思主义哲学。马克思主义哲学本体论不是人的存在的本体论。人的存在问题、人的命运问题当然是哲学特别是马克思主义哲学应予充分关注的问题。但它的正确理解和解决必须在科学世界观特别是历史观的框架内才能做到。把人的存在问题、人的命运问题的根据放在人自身，而不是放在“人的世界”即人所处的经济制度、政治制度和特定的文化背景下来考察和解决，最多是悲天悯人，一掬同情之泪而已。我们只要观察一下当今世界一些人文主义者对人与环境矛盾的激化和人的生存境遇恶化的忧虑，对人的异化现象的谴责，对核战争威胁的声讨，可始终不涉及它的根源以及通向人与自然和谐，人与人和谐的道路，就可以知道没有科学世界观支撑的人文主义是软弱的，并不能为当代人类真正解决自己的生存境遇指明方向。可见，无论是站在科学主义或人文主义立场上批评马克思主义哲学，或按照这种观点来解读马克思主义哲学，都是不对的。因为马克思主义哲学的人文关怀是以世界观的科学性为依据的；而马克思主义哲学世界观的科学性中又包含对人类解放、人的自由和全面发展的历史规律和内化为信仰和理想的人文意识。马克思主义哲学完全超出片面的科学主义和人文主义的思维框架。

其实，无论是科学主义还是人文主义，包括当今的所谓后现代主义，尽管在拒斥还是承认本体论问题上态度不一样，可在反对世界客观性这个根本问题上是站在一条战线上。科学主义倡导拒斥本体论，反对形而上学，实际上是反对存在于人的意识之外的能为哲学思维把握的客观世界。而各种各样的人文主义思潮的鼓吹者，虽然不采取拒斥本体论的立场，可他们所提倡的现象学本体论、人的存在的本体论、生命本体论、意志本体论等等，都包含着对存在于人的意识之外不依存人的意志的客观世界的拒斥。他们所说的本体论不是指向客观世界，而是他们哲学体系借以立论的依据。至于后现代主义，则在反本质主义、反还原主义的口号下，同样是否定人的观念中的实在内容，通过否定反映论来否定客观世界。可是没有客观世界和客观世界的制约，一切唯心主义和各种荒谬哲学都可以孳生。

人文主义与神本主义是对立的，但可能相反相成。当非理性主义、唯心主义的人文主义拒斥客观世界时，就铺就了一条通向彼岸世界的神学道路。例如在当今备受重视的俄国的尼·别尔嘉耶夫就是一个例子。他倡导人的哲学，倡导人是存在的中心，只有人才能揭示存在的意义。可他对现实世界失望、对哲学感到失望时，强调人应该在存在中领悟到神的存在，因而倡导哲学应该回到神学，与神学相结合。他认为19世纪发生的哲学危机是哲学脱离神学导致的危机，因为哲学不可能靠自身也不能靠科学来营养，而只能到宗教中吸取营养。在他看来宗教没有哲学也过得去，因为它的根源是绝对和自满自足的。但是哲学没有宗教则不行，它需要宗教作营养食物，作为复活圣水的源泉。“宗教是哲学的生命基础，宗教供给哲学所需要的现实存在。”[①]哲学所需要的实在是不同于自然科学所面对的实在。自然科学面对的是有病的和被毁坏的世界，是不健康的现实，正如满脸痘疹的人，而哲学所要面对的是现存世界背后的世界——即上帝的世界、神的世界。这是真善美的世界，而这个世界只有宗教才能提供。如果说，文艺复兴时期的人文主义由于坚持自然观的唯物主义，导致由神到人；而当代的非理性主义的人文主义由于否定客观世界，导致由人到神。人文主义思潮在人与神的关系上转了一个圈，关键问题是本体论的性质。离开对人与世界关系的唯物主义理解，就会由人本主义陷入神本主义。

马克思主义哲学变革的关键是以科学的本体论学说为依据的。不坚持世界的客观性和正确处理人与世界的关系，就不可能确立辩证唯物主义认识学说，也不可能有辩证唯物主义历史观的变革。历史观不是自然观的延伸，但历史观不能没有一般的本体论前提。在辩证唯物主义历史观中，如果排除了自然的客观实在性和人与自然的理论与实践关系，就没有历史唯物主义。历史和现实都证明，要坚持马克思主义哲学，必须坚持马克思哲学的本体论；而要在本体论问题上坚持辩证唯物主义观点，必须以承认世界的客观实在性为前提，才能正确处理人与世界的关系。在这个问题上动摇，就会全线崩溃，列宁曾形象地譬喻为“一爪落网，全身被获”。在当代的马克思主义哲学中，认识论和方法论问题、历史观问题、价值观问题、人生观问题，总而言之，任何重大哲学问题都会因为丧失辩证唯物主义的本体论前提而倒向唯心主义。卢卡奇晚年写作《社会存在本体论》这一著作时已经认识到这一点，他对自己否定自然界的优先地位，否定自然辩证法的失误

① ［俄］别尔嘉耶夫：《自由的哲学》，9页，上海，学林出版社，1999。

作过自我总结。

时代在进步，实践在发展，科技在创新，马克思主义哲学当然也在发展。马克思主义哲学本体论的内容肯定会因为科学技术革命的新成就而更加丰富和创新。但信息科学的发展，虚拟现实问题和数字化生存方式问题的出现，都不能取消世界的客观实在性。人不能无视客观世界的存在，更不能把人的意志强加在自然之上。人只能在实践中把自在之物变为为我之物，但人永远面对的是一个客观世界。哲学当然要研究自我，但人的生存境遇的改变，不能归结为对人的心理世界的探求，而是对客观世界的改变。马克思主义哲学不能归结为生存哲学或生存论哲学。不把颠倒的世界颠倒过来，没有一个合理的社会，就不会有合理的生存环境。人的生存问题，说到底是一个正确处理人与自然的关系问题、正确处理人与社会关系问题。否定物质世界的客观实在性，无视世界的客观性，无论在理论上或实践上都必然陷入困境。

论唯物主义历史观的本质与当代价值*

唯物主义历史观是马克思主义哲学最重要的组成部分，它的诞生是马克思主义在哲学中实现革命变革的关键。没有唯物主义历史观，马克思主义哲学就仍然是不彻底的、半途而废的唯物主义，是旧唯物主义的翻版。可是即使唯物主义历史观不姓马，不由马克思和恩格斯创立，其中的某些规律性因素迟早也是会被发现的。19 世纪上半叶西欧的思想史已经显示了这种端倪。这就说明历史唯物主义的核心问题是社会历史规律问题，因而同时代的卓越思想家有可能在不同程度、不同方面提供某些类似的思想。但是唯物主义历史观又包含历史价值观，它反映了唯物主义历史观创立者的立场和社会思想。资产阶级历史学家可以发现阶级和阶级斗争现象，但得出的是有利于资产阶级反对封建贵族的斗争的结论；英国古典经济学家看到了劳动与价值的关系，看到了物质生产、财富增长对社会发展的重要作用，但得出的是有利于巩固和发展资本主义制度的结

* 本文发表于《高校理论战线》，2002 年第 5 期。

论。在马克思主义哲学中，历史唯物主义与科学社会主义不可分割，全部历史唯物主义都是以为无产阶级和人类的解放而奋斗为最高使命的，因而只有作为无产阶级革命理论代表的马克思和恩格斯才有可能创立科学性和革命性相统一的、比较系统完整的历史观。

当然，自马克思主义历史唯物主义创立以来，围绕马克思主义哲学特别是历史唯物主义的争论、斗争就没有间断过。各种附加、错误的理解或攻击都时有出现。我们的一些理论家对苏联哲学教科书中的教条主义表示不满，要求全面准确地阐述马克思主义的历史观是完全正当的；而且，他们提出的一些疑难问题和热点问题，有利于进一步深化对唯物主义历史观的研究。但我们应该防止在反对传统历史唯物主义、回归马克思历史观的口号下，全面否定历史唯物主义的最基本原则。如果这样，必然在理论上引起混乱，陷于自相矛盾的困境。导致上述错误认识产生的原因，或出于对历史唯物主义本质的错误理解，或出于未能分清历史规律的逻辑表述、理论阐述和实际应用的区别与联系。就此，我提出一些个人看法作为引玉之砖。

一、否定社会发展基本规律，就没有历史唯物主义

1. 不能以教科书的缺点来否定历史唯物主义

斯大林载于《联共布党史》中的《辩证唯物主义和历史唯物主义》有缺点，苏联以斯大林的著作为范本的教科书有缺点，这是无可讳言，也是可以理解的。一本写于 70 多年前的哲学教科书没有可批评、可补充、可发展之处，倒是难以理解的。恩格斯说过，后人批评我们的错误，会比我们批评前人的错误还要多。这是真正充满智慧的彻底唯物主义者的论断。但是我们在评论斯大林和苏联哲学教科书时，如果不能区分其中什么是马克思主义历史观的基本原理，什么是限于历史

条件的不充分甚至是错误的论述，一并横扫，必然导致对历史唯物主义的全面否定。

何谓传统的唯物史观？人们有各种不同的说法。在西方，有些理论家把以《1844年经济学哲学手稿》为标志的马克思的历史观称为人本主义的历史观，而把恩格斯的历史观称为经济决定论的历史观，并认为后者是对马克思历史观的背离和伪造。恩格斯的历史观是在马克思主义理论中长期处于主导地位的正统的历史观。这就是大家熟悉的所谓两个马克思，所谓马克思和恩格斯的对立问题。苏联解体以后，斯大林的《辩证唯物主义和历史唯物主义》、苏联的哲学教科书以及中国哲学教科书中关于历史唯物主义的观点，被视为传统的历史观。实际上，在西方一些学者心目中，从列宁、斯大林到毛泽东，以及苏联和中国的哲学教科书中的历史观，都是与恩格斯的历史观一脉相承的、传统的经济决定论的历史观，它与马克思的历史观是不同的。所以才有回到马克思的问题，才有历史唯物主义的重建问题。在我国理论界，这种激烈的极端的意见很少，但对教科书中唯物主义历史观的论述有不同意见的并不少。其中有的意见是合理的。例如社会生活的主体性问题，实践在历史观中的地位问题，社会规律起作用的机制和实现方式问题，规律的客观性与人的活动选择性的关系问题，以及历史唯物主义中的认识论和价值论问题，就有待深入研究。在这种情况下，重读马克思和恩格斯的原著，根据当代实践经验和科学研究的新成就来丰富和发展历史唯物主义原理，都是必要的。

如果问题只是涉及哲学教科书的缺点，那么它本来无需争论。可如果在批评所谓传统唯物主义历史观的同时，完全否定哲学教科书中阐述的社会规律，认为生产力与生产关系、经济基础与上层建筑、社会存在与社会意识都是纯思辨范畴，根本不存在，这就不是如何看待教科书的问题，在这个意义上，是关系到如何理解甚至捍卫马克思主义哲学的原则问题。在这个意义上，所谓对传统历史唯物主义理论缺点的批判，实际上也就成为对马克思主义历史观的批判。因为否定上述规律，就是对历史唯物主义的全面颠覆。历史唯物主义之所以成为马克思和恩格斯的伟大发现，正在于他们发现了包括上述具有普遍性的规律在内的社会发展的规律。当然，马克思主义的历史唯物主义不可能穷尽对社会历史规律的认识，但没有上述一些规律，历史唯物主义就会变为毫无内容的空壳。如果否定上述规律，所谓回归马克思的唯物辩证的以实践为基础的新历史观，也只能被视为虚晃一枪的空话。

同样，我们不能盲目推崇西方某些哲学思潮特别是存在主义对马克思主义历史唯物主义存在“人学空场”的指责，而应该对问题的实质进行分析。在我们的哲学教科书中，对人和人在社会生活中的主体地位没有很好地论述，这是教科书的缺陷，但不能认为马克思主义历史观没有对人的问题予以重视。相反，马克思主义实现历史观的变革的立足点，就是对现实的人和人类的实践活动在社会生活中的作用予以最充分的估计。当我们读到马克思恩格斯在《德意志意识形态》、《神圣家族》中强调“我们的出发点是从事实际活动的人”，强调“‘历史’并不是把人当做达到自己目的的工具来利用的某种特殊的人格”，创造历史的“是人，现实的、活生生的人”，就能非常清楚地知道这一点。可是马克思主义历史唯物主义要成为科学的理论，仅仅停留于对“人”的关注上是不够的，因为历史是人创造的。这连维科都知道，他在名为《新科学》的传世之作中就说过，历史是人创造的，因此人能认识历史。可以说，从文艺复兴起就逐步开始了从神学历史观到人本主义历史观的转变，开始了从神创造历史到人创造历史学说的过渡。而马克思和恩格斯不仅把人本主义历史观作为立足点和核心的抽象的人变为现实的人，而且更重要的是没有停留在人的意识、动机和个人行为的层面，而是通过人的活动并在人的活动中发现历史规律。这就叫做走向历史的深处。

历史唯物主义当然要研究人，但历史唯物主义不能归结为人学。按照当代存在主义哲学、生存哲学、生命哲学来评论马克思主义哲学是驴唇不对马嘴。马克思主义历史唯物主义的使命是要推翻在历史上一直处于统治地位的唯心主义历史观，通过对人与人的活动的研究深入到对历史规律的揭示。马克思主义历史唯物主义的最伟大发现不是对人的发现，而是对社会规律的发现。恩格斯说过："正像达尔文发现有机界的发展规律一样，马克思发现了人类历史的发展规律。"①因此，唯物主义历史观的本质内容不能离开它所揭示的人类社会的一些基本规律。很显然，如果否定马克思和恩格斯所揭示的历史规律，停留于人的观念和动机层面，并在此基础上张扬所谓"人的发现"和"人是历史创造者"的观点，也只能是一种唯心主义历史观，最多是返回到马克思主义以前的人本主义历史观，根本不可能有马克思主义历史观的变革。

2. 正确理解历史的主客体与社会结构的关系

有一种观点认为，人是社会生活的主体，人之外的全部社会生活、社会结构都是人创造的客体。社会的一切都是有意识有目的的创造物，因而主体是社会中的决定因素，选择论才是唯一正确的历史理论，任何强调社会发展有自身规律特别是强调存在不以人的意志为转移的客观规律，都是机械决定论，都是对人作为主体的否定。如果沿

---

① 《马克思恩格斯选集》，第3卷，776页，北京，人民出版社，1995。

着这个思路，那么我们只能重新通向历史唯心主义：人取代了上帝的地位，对人的崇拜取代了对上帝的崇拜。

马克思主义历史观当然重视社会生活中的主客体关系。但是马克思的历史观并不是简单的二分法。人是主体，社会中的一切都是主体创造的客体，这是马克思曾经批评过的人与社会的抽象对立。如果我们从生产力中抽象掉人，生产力就变为对社会和人没有任何作用的死的生产工具和劳动资料，就不再是现实的生产力，而是历史上曾经有过的生产力的历史残骸；从各种社会关系中抽象掉人，社会关系就变为纯物质性的社会环境。一切都决定于主体，就会认为社会的一切秘密都潜在于人的本性。这完全不是历史唯物主义。历史唯物主义的本质，是从人和人的活动中，从社会生活的主客体结构中进入更深层次的社会结构，把作为社会活动主体的人放在一定的社会结构中来考察："人，作为人类历史的经常前提，也是人类历史的经常的产物和结果，而人只有作为自己本身的产物和结果才成为**前提**。"[①]这样，才可能有人的主动性与被动性、个人活动的意识性与集体的无意识、人的活动的目的性与结果的非目的性的矛盾问题，才有规律的客观性与人的活动的选择性的矛盾问题，也才有在历史唯物主义指导下正确处理这些矛盾的问题。

社会中的一切都是人创造的。可人不能因为自己是有意识、有目的的能动物，就可以自由地、不受制约地进行所谓创造。人是在一定历史条件下进行创造活动的。人所进行活动的历史条件是既定的、给予的，因而人的活动又是被制约的。人的活动的被制约性也就是人自身的被决定性。人是什么并不决定于人本身，既不取决于人的主观愿

① 《马克思恩格斯全集》，第26卷，545页，北京，人民出版社，1974。

望也不取决于人的抽象本性，而是取决于他们生活于其中的社会，即取决于生产方式。马克思说过，人是什么样的，这同他们的生产是一致的，既和生产什么又和怎样生产是一致的。没有奴隶制生产方式就不会有奴隶主与奴隶，没有资本主义私有制就不会有资本家和雇佣劳动者。当然，我们可以说，奴隶制是奴隶主创造的，资本主义私有制是资本家创造的。可是历史证明，每一种所有制形式和社会关系的出现都经历过在旧制度母腹中孕育的过程。这个过程是自发的，只有当社会发展到一定程度时，它才会转变为特定人群的自觉创造。这说明社会发展有自身的规律，或者如马克思说的，是一个自然历史过程。这个过程的主体是人，但它又有不依赖人的意志的方面。这个规律既是人的活动规律又是社会规律。这两者是一致的。从起源和实现方式看，它是人的活动规律；从对社会、社会关系的依存和对社会发展的支配看，它是社会规律。历史唯物主义要发现的就是这个规律，这使它能够正确处理社会生活的主客体关系、人与环境的关系，而不致倒向其中的任何一方面。所以只有在承认社会规律的基础上才可能正确处理历史的主客体关系。马克思关于人既是剧作者又是剧中人的论断，就是以规律为依据的主客体关系的形象表述。

马克思说："社会生活在本质上是**实践的**。凡是把理论导致神秘主义的神秘东西，都能在人的实践中以及对这个实践的理解中得到合理的解决。"①这里实际上讲的是，"神秘东西"能够由实践形成的社会结构中得到合理的解释。马克思批评费尔巴哈不懂得正是世俗基础的自我分裂导致宗教的产生。因为他虽然知道宗教是人创造的，但不理解产生宗教的社会基础，因而他的认识仍然没有揭示宗教的本质。社

① 《马克思恩格斯选集》，第1卷，60页，北京，人民出版社，1995。

会生产是社会存在和发展的基础，物质资料生产方式和社会结构发展的规律性，是历史唯物主义的一些根本性观念。马克思和恩格斯在讲到历史唯物主义时反复强调："这种历史观就在于：从直接生活的物质生产出发阐述现实的生产过程，把同这种生产方式相联系的、它所产生的交往形式即各个不同阶段上的市民社会理解为整个历史的基础，从市民社会作为国家的活动描述市民社会，同时从市民社会出发阐明意识的所有各种不同理论的产物和形式，如宗教、哲学、道德等等，而且追溯它们产生的过程。"①我们可以设想，如果从历史唯物主义中把社会基本矛盾运动的规律和理论驱逐出去，还有什么历史唯物主义可言呢？

实际上，在马克思的历史观中，坚持历史唯物主义的社会和社会结构理论与坚持实践的观点是一致的。所以马克思和恩格斯提出上述认识后进一步解释说，"这种历史观和唯心主义历史观不同，它不是在每个时代中寻找某种范畴，而是始终站在现实历史的基础上，不是从观念出发来解释实践，而是从物质实践出发来解释观念的形成"②。从物质实践出发解释观念，就是以社会结构的观点解释经济基础和上层建筑的关系；反之，坚持历史唯物主义关于物质生产和社会结构的观念，也就是坚持用实践解释观念的观点。任何以强调实践的重要性来否定社会基本矛盾运动和社会结构的理论是难以理解的。因为离开社会基本矛盾的人类实践活动，和离开人类实践活动的社会基本矛盾一样，都是不存在的。

理论和事实都表明，关于社会的主客体理论只有真正深入到社会

① 《马克思恩格斯选集》，第1卷，92页，北京，人民出版社，1995。

② 同上。

结构内部，揭示社会历史的基础和运动规律，才能成为具有科学性的理论。正因为这一点，列宁把两个归结，即把社会关系归结为生产关系，把生产关系归结为生产力发展水平，看成是唯物主义历史观的科学性的依据。而任何关于社会结构和社会规律的理解，又不能离开正确处理社会生活中的主客体关系。离开科学的社会结构和规律的主客体理论，往往会倒向主体论、选择论；而离开社会主客体关系的社会结构和规律的观念，则往往掩盖着机械论和宿命论。我们在历史观中的许多争论和错误，都与这种割裂有关。

二、关于历史唯物主义基本规律的逻辑表述、理论阐述和实际应用问题

1. 逻辑表述

理论的逻辑表述是完全必要的。这一点对于自然科学、社会科学、哲学都是一样的。逻辑表述是一种理论成熟的标志。不能用定理、公式来表述的对自然的认识，表明其仍处在经验认识的阶段；不能用概念和范畴来表述的哲学认识，表明其还没有达到对事物本质的认识。马克思主义的历史唯物主义作为一种科学的历史观，当然可以通过逻辑的方式来凝结和概括。马克思在《〈政治经济学批判〉序言》中对历史唯物主义原理的表述，是纯逻辑的方式，是运用历史唯物主义最基本的范畴，高度凝练地、系统地从相互制约中论述了历史唯物主义最根本的原理。这不是历史发展的单个规律而是历史发展的规律群。它根本不同于绝对观念的自我运动，如黑格尔在他的《小逻辑》和《精神现象学》中论述的那样；也根本不同于冒牌的黑格尔主义者蒲鲁东，把范畴看成是无人身的理性的自我运动。马克思认为："经济范畴只不过是生产的社会关系的理论表现，即其抽象。真正的哲学家蒲

鲁东先生把事物颠倒了，他认为现实关系只是一些原理和范畴的化身。这位哲学家蒲鲁东先生还告诉我们，这些原理和范畴过去曾睡在‘无人身的人类理性’的怀抱里。”①

马克思对于历史唯物主义的逻辑表述与黑格尔的纯逻辑表述不同。虽然我们在马克思的逻辑表述中没有直接看到人的活动，但不能说它是纯思辨的。因为它是以人类活动为前提并从人类活动中概括出来的，是对人类活动规律的提升。这种逻辑的表述不仅体现了理论与实践的一致，而且也体现了历史和逻辑的一致，因为它把每个社会的基本矛盾、矛盾的激化和解决过程，以及社会形态的更替、历史的发展方向用逻辑的方式呈现出来了。

任何科学的规律性表述都是无主体的。自然规律是物质运动的规律，物质是一切变化的主体，但关于自然规律的表述完全可以是公式和定理，物体本身仿佛被抽象掉了，可这并不影响它的科学性。同理，历史唯物主义的规律是社会规律，同时也是人类活动的规律。它存在于人的活动之中并通过人类活动来实现。可这并不是说，我们在逻辑上表述历史唯物主义的每条规律时都要加上主体，如果这样，它的表述就变为人的生产力与人的生产关系矛盾运动规律、人的经济基础与人的上层建筑、人的社会存在与人的社会意识、人的阶级斗争规律或以人为主体的社会形态更替等等。这种表述纯属叠床架屋，多此一举，因为历史唯物主义的出发点和马克思关于历史无非是人类追求自己目的的活动这个原则，以及历史唯物主义基本原理对人类的所有历史活动的总结，已经为防止把马克思主义的历史唯物主义变为范畴和规律的自我运动筑好了最坚固的堤坝。如果不是误解或有意曲解，

① 《马克思恩格斯选集》，第1卷，141页，北京，人民出版社，1995。

决不会把历史唯物主义的基本规律和范畴视为无人的纯概念的运动。

以范畴和科学规律的方式来表述历史唯物主义的基本原理是完全必要的。缺少这种概括，历史唯物主义就不可能上升为具有科学性的历史观，也不可能发挥它的理论和方法论效能。马克思主义关于历史唯物主义基本规律的表述，特别是马克思在《〈政治经济学批判〉序言》中的理论论述具有永久的理论魅力，其原因正在于此。这是理论的力量、规律的力量、逻辑的力量。

2. 理论论述

历史唯物主义原理的逻辑表述不能代替理论的论述。在对规律的逻辑表述中，我们看不到具体的东西，因为马克思已经从具体进入抽象，舍弃了得出结论的依据。实际上，马克思关于社会历史规律的逻辑表述是此前全部研究的结晶。但是如果没有对规律的逻辑表述进行理论展开和正确论述，就会或者把它变为教条，或者曲解它的原意。事实上，对马克思恩格斯关于历史唯物主义规律的作用和作用方式的论述，我们的研究都很欠缺。我们过去的马克思主义哲学教学的一个缺点就是停留在历史唯物主义基本原理的逻辑表述上，而没有进行较充分的论述，没有具体论述社会规律实现的机制和特点，千篇一律地套用作用与反作用或相互作用这种泛泛之论。但这种论述中的缺点不能成为否定马克思主义历史唯物主义规律及其逻辑表述的根据。

说生产力决定生产关系的规律是纯粹的思辨规律，在历史上根本就不存在，这是非常大胆武断的结论。人类社会不进行生产就不可能生存。要生产和不断再生产，就必然有人与自然的关系和人与人的关系。没有生产力的生产和不结成一定关系的生产都是不可能的。历史和现实的生产都证明了这一点。

生产力与生产关系矛盾运动的科学规律揭示的不是两者量的关

系，不是量体裁衣，也不是螺钉与螺母，可以丝丝入扣，它是宏观规律，揭示的是生产力与生产关系两者本质的必然的联系。这种联系不是无人参与的生产力与生产关系的自我运动，而是一定的人群(阶级或集团)为了自身利益而进行的一定条件下的选择。利益不是生产方式之外的第三种力量，它决定于人在生产力与生产关系中的不同地位和状况。当生产关系适合生产力的性质和水平时，就说明这种所有制和分配关系不仅有利于生产资料的所有者，也能给直接生产者带来比旧的所有制下更多的利益；相反，当生产关系与生产力矛盾激化，成为生产力发展的桎梏时，那就意味着继续保护这种所有制关系只符合原来的生产资料所有者的利益，而不利于新的生产资料的占有者。任何改变旧生产关系的企图都会遭到与旧生产关系密不可分的统治阶级或既得利益者的反抗。生产力与生产关系的矛盾在阶级社会中表现为阶级利益矛盾，在社会主义社会表现为人民内部利益分配的矛盾。把人从生产力与生产关系中抽象出来，把利益关系变为与生产力和生产关系无关的第三者，所谓生产力与生产关系的矛盾运动规律就变得不可理解了。

另外，人的参与与利益的中介作用没有也不可能改变生产力与生产关系矛盾运动规律的本质。利益关系本身就是生产力与生产关系矛盾性质的体现，不同的生产关系以及人在生产关系中的不同地位，不同生产力条件下人与生产工具结合的不同方式，都蕴涵有不同的利益关系，生产力与生产关系的矛盾运动正是借助于人们争取自身利益的斗争而实现的。当恩格斯说自有阶级以来正是人的恶劣情欲成为历史发展的杠杆时，就道出了这个真理。所谓人的情欲背后的深层的东西，就是生产力与生产关系的矛盾运动，这一点甚至连参与活动者都不一定觉察得到，这是规律的自发作用。

人的利益的实现不能违背生产力与生产关系的矛盾运动规律，相反只有在实现这个规律的要求时才能满足自身利益的要求。马克思说人不能自由地选择生产力，它是一种历史的既成力量；人也不能自由地选择生产关系，只能选择与生产力性质和发展水平相适应的生产关系，讲的就是这个规律的客观要求。自古以来，为了劳苦大众的利益，不少思想家试图选择一种公平合理的所有制关系，可没有人能做到。空想社会主义者的种种实验失败了；毛泽东为了全国人民的利益试图实行“一大二公”的所有制，给人民带来的不是利益而是饥饿和贫困。这说明利益是具体的，而不是抽象的，任何阶级的利益都不可能通过超出生产力水平选择一种理想的生产关系来实现。人在一定条件下只能选择有利于生产力发展，有利于利益主体的生产关系。这就是规律，如果违背这个规律就会受到惩罚。

利益在生产力与生产关系中的中介作用不能忽视，没有利益的推动就没有改变生产关系的活动。但同样不可忽视的是生产工具的状况，因为生产工具是生产力系统中的重要部分。马克思非常重视生产工具在生产力中的地位，他不仅把生产工具作为生产关系的指示器，而且说过：“手推磨产生的是封建主的社会，蒸汽磨产生的是工业资本家的社会。”①有人或许会问，难道生产工具自身会要求某种生产关系吗？当然不会。生产工具是物，它没有语言、没有欲望、没有主动性。但生产工具是人掌握的，是人用来进行生产的。人不仅需要一定的生产工具来提高生产率，而且还会选择一定的所有制去促进劳动者与生产工具的更好结合。因而生产工具只要不是被放在博物馆里而是被实际使用，就会要求适合它的生产关系最充分地发挥效能。社会化

① 《马克思恩格斯选集》，第1卷，142页，北京，人民出版社，1995。

大生产和机器的使用，要求资本主义所有制的结合方式，而简单的手工工具的使用与个体所有者的财产关系相适合。正是一定的生产工具的使用为一定的生产关系的出现和存在提供了可能。社会主义的生产关系不可能没有现代化的生产工具，企图在手工工具基础上长期建立社会主义公有制是空想。只要我们不否认历史，就会看到社会形态的演变总是与生产工具系统的变化相伴随的。人类为了充分发挥生产工具的效能从而满足自身的利益，总是要或迟或早选择与生产工具性质相符合的所有制关系。我们反对简单的生产工具决定论，但我们也同样反对只把生产工具当成不会说话的物而轻视它的作用，不懂得区别在生产过程中的生产工具和作为历史化石的工具。

生产力与生产关系的矛盾运动是个复杂的过程。与生产力相适应的生产关系的确立会经历一个选择过程。但是最终决定人们选择某种生产关系的是生产力的发展状况，因为这是利益主体的社会生存和发展的需要。马克思曾以罗马被德意志的所谓野蛮人占领为例，说明任何占领者迟早要依据被占领国的生产力水平确立社会制度："定居下来的征服者所采纳的社会制度形式，应当适应于他们面临的生产力发展水平，如果起初没有这种适应，那末社会制度形式就应当按照生产力而发生变化。"①中国历史上蒙古族统治者入主中原，也不可能把整个中国变为牧场，相反要适应已经发展的生产力的要求和状况发展农业。这说明在生产力与生产关系相互关系中，人的选择活动归根结底是以生产力的水平和发展要求为依据的。这既是规律的要求，也是每个时代的先进生产力的代表者的利益所在。

社会存在与社会意识概念的内涵及其相互关系是不能任意解释

---

① 《马克思恩格斯全集》，第3卷，83页，北京，人民出版社，1960。

的。这是区分两种历史观的核心问题。社会存在是人的社会存在而不是人的存在，社会意识是社会的意识而不是个体的主观意识。社会存在与社会意识的关系不能归结为人的肉体与灵魂的关系。社会存在不能离开人与人的活动，它是人的实际生活过程；而社会意识是人的社会意识而不是个体的意识。个人的意识就其本质来说也是社会意识，是社会意识的个体化，它同样受社会存在与社会意识相互关系规律的支配。

社会存在与社会意识的区分是就社会总体结构方式而言的，它是任何社会都不可缺少的两个部分。社会意识当然也是一种存在，但这种意义上的存在不是区分社会结构的历史唯物主义的哲学用语，而是生活用语，它无非表示意识不是虚无，不是非存在。它存在于哪里？存在于人的头脑中，存在于以语言和文字为载体的文化内涵之中。这种以物质为载体的存在方式并不改变它作为社会意识的本性。恩格斯曾经批判过杜林企图用存在来抹煞物质与意识的区别的拙劣伎俩，这种错误我们不应该重犯。

要坚持历史唯物主义，在社会存在与社会意识的关系问题上就必须坚持唯物辩证的观点。卢卡奇理论上的一个重大失误就是在他的社会存在的总体论中，不区分社会存在与社会意识，片面强调社会意识就是社会存在，一切都包括在社会存在的总体之中，从而混淆两者的界限，背离历史唯物主义。在一个社会的社会结构中，社会存在决定社会意识，社会意识只能是被意识到的存在，除此以外没有别的来源。一个民族的历史文化传统的影响当然重要；一个社会中人与人之间的思想影响当然重要；国外的思想影响当然重要，特别是在当今经济全球化的浪潮下这种意识领域中的相互作用更为重要。可这一切只能归入意识形态和思想领域，而不能归入社会存在的范围。我们应该区分社会意识的源与流。社会存在决定社会意识解决的是意识之源的问题，它揭示了为什么不同社会形态下会有不同的社会意识；而意识领域中的传统和相互影响解决的是流的问题，即在大体相同的社会条件下，个人的意识或一个社会的社会意识由于历史传统和外来意识影响如何发生变形的问题。流不能离开源，因为人们如何对待和解读传统，如何对待外来文化，归根结底还要决定于社会存在的状况和人们在社会存在中的不同地位。

千万不要把社会存在决定社会意识误解为“死”的物决定“活”的人的思想，把社会存在物化为死的无人的社会物质环境。机器不能决定人的思想，决定人的思想的是机器的使用方式即人的实践活动。钱不能决定人的思想(人们往往以为货币的多少能决定人的思想，简单地认为钱多思想道德就一定坏，钱少思想道德就一定好)，决定人的思想的是赚钱的方式，即财富积累方式。因为财富积累方式属于生产方式，而货币则是生产关系的物化。物一旦离开人的活动，就只能是作为物的存在，而不是历史唯物主义讲的社会存在，因此社会存在与社会意识的关系，永远是现实的人的现实活动中的存在与意识的关系。正因为这样，马克思把社会存在说成是人的实际生活过程、人的实践活动过程，而人的社会意识则是对人的实际生活的反映与回声。

人是社会的主体，社会中的一切都是人创造的。可谁都不能说，人可以任意创造社会存在和社会意识。如果这样，社会存在决定社会意识就不成其为规律。人既是物质生产者又是精神生产者。正如马克思在批评蒲鲁东时说的，人不仅在一定的生产关系下制造呢绒、麻布和丝织品，而且适应生产力的需求也创造一定的社会关系，“正是这些人又按照自己的社会关系创造了相应的原理、观念和范畴”，“所以，这些观念、范畴也同它们所表现的关系一样，不是永恒的。它们

是历史的、暂时的产物”①。

由历史唯物主义的逻辑表述到理论阐述，包含着艰苦的理论研究工作。不仅因为对原著解读的差异，要求必要时回到原著本身，而且对原理本身也会存在不同的理解。特别是如何结合历史的和现实的实践经验正确阐述原理，仍然是哲学工作者的一项重要任务。任何一个人都不能说自己的理解绝对正确，在这个问题上我们应该坚持“双百”方针，但不能将历史唯物主义的理论论述与逻辑表述对立起来。

3. 实际应用

如果说由历史唯物主义的逻辑表述到理论阐述属于理论范围，属于由具体到抽象的范围，那么历史唯物主义原理的应用则是从抽象回到具体，由理论回到实践。这是历史唯物主义发挥它的效用决不可少的，又是更为复杂更为困难的问题。少了这个环节，历史唯物主义就重新回到旧的历史哲学水平上。马克思和恩格斯非常重视历史唯物主义的应用问题。他们一再强调，他们的历史观不是教义，不能用来剪裁历史，而是观察历史和现实的方法。马克思和恩格斯不仅是历史唯物主义的创立者，也可以说是它的最卓越的应用者。我们只要读读《共产党宣言》、《路易·波拿巴的雾月十八日》、《德国农民战争》、《家庭、私有制和国家的起源》以及《资本论》等著作，就可以看到他们是如何坚持历史唯物主义的。在这些著作中没有公式，没有套语，只有在坚持认识社会基本矛盾、坚持阶级分析方法基础上所作的深入的理论分析。毛泽东的著作也是如此，他的著作，特别是他关于美国白皮书的几篇著名评论，同样是大气磅礴、条分缕析，充分显示了历史唯物主义的方法论价值。

---

① 《马克思恩格斯选集》，第1卷，142页，北京，人民出版社，1995。

认识历史唯物主义的方法论价值，不能离开历史唯物主义的逻辑表述和理论论述。如果对历史唯物主义原理的理解不正确，就容易犯教条主义、实用主义以及乱贴标签的错误，如搞“穷过渡”、“一大二公”是符合生产关系适应生产力的规律，“破四旧”、实行无产阶级全面专政符合上层建筑必须适应经济基础规律之类的荒谬论证，就是如此。

对原理正确的应用不能离开对原理阐述的全面准确，在错误的理解下是不可能正确应用原理的。如有人认为，西方发达资本主义国家生产力高度发展，可仍然是资本主义，中国生产力落后，反而建立了社会主义，这难道不说明生产关系必须适应生产力性质和水平的规律是子虚乌有吗？这确实是个应该认真研究的问题。早在近半个世纪以前，毛泽东在读苏联政治经济学教科书时就提出过这个问题。他说，革命为什么不首先在西方那些资本主义生产水平高、无产阶级人数很多的国家成功，而首先在那些资本主义生产水平比较低、无产阶级人数比较少的国家成功，例如俄国和中国，这个问题需要好好研究。我们没有好好研究，结果苏东剧变成为反对社会主义、反对历史唯物主义的一个重要突破口。

这是个复杂的理论问题，在我看来至少涉及对唯物主义原理的整体把握的问题。历史唯物主义所揭示的是规律群而不是单独起作用的规律，任何规律的作用都不能离开它的社会历史条件，也不能离开与其密切相关的规律的协同作用。生产力是否要求改变生产关系并不取决于生产力的绝对水平，而是取决于它们之间矛盾的程度。当生产关系还能容纳生产力发展时，它是不会灭亡的。我们不能把社会基本矛盾割裂开来，不能忽视资本主义上层建筑对生产关系的调节作用，事实上，西方推行的福利政策和比较完善的社会保险制度，对资本主义制度的巩固和生产力与生产关系矛盾的缓和起到了重要作用。而在旧中国情况不同，中国的生产力绝对水平比西方低，可它与生产关系的矛盾却比西方尖锐，因为帝国主义和官僚买办的占有制度和封建土地所有制极其严重地束缚了生产力，使其没有任何发展的空间，而整个上层建筑特别是旧政权实行的杀鸡取卵的剥削和税收政策，则使得民不聊生、民怨沸腾，人民除了革命别无出路。这说明生产力与生产关系的矛盾运动规律是在和经济基础与上层建筑矛盾运动规律相互联系中起作用的。没有一个马克思主义者说过，生产力的绝对水平是革命的唯一原因和标志。脱离社会基本矛盾的整体运动，单独考察生产力水平是非历史唯物主义的。

对经济基础与上层建筑理论同样有个正确应用的问题。经济基础决定上层建筑，这是毫无疑义的。掌握国家政权和在意识形态领域中处于统治地位的肯定是在生产关系中处于统治地位的阶级。所谓强有力的力量事实上就是具有强大经济力量的生产资料的占有者，是他们在经济基础即生产关系中的地位给予他们以力量。以为在生产关系之外有一种强大力量在创造经济基础和上层建筑是不切实际的想法。这就是为什么资本主义社会的民主选举选来选去总选不出一个代表人民的总统的原因。正如恩格斯说的，刺刀再锐利都敌不过棉花，经济力量最终胜过暴力。经济基础决定上层建筑的原理是完全正确的。

经济基础与上层建筑的统一使社会区分为不同的社会形态，但这并不否定同一类型社会形态中存在着具体的差异性和多样性。各个民族都有自己的民族文化，从文化传统看，从现实的文化状况看差别都很大。即使都是资本主义社会，也存在不同的政治体制，从总统制到君主立宪制，不仅有女王还可以有天皇。这种现象的出现不能简单地归之于经济基础。恩格斯说过："要从经济上说明每一个德意志小邦的过去和现在的存在，或者要从经济上说明那种把苏台德山脉至陶努斯山所形成的地理划分扩大成为贯穿全德意志的真正裂痕的高地德意志语的音变的起源，那么，很难不闹出笑话来。”①因此，具体的历史研究总是要求深入分析具体情况，不能简单套用某些现成结论。

对于社会科学包括历史学在内，历史唯物主义提供的只是理论和方法，它的伟大意义是推翻了唯心主义历史观对历史所作的解释，但没有规定任何社会科学应该研究什么、不能研究什么。人类社会是个宽广的领域，可以从各种角度研究，可以研究各种问题。无论是研究社会史、人的发展史、文化史还是研究社会生活其他方面，诸如帮会史、娼妓史、乞丐史之类，根本不存在突破历史唯物主义视野的问题。以历史研究领域的扩展来论证历史唯物主义存在理论缺陷是没有道理的。

历史唯物主义的逻辑表述、理论论述和实际应用存在区别，但不存在理论矛盾，它们在基本理论上应该是一致的。但实际的应用面对的是现实和实践，由对理论的错误理解而导致应用的失败在社会主义实践中并不少见。可是正确总结实践正反两方面的经验，又可以丰富和发展历史唯物主义原理，并纠正对理论的错误解释和附加。

三、历史唯物主义的当代价值

1. 历史唯物主义在当代是不可超越的

恩格斯把历史唯物主义视为马克思一生的两个伟大发现之一，并对它在社会主义由空想到科学转变中的作用，对无产阶级革命实践的

① 《马克思恩格斯选集》，第 4 卷，696－697 页，北京，人民出版社，1995。

意义予以高度评价。他说："马克思的唯物史观帮助了工人阶级，他证明：人们的一切法律、政治、哲学、宗教等等观念归根结蒂都是从他们的经济生活条件、从他们的生产方式和产品交换方式中引导出来的。由此便产生了适合于无产阶级的生活条件和斗争条件的世界观。"①马克思和恩格斯创立唯物主义历史观的一个半世纪以来，历史唯物主义正是由于它严格的科学性和代表全世界劳动者的利益，从而在理论与实践两个方面显示了不可抗拒的说服力，这一点任何有良知的学者都不能否认。

由英国当代著名历史学家杰弗里·巴勒克拉夫主持的联合国教科文组织的项目成果《当代史学主要趋势》，充分肯定了马克思的唯物主义历史观对历史学的巨大影响，强调"在马克思主义史学中，没有唯心主义史学家任意挑选来作为标准的'诸如自由、个性、民族和宗教等乱糟糟的主观主义概念'"。甚至鼓吹重建历史唯物主义的德国哲学家哈贝马斯也不敢否定历史唯物主义的规律性内容，把"重建"定位在对已有理论的重组。他说："复兴似乎意味着对一种在此期间已被人们所抛弃了的传统的更新。马克思主义没有必要复兴。我们所说的重建是把一种理论拆开，用新的形式加以组合，以便更好地达到这种理论所确立的目标。这是对一种在某些方面需要修正，但其鼓舞人心的潜在力量仍旧（始终）没有枯竭的理论的一种正常态度。"②

马克思主义哲学经历了19世纪的产生和传播，20世纪上半叶的凯歌行进和下半叶的跌宕起伏。现在已进入它产生的第三个世纪。

---

① 《马克思恩格斯全集》，第21卷，548页，北京，人民出版社，1965。

② ［德］哈贝马斯：《重建历史唯物主义》，3页，北京，社会科学文献出版社，2000。

21世纪是社会发展更为迅速也更为复杂多变的世纪。面对经济全球化的浪潮和苏联解体后的世界新格局，如何观察人类社会发展的方向，如何观察当代资本主义，如何观察社会主义的前途和命运，只有坚持历史唯物主义关于人类社会基本矛盾的理论，才能科学地回答上述问题。人本主义历史观、文明冲突论的文化史观、历史终结论的形而上学唯心主义历史观、趋同论，或两种制度永久共存论的折衷主义的历史观，都不能正确地解释历史，依据它们进行研究只能得出错误的结论。

2. 观察当代世界的科学理论和方法

经济全球化是当今世界的一大趋势。如果不具备历史唯物主义的世界历史眼光，摒弃社会基本矛盾的理论，就无法理解经济全球化出现的历史必然性及其内在矛盾。马克思恩格斯在《德意志意识形态》和《共产党宣言》中关于人类历史向世界史的转变，和资本主义社会化生产所必然具有的资本扩张趋势的论断，为我们观察当今的全球化提供了基本的理论和方法。

20世纪下半期的科学技术革命，使资本主义诞生后缓慢的、延续很久的资本扩张本性得到了最充分的展开。没有生产力的高度发展和生产的高度社会化，就不可能有全球性的资源配置、信息交流、贸易和经济合作。但生产力与生产关系是不可分的，因此在当今世界经济全球化过程中，西方发达国家的跨国公司和国际垄断组织具有举足轻重的地位。可是当今世界终究不是资本主义发展早期“使未开化和半开化的国家从属于文明的国家，使农民的民族从属于资产阶级的民族，使东方从属于西方”①的时代了。许多处于发展中的国家同样要

① 《马克思恩格斯选集》，第1卷，277页，北京，人民出版社，1995。

力图通过参与经济全球化的进程来发展自己。发展是时代的一个重要主题。因此在经济全球化中发达国家与发展中国家、富国与穷国，以及不同社会制度和不同发展水平的国家之间既有合作又有矛盾。在处理经济矛盾中，各个国家的上层建筑主要是国家必然要参与，这表现为各个国家都制定了应对经济全球化的对策。如果一笔勾销了社会基本矛盾的理论，就会在观察世界局势中陷于困境。

不能由经济全球化推出政治全球化和文化全球化。表面上看这似乎合乎历史唯物主义的经济决定政治与文化的理论，实际上是离开了阶级分析方法的抽象推论。经济全球化并非经济一体化。因为各个国家的所有制性质、政权性质和体制，以及文化的民族传统和文化的民族性都是不同的。在仍然以国家为单位的世界中，生产力与生产关系、经济基础与上层建筑的矛盾是具体的，它构成一个国家现存的社会形态。全世界不可能有统一的经济基础，也不可能有统一的上层建筑。所谓经济全球化的含义和作用是有限定的。因此，经济可以全球化，但政治应该是多极化，文化也应该是多样化。尽管经济全球化也会影响政治，例如，社会化大生产和市场经济的确立要求的政治上的民主和法治，经济全球化中文化交流的加速和便捷，有利于文化上的相互吸收并带来某些文化现象的相似性，但这并不等于一体化。这不违背经济与政治和文化关系的决定论原则。因为经济全球化并没有改变各国的经济基础的性质，不同国家都是在自己的经济基础上建立自己的上层建筑的，并由此确定对本国有利的对策。

我们也应该以社会基本矛盾的观点来考察资本主义社会，历史终结论是以资本主义私有制是最符合人的本性的完美制度，不存在社会基本矛盾为依据的。事实上，当今社会的现实并不能证明私有制的优越性。全世界除社会主义国家外，基本上都是以私有制为基础的国家，可像美国这样的国家并没有几个，绝大多数国家的资本主义私有制并没有表现出优越性，它们的发展速度远远比不上社会主义国家。而且，即使像美国这样富裕的国家，也同样存在贫困、两极对立及种种困扰它们的社会问题。这些社会问题最深层的原因是社会基本矛盾，而不单纯是所谓文化危机，所谓人文精神的失落。只有历史唯物主义关于社会基本矛盾的理论才能为我们分析当代资本主义社会提供科学的理论和方法。

3. 关系社会主义的前途和命运

社会主义的前途和命运问题也取决于对社会主义社会基本矛盾的正确处理。当年斯大林强调社会主义社会生产力与生产关系完全相适应，他晚年虽然承认两者有矛盾，但也很不彻底，因而社会矛盾越积越多。到后来处于上层建筑核心地位的苏联共产党的领导层，不是通过加强社会主义的改革来调整矛盾，而是通过自己错误的路线和政策来激化矛盾。他们宣布解散共产党，取消马克思主义的领导地位，推行私有化，结果导致苏联解体和资本主义复辟。苏联社会主义的失败非常典型地表现了社会基本矛盾的相互作用。如果上层建筑中处于执政党地位的共产党能够通过正确的路线调整生产力与生产关系的矛盾，协调生产力、生产关系、上层建筑之间的关系，苏联的解体并非是必然的。但事实是它们之间的矛盾尖锐到生产力停滞和人民生活贫困的地步，这样，原有制度的崩溃就成为不可避免的历史必然。

我们国家改革开放以来取得的成就，可以说是正确处理社会主义社会基本矛盾所取得的硕果。早在 1956 年，毛泽东同志就提出了关于社会主义社会基本矛盾的学说，这是社会主义建设理论的伟大成就。可惜他在处理社会主义基本矛盾时有失误。在生产力与生产关系的矛盾中，他着重于改变生产关系，不断改变所有制；在经济基础与上层建筑的矛盾中，他着重于上层建筑的所谓革命；在上层建筑中，他着重于意识形态而忽视了文化建设和法制建设。这样就不利于生产力的发展和社会主义文化的繁荣、法制的完善，不利于人民群众生活水平的提高。邓小平同志接受了毛泽东关于社会主义社会基本矛盾的理论，并沿着毛泽东开辟的马克思主义中国化道路前进。在生产力与生产关系的矛盾中，他着重于发展生产力；在上层建筑领域中他注重完善法制和发展教育、文化。他关于社会主义本质的理论，关于“三个有利于”的理论，从根本上说，就是以发展和解放生产力为中心，改革经济基础和上层建筑中各种不适应甚至束缚生产力发展的体制，这是一条通过正确处理社会基本矛盾使社会主义不断自我完善的道路。江泽民同志“三个代表”重要思想从本质上说，也是以正确处理社会主义基本矛盾的理论为依据的。代表先进生产力发展的要求，代表先进文化的发展方向，实际上就是代表社会主义社会基本矛盾运动前进方向的要求；而代表人民群众的根本利益，则是正确处理社会主义基本矛盾的出发点和结果。江泽民同志关于“三个代表”的思想，解决了社会主义上层建筑中的一个重大问题，即建设一个什么样的党和怎样建设的问题。执政党的建设问题，实际上是关系到按照什么样的路线来处理社会主义社会的基本矛盾的大问题。如果党变了，党的上层变了，路线变了，不仅不能正确处理社会主义基本矛盾，相反会被矛盾所吞没，这是国际社会主义运动的历史教训。江泽民同志提出要研究人类社会发展的规律、社会主义社会发展的规律、执政党的规律，并提出了四个如何认识的问题。对这些问题的研究都离不开历史唯物主义，特别是它关于社会发展的基本矛盾的理论。它为观察当代世界、当代社会主义和当代资本主义提供了科学的理论和方法，这就是它具有当代价值的最主要表现。如果否定历史唯物主义，特别是否定它关于社会基本矛盾的理论，必然使我们党失去正确制定路线、方针、政策的理论依据；使全部改革开放政策，使从“三个有利于”到“三个代表”的思想都失去理论支点；使我们社会科学工作者失去卓有成效的理论研究工具。这个问题远远超出了历史学的范围，因而必然受到包括哲学界在内的整个理论界的关注。

论哲学和马克思主义哲学*

2001年9月11日，法国当代著名哲学家德里达访问上海，在与中国一位著名学者的对话中说，中国没有哲学，只有思想。德里达此说当然不算新说，因为西方不少哲学家包括黑格尔都持有这种看法。这倒并不一定表达的是西方文化中心论的观点，而在很大程度上是因为各民族哲学思维存在的方式不同，对什么是哲学的理解也不同。西方人如果执著于西方哲学的模式，把它作为衡量哲学的唯一标准，就只能得出中国不存在哲学的结论。我们国家哲学界关于哲学问题的争论，特别是关于马克思主义哲学本质与功能问题的争论，不少与如何理解哲学，如何理解马克思主义哲学有关。如果按照中国传统的心性之学来衡量马克思主义哲学当然会得出马克思主义哲学不是哲学的结论。

一、哲学何以难以定义

哲学存在是多元的，哲学并没有一个唯一标准样板。

* 本文发表于《江汉论坛》，2002年第6期。

如果西方哲学家认为只有纯逻辑的形而上的概念体系才算哲学，那中国哲学家同样可以认为只有为天地立心，为生民立命，有助于提高人的境界才是哲学；而马克思主义哲学家也可以说，只有不仅能说明世界而且能改造世界的哲学才算哲学。如果各是其是，各非其非，我看世界上就没有可称得上是哲学的哲学。这就是在所有哲学问题中，最令人困惑的问题似乎就是什么是哲学这个问题的关键所在。连黑格尔都感到对什么是哲学难以回答。罗素曾经说过，哲学是无法定义的。他说如果有人问什么是数学，我们可以给他一个词典上的定义，说数学就是数的科学。对于任何一个具体知识学科存在的领域，我们都可以通过这种方式定义，“但是，我们不能这样定义哲学。任何一个定义都会引起争论，因为它只是体现了某一种哲学。探究哲学究竟为何物的唯一途径就是从事哲学的研究”。要是问哲学家什么是哲学，我看最可能的回答是：哲学就是我写的东西，或者说，我写的东西就是哲学。这个回答虽然没有解决问题，但有一定的合理性。因为每个哲学家心目中的哲学就是写在他的哲学著作中的东西。一个哲学体系代表的就是哲学家对哲学的一种视角、一种看法。

如果我们的眼界局限在哲学范围自身，我们无法回答什么是哲学。因为哲学的确如黑格尔、罗素这些大家说的是一种历史性的存在。哲学具有历史性，它属于一定的时代。以哲学论著作为代表的哲学体系都属于一定的时代。因为时代不同，实践水平、科学水平不同，提出的问题也不同，解答的方式也不一定相同。因而哲学具有历史性。中国人有一部思想史，其中包括哲学思维发展的历史。我们国家从先秦诸子百家、魏晋玄学、宋明理学，到明末清初，大家辈出、名著如林。在西方，哲学的发展经历过古希腊罗马哲学、中世纪的教父哲学，到法国百科全书派，到德国古典哲学，一直到当今西方各种哲学流派。因此从古至今，哲学所探讨的问题是变化的，哲学家的观点和思维各有特点。黑格尔说过，哲学史就是哲学。我们也可以反过来说，在哲学范围内，哲学就是哲学史。哲学就存在于变动不居的各种哲学体系的更迭之中。

哲学也是民族性存在。哲学思维具有突出的民族性，它的思维方式、价值观念以及研究的重点都不同，例如，中国哲学具有重视人生哲学、道德哲学的传统。中国哲学并没有经历西方哲学发展的那种哲学与科学合一，以及实证科学不断从哲学中分化和独立化的过程。西方哲学注重本体论、宇宙生成论、认识论的研究，而德国古典哲学复活了西方哲学史上的形而上学传统具有思辨哲学特色。在西方哲学史中，我们可以明显地发现哲学的认识论转向、语言学转向。可在中国哲学中虽然也有本体论、认识论问题，也有心物之辨、理气之辨、道器之辨，但重点始终是人生问题、道德问题。因而我们当然不能完全按照西方的哲学观念和哲学史作为判断中国有无哲学的尺度。

哲学还是个体化的存在。哲学体系都是与哲学家个人不可分的，是以哲学家个人命名的。即使同一民族内部的各个哲学家也都各有特点。同属先秦的诸子百家各有特色，同属古希腊罗马哲学各个哲学家也各有特色。他们关注的问题可能不同，或者对问题的看法不同。哲学家的观点之间会有共同之处、相通之处。否则就无所谓唯物主义和唯心主义的区分，但我们可以说绝没有两个哲学体系是完全相同的。即使同属唯心主义，它们论证和表达的方式，它们的论据会各有特色；唯物主义也一样，同属唯物主义这个派别，它们会各有特色。因此某一哲学体系可以有追随者，有信奉者，可以成为一个学派，但历史上决不会有两个一模一样的哲学体系。哲学体系总是打上个人的烙印，是独特的。马尔库塞说："哲学运思的意义，虽然不能靠个别个人去完成，但它的完满，只能经由每一个个别个人；因而，以每个个别人的实存作为它的基础。在每个个别个人的实存中，哲学的具体性，决不能托给一个抽象的主体即‘单一’的东西，因为这就意味着把决定性的责任委托给某种专断的普遍性”。这种说法当然有合理的因素。哲学的主体当然是哲学家个人，在这个方面，哲学与文学艺术有相似之处。但哲学又具有某种普遍性。这是哲学不同于文学艺术之处。小说和诗歌可以虚构，它不要求事实的真实性，而只要求可理解性和给人以美的感受。哲学中也有个体的体悟，有个人的风格，但内容不能诗化和艺术化，它必须包含对象性的真理性的内容。但这种内容中的某种共性必须通过个性化的方式存在。

何况哲学是一个大学科，随着社会发展和文化进步，哲学日益分化出许多二级学科，例如逻辑、美学、伦理学、科学技术哲学等等，更不用说因为实际需要而出现的交叉哲学部门，如经济哲学、文化哲学、环境哲学、生态哲学等等，而且这种新哲学部门的出现是无止境的。可以说，哲学是一棵大树，各种哲学体系、各个哲学分支和新的哲学部门如同挂满树枝的果实。正因为这样，在哲学自身范围内，什么是哲学是一个无法回答的问题。我们问什么是哲学，等于追问全部哲学史，并且要概述不同的哲学分支和部门。可在哲学史范围内，哲学是变化的；哲学的各个二级学科和不同部门也是各有特点。因此在哲学范围内关于什么是哲学的争论无止无休不难理解。

二、哲学应如何定义

在哲学范围内，哲学就是哲学史；可在哲学范围外，哲学史就是哲学。不管哲学家们关于什么是哲学存在争论，不管他们彼此如何互不认可，但哲学终究存在，而且自古以来就存在，在各个国家和各个民族都存在，至今仍然存在。既然哲学存在着，而且普遍存在，我们就可以从各种不同的变化着的形态中，发现它们具有某种共同的本质。黑格尔说过，“不管各种哲学体系彼此如何不同，它们之间的差别总不如白色和甜味、绿色和粗糙之间的差别那样大；它们的相同之点在于，它们都是哲学”①。可是，要理解什么是哲学必须换个思考的角度。我们不能停留在哲学范围内，因为哲学范围内所看到的是哲学自身的差别，是哲学中的多，而只有超出哲学范围才能找到哲学中的一。这个一存在于哲学与非哲学，特别是与实证科学的差别之中。离开哲学与实证科学在对象、问题、方法和功能方面的区别，当然说不清什么是哲学。其中最根本的是对象问题。人的认识，都是对外在于人的对象的认识。即便人对自身的认识，也是以人为对象。对象性是人的认识特点。哲学和实证科学都不能离开世界。但它们的范围和问题的切入点是不同的。实证科学是具体科学，而哲学是世界观的理论形态。

世界观当然不是人站在世界之外来观世界，也不是人与世界的简单反映与被反映的关系。一种世界观是处于这个世界中的人对自己生活其中的世界的一种理解，一种理性的概念化的把握。人的世界观是受自己生活的世界所制约的，这似乎是一个悖论：对世界的世界观受自己的世界所支配。其实这一点都不奇怪，因为人是具体的，就是生活于他所面对的世界之中。任何人都不能超越自身所处的世界来理解世界。我们在不同时代可以看到不同的世界观，这是因为所处的世界不同。生活在农业社会日出而作、日没而息的人的世界观，与生活在

① 转引自列宁：《哲学笔记》，340页，北京，中共中央党校出版社，1990。

工业社会的人的世界观显然不同。一个足不出村老死家乡的人的世界观，与漂洋过海走遍全球的人的世界观也不会是一样的。当今经济全球化浪潮中的信息网络化必然会影响人们的世界观，使人有可能突破狭隘的地区和民族眼光而具有世界性眼光。在这个意义上，我们可以说，世界观是以哲学形式出现的人的世界。世界观具有时代性、民族性和个体性的原因正在于此。

有的学者不同意哲学是世界观性的学说，认为如果哲学是世界观就会把哲学溶化于具体的实证科学之中。哲学是反思性的学说，它以自我即人的思想或客观化的思想为对象。因而可以说，哲学是对思想的思想。的确，哲学以思想为对象，从柏拉图的理念论到黑格尔的绝对观念论，以及形形色色的唯心主义的经验论和唯理论都是如此。可是思想背后有没有别的引起思想的东西？如果没有，当然是以思想为最后的根源，这本身就是一种世界观——唯心主义的思辨哲学；如果有，那是什么？世界作为被反思的思想的对象性存在是无法避开的。说哲学是世界观，正是从归根结底的意义上讲的。即使我们把客观世界从哲学中驱逐出去，只以思想为对象，可是思想只要有所言说，它总有所指，有所待。因而哲学思想只要包含着真理性认识的颗粒，就会在不同程度和范围内包含对世界本性和规律的某些认识。从前门驱走的东西又会从后门进来。

事实上，哲学作为世界观的理论与哲学的思辨方式并不矛盾。哲学本来就不可能直接面对世界，它面对的是人们的生活和实践经验，面对的是各门学科的成就，可它从中得出的结论不会也不能停留在实证的层面上，而是以普遍性的概念和范畴来表现的世界的一般。它的研究方式是思辨的，思与辨的直接对象是概念和范畴，可概念和范畴内容所关涉的是世界自身。范畴只是世界的自然之网上的网结。

哲学作为世界观与人是哲学的重要对象也不是对立的。有种说法认为哲学只有以人为对象才有特点，所以哲学应该是人学而不应该是世界观。这种说法是似是而非的，因为对人的研究，归根结底也离不开世界观。人生活在世界之中，而不是世界存在于人的思想之中。正如马克思说："人并不是抽象的栖息在世界以外的东西。人就是**人的世界**，就是国家，社会。"①透过哲学家的"人观"背后，人们看到的是这个哲学家眼中的世界观。一个对人的问题进行研究的哲学家不表示或不以某种方式表示他对人与世界关系的看法，任何有关人的论述都是不可能的。在哲学领域中就人论人的人论是没有的。

哲学与实证科学都可以世界为对象，但是着重点是不同的。任何实证科学都不能代替对世界的哲学把握。即使是全部实证知识的总和，都不能提供世界的哲学图景，只能提供世界的科学图景。科学对世界的研究，是把世界作为纯客体来研究，追求的是世界的客观规律。尽管从事自然科学研究的科学家也是人，有感情有追求，有对真理的渴望，有对研究对象的选择，有事实上的主客体关系，存在与思维的关系，但自然科学家并不以此为对象。撇开主体的意志和愿望，撇开主客体关系的对象自身的规律，是自然科学的最高追求。哲学不同。哲学所研究的世界是包括人与人类社会在内的世界，因而哲学对世界的把握不是追求世界某一领域的实证知识，而是从总体上探求世界的本性，探求人在世界中的地位和人与世界的多种关系（实践关系、认识关系、价值关系），以及人类认识世界的方法和途径，所以哲学与实证科学共有一个客观世界，但哲学作为世界观并不会被消融于实证科学之中。

---

① 《马克思恩格斯全集》，第1卷，452页，北京，人民出版社，1956。

其次，我们说哲学是世界观，是对世界整体性的把握。这是就其性质说的，而不是说，哲学可以毫无遗漏地研究或概括世界的每一部分。或者说哲学可以以整体的世界为对象。作为整体的世界是不可能出现在人的表象之中的。人们任何时候所能接触的都是世界的一部分，是冰山的一角。世界是无限的，任何研究都不可能完整地把握无限发展着的世界。因此作为世界观的哲学必然表现为或者说分解为一系列问题。全部哲学史可以说是哲学问题史，全部哲学研究都是对哲学问题的研究。所以哲学与实证科学的区别又表现为问题的区别。

哲学问题与实证科学的问题无论就性质和范围说都是不一样的。自然科学的问题是具体的局部的，限于它所研究的专门领域；而哲学问题是抽象的普遍的，它无所不在。如果我们问为什么今年暖冬，原因何在，这属于气象学的问题，可要是我们问什么是原因，什么是结果，这是因果律问题，属于哲学问题。如果我们问地球如何运动，这属于地球物理学的问题，如果我们问地球是自我运动还是由外力推动，这是属于运动的动力问题，属于哲学问题。如果我们问人为什么会死，这属于医学问题，可如何对待死属于哲学问题。社会为什么会有穷有富，这属于社会学或经济学问题，可穷富是不是命，这属于哲学问题。如果我们问毛泽东有什么功绩，这属于中国革命史的问题，如果我们问是不是中国没有毛泽东中国就不会有革命，这属于历史观的问题，是个哲学问题。飞机为什么会飞，这是属于空气动力学的问题，可飞机会飞之理是存在于飞机之外还是存在于飞机制造之中，这是个理在事外还是理在事中的哲学问题。而几乎任何一个领域中的具体问题，只要进行穷根究底的深层追问，都会进入哲学领域。

哲学问题是抽象的普遍的问题。说它抽象，是因为它的问题涉及的都是以概念和范畴的形式来表述的问题，因此哲学表现为抽象的概念和范畴体系；说它普遍，是因为任何一个哲学问题，在任何一个领域都同样存在，只是具体的提问方式不同。必然性与偶然性、因果性、规律、客观性、主体性、矛盾、运动、发展、变化、共性个性等等是哲学问题，可又是存在于任何一个研究领域的具体问题之中。着眼于专业研究，探求它的具体知识和规律是科学问题，可着眼于它的抽象性和其中存在的各学科普遍性的问题又是哲学。这是哲学看似无用又有大用，看似抽象又不抽象的原因所在。《庄子·知北游》中关于道无所不在，道存在于蝼蚁、稗子、瓦罐、溺屎之中的论述，对于理解什么是哲学很有启发。就蝼蚁研究蝼蚁是科学，就蝼蚁寻求道则是哲学。哲学并不会因为它是世界观，即以世界为对象而会与实证的自然科学相混淆。哲学对世界的研究是把人包括在内的，而且无论视角、切入点、提问的方式和问题都不同于实证科学。决不应该因为害怕哲学与自然科学相混淆而把哲学从对世界的研究中放逐出去。这样，哲学就会成为无处安身，重新升入天国的纯概念运动。

当然，我们说哲学是世界观的学问，是就它与实证科学的区别和关系说的。强调哲学虽然也以世界为对象，但不同于对自然的实证研究。世界观只是哲学的最本质特征的概括。由于现实世界是人的世界，是包括人与人类社会在内的世界。因而人与世界的关系，必然包括人与自然的关系、人与社会的关系、人与自我的关系，包括人类认识和改造世界的途径和方法。因此哲学包括自然观、社会历史观、人生观、认识论、价值论诸多领域。哲学中的问题也总是分属于上述不同的领域。其中任何一个领域都属于哲学，对其中任何一个领域中的问题的研究都属于哲学研究，而对其中任何一个领域有独创性见解的思想家都是哲学家。但哲学之所以是哲学，正在于哲学家无论他研究什么样的问题，其中必定有一个根本性的问题是它无可回避的，这就是对他们面对的世界的本性的看法。哲学家们可以把哲学分解为众多的问题，根据时代和现实的需要而着重研究其中的一个方面，例如英法的唯理论者研究理性在认识中的作用，而经验论者则着重研究经验的作用；叔本华和尼采研究意志，海德格尔研究存在，分析哲学研究语言，如此等等。几乎可以说，没有或很少有哲学家直言，我研究整个世界。但这并不改变哲学的世界观本性。因为不仅哲学家通过自己的哲学专门研究，包含着对世界本质的总体性论断；而且哲学家们对哲学某一专门领域中的问题的观点又是以他们对世界本性、对存在与思维关系的看法为依据的。可以斗胆断言，没有一个哲学家只是研究具体问题而其中不直接或间接涉及世界的本性与主客体关系问题。如果这样，他就不是哲学家。

哲学作为世界观，有两种不同的形式，一种是显性的，一种是隐性的。所谓显性的世界观，就是它的探求明确以世界为对象，例如古代希腊哲学家关于世界本原的探讨，中国哲学关于五行、关于气的探讨，都直接以世界的本质为对象。但也有不少哲学世界观是隐性的，它直接探讨的似乎是某一种现象，实际上它涉及的是世界。以中国哲学为例，我们从《道德经》、《庄子》中，可以较明显地看到天道观中的世界观，可儒家学说就不明显。儒家的道德与人生学说特别是宋明心性之学似乎是以人性为依据，不涉及世界观问题。其实并非如此。所有儒家不同派别关于人性善恶以及与其不可分的道德问题的观点中，都包含着一个天，或为自然之天，或为意志之天，或为义理之天，思维理路大体上是由天理到人性，由人性入道德。所谓天命之谓性，率性之谓道，修道之谓教就是如此。我们不应按西方哲学的本体论、认识论、方法论的分类方法来强脚就履，但也不能否认，中国哲学同样具有一个世界观的内在结构，即对世界(天)、对天人关系、对人性与天道相互关系的看法。不能说中国没有哲学，只能说中国有自己的哲学。这种哲学有自己的范畴和特点，但就它作为哲学又与西方哲学有相通之处，即总的方面说都离不开世界和人与世界的关系。

这种隐性世界观在西方哲学中同样存在。例如，叔本华和尼采哲学的核心是意志，可是通过强调意志表达的仍然是一种世界观即世界是我的表象，而世界的本质是意志；分析哲学表达的是世界的存在无非是一种语言结构；存在主义关于人的观点，表达的是世界是依存主体的，人是世界的窗口，世界是怎样的并不取决于世界本身而是取决于人的理解。哲学之所以称为哲学，正在于每种哲学都在具体对象中自觉地表达出对世界整体本性的看法。如果就意志研究意志是心理学家，而就意志作出世界的本质是意志的判断，世界存在于人的表象之中则是哲学家；就语言研究语言是语言学家，说语言是存在的是哲学家；对人来研究人可以是医学家、生物学家、心理学家、人口学家等等，可是当研究人的一般本性，人在世界中的地位时，必然要进入人与世界(包括人与自然、人与社会、人与自我)的关系，无可避免地要进入哲学领域。这种世界观的隐性结构往往容易成为否定哲学是世界观的援手。

说哲学是世界观，就是因为任何一个哲学体系的基础是它对世界本性的看法，而透过它对任何一个哲学问题的看法又能看到它对世界的看法。世界是人赖以生存和发展的家园，又是任何哲学都无法绕过的栅栏。在所有哲学问题中基础性的东西是本体论的问题，它是一个哲学家的认识论、价值论、人生论、历史观借以立足的基地。我们不能简单说，在本体论问题上的唯物主义者在其他问题上就一定都正确，可反过来可以说，如果对世界客观性持否定态度的哲学体系，肯定不可能确立科学的认识理论、价值理论、人生理论和历史理论。这正是我们如此重视和正确对待世界客观性的原因所在。

哲学有两种，一种是日常生活中的哲学，这是每个人或多或少都会有的；另一种是哲学家的哲学。哲学家之所以是哲学家，他们对问题的论述一定是有体系的，不是零碎的、个别的、残缺不全的。这一点黑格尔说过："哲学若没有体系，就不能成为科学。没有体系的哲学理论，只能表示个人主观的特殊心情，它的内容必定是带偶然性的。哲学的内容，只有作为全体中的有机环节，才能得到正确的证明，否则便只能是无根据的假设或个人的主观确信而已。"①我们可以说，任何一个有创见的哲学都是有自己的体系的。体系性是哲学作为科学的存在方式。有体系的哲学不一定是科学的，但具有创见的科学性哲学肯定是有体系的。

当然，哲学的系统化可以有不同的方式：有的是主观的强制性的结构。即使是像大哲学家黑格尔的体系都有这个缺点。恩格斯曾经批评过黑格尔的体系，说它的体系和方法即辩证法之间存在矛盾，列宁批评黑格尔在由一个概念推出另一个概念的过程中，既有天才思想，也有许多牵强附会的东西。其实这种主观构造体系的缺点古人也有。亚里士多德批评毕达哥拉斯，为了构造一个天体和谐的体系，"如果在什么地方出现了漏洞，他们就贪婪地去找个东西填补进去，使它们的整个系统能够自圆其说"②。这种体系往往容易导致僵化，把自己的哲学奉为最终真理。另一种体系化是着重理论之间的逻辑性和可论证性，形成一种不包含内在的理论矛盾的关于对象的系统化的学说。例如，恩格斯就曾经批评过杜林和德国的大学生们动不动就创造体系

---

① ［德］黑格尔：《小逻辑》，56页，北京，商务印书馆，1980。

② 《西方哲学原著选读》，上卷，19页，北京，商务印书馆，1981。

的狂妄企图。但恩格斯并不否定体系化的必要性，他在《反杜林论》中就提醒读者不要忽视他的观点之间的内在联系。所以系统化不等于僵化，但可以导致僵化。要使哲学的系统化不致僵化，就要保持哲学体系的开放性和创造性。

哲学不仅是体系化而且是理论化的。也就是说哲学是以概念、范畴、规律的形式把握对象。因而哲学家的哲学不同于人们生活中的哲学观念。人们生活中的哲学观念是世俗化的经验化的形态。例如每个人都对自己生活的世界有个看法。如果他相信世界的实在性，相信人死没有灵魂，他就是素朴的唯物主义；如果他迷信鬼神、相信来世，相信有天堂地狱，他就是自发的唯心主义者。还有各个民族的传说和神话中关于天地的起源、本民族第一个人的出现，都包括宇宙生成论和人类起源论的思想，但这是神话。哲学家的哲学是理论形态，只有人的抽象思维能力发展到一定水平才能产生，因为它需要概念和范畴，需要有从总体上把握对象的思维能力。所以哲学往往代表一个民族思维成熟的水平，正是在这个意义上，恩格斯把希腊民族称为早熟的民族。当然中国也是早熟的民族，因为中国古代哲学很发达。哲学的产生意味着思维超出了日常的世俗的个人功利的水平。黑格尔有段话很深刻地阐明了哲学的产生。他说："哲学是在这样一个时候出发：即当一个民族的精神已经从原始自然生活的蒙昧浑沌境界中挣扎出来了，并同样当它超出了欲望私利的观点，离开了追求个人目的的时候，精神超出了它的自然形态，超出了它的伦理风俗，它的生命饱满的力量，而过渡到反省和理解。"①

① ［德］黑格尔：《哲学史讲演录》，第1卷，54页，北京，商务印书馆，1981。

就思维方式来说，哲学也不同于实证科学。自然科学家最看重的是观察、实验、分析、综合、归纳、演绎。而哲学家不可能在实验室中成长，必须面对社会，面对人类的实践。就思维方式来说，哲学的思维方式是批判的理性的反思的方式。哲学的批判性在于哲学不是简单接受现成的结论，而是要考察它的真理性。马克思说过："哲学是问：什么是真理？而不是问：什么被看做真理？它所关心的是大家的真理，而不是某几个人的真理。"①哲学的思维是理性的思维方式，它不盲从不迷信，既不同于怀疑主义，也不同于信仰主义，而是凡事要问一个"为什么?"的积极探索精神。哲学思维方式是反思的方式。我们说的反思不是黑格尔说的对思想的思考，也不是人对自身的考察，而是强调哲学思维应该是总结性的思维，它能从自己的或别人的，今人的或前人的实践经验中进行反思、总结。在这个意义上，黑格尔说哲学是黄昏时起飞的密纳发的猫头鹰是有一定道理的。在哲学家的反思中，就渗透着哲学家个人的体悟。对于哲学来说，悟是非常重要的。没有悟性很难成为一个哲学家。有个哲学家说过："哲学作为一种方法，并不接受乍看似乎很明白的道理，并不满足于单调的几大块理论，并非从愿望出发的思索，并不借重于权威，并不接受世俗的见解，它面对看起来难以克服的困难并不堕入对解决问题的失望中。哲学要说是其他任何东西，它是借重于反思去处理问题的一种方法。"②可是哲学的悟不要变为仅属于个人的东西，而是具有可理解性可接受性成为人类的智慧和财富，必须以事实为依据，包含某些真理性的

---

① 《马克思恩格斯全集》，第1卷，116页，北京，人民出版社，1956。

② 阿尔奇·丁·巴姆：《有机哲学与世界哲学》，176页，成都，四川人民出版社，1998。

内容。

正因为哲学的对象、问题和思维方式不同，因此它的成果表现方式也不同。实证的科学的成果是具体的知识，是对特定领域规律的揭示。而哲学表现为一种智慧。对自然的认识表现为自然智慧，对历史的认识表现为历史智慧，对人生的认识表现为人生智慧。当然智慧与知识的区分不是绝对的，不能对立。从两者的关系说，任何知识中都包含人类智慧，是人类智慧的结晶；而哲学智慧中也存在知识，存在关于宇宙、社会和人类自身的某种规律性的知识。没有智慧的知识是肤浅的；不以知识为依据的智慧是虚假的智慧、是空谈。但从哲学与实证科学的区别角度说，两者又有区别。这种区别在于科学知识是对象化的认识，是对世界某一领域的实证知识，而哲学则不属于某一特定对象的知识，是蕴含在各种知识中的关于宇宙（自然和社会）和人生的普遍的原则，以及对它的意义的理解、体悟和运用。它表现为人的思维能力、判断能力、观察能力和实践能力。比如说，知道水零摄氏度会结冰，100 摄氏度会变为汽，这是科学，由此知道量变可以引起质变并懂得防微杜渐，这是哲学智慧；量变是狡猾的，只有有智慧的人才能见微知著；知道树叶有正面有背面，房子有阴面有阳面，这是常识，可由此知道事物无不有两面，能够全面看问题，懂得兼听则明偏信则暗，这就是哲学智慧。知道水可载舟亦可覆舟是生活知识，可以此喻官民关系并从中引出为君之道这是历史智慧。最有趣的是一些似乎是违背常识的论断就包含深刻的哲学道理。说白马不是马显然违背常识，可中国哲学中关于白马非马的命题却包含一般与个别关系的哲理。说卵有毛，显然不是事实，可如果卵无毛为什么鸡有毛，鸡的毛从哪里来的？这显然包含哲学中关于抽象可能性与现实可能性，以及可能性与现实的关系问题，包含事物变化的同一性问题。说飞箭不动不符合事实，可通过它揭示的运动是连续性与非连续性统一的观点却是一个深刻的哲学命题。在哲学中这类情况多的是。所以哲学作为智慧之学，它依赖知识，但又不同于知识。它既可以概括科学技术的成就，总结自然科学和社会科学的成就，也可以提出似乎与科学和常识相违背的命题，从而有助于科学的探索。所以哲学以人类的实践和知识为依据，又是已知知识的深化、扩展，即多出直接知识所没有的东西。这就是对知识的普遍意义的领悟。这样哲学才有存在的必要和价值，否则要它何用。

实证知识与哲学智慧不同。知识可以传授，通过学习得到，也可以购买，例如花钱到律师事务所咨询某种法律知识，到某个咨询公司花钱咨询某件事，可得到的都是具体的有直接应用的知识。可智慧是不能传授的也不能花钱购买的。我们学习哲学，例如，我们学习中国哲学史，那是别人的智慧，例如老子、庄子、孔子自己的智慧，而对我们来说是一种哲学史知识。正如我们学习苏格拉底、柏拉图、黑格尔，这都是他们的智慧，对我们来说是西方哲学史知识。要使这种知识变为自己的智慧，要经过自己的再消化再吸收，变为自己的血肉变为自己的灵魂即变为自己的观察力思维力和辨别力分析力。这才是自己的智慧。《庄子·天运》中关于道有一段很有意义的话："使道而可献，则人莫不献之于其君；使道而可进，则人莫不进之于其亲；使道而可以告人，则人莫不告其兄弟；使道而可以与人，则人莫不与其子孙。"谁都愿意把最好的东西即道给自己最亲近的人，可是做不到。为什么？庄子说"然而不可者，无它也，中无主而不止，外无正而不行"。也就是说，中无主即内心没有对道的领悟道就不能停留在心中，外无正，正就是证即证明，道如果不能为接受者在外物中在行为中得到证明，也就是没有领悟道。

哲学就是如此。一个人不管你读过多少哲学著作、听过多少哲学课，如果不能变为自己的内在的思维的一部分，不会应用，不会分析问题，也就是说对内不能领悟对外不会印证，只会引经据典，不能说有智慧。所以，智慧可以说是哲学的实践化、生活化，而不是放在口袋里的引文。关于这个问题，古代哲学家说过，博学并不等于有智慧，读书万卷的书呆子不乏其人。黑格尔也说过一段很有趣的话，他说：智慧的信心并不是从一般市场上买来的，在市场上只要认谁付出足够的钱，人们就售给他知识。智慧也不知道用现金、用各种通物的货币(立刻)在桌子上又交付出去——它是从内心深处说出来的话。

最后，从功用看，哲学也不同于实证的自然科学。哲学是各种各样的，很难一概而论。按照恩格斯的说法，有"蹩脚的时髦哲学"和"以认识思维的历史及其成就为基础的哲学"；按列宁的说法是有"聪明的唯心主义"和"愚蠢的唯物主义"，它们的作用当然不同。如果我们撇开哲学内部的区别，只从哲学与实证科学的作用角度来考察，我们可以说，实证科学提供的是关于某一对象的具体知识，具有直接的效用；而哲学提供的是哲学智慧，它的作用是启迪和培养人的理论思维能力和思维方法，提高人的道德境界。哲学无论对个人、对社会、对一个民族的发展都是非常重要的。

有个哲学家说过，人人都有一套哲学，人与人之间的差异主要是哲学上的差异。这是从世界观角度说的。一个人的世界观，往往决定一个人的眼界、素质、选择能力、决断能力，对人生意义的评价和对生活的选择。我们可以断言，一个实用主义者在现实生活中肯定是一个机会主义者，没有原则，不讲信义，只要对自己有利什么都可以做。在人的各种素质、知识和才能中，世界观的问题的确是个对人的一生都长期地经常起作用的因素。世界观的确是人的灵魂。对人的教育和培养，应该把世界观的教育放在重要地位。在这方面，中国传统哲学中的确有许多可供借鉴的东西。

对一个社会而言，在社会的总体结构中，在意识形态领域，什么样的哲学成为一个社会的主流哲学，对于这个社会的经济和政治的发展，对文化的发展方向，对广大群众的价值观、道德风尚都影响极大。一个洋溢着乐观主义哲学的社会，总是社会发展正常，处于向上发展的阶段；而一个社会充满悲观主义、非理性主义、神秘主义，意味着社会矛盾重重，处于困境。哲学是一个社会的道德风尚和精神状态的深层结构。它同样是一只看不见的手，对这个社会的精神世界起着不可替代的作用。马克思曾经生动描述当年德国哲学对德国社会的影响："哲学已浸进沙龙、神甫的家、报纸的编辑部和国王的接待室，浸进同时代人的灵魂，也就是浸进使他们激动的爱与憎的感情里。"①毋庸置疑，19 世纪 40 年代德国社会思想领域中的活跃以及能为马克思主义的产生提供思想土壤，与德国哲学的繁荣是分不开的。

对于一个民族而言，哲学是民族精神的核心。一个民族的哲学在长期的历史发展中会积淀在一个民族的性格和精神之中。中国哲学中提倡的刚健有为、天人和谐、辩证思维、爱国爱家的思想观念，对中国人的世界观、人生观、价值观起着潜移默化的作用，陶铸着中国人的民族性格。当然一个民族的哲学的消极面也会对一个民族的国民性发生消极的影响。理解一个民族，必须同时理解它的哲学。

三、马克思主义哲学是科学世界观

马克思主义哲学是哲学，当然与其他哲学有共性，否则它就不是

---

①《马克思恩格斯全集》，第 1 卷，121 页，北京，人民出版社，1956。

哲学。一些学者否认马克思主义哲学是哲学，否认马克思和恩格斯是哲学家，就是片面夸大它们之间的差异性；可马克思主义哲学姓马，它的确有其特点，否则它就不是马克思主义哲学。但我们应该看到，马克思主义哲学的产生是哲学领域中的一次转折性的变化，无论在对象、结构、功能方面都有自己的特点。

马克思主义哲学把无产阶级和人类解放作为自己哲学的最高目标，强调哲学是人类解放的头脑，无产阶级是人类解放的心脏。这是哲学史上的创举。无论古今中外，没有一种哲学公然把自己的政治诉求作为哲学的目标。在历史上哲学都是标榜非功利主义、超越现实的，是纯思辨的。它的政治意图往往是隐含的甚至是连哲学家自己都没有意识到。马克思主义哲学打破了这个传统，使哲学真正从天上落到地下，成为具有鲜明阶级性和实践性的哲学。这种转变对马克思主义哲学具有决定性意义。

马克思主义哲学既然要成为无产阶级解放的头脑，就必须是科学世界观，即对世界的理解包括某些规律性的把握，否则不可能完成这个历史使命。在哲学史上，唯独马克思主义哲学明确以自然、社会和人类思维的一般规律为对象，把世界观问题从关于存在的本性问题推进到关于世界普遍规律性的研究。尽管第一次这样做的是黑格尔。黑格尔把整个自然的、历史的、精神的世界描写为一个过程，即把它描写为处在不断地运动、变化、转变和发展中，并企图揭示运动和发展的内在联系。可黑格尔是以唯心主义观点处理这个问题，把它说成是对绝对观念的自我认识。恩格斯吸收了黑格尔的合理思想并根据19世纪的理论自然科学的成就，根据无产阶级的历史使命，把马克思主义哲学的对象定义为关于物质世界(包括自然、社会和人类思维)的一般规律。所以，哲学是世界观的理论形态，是哲学不同于实证科学的普遍特点，可以视为哲学的一般定义；而把哲学定义为科学世界观，定义为关于自然、社会和人类思维一般规律的学说则是马克思主义哲学的特点。

马克思主义关于哲学的定义，为把哲学变为一种具有科学性的学说提供了可能性。古希腊一些哲学家把哲学定义为关于存在的学说，虽然也从一个侧面揭示了哲学的本质，可是由于存在的多义性，可以对存在作各种解释，这一点人们从巴门尼德、亚里士多德以及当代各种色彩的存在主义者可以看到。正如恩格斯说的："只要我们离开存在是所有这些事物的共同点这一简单的基本事实，哪怕离开一毫米，这些事物的**差别**就开始出现在我们眼前。至于这些差别是否在于一些是白的，另一些是黑的；一些是有生命的，另一些是无生命的；一些是所谓此岸的，另一些是所谓彼岸的，那我们是不能根据把单纯的存在同样地加给一切事物这一点来作出判断的。"①存在只有在与物质相同意义上才具有哲学价值。如果存在变为在"存在着"的意义上使用，就会变为排除所有存在物的特性，包括物质与意识的区别的概念，从而掩盖哲学上的路线和分歧。

而且把自然、社会和人类思维的一般规律定义为马克思主义哲学的对象，就有可能防止把哲学变为纯粹思辨、纯主体意见的可能性。哲学就其表现方式看可以而且必须是哲学家个人的一种见解、一种意见，但这种见解、意见如果不包含规律性内容，没有可验证性，那也只能是哲学家个人无足轻重的一种意见而已，而不具有普遍性。当一种哲学不具有任何普遍性内容，那就只能是一种私家哲学，在历史上只能是过眼烟云，激流中的泡沫而已。

---

① 《马克思恩格斯全集》，第3卷，383页，北京，人民出版社，1995。

正因为马克思主义哲学以物质世界的普遍规律为对象，才有可能真正实现建立"世界哲学"的哲学理想。因为这种哲学具有它的普遍的适用性，即毛泽东所说的"放之四海而皆准"。尽管它的应用在任何地方都要与具体实际相结合，但就其适用性而言具有普遍性。没有一个社会不受辩证法基本规律、社会基本矛盾规律支配；没有一个人的认识可以超越实践与认识、主体与客体相互关系规律的支配。当人们承认它应用它，可以变为自觉的认识工具，当人们不承认它，它以一种自发的力量和方式起作用。可以斗胆断言，在世界任何地方可以发现新的规律，但不可能推翻已为实践证明的马克思主义哲学的基本规律。资本主义社会可以不承认对立统一规律，但同样为各种矛盾所困扰。

"世界哲学"和"普世伦理"不一样。世界哲学是以自然、社会和人类思维的一般规律为依据的；而普世伦理是以普遍人性为依据的。要全世界的人特别是各国的政要，都认同并实行"己所不欲，勿施于人"是不可能的。不用说博爱，就是爱你的邻人都不是很多人都能做到的。一切被视为所谓全世界适用的道德黄金律的东西，除了少数心存厚道的学者在忙乎，少数热心的宗教家在忙乎，也只是说说而已。不是说这些道德规范不好，不感人不动人，一旦所有的人特别是当权者都接受，不愁不能把我们的世界变为人间天堂，变为爱的世界，变为极乐世界。我说的是这是个梦。这个梦人类做了多少年仍然是个梦，弱者的梦。只要睁开眼睛看看现实就知道。与其现在制定根本不可能实现的普世道德，倒不如老老实实告诉人们为什么世界是这样的。我以为清醒比沉睡更好，何必让政治家们讪笑哲学家和伦理学家的天真。

马克思主义哲学把无产阶级和人类解放问题作为自己哲学的任务，也改变了哲学的结构。哲学虽然是世界观但没有一个哲学体系可以毫无遗漏地研究世界观的方方面面的问题，各个哲学体系都有所侧重。马克思主义哲学既然以无产阶级和人类解放为己任，因此实践这个范畴在马克思主义哲学中具有重要意义，它具有本体论功能，即把自在的世界转变为为我的世界，使自然人化；具有认识论功能；而在社会历史观中成为揭示社会生活本质和秘密的钥匙。辩证法是马克思主义哲学的活的灵魂，马克思和恩格斯非常重视"合理形态"的辩证法，它是马克思主义哲学具有革命性批判性的理论和方法论依据。在马克思主义哲学中，社会历史观处于最为重要的地位。恩格斯曾经说过：工人阶级由于封建主义的生产方式转变为资本主义生产方式而被剥夺了生产资料的任何所有权，由于资本主义生产方式的机制而一代传一代地处于这种毫无财产的状态，他们是不能在资产阶级法学幻影中充分表达自己生活状况的。只有当工人阶级不再带着有色的法学眼镜，而是如实地观察事物的时候它才能亲自彻底认清自己的生活状况。在这方面马克思的唯物史观帮助了工人阶级，他证明：人们的一切法律、政治、哲学、宗教等等的观念归根结底都是从他们的经济生活条件、从他们的生产方式和产品交换方式中引导出来的。由此便产生了适合于无产阶级生活条件和斗争条件的世界观。

毫无疑问，马克思主义哲学是一块整钢，它的整体和部分不可分，但其中马克思和恩格斯在创立马克思主义哲学时最重视辩证法和唯物史观。列宁多次讲到马克思主义体系结构的这个特点。他说："马克思和恩格斯在他们的著作中特别强调的是**辩证**唯物主义，而不是辩证**唯物主义**，特别坚持的是**历史**唯物主义，而不是历史**唯物主义**"①。在另一处，列宁说，马克思和恩格斯把自己的全部注意力集

① 《列宁选集》，第2卷，336页，北京，人民出版社，1972。

中于：不是重复旧的东西，而是认真地在理论上发展唯物主义，把唯物主义应用于历史，就是说，修盖好唯物主义哲学这所建筑物的上层，这是理所当然的。还说，他们强调当时“特别缺少的东西，即辩证法，这是理所当然的”。可见，正是由于当时的思想文化背景和无产阶级的历史使命，形成了包括社会生活在内的彻底的辩证法和彻底的唯物主义相统一的哲学，形成了马克思主义哲学的辩证唯物主义和历史唯物主义的仿佛两大块的结构。这种结构离开了马克思主义哲学的历史是不可理解的。

而且由于马克思主义哲学把无产阶级和人类解放作为自己哲学的使命，因此在马克思主义中，不存在外在于它的独立的哲学体系。马克思和恩格斯既是马克思主义哲学的创造者又是运用者。哲学在马克思和恩格斯手中同时是一种批判性考察资本主义社会的工具，它与马克思主义的经济学和社会主义学说不可分地结合在一起。我们可以分别研究马克思主义的哲学、经济学和科学社会主义学说，这是研究的不同的视角，但绝不是各自独立的三个部分。马克思和恩格斯特别是马克思的哲学观点，大量地体现在他们的经济著作和关于社会主义的著作之中。这种哲学理论和哲学应用相结合的结构方式，根本改变了历史上哲学家们最容易犯的思辨化、经院化和教条化的弊病。

也正因为马克思主义哲学把无产阶级和人类解放作为自己哲学的使命，从而赋予哲学以认识世界和改造世界的功能。这同历来的哲学包括当今西方哲学的道路是不同的。哲学是多种多样的。各种哲学只要是包含某些真理的因素或者提出了足以推动人类思维发展的问题，都是对人类文化的贡献。但是从无产阶级完成自己的历史使命，从认识世界和改造世界的角度说，马克思主义哲学的作用是无可替代的。

中国的哲学思维很发达，提供了丰富的哲学智慧。但是中国哲学重人生重道德教化，因此强调哲学安身立命和提高个人人生境界的作用。中国哲学强调追求天人合一，追求做贤人、圣人，追求道德上的完美至善。至今新儒家们倡导的本质上仍然是中国儒家哲学的这种传统。哲学的这种功能自有它的作用。马克思主义哲学应该充分吸收中国哲学中的优秀传统，但无产阶级和劳动者不可能依靠这种哲学获得解救。同样，西方哲学虽然有重宇宙论、认识论和方法论的传统，但都没有把改造世界作为哲学的任务。当代西方哲学倡导重视现实世界，但仍然是纯哲学的。这种所谓现实世界只是相对于从柏拉图到黑格尔的理念世界而言的感性的表象的世界。它们纠正了以往过分推崇理性，以建立纯思辨的形而上学体系为目的的哲学传统，把哲学的立足点放在现实世界上。但它的现实世界并不是真实的物质世界，并不是以物质生产为基础的社会现实，而是主体世界、语言世界。研究人的交往，研究语言的社会作用是必要的，但它是哲学家的哲学而不是革命者的哲学。这种研究并没有提供认识当今世界的理论和方法，更不用说凭借它来改变这个世界。他们中的一些哲学家为人类思想库增加了某些智慧，但没有根本改变传统哲学的思辨性本质。我们应该重视并充分吸收中外哲学智慧的精华，但马克思主义哲学仍然是我们真正认识和解决当今使人类陷于困境的人与自然的矛盾，认识当今各个国家、民族之间的矛盾，特别是全球化浪潮引发的种种矛盾的哲学。

与马克思主义哲学的使命相适应，它不再以建立抽象的形而上学体系，为人类提供永恒不变包医百病的绝对真理为目的。因为世界发展的一般规律，如果不与具体的不断变化的实际相结合就是僵死的教条。所以马克思和恩格斯特别强调自己哲学世界观的方法论意义，反对把自己的哲学变为剪裁事实的公式。这一点，与以往充当科学之科学，或以最终的绝对真理自诩的哲学迥然不同。马克思恩格斯在《德意志意识形态》中说，对现实的描述会使独立的哲学失去生存环境，能够取而代之的充其量不过是从对人类历史发展的观察中抽象出来的最一般结果的综合。这些抽象本身离开了现实的历史就没有任何价值。所谓马克思主义“放之四海而皆准”，就是从世界一般规律及其方法论而言的，而不是就具体论断和结论说的。马克思主义哲学如果失去了方法论作用，就会割断与生活的联系并丧失它的实际价值。

马克思主义哲学由于它以自然、社会和人类的思维规律为对象，是一种具有科学性的哲学，同时它以无产阶级和人类解放为目标，充满对人的自由和全面发展的深切人文关怀。如果认为马克思主义立足于事实，着眼于探求规律，就企图按实证主义观点来解释马克思主义哲学是错误的；以马克思主义哲学的人文关怀为理由把马克思主义哲学人道主义化也同样谬之千里。马克思主义反对把哲学变为实证科学，把世界变为无人的世界，也反对充满悲天悯人的抽象人文关怀。马克思主义哲学不是“爱的哲学”。我们从马克思和恩格斯的《反克利盖通告》中可以明白无误地知道这一点。在马克思主义哲学中科学性和价值性是统一的。

哲学要能正确解释世界和改造世界必须是科学的，必须包括规律性的认识。因而马克思主义哲学不能单纯以个人体悟为依据，以个人的道德境界的升华为旨归。但是马克思主义哲学并不是非道德的。实际上为无产阶级和人类解放而斗争的哲学，其自身就包含着道德要求。一个真正以马克思主义世界观为指导，为绝大多数人的利益而奋斗甚至牺牲生命都在所不惜的人的道德是高尚的；这种人胸襟坦荡、眼界宽阔、气度恢弘。马克思、恩格斯以及历史上和当代许许多多的革命者的表现证明了这一点。马克思主义哲学也不排斥体悟，实际上马克思主义哲学的应用和发挥就包含着个人的实践经验和人生经验。

一个只知道背诵马克思主义哲学教科书而无任何个人体会和创见的人不可能成为马克思主义哲学家。可是马克思主义提倡的体悟不局限于个人的一己经验，更不是明心见性，面壁顿悟，而应该着眼于更广泛的群众性的经验总结。

哲学是多种多样的。马克思主义哲学是哲学中的一种而不是唯一的哲学。马克思主义哲学由于它的阶级特性和历史使命，由于它的科学性与价值性的统一，迄今为止，它仍然是我们认识与改造世界的最锐利的武器。但马克思主义哲学决不以永恒真理自命，因而它具有兼容性和开放性。马克思主义哲学追求的是真理，因而在任何哲学中只要是对问题的提问或对问题的回答中包括合理的东西都会吸收；它面对现实，面对人类不断积累的新的实践和科学知识的发展，必然要进行新的创造，因而它的体系和内容是开放的，永远是未完成的。正确处理中(中国哲学)西(西方哲学)马(马克思主义哲学)的关系，正确处理马克思主义哲学与当代现实和科学的关系，正确对待当代各种哲学提出的有价值的问题和某些看法，是当代中国马克思主义哲学工作者的历史使命，也是马克思主义哲学进一步中国化的必由之路。但是马克思主义哲学作为科学世界观这一原则不能动摇。既不具有科学性又不是世界观和方法论的马克思主义哲学，是马克思主义哲学的终结。

马克思主义哲学繁荣之路*

——关于哲学学科建设的思考

马克思世界观天才萌芽破土而出时，马克思和恩格斯还是刚从青年黑格尔运动中脱颖而出的年轻人。40年后，马克思的世界观在德国和欧洲境界以外，在世界的一切文明语言中都找到了拥护者。而今，马克思主义哲学已经成为当代世界哲学领域中作用最为巨大、影响最为深远的哲学学说。即使是世界社会主义运动遭遇严重挫折，马克思主义哲学在此起彼伏的西方哲学思潮冲击中，依然挺拔屹立，向世人闪烁着真理的光辉。

中国共产党是以马克思主义为指导的政党。我们党的历代领导人一贯强调辩证唯物主义和历史唯物主义的世界观和方法论对中国革命、建设、改革的伟大作用。全国解放以后，我们在所有高校都开设有面对全体学生的马克思主义哲学课程，并创办了为数不少的哲学系，增设了哲学学科的硕士点和博士点，对中国哲学尤其是马克思主义哲学的繁荣作出了贡献。但无可否认，由于多种因素的影响，

* 本文发表于《东岳论丛》，2004年第1期。

我们现在有些人对马克思主义哲学抱着冷淡甚至轻视的态度。哲学系在高校中的地位下降，有些学生与家长视报考哲学系为末路，非不得已，决不“自投罗网”。

繁荣哲学，是落实哲学社会科学与自然科学同样重要的一项重大任务。道路和措施当然是多样的，但我认为办好哲学系，特别是加强博士点的建设，既是马克思主义哲学繁荣的表现，又是繁荣马克思主义哲学的重要途径。

一、在哲学各学科的互动中坚持和发展马克思主义哲学

与20世纪50年代的哲学系相比，现在我们哲学学科包括多种二级学科，这是世界性的哲学发展和研究更加专门、更加深入的表现。我们哲学系改变了创建初期以马克思主义哲学作为唯一学科的状况。多种学科的并存，显然是我们哲学系兴旺发达的表现。

有人说中国现在没有哲学家，意思是说我们现在的哲学包括多种二级学科，至多有某一哲学学科的专家，但没有作为哲学的哲学家。这种说法并不全面。哲学的分化自古以来就没有停止过，这是哲学认识的一种进步。其实一个高水平的伦理学家就是而且应该是一个哲学家，我们只要翻翻世界伦理学史就知道这一点。苏格拉底、柏拉图、亚里士多德、霍布斯、斯宾诺莎、康德、黑格尔以至马克思都是哲学家，同时对伦理学也都有独到建树。即使是当代西方一些著名伦理学家也有其哲学思想，都既是哲学家又是伦理学家，功利主义伦理学、存在主义伦理学都是如此。纯粹的非哲学的伦理学家是没有的。其他二级学科，如科学技术哲学家、中外哲学史家无不如此，只要他们在二级学科中有哲学创见，肯定同时是哲学家。如果他们在二级学科

中，不能把具有专业性的问题上升到普遍的哲学原则，或者反过来说不能把这类问题纳入他自己的哲学原则范围来思考，那就不是属于哲学的二级学科。可以说，在当代，哲学二级学科的发展和研究的深入，就是哲学繁荣的表现，或者是能促进作为元哲学的哲学的发展和繁荣的动力。在二级学科之外追求作为哲学的哲学的繁荣和发展，必然陷入纯哲学思辨而阻碍哲学的发展。当然，分科过细也可能有负面影响，例如，单纯局限于自己的专业而对哲学中其他学科的问题不关心甚至一无所知，更不用说熔文史哲于一炉。这种片面性可以通过调整哲学教学和提高哲学工作者的素养来解决。

在当前，问题比较突出的是马克思主义哲学，因为它的身份是双重的。它既是我们目前哲学学科分类中的二级学科，又是我们整个思想领域中包括哲学领域各专门学科的指导原则，应该处于主导地位。这种双重身份往往令人产生某种误解，或者以为马克思主义哲学的指导地位就是马克思主义哲学教研室或马克思主义理论教员的指导地位，或者反过来认为马克思主义哲学教研室的状况对马克思主义哲学的指导地位无关宏旨。这两种看法都有片面性。马克思主义哲学可以作为二级学科，可马克思主义哲学的指导地位在哲学中不能动摇。任何一个二级学科的研究者都可以成为卓越的马克思主义者，可以娴熟地运用马克思主义并对马克思主义哲学的发展作出贡献。发展马克思主义哲学的任务并不是单纯马克思主义哲学教研室或专业的马克思主义哲学工作者的专利。加强马克思主义哲学在各个二级学科的指导作用，既有利于该学科自身的建设，也有利于繁荣马克思主义哲学。

我们马克思主义哲学理论工作者应该提高自身的素质。其他二级学科应该以马克思主义哲学世界观和方法论为指导，而马克思主义哲学工作者也是如此。并不是凡是在马克思主义理论工作岗位上的就一定是马克思主义者，我们同样有坚持马克思主义的问题。此外，马克思主义哲学教员应该向哲学其他二级学科学习，更多地了解他们研究的成果和提出的问题。一个马克思主义哲学研究者，不懂一点中外哲学史包括当代西方哲学，不懂一点伦理学、科技哲学，眼界狭隘，信息闭塞，思路枯竭，就会由边缘化而进一步淡化，最后丧失自己理论上的生存权。历史经验证明，政权的力量可以维护一种思想的法定地位，但不能令人信服和自觉接受。我认为马克思主义不会如此。因为它是真理性学说，至今世界上还没有任何哲学体系可以超越马克思主义。连不少有影响的西方学者，包括被视为“狂妄自负”的某些后现代主义者都对马克思表示敬意。说实在的，我们现在有些人对马克思主义哲学的蔑视，并不是由于新真理的发现，而是出于对马克思主义哲学的无知，甚至是傲慢与偏见。

我们哲学系办学经验证明，要提高我们的教学质量，最根本的一条是要坚持马克思主义哲学在哲学系各个学科中的指导地位。这一点并不容易。我从关于中国哲学合法性问题讨论中，得到很多教益。许多学者反对用西方哲学方法和范畴来分析或理解中国哲学，强调要从中国哲学的特点出发。这种意见无疑包括合理性。可哲学有没有共性，在何种程度上和范围内借鉴西方哲学成就是合理的？特别是能不能用辩证唯物主义和历史唯物主义方法来研究中国哲学？用马克思主义哲学的世界观和方法论研究中国哲学，是否与用实证主义方法、实用主义方法属于同样性质的问题？这个问题似乎不能回避。如果在中国哲学研究中排斥马克思主义哲学的方法论，其结论的科学性是很令人怀疑的。所以，我以为在中国，无论是哪一个二级学科，它的教学内容和方向都应该从各个角度有利于丰富、培养和提高学生的马克思主义哲学的总体水平。我们社会主义国家哲学系的二级学科，可以说具有“家族的相似性”，即具有相同的指导思想，因而完全可以发挥这种作用。各个二级学科自身的发展和建设，它在自身专业范围内的研究的深化和水平的提高，显然对哲学系整体素质的提高是极为重要的。

我以为任何有识之士都不能无视哲学学科内彼此森严壁垒，对学科的发展和学生培育造成的危害性，都应该重视发挥和巩固马克思主义哲学的指导作用和所有哲学学科的互动作用。应该在马克思主义哲学和各个二级学科互动中，提高马克思主义哲学的教学水平和巩固它的指导地位；并在这种互动中，推动各个二级学科沿着正确的方向发展。这既是全体哲学教员，各个二级学科教员学术水平提高的过程，同时也是学生质量提高的过程。在我们的哲学系，如果各个二级学科彼此脱离，特别马克思主义哲学与其他二级学科相分离，路只能越走越窄，直至穷途末路。

二、关键是马克思主义哲学自身的发展

马克思主义哲学要在哲学各学科建设中发挥它的领航作用，关键在于它自身的发展，只有以创造性态度对待马克思主义哲学，才能令人信服地起到这种作用。任何行政手段或政治指令都不能从根本上解决这个问题。

的确，我们马克思哲学研究工作处于一种十分矛盾的境地。我们的党非常重视哲学社会科学研究中的指导思想问题。江泽民对哲学社会科学的重要性一讲再讲，对马克思主义的指导地位问题一再强调。可在实际哲学教学和哲学研究中，马克思哲学边缘化倾向在我看来是无可讳言的。原因是复杂的、多方面的，但最重要的还是马克思主义理论工作者自身。我们要正确处理马克思主义哲学作为二级学科和它

作为指导思想地位这两者的关系。既要看到在中国繁荣马克思主义哲学是各个二级学科的共同任务，又要看到专业的马克思主义哲学工作者所承担的特殊使命。

应该说，20多年前开展的实践是检验真理的大讨论，无论在我国的政治生活还是理论生活中都是具有决定性意义的伟大转折。在社会发展速度上，由于改革开放而获得举世瞩目的成就；在理论上开始了第二次飞跃，形成了邓小平理论。在十三届四中全会以后，又开拓了马克思主义发展的新境界，形成"三个代表"重要思想的理论体系。在这个过程中，我们的马克思主义哲学理论工作也出现了活跃的局面。解放思想和创造性原则，为马克思主义哲学的研究注入了生机。我们的老一代的马克思主义理论工作者焕发青春，中青年学者人才辈出。虽然如此，我还是要说，至今马克思主义哲学的研究状况并不令人满意。我们专业的马克思主义哲学工作者不少人自觉不自觉地也尽量在研究中回避现实问题，不注意对马克思主义哲学基本原理的研究，形成"马不研马"的怪现象。这等于自动放弃自己学科应当承当的任务。

我们应该扭转这个局面。当前，马克思主义哲学理论工作者面临的一个重大任务，是要加强马克思主义哲学基础理论的研究。这种研究应该是坚持和发展的统一。离开了坚持，就会从根本上动摇马克思主义哲学的基础，使它陷入混乱；离开了发展，年年重复一本经，使马克思主义基础理论的研究原地踏步，"有同于无"。

从整个马克思主义体系来说，哲学在马克思主义中的地位和作用，它的时效性同经济学说、社会主义学说相比，有其特点。马克思主义的经济学说和社会主义学说，随着资本主义进入晚期特别是社会主义国家进入建设时期，关于资本主义和关于社会主义社会学说中的某些论断有些可能过时。因此，马克思主义理论工作者当前面临的一个重要任务，就是在马克思主义基础理论研究中，真正区分什么是必须坚持的普遍原理，什么是应该结合实际加以发展的原理，什么是我们错误的理解和附加。

对马克思主义哲学基本原理来说，似乎不存在什么应该坚持、什么应该摒弃的问题，因为至今坚持马克思主义哲学的世界观和方法论，仍然是坚持马克思主义基本原理的首要和基本之点。其实，如何对待马克思主义的总体精神，对马克思主义哲学同样是适用的。在马克思主义哲学原理中同样会存在错误理解和附加问题，存在需要澄清的问题，特别是存在结合新的实际创造性发展的问题。因而对马克思主义哲学的研究和阐述同马克思主义其他组成部分一样，要与时俱进，要发展，要有创造性。

但是，这种发展的立脚点必须找准。在马克思主义哲学中，实际上存在着关系到马克思主义哲学命运的根本性问题。有些似乎是老问题，如在西方有的学者曾片面强调马克思和恩格斯哲学思想的区别，制造马克思哲学思想与恩格斯哲学思想的对立，认为我们现在的辩证唯物主义与历史唯物主义是恩格斯主义，是由恩格斯——列宁——斯大林——毛泽东一脉相承的。按照这种观点，中国共产党的世界观和方法论从来就是错误的，辩证唯物主义与历史唯物主义哲学是对马克思自己的哲学的背离，这种观点，在我们的报纸杂志上不时能见到，其影响不容忽视。当然也存在另一种倾向，即把苏联教科书中对马克思主义哲学的解读视为经典，拒斥任何根据长期被遗忘被忽视的马克思哲学思想的研究来纠正我们对马克思主义哲学的错误理解。这两种倾向都是不对的。

我们可以实践问题为例，这是当前国内外哲学领域争论最为热烈的问题。这个问题处理好，可以发展和推进马克思主义哲学，变为创造性发展马克思主义哲学的成长点；可弄不好，可以成为颠覆辩证唯物主义和历史唯物主义的“撒手锏”。

我一直认为，以实践重要性为理由拒斥辩证唯物主义和历史唯物主义是不能成立的。除非论者能令人信服地指出所谓传统的辩证唯物主义和历史唯物主义内在地具有抗拒“实践”作用的本性，也就是说，在原有辩证唯物主义和历史唯物主义框架内不可能容纳对实践问题认识的新发展。的确，在原有辩证唯物主义和历史唯物主义体系中，实践放在认识论领域中，这既有列宁着重从认识论角度反对马赫主义的需要，又有时代条件的局限。随着理论家们对马克思主义哲学研究的深入，随着当代科学技术的发展，实践在整个马克思主义哲学各个领域中，包括本体论、认识论、历史观、价值观中，日益显示它的重要性，从而要求突破原来对实践作用限制在认识论中的狭义解释，这完全正当，是马克思哲学思想研究的深入和发展。与实践问题的同时，主体性问题、人的问题都得到新阐发并取得新的进展。这对于丰富我们的马克思主义哲学是非常重要的。

可对实践功能的多方阐发，不能成为推翻辩证唯物主义和历史唯物主义的根据。因为实践的本体论功能并没有也不可能推翻世界客观性，实践是改造世界而不是从虚无中创造世界。马克思和恩格斯在他们合著的《神圣家族》中说：“人并没有创造物质本身。甚至人创造物质的这种或那种生产能力，也只是在物质本身预先存在的条件下才能进行。”①即使在有些理论家最爱援引的《1844年经济学哲学手稿》中也找不到否定世界客观性的证明。在《手稿》中马克思强调：“没有**自然**

① 《马克思恩格斯全集》，第2卷，58页，北京，人民出版社，1956。

界，没有**感性的外部世界**，工人就什么也不能创造。它是工人用来实现自己的劳动、在其中展开劳动活动、由其中生产出和借以生产出自己的产品的材料。”①马克思虽然强调人的本质对象化，但从没有否定对象存在的客观性，强调没有对象的存在物是非存在物。他说：“一个存在物如果在自身之外没有自己的自然界，就不是**自然**存在物，就不能参加自然界的生活。一个存在物如果在自身之外没有对象，就不是对象性的存在物。”②马克思在谈到人的感觉和激情时，也强调人的主观情感包含的客观意义。他说，“如果人的**感觉**、激情等等不仅是在[狭隘]意义上的人类学的规定，而且是真正**本体论**的本质（自然）肯定”③，这是对人依存的物质世界客观性的肯定。

有的理论家往往爱援引马克思说的“被抽象地孤立地理解的、被固定为与人分离的自然界，对人说来也是无”，来证明马克思否定尚未进入实践的世界的存在的客观性，否定马克思承认世界物质统一性的论断。客气点说，这是误读甚至应归入曲解范围。因为马克思这段话，恰好是批评黑格尔的“自然哲学”，批评绝对唯心主义把自然界变为纯逻辑范畴，即变为与人相脱离的在纯思维范围内自我演化的精神精灵，这种自然界对人来说，当然是无。所以马克思批评黑格尔是“抽象地直观自然界”，说“正象自然界曾经被思维者禁锢在他的绝对观念、思想物这种对他本身说来也是隐秘的和不可思议的形式中一样，现在，当他把自然界从自身释放出去时，他实际上从自身释放出去的只是这个**抽象的自然界**，只是自然界的**思想物**”。因此，“对他说

---

① 《马克思恩格斯全集》，第42卷，92页，北京，人民出版社，1956。

② 同上书，168页。

③ 同上书，150页。

来整个自然界不过是在感性的、外在的形式下重复逻辑的抽象而已”①。我之所以不厌其烦地引证，就为了纠正现在流行的借用马克思对黑格尔批评的话变为马克思自己的正面主张，为否定实践之外世界的客观实在性作论证。事实上，如果实践之外的世界是无，依此类推，在人之前世界是无；在人的实践尚未进入的世界也是无，人类的唯一现实世界就是眼前人生活着的世界。可是如果没有自然界通过人的实践从自在世界向自为世界转化，没有从非对象性变为人的对象，人的感性世界、人类化的世界或自然界的人化，何以出现？何以可能？否定世界的客观物质性和无限性，否定人类在任何时候的实践和认识都只是无限世界的一小部分，永远有个客观的尚未实践和认识的世界在人的视阈之外，就是堵塞人类实践和认识进一步发展的任何可能性。这可不是真正意义上的实践唯物主义，而是以实践为名的唯心主义和形而上学。因为马克思和恩格斯在《德意志意识形态》中那段关于实践的唯物主义的著名论述的本义，是强调“使现存世界革命化，实际地反对并改变现存的事物”，并没有人们附加的“实践之外世界是无”的观点。

或许有人会反驳说，谈论实践和认识范围之外的存在不是神秘主义吗？这样提出问题，说明根本不懂哲学和具体科学、哲学世界观和科学知识的区别。关于对象的任何科学知识，都必须在对象被认识之后才可能产生。因此在实践范围外，存在着什么样的具体的东西是不可能知道的。正因为这样，恩格斯说实践范围外的存在是个悬而未决的问题。实践范围外不存在科学认识。可是关于世界本性的哲学不

① 《马克思恩格斯全集》，第42卷，178—179页，北京，人民出版社，1956。

同。它不是探求实践范围外的具体存在是什么，而是探求统一世界的本质是什么。科学知识是关于具体存在的具体知识，不可能在实践范围外谈论科学知识，可是关于人的实践范围外是否仍然是物质世界？是否存在上帝、神和彼岸世界？这是可以知道，必须知道的，是可以回答，也必须回答的。这就是辩证唯物主义之所以是彻底唯物主义的关键所在，是世界物质统一性的重要性意义所在。在实践范围之外的世界仍然是物质世界，是物质世界的一部分。这部分世界的具体存在尚不知道，但它终究会一部分一部分进入实践领域，为人们所把握，这就是科学认识的发展过程，是人类具体科学知识由不知到知，由知之甚少到不断深化和扩充的过程。从哲学上说，这就是从自在之物转化为我之物，是对世界物质统一性的哲学和自然科学的证明过程。这个过程是永远不会完结，因为世界永远在不断地进入人类实践和认识领域。

既然尚未进入实践和认识领域，何以知道它一定是物质世界，而不可能是神的世界，是精神世界，或者亡灵的世界？难道马克思主义哲学关于实践范围外的世界物质性观点不也是一种信仰？不对！马克思主义哲学不是建立在信仰基础上，在人类认识范围外世界物质性观点，是由人类的实践和科学证明的。因为人类实践和科学的发展，每时每刻都是为人类提供关于未知世界的新的证明，证明任何暂时未进入人类认识领域的世界仍然是物质世界。这种证明同时就是对实践范围外的彼岸世界、鬼神世界、上帝世界的驳斥。

关于世界的客观性问题是一个根本性问题。一爪落网，全身被获。如果不能处理世界的物质客观性和人类实践的关系，坚持实践范围外的世界就是无，从这个错误的前提出发，一切有关认识论、历史观、价值观的问题都会陷于混乱。例如，在认识领域中反对物质第一性、意识第二性，主张物质与意识混合论，认为在人的实践中，人的意识与对象始终是胶着在一起的；反对唯物主义反映论，认为人在实践中只能是对对象在认识中的选择和重构；反对存在社会发展规律，认为既然社会生活本质是实践的，那只有选择没有规律。所有这些错误都是把具有一定真理性的论断推向极端，原因就是把实践范围外的世界是无当作整个哲学的前提和出发点。

我之所以一直反驳实践范围外世界是无的观点，反对对马克思观点的附加，就是因为这种以反对旧唯物主义为名的观点，有可能直接通向唯心主义和历史唯心主义，并为宗教信仰主义洞开大门。我一直申明并不反对使用实践唯物主义来命名马克思主义哲学，因为马克思和恩格斯自己对自己的哲学使用过多种称呼。关键是基本观点，而不是名称。

马克思主义哲学应该发展，但应该是在马克思主义基础上的发展，即在坚持对世界对人类社会的辩证唯物主义观点基础上前进。任何一个真正的马克思主义哲学工作者都必须高度重视并重新认识实践在马克思主义哲学中的地位和作用，但任何一个马克思主义哲学工作者都不会同意以重视实践为名推翻辩证唯物主义基本原则，把世界物质性和世界物质统一性的观点，把物质与意识区别与联系的观点，把规律性观点，把承认真理客观性观点，统统称为还原主义、本质主义予以摒弃，这不可能是对马克思主义哲学的发展。我们应该沿着马克思主义开辟的科学世界观的道路前进，正确理解实践的辩证的和唯物主义的本性，只能在唯物辩证地理解人的实践活动与客观世界关系的基础上阐述实践的多种功能。我们应该理直气壮，不要为一些新的名词术语所吓倒，不要怕别人说思想保守、僵化。列宁说得对，沿着马克思的理论的道路前进，我们将越来越接近真理(但决不会穷尽它)，而沿着任何其他的道路前进，除了混乱和谬误之外，我们什么也得不到。

我们要坚持辩证唯物主义和历史唯物主义的基本原则，这并不意味我们要坚持苏联哲学教科书中过时的观点和错误，更不是面对已有的基本原理袖着双手无所作为。不是的！我们要以与时俱进的精神状态和治学态度对待马克思主义哲学的基础理论的研究。我们应该吸收改革开放以来对哲学研究的新成果，即使在不同意见的争论中同样有许多值得吸取和进一步研究的观点。真理是在碰撞中才能发光的燧石。

在对马克思主义哲学基础理论研究中，我以为以下三点应予以特别关注：

第一，我们要继续研究马克思、恩格斯和其他马克思主义经典作家的著作，对我们所说的基本原理，有一个全面、正确的理解，并且发掘新的思想。因为，马克思、恩格斯或者其他经典作家都是在自己的时代条件下论述问题，都会有所侧重。例如，马克思恩格斯创立历史唯物主义时，着重反对历史唯心主义，因而他们着重探讨社会发展的客观方面，物质资料生产方式的决定作用，社会发展规律的客观性，等等，而对社会发展的主体方面，人的行为选择性方面强调不够。这一点，他们自己都承认，这是由历史条件和历史使命决定的局限性。我们的哲学教科书，如果仍然重复马克思和恩格斯自己都承认的某一时期的论述的局限性，只能是教条主义，往往容易通向机械论或宿命论。因此，我们必须全面研究马克思和恩格斯的著作，发掘马克思和恩格斯著作的思想，正确而全面理解马克思和恩格斯的哲学思想。

第二，要坚持马克思主义哲学的基本原理，我们不能停留在当前这种对许多重要原理概念不清晰、说理不透彻的状况。马克思和恩格斯是马克思主义哲学的创立者，他们的历史使命，是从根本原则上确立他们的基本观点，这些观点具有规律性，因而具有概括性和原则性，而不是论证性。如果允许打譬喻的话，马克思和恩格斯绘制的是马克思主义哲学基本原则的蓝图，而把详细的论证和运用留给后人。其实每个划时代理论的创造者无不如此，他们是奠基者，他们的历史使命是开辟新的道路和新的境界，是方向性的，而不是细节性的。可是对后继者来说，就不能停留于此和满足于此。例如马克思在《〈政治经济学批判〉序言》中对人类社会基本规律作了高度概括，但如何论证，如何展开，如何以事实证明，这是留给马克思主义理论工作者的巨大的理论任务。就拿我们哲学中最重要最基本的生产力与生产关系、经济基础与上层建筑理论来说，就有结合实际加深研究的必要。其他在马克思主义的本体论、认识论、历史观、价值观方面，都有许多需要深入研究的问题。例如马克思主张反映论，但从没有反对人的选择和人在思想中对对象重建的必要性。当马克思说，人的意识是被移入人们头脑并被改造过的物质时，就把马克思的辩证唯物主义的能动的反映论与机械反映论区别开来。客观世界如何被移入人们的头脑以及人在头脑中如何改造它，这是至今仍在研究中的问题。要深入研究这个问题，必须充分吸取脑科学的成就，吸取当代心理学特别是实验心理学研究的新成果。其实，从马克思主义哲学基本原理角度说，我们需要研究的问题很多。这里既包括对已知原理的正确阐述和错误理解的澄清，也包括对过去未注意或没有理解的新的思想的发掘。

第三，更重要的是要以实事求是、解放思想、与时俱进、开拓创新的精神，结合新的实际来创造性地阐述马克思主义哲学原理。以我们正在做的现实问题为中心，以马克思主义为指导，在马克思主义哲学中国化问题上狠下工夫。如果我们能够把中国特色社会主义建设中的问题上升到哲学理论，写出一些有特色有分量的关于马克思主义哲学发展的论文或专著，而不是年复一年重复教科书的基本原理，我们的马克思主义哲学在整个哲学学科中的地位就会改观。

在当代，马克思主义哲学基础理论的研究，不仅要关注我们正在进行的中国特色社会主义建设，而且应该具有世界性眼光，充分考虑到当代世界的变化、当代科学技术的新发展以及国外哲学和西方马克思主义研究的状况和提出的新问题，进一步向前推进我们现有的马克思主义基础理论的研究。马克思主义哲学的当代价值及其当代发展是一篇大文章，它需要所有马克思主义哲学理论工作者的共同努力。

以上三个方面是相互联系的，因为第一、第二点，都不是脱离现实的死抠经典著作或纯思辨的研究，都必须与第三点结合，即立足现实，以与时俱进的治学态度研究基本原理和重新学习经典著作。而第三点，必须与前两点相结合，才不会把与时俱进变为此一时彼一时，而是有理论深度和理论力度。

而且以上三个方面存在的一个共同点，就是理论创新问题。不能认为对经典著作的重读或新的思想发掘，只是涉及坚持的问题，只是阐明他们原来是如何说的，只有运用才有创新的问题。这种看法不全面。实际上无论是对原著的重读、对新思想的发掘，对各种错误理解和附加的剔除，都有个立足当代、结合实际的问题。只有把理解、重读、发掘放在运用过程中才不致陷入烦琐哲学的考据和无味的争论。因此，理论创新问题同样是我们马克思主义哲学基础研究必须面对的问题，也是极为困难的问题。

马克思主义能不能创新？什么算是马克思主义哲学的创新？这是一个有待深入研究的问题。我们不能离开马克思主义哲学特点来谈论哲学创新。应该说，技术创新、科学创新、马克思主义哲学创新各有特点。

对一个国家来说，技术创新并非都是始于原创性。因为技术特点是工具性的，它的根本目的是应用，可以在引进和仿造基础上进行创新。从生产力发展的角度说，一个国家的某种技术或工具从无到有，就具有创新价值。例如，旧中国自己不会造飞机，解放后自己能造，这就是我们在飞机工业方面的创新。原子弹首先是在美国、后来在苏联制造成功的，我们依靠自己的力量制造出原子弹，这是国防工业方面的创新。一种工业产品、一种技术，即使是别国首先创造，但我们同样可以采取拿来主义。对于别国的先进技术和工具，我们并不片面强调原创，而是在引进先进技术和工具基础上改进。计算机和网络的发明和运用首先在西方兴起，但这并不妨碍我们以信息化带动工业化来实现工业化的新道路。当然，在技术和工具方面，如果是我们自己首先创造和发明，更具有创新价值。但技术创新并不拒绝模仿和引进。拒绝先进技术的引进，永远难以创新。

从科学原理来说，它就不同于生产技术和工具。科学原理，无论是自然科学还是社会科学，它不能仿造，不能以引进代替原创。科学原理的创新，只能是首创或称原创性。例如爱因斯坦的相对论只能属于爱因斯坦，另一个人重复不算创新，除非是在不同地区同时发现同一原理。牛顿的力学如万有引力的创新只能属于牛顿。所有自然科学的发现，公理公式的提出都属于某个人的创新。当然，自然科学的创新也是后人站在前人的肩膀上实现的，它同样存在继承性和人类知识的积累，但就它的内容来看，是新的规律的发现者，新公式的表述者，是真正创立新原理的第一人。

哲学创新不同，它不能简单以首创为标准。因为没有一个哲学家的新的体系不需要借助前人的思想的积累，并把前人的思想作为内容中的一个部分包括其中，它是在继承前人思想基础上对同一思想的推进。因此哲学中的创新是人类遗产的积累，它在新条件下增加新的内容，但又包括前人的成果。在哲学史上，往往能够从后来的哲学家的思想中发现历史上哲学家的影子。我们可以有一部辩证法发展史、唯物主义发展史、无神论史，而且可以发现类似的论述。这并不妨碍每个哲学家的独创性，即使主题相同，主张相同，但都具有不同时代条件下各自论证的特色。世界上的唯心主义、唯物主义都具有某种共同性，但论据不同、论证的方式不同，形成多种多样的无数的唯心主义者、唯物主义者。

马克思主义哲学的创新同样是如此。我们从马克思主义哲学创始人马克思和恩格斯那里能够发现黑格尔，发现费尔巴哈，发现法国唯物主义，发现法国历史学家、经济学家的某些思想积累。我们可以从马克思主义哲学中分解出各种各样的前人已经取得的哲学成就，可这丝毫不影响马克思主义哲学的原创性，不贬低它在哲学变革中的意义。因为所有前人的成就和积累，都是经过重新研究和改造过的，以一种新的姿态出现，而不是前人思想的仿造和重复。

这一点，对马克思主义哲学研究更为重要。只要我们是马克思主义理论工作者，我们的创新就不是另起炉灶，它必然是以马克思主义哲学已有的基本原理为依据的。马克思主义哲学的创新，可以说是马克思主义者在马克思主义范围内的创新。我们可以马克思主义中国化的三个伟大成果为例。毛泽东思想当然是创新的典范。可《实践论》的核心仍然是马克思主义哲学关于实践和认识的基本原理，但毛泽东结合中国的实际系统论述了这些原理，其中既有马克思主义哲学中原有的东西，又有根据总结中国实际新增加的东西。《矛盾论》同样如此，其核心是马克思主义哲学关于对立统一规律的思想，可它又根据中国经验增加了新内容。邓小平理论也是这样，邓小平关于社会主义本质的著名论断——解放生产力，发展生产力，消灭剥削，消除两极分化，最终达到共同富裕，分开来，都是前人讲过的。消灭剥削，消除两极分化，连空想社会主义都提倡，至于共同富裕，《礼记》中就有。可作为针对原有社会主义观念和模式的缺陷，作为关于社会主义本质的论断，作为对中国社会主义发展道路的论述，体现的是一种新的社会主义观，这就是创新，而且是马克思主义发展史上最具价值的创新。正如“三个代表”重要思想一样，作为基本原理是马克思主义基本原理，可它根据新的时代特征，根据建设中国特色社会主义和执政党建设的需要，根据中国建设的经验赋予新的内涵和措施，成为坚持党的先进性和中国特色社会主义建设长期的指导思想，这就是创新，所以，马克思主义哲学的创新，并不能等同于自然科学原理的创新，提出全新的定理和公式，也不同于技术的创新，通过对原件的引进、仿造而加以改进。马克思主义哲学的创新是结合，即马克思主义基本原理同中国实际、同时代特点、同新的科学技术的发展相结合。在结合中创新、在结合中发展。因为结合中包括如何结合，并从结合中得出适合解决我们自己面临问题的新结论。这个新的结论和解决问题的方式，就具有原创性。因此，马克思主义哲学的原创性，不能简单地追求言人之未言，而必须是在结合中能够解决中国实际问题并把实际经验上升为马克思主义理论。在中国，马克思主义中国化，可以说是创新之路，也是马克思主义哲学繁荣之路。

三、追求学术水平，坚守思想阵地

我以为这是我们哲学系为哲学繁荣应该坚持的两个原则。一定要重视提高学术水平，无论是马克思主义哲学还是其他二级学科，都要把提高教员的科研和教学的学术水平放在重要地位。同时又要把哲学系作为思想阵地，坚持马克思主义在哲学系各二级学科的指导地位，在研究中运用马克思主义的立场、观点和方法。社会主义中国的哲学系，是为我们国家培养马克思主义哲学人才或以马克思主义哲学为指导的哲学人才的基地。这是一个重要的思想阵地。没有学术意识可能制造哲学侏儒；可没有阵地意识，放弃马克思主义在我们哲学系的主导地位，让各种错误思潮占领我们的课堂和讲堂，就可能制造哲学灾难。学术意识和阵地意识的结合是极其必要的。

我们哲学系培养的学生是多层次的，有本科生、硕士生和博士生。都应该坚持学术意识和阵地意识统一的培养原则，对马克思主义哲学博士生的培养更应该如此。近年来，我们马克思主义哲学博士点比原来增加很多。这既表明我们党对马克思主义哲学教育的重视，也表明我们高校哲学系马克思主义哲学科研和教学水平的提高，有能力有条件设立博士点的学校越来越多。这众多的马克思主义哲学博士点，肯定对我们国家的马克思主义哲学事业的繁荣起到推动作用。

我认为，我们的马克思主义哲学博士点，应该培养马克思主义哲学家和马克思主义哲学理论工作者，而不是单纯的马克思主义哲学的研究者。只有首先是马克思主义的坚定信仰者，才有可能真正成为以创造性态度，以实事求是的科学态度来研究马克思主义哲学的理论工作者。不信仰马克思主义哲学，不坚持马克思主义哲学而又当马克思主义哲学的博士生，培养出来的可能是类似西方马克思学的一类人才：懂得一点马克思主义哲学，读过一点马克思的著作，但是按照西方哲学的观点来重铸马克思主义哲学，甚至成为马克思主义哲学的反对者。如果这样，我认为就完全背离了建立马克思主义哲学博士点的本意。在社会主义中国，我们为什么要立一个不是坚持和发展马克思主义哲学，而是以消解、重构和批判马克思主义哲学为目的博士点呢？

根据我自己对这个领域情况的了解，近年来马克思主义哲学博士点毕业的学生，对马克思主义哲学的坚定性和执著程度呈下降趋势。选题越来越边缘化，使用的话语越来越西方化。名为马克思主义哲学的博士论文，却越来越难以感受到马克思主义的味道。或许当代马克思主义哲学就是这样，就应该这样。不过我不这样看。我认为马克思主义哲学就应该是马克思主义的，它的基本观点、范畴和分析与解决问题的立场、观点和方法应该是马克思主义的。我并不反对吸收西方哲学包括当代西方哲学中的合理的、积极的东西，但我们应该力求用马克思主义的观点来进行分辨和清洗，而不能用它来注释、解读或重构马克思主义哲学。

马克思主义哲学博士点中出现的马克思主义边缘化现象，原因是多方面的，这里有社会转型的问题，有几十年教条主义的恶果问题，也有当代世界哲学潮流的影响问题，有苏联东欧剧变所产生的信仰动摇问题。从专业角度说，这是由于我们对马克思主义哲学的本质、功能及其特点的认识，长期存在分歧而又没有得到很好的交流、讨论，各说各的，使学生无所适从造成的。对西方哲学、中国哲学也会出现分歧和争论，但这种分歧和争论是具体的关于某个人的评价，而总体是呈肯定的上升趋势，越是批评“左”的东西，越是反对教条主义，它们的地位越高，因为过去由于“左”的思想和路线使它们处于受压抑的地位；而马克思主义哲学则相反。本来反“左”，反对教条主义，有利于我们的思想从对马克思主义的错误理解中，从教条主义束缚中解放出来，激发马克思主义研究的兴趣和活力，可对一些人适得其反，马克思主义哲学在心目中的地位越来越低，因为在这些人心中，坚持马克思主义原理就是“左”，就是教条主义。因为划不清楚真正“左”的东西、教条主义的东西与坚持马克思主义的原则界限，往往一锅煮，极大地损害了马克思主义哲学的威信。

而且，如何正确处理所谓官方哲学、讲坛哲学、论坛哲学的关系，调整好三者的关系，是关系我们哲学繁荣和发展方向的原则问题。例如有的人说，辩证唯物主义和历史唯物主义是传统的苏联模式，应该摒弃，可我们党的文件，我们的学校讲的还是辩证唯物主义和历史唯物主义。于是，前者成为官方哲学和讲坛哲学，而杂志发表的具有个人色彩的批判辩证唯物主义和历史唯物主义的文章是论坛哲学，只有后者才是真正体现时代精神的哲学。这种说法当然是片面的。

其实并非如此，不能把坚持辩证唯物主义和历史唯物主义简单称为官方哲学、讲坛哲学，更不能认为带上官方哲学、讲坛哲学的帽子就意味着是保守和非真理性。问题的本质在于讲的是否有道理，是否拥有真理。如果以创造性的与时俱进的态度对待辩证唯物主义和历史唯物主义，这种官方哲学、讲坛哲学有什么不好？而且所谓论坛哲学未必一概是精品。其中有正确的，有非常有见解的观点，也有不正确或不太正确甚至全盘否定马克思主义哲学的东西。我们应该具体分析，不能简单以官方哲学、讲坛哲学、论坛哲学划线。

在社会主义条件下，不能强化所谓官方哲学、讲坛哲学和论坛哲学的区分，不应彼此绝对对立，而要起到互补和互动作用。应该使所谓论坛哲学中确有见解的观点进入我们的讲坛，经过实践检验为正确可以进入教科书，而一些错误的观点应该受到反驳或批判。而原有教科书中的马克思主义哲学的基本原则应该坚持，而一些过时的或者论述不充分的东西应该吸收学术界研究成果进行改写。而无论是讲坛哲学或论坛哲学，都应该有利于坚持党确立的指导思想。当然，在讲坛教课或发表文章，不能是党的文件的复述，不能是翻拍和传声筒。在讲坛上可以讲个人见解和个人研究的成果和心得，但要充分考虑教学的要求和特点，我们是培养马克思主义哲学工作者，我们应该采取维护马克思主义哲学的立场并力求正确阐述马克思主义哲学的基本原则。而在所谓论坛哲学中自由度更大些，只要不违背四项基本原则，在学术问题上什么样的观点都可以发表，这符合双百方针。我们要使官方哲学、讲坛哲学和论坛哲学形成一种促进马克思主义哲学繁荣的合力。如果片面强调它们的对立，抽象地赞扬论坛哲学，贬损官方哲学和讲坛哲学，要学生保持对马克思主义哲学的坚定信仰是不可能的。

我们应该以马克思主义的态度来完善我们的马克思主义博士点。我们应该加强学生对基本原著的钻研，要引导学生关注现实，要培养学生的理论分辨能力和创造能力。我们的论文应该是马克思主义的，所谓马克思主义的并不限于基本原理的研究和现实问题的研究，也可以是对当代西方哲学中提出的问题的研究，问题主要不在于研究什么而在于如何研究，用什么样的立场、观点和方法研究。我们不能用应该研究什么不能研究什么来束缚学生，但我们应该用如何研究应该坚持什么样的世界观和方法论来指导学生。马克思主义的博士点的学生应该是马克思主义的，这个应该最根本的体现在它的立场、观点和方法上。

我们应该向我们的博士生宣传这样的观点，既然是报考马克思主义哲学专业的博士研究生，就应该有使命感，应该看到马克思主义哲学不仅不是一门可以发财致富的专业，甚至是一门难以出国交流的专业。有时或许会有风险，会发生理论错误。但我们既然选择了这个专业，就应该把职业、使命和责任合而为一，下定决心，为繁荣马克思主义哲学而奋斗终生。在马克思主义在世界范围内处于低潮时期，继续毫不动摇地信仰马克思主义，研究和实践马克思主义，这是一个马克思主义者的真正光荣和学术良知。

哲学社会科学的作用和学者的责任*

中共中央多次强调哲学社会科学与自然科学"四个同样重要"的著名论断，把自然科学与社会科学比喻为车之两轮、鸟之两翼。最近又颁布了《关于进一步繁荣发展哲学社会科学的意见》，这些论断和意见是融历史经验和现实需求为一体的英明决策。哲学社会科学的繁荣发展与学者的责任是不可分的。只有以繁荣发展哲学社会科学为己任才能实现自己作为学者的责任；而只有哲学社会科学的繁荣发展才有展示和实现自己作用的平台。应当认真研究哲学社会科学的作用和作用方式，明确自己的责任，以最有效的方式发挥哲学社会科学的作用。

一、历史的经验和现实的要求

西方资本主义现代化进程的历史两重性、前苏联社会主义失败的教训以及中国共产党革命和执政的经验，无可辩驳地表明，进一步繁荣发展哲学社会科学，是关系全面

* 本文发表于《中国社会科学》，2004 年第 4 期。

建设小康社会，开创中国特色社会主义事业，保证改革开放始终沿着马克思主义方向前进的具有全局性和前瞻性的战略决策。历史经验的价值在现实决策中得到彰显；中国当代现实的要求在历史经验中得到理论的升华。

西方资本主义产生和发展的历史表明，它的产生离不开哲学社会科学。资产阶级需要自己的哲学家、经济学家、政治学家、法学家，等等。恩格斯称赞文艺复兴时期的那些思想家是“给现代资产阶级统治打下基础的人物”①。此外，法国的百科全书派、伏尔泰、孟德斯鸠、卢梭，英国古典经济学家亚当·斯密和李嘉图等等，都是为资本主义诞生，为资本主义的经济制度、政治制度的确立和完善在思想理论方面发挥过重大作用的功勋性人物。

资本主义社会发展有自己的规律。当资产阶级夺取政权并站稳脚跟之后，它最迫切需要的是发展自然科学和新的技术，以便最有效地迅速地增强资产阶级的力量和增加有产者的财富。所以，在资产阶级取得政权以后，哲学社会科学的地位发生了变化，重心逐步向自然科学和技术倾斜。这是任何力量都无法阻止的趋势，因为它最深刻的根源在于资本主义生产方式本身。如果说，在18、19世纪这种倾斜还只是开始，那么到20世纪，特别是它的下半叶，当科学技术成为第一生产力，成为资产阶级和它的大垄断集团与跨国企业获得高额利润，在国际竞争中击败对手的决定性力量时，这种倾斜就不断增强。

资产阶级作为政治上的统治阶级当然也重视哲学社会科学，这是资本主义社会得以存在和巩固的意识形态支柱。资本主义社会有两种不同的规律在起作用：一种是国家对意识形态的需求，一种是市场经

① 《马克思恩格斯选集》，第3卷，445页，北京，人民出版社，1995。

济自发力量对利润的追逐。从统治阶级来说，他们非常重视哲学社会科学的意识形态功能。西方资本主义国家特别是美国，在世界范围内强行推销资产阶级的自由、民主、人权和价值观念，倡导自由主义的经济学说和政治学说，它们的人文社会科学中不少著作具有强烈的为资本主义服务的政治倾向性，如《开放社会及其敌人》、《历史决定论的贫困》、《历史的终结》、《大失败》、《不战而胜》、《文明冲突论》等等，都是意识形态性极强的著作。尽管如此，在整个资本主义现代化的历史进程中，由于生产的需求和市场的力量，与自然科学和技术的迅速发展相比，哲学社会科学仍然是滞后的。特别是由于政治因素和阶级利益的支配，西方哲学社会科学的意识形态性往往压倒科学性，难与自然科学和技术的成就相匹敌。

西方资本主义现代化进程中向自然科学技术的片面倾斜，对人类社会发展是不利的。毫无疑问，自然科学和技术的迅猛发展大大推动了经济的增长和生产力的发展。《共产党宣言》中描述资产阶级在它不到一百年的统治中所创造的生产力，比过去一切世代创造的全部生产力还要多，还要大。而今天发达资本主义国家自然科学和技术革新发展所带来的生产力发展，更是马克思和恩格斯时代无法比拟的。可是，自然科学技术在推动经济增长的同时，带来的是社会发展与经济发展、社会进步和人的发展的分裂和矛盾。经济发展并不等于社会的全面进步。在经济增长和生产力的迅速发展中，西方社会陷于种种社会矛盾和社会危机。并不是所有的人都能享受经济发展的成果，一部分人的生存状态和境况随着经济增长反而恶化，贫困成为富裕的伴随。单纯的经济增长并没有带来人的全面发展，相反生存竞争日趋激烈，就业更加困难，人的许多潜在才能和爱好为生存需要所牺牲，人的发展更加畸形化片面化，人成为自己谋生技能的“职业囚徒”。由于自然科学和技术片面发展产生的一系列社会问题的恶化，资本主义现代化遭到后现代主义的不断抨击。

西方现代化的历史经验证明，自然科学和技术是推动社会发展的强大力量。没有自然科学和技术的进步，就没有当今发达的西方资本主义社会。可它同样证明，自然科学和技术的片面发展对社会发展是有害的。美国的生态学家格林伍德和爱德华兹说："当一项新技术破坏了人们大量需要的和不可再生、人类的和非人类的资源时，那么所谓进步实际就是一项拙劣的交易。"①人类从对自然胜利陶醉中受到的报复，就是这种拙劣交易的代价。

自然科学和技术并不必然给人类带来灾难。自然科学在价值上是中立的，而技术则不同，因为技术是自然科学原理的实用化，应用本身就包含应用的目的和方式。不同的目的和不同的应用方式取决于价值观，取决于如何处理自然科学和技术与人文关怀的关系。如果先进的科学技术单纯成为经济增长的手段，而不考虑应用后果，它就会由于它的负效应而成为祸害。与霸权主义和强权政治结合，就会变为精确制导的导弹和推行单边主义的工具；与恐怖主义结合就会变成具有大规模杀伤力的恐怖行为的手段。西方现代化的历史和发达资本主义的现实都证明，人类的幸福并不单纯取决于自然科学与技术的进步，还依赖于是否有合理应用自然科学与技术新成就的制度和价值观念。这就离不开哲学社会科学。否则，它就有可能成为潘多拉宝盒中的魔鬼。当今西方资本主义世界所谓人文危机和困境，所谓人文关怀与科技发展的分离与对立，并不是源于自然科学和技术的发展，而是源于

---

① ［美］格林伍德、爱德华兹：《人类环境和自然系统》，490页，北京，化学工业出版社，1987。

资本主义现代化的本质及其不可避免地向自然科学与技术片面倾斜的恶果。西方现代化的进程及其弊端从一个方面为我们在社会主义现代化进程中，应该如何对待哲学社会科学、如何处理自然科学和技术与哲学社会科学的关系，避免西方现代化进程中的弊端提供了历史借鉴。

西方现代化进程提供的是资本主义发展的经验，苏联社会主义失败的悲剧则从另一个方面提示，单靠发展自然科学技术不足以保证社会主义的巩固和发展。特别是处在世界范围内社会主义和资本主义两种制度矛盾和竞争的时代，代表综合国力的不仅是自然科学与技术革新的水平，同样包括哲学社会科学的水平及其成果。

苏联的自然科学与技术不能说不发达，尤其在自然科学的基础理论和航天航空领域及其他军事科学领域都能与美国一争短长。可苏联在哲学社会科学方面却是失败的。在马克思主义理论方面先是教条主义，后来在反对教条主义过程中逐步背离马克思主义的基本原理，最后发展到公开反对和取消马克思主义的指导地位。与此相联系，全部社会科学由于失去正确的指导思想而处于一片混乱。苏联解体的原因是多方面的、复杂的，但在哲学社会科学领域中对苏联社会存在的矛盾和问题，对社会主义建设中的问题只知重复斯大林的论断而没有进行创造性的科学研究，由于“左”的教条主义，没有多少哲学社会科学家敢于直面苏联社会的现实问题，掩盖矛盾甚至歌功颂德代替了有价值的科学研究；另一方面，由斯大林时期的封锁到后来的全部敞开，西方的价值观及其对社会主义和马克思主义的攻击，像决堤的洪水势不可挡。这样，前苏联的哲学社会科学既缺少对现实的批判性思考，又没有抵御西方意识形态进攻的能力，由此，在政治大动乱中社会主义的失败就不可避免。苏联的失败是以意识形态的缺口开始，以意识形态的大溃败而结束。原苏联一位持不同政见的哲学家亚历山大·季诺维也夫在他的著作《俄罗斯共产主义的悲剧》中，把苏联的解体视为“意识形态的大溃败”不是没有道理的。他说：“在西方生活方式的迷惑下，西方的价值体系得到了巩固，以前所未有的力量向人类发起攻击，苏联也被纳入其影响范围。他们从一个极端走向另一个极端，成为来自西方的、意识形态——心理攻击最软弱的目标。”还说：“苏联的官方意识形态暴露出完全不能坚持自己的社会制度的正面成就、批评西方的缺陷，对于来自西方的、集中的意识形态的攻击缺乏准备；国家在意识形态方面惊慌失措，出现了意识形态逃兵、叛徒和反复无常者。意识形态的将军们开始投奔敌人方面。开始了一场一切涉及苏联历史、苏联社会制度和整个共产主义的聚会。”①这种思想理论的混乱，意识形态崩溃的结果是众所周知的。

中国共产党是重视哲学社会科学的党，但从中也有深刻的教训。在新中国成立之初，不适当地取消了一些可以通过改造发展的学科，包括社会学、人口学、政治学等等，造成这些学科在我国很长一段时期的空白；而在“文化大革命”中，哲学社会科学由于“左”的路线的影响，对当代资本主义社会的认识，对社会主义社会的认识，对社会主义社会发展阶段及其与共产主义相互关系的认识，以及一系列重大理论问题，如生产力与生产关系相互关系规律、阶级斗争规律等，思想模糊，理论界限不清。可以说，1956年后20年实际工作中的许多错误，包括政策性错误，与哲学社会科学中若干重大理论问题认识的混乱是相互推动的。相反，从实践是检验真理的唯一标准大讨论开始的

① ［俄］季诺维也夫：《俄罗斯共产主义的悲剧》，35、52页，北京，新华出版社，2004。

拨乱反正、正本清源的思想解放运动，邓小平理论的创立和随后的“三个代表”重要思想的提出，对中国社会的转型和迅速发展具有决定性的理论指导作用。其中，原来停办的一些哲学社会科学学科的恢复，新的学科和交叉学科的创立，学者们提出的许多理论创新观点，对中国社会主义改革开放的发展起了促进作用。中国共产党的重大决策和政策，凝结了全党的智慧，其中包括哲学社会科学工作者的研究成果。中国社会主义建设50多年所走的“之”字路，最好不过地证明了哲学社会科学对于推动社会进步的巨大作用。

每代人对历史经验的解读都是立足于自己时代的需求。现实的需求越强烈，对历史的启示感受就越深。处在当代世界的中国共产党人对繁荣发展哲学社会科学的重要性，除了历史的经验外，更重要的是现实的需要。

从国际看是源于对世界认识的需要。世界性眼光是当代中国共产党人能在风云变幻、错综复杂的国际竞争中发展自己的关键。世界性眼光不是空的，它取决于能否从理论上把握世界和洞悉世界。马克思是人类社会进入资本主义阶段以后第一个提出历史已经转入“世界历史”并用世界眼光观察历史的人。当代世界与马克思当时所处的世界不大相同，与20世纪前半期也不相同。经济全球化浪潮势不可挡，苏联和东欧社会主义失败后世界的经济格局、政治格局的变化，使世界的各种关系变得更为复杂多样。我们要重新认识当代世界和当代资本主义，就必须研究世界经济、世界政治，研究国际各种组织的规则和章程，研究当代西方世界的各种理论和思潮，研究世界各国特别是西方发达国家的历史和现状。对于坚持对外开放的社会主义中国来说，对当代世界一知半解，若明若暗，甚至不知不解，所谓世界性眼光就是一句空话。而了解世界、熟悉世界和从理论上把握世界，就要依靠繁荣发展与其相关的哲学社会科学学科。

从国内看是源于对当代中国现实的理论把握。中国正处在全面建设小康社会，开创中国特色社会主义建设新局面的关键时期。在取得了空前成绩的同时，也面临着很多无可回避的问题，包括“三农”问题、经济结构调整与下岗失业问题、公平与效率问题、经济社会发展失衡问题、反腐问题以及物质文明、精神文明、政治文明三者协调发展问题，等等。任何一个重大实际问题的解决，都离不开哲学社会科学包括交叉学科和新兴学科的研究和发展。恩格斯曾经说过：“只有清晰的理论分析才能在错综复杂的事实中指明正确的道路。”①现在最需要的是对中国当代社会的自我认识，即从各个方面对它进行清醒、正确的理论把握。

前事不忘，后事之师。中国现代化要不走西方现代化的老路，不重蹈前苏联社会主义失败的覆辙，就应该从根本上扭转重理工轻人文、重应用轻基础的倾向，高度重视繁荣发展哲学社会科学。

二、哲学社会科学的作用和作用方式

当前世界正处在信息时代。继续发展自然科学和推动技术创新是非常重要的，但这与繁荣发展哲学社会科学并不排斥，而是互为犄角。而且就重要性而言，哲学社会科学与自然科学相比毫不逊色。社会同人一样，也会有“病”。有“社会焦虑症”，这就是整个社会的不安定的浮躁；有“社会抑郁症”，这就是社会弥漫着的悲观主义，自杀者大量增加和有神论者的人数过度膨胀；社会也会有“溃疡”，这就是腐败、失业、犯罪；有“伤口”，这就是社会不同阶级和阶层的对抗和仇

① 《马克思恩格斯全集》，第37卷，283页，北京，人民出版社，1971。

根。分析和治理这些“毛病”不能依靠自然科学，而必须有赖于社会科学的研究。生活在资本主义社会的马克思和恩格斯可以说是最高明的社会医生，为我们指明了资本主义社会的疾病所在和根治的方法，而且他们首先是革命者，以其毕生精力直接领导和参加反对资本主义的斗争。

中国特色社会主义是一个机体健康朝气蓬勃的社会，但同样会有各种各样的社会问题。自然科学面对的是自然，它的任务是单一的——发现自然规律；而社会科学不仅要研究社会，而且要研究由于自然科学和技术的应用所引发的社会问题，要研究社会和自然的相互关系和相互作用。可以说，自然科学和技术越发展，对哲学社会科学的作用期待就越大。根本原因在于，自然科学和技术发展所引发的问题超出了自然科学范围，绝大部分属于社会问题，它不可能单纯依靠自然科学和技术本身来解决，而必须有哲学社会科学的参与。舒马赫在《小的是美好的》一书中认为，为人类社会、自然环境与人类本身问题的单纯自然科学和技术的解决方案，“不论构思多么聪颖，表面多么吸引人，都没有任何益处。机器不断大型化，需要集中的经济力量也不断增加，这不代表进步：它们是对智慧的否定。智慧要求科学技术朝着有组织、温和、优美的新方向前进”①。这里最有启发的不在“大小”之争，可贵之处在于提出了不要片面依赖自然科学和技术而要重视对自然科学和技术应用的智慧。这种智慧是由哲学社会科学提供的。

从社会形态发展来说，社会发展的程度越高，人的主体作用越大，就越要求对社会规律认识的自觉性。尽管关于自然和社会的知识

① ［英］舒马赫：《小的是美好的》，17页，北京，商务印书馆，1984。

古代就有萌芽，但以实验为基础的自然科学是在资本主义社会中产生的；而分门别类的社会科学是在实验自然科学产生以后逐步发展起来的。这说明，由于资本主义社会形态高于封建社会，因而才需要出现近代意义的社会科学。如果说资本主义社会尚且如此，社会主义社会更需要发展社会科学。可以说，在人类已经经历过的社会形态中，社会主义社会对哲学社会科学最为需要，因为社会主义社会不是自发产生的，而是依靠以马克思列宁主义为指导的政党通过革命变革自觉建立起来的。在随后的建设、发展和改革中，面对自己管理的社会的复杂性更要求自觉性。如果说，在前社会主义形态的社会发展中，社会规律往往作为异己的对立物统治人类，那么在社会主义社会就应该减少这种盲目性，增强自觉性。要增强自觉性，没有对人类社会发展规律的认识、对社会主义社会发展规律的认识、对执政党规律的认识，就会举步维艰。当然，我们可以在实践中摸索，但摸索只是通向规律性认识的驿站。不可能永远摸索，而必须要总结经验升华为理论。这就需要繁荣发展哲学社会科学，否则，最好的经验也是掩埋在泥土中的珍珠。总结改革开放的历史进程，反思邓小平关于中国特色社会主义理论在当代中国的巨大作用，反思从中共十三届四中全会以后逐步形成的“三个代表”重要思想的作用，环顾中国在世界体系中的经济地位和政治地位的巨大变化，就可以认识到哲学社会科学对社会发展的推动作用。任何亲身经历过思想解放运动，参与和目睹这个变化过程的人，只要不怀偏见都会得出同样的结论。中国变化的事实无可辩驳地证明，哲学社会科学所特有的认识世界、传承文明、创新理论、咨政育人和服务社会的作用是无可替代的。

哲学社会科学是一个包括多个学科的学科群。其中，哲学、社会科学、人文科学既有共性又各有特点，应当根据学科的特点充分发挥它们各自的特殊作用。

哲学是以哲学的方式发挥作用的。马克思主义哲学的作用是双重的。当它为我们提供科学的世界观和思维方法时，它发挥的是认识世界和改造世界的认识工具的职能；当它为我们提供科学的价值观和人生观，提供社会理想和信仰时，它发挥的是人文教养的职能。我们不可能要求马克思主义为我们提供对问题的现成答案，也不能把它当作从中可以推论出一切问题答案的前提。我们曾经犯过违背哲学本性，要它发挥“推背图”作用的错误。事实上哲学不是万能的，它的不可替代的、无比重要的作用就在于对世界和社会的本质和规律提供具有整体性的认识。因此，繁荣发展哲学的道路应该符合哲学的本性，着重在总结当代科学成就和实践经验基础上，提供新的思维方法和范式。

社会科学的作用不同。哲学的作用是宏观的，它是对世界和社会的整体性把握，而各门社会科学包括交叉学科则具有一定的微观性，它是对作为整体社会的各个不同方面的研究，是对支配社会生活不同领域特殊规律的把握，它需要调查，需要数据，需要实证性和可验证性。没有以事实为依据的对社会领域分门别类的研究，对社会的认识就是抽象的笼统的。所以各门社会科学研究的具有科学性的成果，对于总体性和不同部门的决策及政策的制定，可以提供可行性和前瞻性的思想指导和理论支持。社会科学的咨政作用是它认识社会和服务社会的重要方式。

而人文科学虽然可以包括在广义的社会科学之内，但就其作用和特点来说，它与狭义的社会科学又完全相同。狄尔泰在《人文科学导论》中谈及人文科学作用方式时强调：“人文科学的目标——即理解社会历史现实中的单一和个体，认识其形成过程的一致性，为其未来发展建立目标和规则。”①人文科学以人的精神活动及其产品为对象，它直接作用于现实的个人及由其组成的人类自身。伦理学提高人的道德素质，历史增加以史为鉴的智慧，逻辑训练人的思维能力，文学艺术提高人的审美力，如此等等。荀子在《乐论》中论及音乐时说：“夫乐者，乐也，人情之所必不免也，故人不能无乐。”“故乐在宗庙之中，君臣上下同听之，莫不和敬；族堂乡里之中，长幼同听之，则莫不和顺；闺门之内，父子兄弟同听之，则莫不和亲。故乐者，审一以和者也，比物以饰节者也，合奏以成文者也。足以率一道，足以治万变。”还说：“夫声乐之入人也深，其化人也速，故先王谨为之文。”②音乐，由情入理，入人、化人，这种对音乐的作用的论述极为精辟。这种看法在一定程度上适用于整个人文科学。

人文科学直接作用于个体必然作用于人类，因为处在一定社会结构中的个体是类存在物；民族同样是由个体组成的，作用于个体，实际上也就是作用于民族，作用于人类自身。因此，人文科学能传承文明，弘扬民族精神和提高全民的人文素质和促进人的全面发展。而且由于人不但有理性而且有情感，最能直接通过人的情绪、心理、感受作用于人的是人文科学。阅读和背诵世代传诵的诗歌，它对心灵的滋养、对人的品位的提高、对性情的陶冶，都会起到良好的作用。没有任何其他科学像人文科学那样能入情、入理、入人、化人。人文科学的作用及其方式是无可替代的。

当然，作用方式的区分是相对的。哲学社会科学中各学科的作用相互支撑、相互联系、互相渗透、不可分割。由于社会科学各学科的

---

① ［德］狄尔泰：《人文科学导论》，29页，北京，华夏出版社，2004。

② 《荀子·乐论》。

部门性质，如果缺乏贯穿其中的统一的哲学思想，就会由于脱离整体而陷于经验主义或实证主义的泥淖；而人文科学没有哲学思维，就没有灵魂，就会发生人文科学没有人文精神的悖论。反之，哲学如果脱离社会科学(暂且不说自然科学)的成就，就会由于纯粹的思辨而失去它的指导作用；脱离人文科学就会由于人文精神的缺损而失去哲学的人文维度，与实证科学相混同。

要按照各学科特点采取相应的繁荣发展对策，但其中有两点对整个哲学社会科学的重要性是共同的。一是要坚持马克思主义的指导地位。本来从道理上说，这是毫无疑问的，中国是社会主义国家，是为建设中国特色社会主义和中华民族伟大复兴而提出繁荣发展哲学社会科学的。在中国，哲学社会科学当然要有利于推动先进生产力的发展，有利于先进文化建设，要代表最广大人民的根本利益。如果起相反的作用，何必花费纳税人的钱来“繁荣”这种哲学社会科学呢？哲学社会科学的重要性和无可替代的作用取决于它的指导思想和学科本身的科学水平。不能搞马克思主义的话语霸权，但要坚持马克思主义的立场、观点和方法。在哲学社会科学的指导思想问题上，只能搞一元化，不能搞多元化。

当然，强调以马克思主义为指导，这种马克思主义必须是发展着的创造性的马克思主义，而不是僵死的教条化的所谓马克思主义。当代中国马克思主义理论工作者面临的一个重大任务，就是要在实践“三个代表”重要思想，全面建设小康社会过程中，对理论和实践中面临的若干重大问题进行研究，以便以创造性的马克思主义来指导社会主义建设事业，包括繁荣发展哲学社会科学伟大事业。党中央提出的实施马克思主义理论研究和建设工程，就是繁荣发展哲学社会科学的重大决策。

二是理论创新问题。这是整个哲学社会科学面临的问题。创新是一个民族进步的灵魂。对于哲学社会科学来说，创新同样是推动哲学社会科学繁荣发展的动力。哲学社会科学与时代和国内建设的某些不适应，一个突出表现就是创新问题。在繁荣发展哲学社会科学的伟大任务中，要努力建设哲学社会科学创新体系，积极推动学术观点创新、学科体系创新和科学研究方法创新。

在哲学社会科学创新方面，难以迈步的一个原因是对哲学社会科学创新陷入理论误区，这就是片面追求所谓“原创性”。有的论者把创新描绘成第一个人、第一次发现别人没有发现过的原理，或者说第一句别人没有说过的话。这样，在哲学社会科学的研究中，创新是难以企及的。其实，应该区分不同领域中的创新。在自然科学领域，创新往往表现为与个人相联系的新的原理的第一次发现。阿基米德原理就属于阿基米德，相对论就属于爱因斯坦，这是不能重复的。可在技术领域中，创新情况不同于科学原理。在引进中改进，在模仿中创造，从无到有，可以是技术创新的一种形式。哲学社会科学领域中的情况更不相同。恩格斯说过，在古希腊人那里，我们可以发现后人许多观点的萌芽和胚胎，这并不妨碍后来哲学家创造众多的哲学体系。至于马克思主义的原创性问题，更不能离开对马克思主义在实践中的应用。马克思主义是在实践中创新和发展的。坚持马克思主义基本原理，结合新的实践、新的问题，提出新的解决方案，这就是创新。虽然基本原理是马克思主义，可它的应用是当代的，解决的问题是具体的。“三个代表”重要思想所依据的是马克思主义的基本原理，可它结合中国新的实际，提出新的观点、新的思路，这就是创新。如果执著于凡是应用马克思主义原理解决新的问题不算创新，因为它的原理是已有的，对于应用者来说不具有原创性，就从根本上背离了马克思主义必须与实际相结合，在结合中创新的原则。这样只能在马克思主义的研究中陷于闭门造车、虚构体系的绝境，而不是着力于应用，在理论与实际结合上，在马克思主义中国化上下工夫。有些同志对“三个代表”重要思想的重要意义和价值缺乏正确认识，就是陷入对马克思主义原创性的误解。其实，任何创新都存在继承和发展的关系。在登山中，站在山峰上的人处于最高位置；在科学研究中，站在巨人肩膀上的人最有成就。在哲学社会科学的创新中，应该提倡求真务实，求真与求新的结合；提倡多种创新的方式，包括学术观点、学科体系、教材的编写反映当代中国马克思主义的新成就；特别要提倡理论与实际相结合，在结合中创新，在应用中创新。如果在哲学社会科学的创新中追求“第一个人说出的第一个原理”，就会迟迟不敢举步，阻碍创新。

三、哲学社会科学工作者的社会责任

在繁荣发展哲学社会科学中，哲学社会科学工作者肩负着特殊使命，因为哲学社会科学研究就是他们的存在方式，就是他们的生命活动。

哲学社会科学作为科学研究属于科学活动，它是社会分工的一部分。既然是社会分工的一部分，它就负有社会责任。因为任何社会分工，只有满足社会需要才有存在的价值和根据。人们容易把自己从事的专业，仅仅看成属于个人的。这是我的专业，这是我的著作，这是我的文章，总而言之，我所做的一切都属于我个人，都只与我有关。这是脑力劳动个体方式产生的一种错觉。实际上，科学研究是以个体思维方式从事的社会工作。哲学社会科学工作者所做的一切都是社会分工的一个领域，他的著作和文章是整个社会精神生产的一部分，是写给别人看的，是用这种方式影响社会。一个半世纪以前，马克思在《1844年经济学哲学手稿》中就说过："当我从事科学之类的活动，即从事一种我只是在很少情况下才能同别人直接交往的活动的时候，我也是社会的，因为我是作为人活动的。"①所以，哲学社会科学的任何一个专业，既是个人的专业又是社会的分工。

德国哲学家费希特在其《论学者的使命》中，论述了作为一个学者对人类承担的任务。他提出一个尖锐的问题："学者的使命是什么？学者同整个人类及其他各个阶层的关系怎样？他们用什么手段才能稳妥地完成自己崇高的使命？"他明确回答："每个人都必须真正运用自己的文化来造福社会。谁也没有权利单纯为自己过得舒适而工作，没有权利与自己的同胞隔绝，没有权利使用自己的文化于他们无益；因为他们正是靠社会的工作才能使自己获得文化，从一定意义上说，文化就是社会产物，社会所有物；如果他不愿由此给社会带来利益，他就是从社会攫取了社会所有物。"②这是何等的胸怀！

哲学社会科学研究必须认真贯彻"双百"方针，需要宽松和谐的学术环境和学术自由。自由和责任又是不可分的。作为社会主义社会的哲学社会科学工作者，同样负有社会使命和社会责任，这就是为建设中国特色社会主义服务，为中华民族的复兴服务。无论是站在讲堂上，还是著书立说，一定不要忘记对社会负责、对人民负责。这是中国哲学社会科学工作者应有的学术良知。信口开河，谬种流传，争立项目而又粗制滥造，剪贴拼凑，炒冷饭，甚至抄袭他人成果，误导读者，误导学生，实有悖学者的良知和责任。

---

① 《马克思恩格斯全集》，第42卷，122页，北京，人民出版社，1956。

② ［德］费希特：《论学者的使命》，5、33页，北京，商务印书馆，1984。

哲学社会科学应该繁荣发展，但应该不等于事实。与历史发展趋势相反，自然科学和技术发展带来的不是哲学社会科学繁荣而是它的冷落和边缘化。因为自然科学技术对推动生产、增加财富和利润，具有直接有效性。世界各国国力竞争，往往表现为科技力量、生产力水平、经济实力的竞争。人们重视社会发展中的硬力量，很少重视软力量。除了有识之士，很少有人认识到哲学社会科学是综合国力的一部分。直接追求经济效益，必然使哲学社会科学变为“无用之学”。

另一方面，商品化和市场化程度越高，哲学社会科学工作愈益职业化，成为一种谋生手段，就越来越失去它参与决策性工作的地位、能力甚至兴趣。老一辈哲学社会科学工作者，像李达、艾思奇、胡绳这些人，哲学社会科学是他们参与斗争，为中国人民争取解放和发展的手段。他们的著作文章，都具有强烈的现实性和针对性。而现在有些哲学社会科学工作者，由于种种原因自觉边缘化，远离现实。哲学社会科学在他们那里越来越成为单纯在书斋里的“寻章摘句”，失去了它积极参与现实生活的活力。

当然，国家也需要纯学术研究，需要看似远离生活实际具有长远价值的研究。应该反对急功近利的实用主义，但哲学社会科学决不能脱离现实，应该坚持“二为”方向。直接或间接为现实服务，积极参与中国人民正在从事的伟大事业，决不会降低学术水平和科学品格，反而能使它得到提高。能解决中国人民建设中面临的难题和重大问题的哲学社会科学论著，肯定具有最高水平。只有最高科学水平才能凸显它的认识现实和改造现实的作用。没有追求真理的激情和现实情怀，真正有价值的哲学社会科学成果是很难产生的。

与自然科学和技术工作者相比，哲学社会科学工作者的地位和待遇仍需改进；在哲学社会科学内部，传统的文史哲即所谓人文科学与财经政法相比，与管理科学相比又更为冷落；毕业生分配的遭遇同样如此。这对于繁荣发展哲学社会科学特别是人文科学是很不利的。市场经济利益和就业导向的作用一时是很难解决的。因此，繁荣发展哲学社会科学不能不考虑市场需求而盲目扩大人文学科的招生数量，或不顾条件过多地设立人文学院，应该走内涵式发展道路。通过教改提高科学研究水平和教学水平，真正有利于培养学贯中西的思想家和理论家，培养一批理论联系实际，功底扎实，勇于创新的学科带头人和青年理论骨干，发挥哲学社会科学在咨政育人，提高全民人文素质方面的不可替代的作用。有作用就能就业，作用越显著，就业的范围和可选择性就越大，社会地位和声望就会越高。哲学社会科学工作者真正与自然科学工作者的地位同样重要，就能更加促进它的繁荣发展。“千金市马骨”的故事是有启发的。

就哲学社会科学工作者自身而言，既然有幸在这个领域中工作，就不能过多考虑个人的名利得失。要提高学术境界，培养好的学风，反对急功近利，反对粗制滥造，真正沉下去，推出精品力作。特别是由于哲学社会科学的评价机制和标准不健全，学风不正，学者更应自律。

“古来圣贤皆寂寞。”可对人类文化贡献最大，真正青史留名的就是这些生前受冷落的人。哲学社会科学工作者一定要有事业心，为繁荣发展中国的哲学社会科学而努力奋斗。特别是年轻一代更应该有这种历史使命感和社会责任心。中国特色哲学社会科学的创建必须依靠中青年学者，他们才是这门科学的灿烂未来。

陈先达著作目录

1.《走向历史的深处》(上海人民出版社 1987)

2.《陈先达文集》(当代中国出版社 1995)

3.《漫步遐思》(中国青年出版社 1997)

4.《马克思早期思想研究》(合著，北京出版社 1983)

5.《马克思主义经典著作提要》(主编，江西人民出版社 1991)

6.《静园夜语》(中国人民大学出版社 1998)

7.《静园论丛》(中国人民大学出版社 2000)

8.《有中国特色社会主义文化研究》(主编之一，并参写，山东人民出版社 1999)

9.《陈先达自选集》(理论学习出版社 2007)

10.《陈先达文集》(中国人民大学 2007)

11.《陈先达哲学随笔》(北京师范大学出版社 2008)

12.《处在夹缝中的哲学》(北京师范大学出版社 2008)

13.《马克思恩格斯思想史》(合著，上海人民出版社 1982)

14.《被肢解的马克思》(合著，上海人民出版社 1990)

15.《马克思恩格斯哲学思想总览》(合著，天津教育出版社 1989)

16.《马克思主义基本原理教程》(主编、合著，中国人民大学出版

社 1988)

17.《人的哲学》(合著，中国人民大学出版社 1992)

18.《马克思主义基本原理》(主编，武汉大学出版社 1991)